Guido Dischinger
Objektorientierter Fachentwurf

Guido Dischinger

Objektorientierter Fachentwurf

Zur Eignung objektorientierter Ansätze für das fachliche Entwerfen von Anwendungssoftware

 Springer Fachmedien Wiesbaden GmbH

Die Deutsche Bibliothek — CIP-Einheitsaufnahme

Dischinger, Guido:
Objektorientierter Fachentwurf : zur Eignung objektorientierter
Ansätze für das fachliche Entwerfen von Anwendungssoftware /
Guido Dischinger. — Wiesbaden : DUV, Dt. Univ.-Verl., 1995
(DUV: Wirtschaftsinformatik)
Zugl.: Mainz, Univ., Diss., 1995

ISBN 978-3-8244-2068-1   ISBN 978-3-663-12265-4 (eBook)
DOI 10.1007/978-3-663-12265-4

© Springer Fachmedien Wiesbaden 1995

Ursprünglich erschienen bei Deutscher Universitäts-Verlag GmbH, Wiesbaden 1995.

Gedruckt auf chlorarm gebleichtem und säurefreiem Papier

Geleitwort

Bei der Entwicklung von Anwendungssoftware sieht sich die Entwicklerseite nicht selten mit dem Problem konfrontiert, daß die für die Entwicklung von Software gebräuchlichen Begriffe, Vorgehensweisen und Methoden für die Anwenderseite schwer verständlich sind. Der Anwenderseite wiederum fehlt mitunter das Verständnis dafür, welche Aussagen zu Zwecken einer möglichst vollständigen Fachspezifikation zu treffen sind. Da dieses Problem in der Wirtschaftsinformatik bekannt ist, wurden verschiedene Ansätze und Konzepte für einen partizipativen Software-Entwurf entwickelt, die es Anwendern und Entwicklern ermöglichen sollen, eine gemeinsame „Sprache" und einen gemeinsamen „Weg" zu finden.

Die Zielsetzung dieser Dissertation besteht – verkürzt dargestellt – darin, die Tragfähigkeit des Paradigmas der Objektorientierung für die benutzernahen Phasen des Software-Entwurfs insgesamt zu evaluieren.

Dazu erarbeitet der Verfasser ein Anforderungsprofil eines Fachentwurfs, das die „Meßlatte" darstellt, anhand derer drei konventionelle und drei objektorientierte Methoden bewertet werden. Bei seiner Kritik setzt sich der Verfasser zunächst detailliert mit den „positionsspezifischen" Sichtweisen von Fachabteilung und Entwicklern auf den Software-Entwicklungsprozeß auseinander und legt dar, welche Veränderungen in den Sichtweisen durch ein konsequentes Denken und Handeln in „Objekten" möglich sind. Daran anschließend werden Vorgehensmodelle diskutiert, die sich als Leitlinie zu der Gestaltung des Entwicklungsprozesses vor dem Hintergrund der Objektorientierung eignen.

Der Verfasser ist seiner Zielsetzung für diese Arbeit konsequent gefolgt. In stringenter Analyse hat er dargelegt, daß objektorientierte Ansätze das Anforderungsprofil eines Fachentwurfs besser abdecken als strukturierte Methoden.

V

Er verfällt jedoch nicht der Euphorie, die unstrittige Überlegenheit der Objektorientierung, die diese für die objektorientierte Programmierung im Vergleich zur herkömmlichen Programmierung hat, auf die anwendernahen Phasen von Software-Entwicklungsprojekten zu projizieren, sondern er stellt den Stärken, die die objektorientierten Ansätze für den Fachentwurf haben, wohl begründet auch die Schwächen gegenüber.

Die Vorteile, die das Strukturkonzept der Objektorientierung bietet, werden zusammenfassend in Form eines Wirkketten-Diagramms dargestellt. Demnach ist berechtigte Hoffnung gegeben, daß das eingangs genannte „Verständigungsproblem" zwischen Anwendern und Entwicklern seine Lösung erfahren kann.

Univ.-Prof. Dr. Herbert Kargl

Inhaltsverzeichnis

Abbildungsverzeichnis

Abkürzungsverzeichnis

ACM	Association for Computing Machinery
ANSI	American National Standards Institute
CAD/CAM	Computer Aided Design/Computer Aided Manufacturing
CASE	Computer Aided Software Engineering
CORBA	Common Object Request Broker Architecture
EDI	Electronic Data Interchange
EIS	Executive Information System
ER-	Entity-Relationship-
ERM	Entity-Relationship-Modell
GUI	Graphical User Interface
HIPO	Hierarchy plus Input-Process-Output
IC	Integrated Circuit
IEEE	Institute of Electrical and Electronics Engineers
IOS	Interface-Objektschema
ISO	International Organization for Standardization
IuK-System	Informations- und Kommunikationssystem
KOS	Konzeptuelles Objektschema
OBA	Object Behavior Analysis
ODMG	Object Database Management Group
OMG	Object Management Group
OMT	Object Modeling Technique
OO	Objektorientierung(s-), object-oriented

OOA	Objektorientierte Analyse
OOD	Object-Oriented Design
OOP	objektorientierte Programmierung, object-oriented programming
OOPSLA	Object-Oriented Systems, Languages and Applications
PPS	Produktionsplanung und -steuerung
RPC	Remote Procedure Call
SA	Structured Analysis
SADT	Structured Analysis and Design Technique
SERM	Strukturiertes Entity-Relationship-Modell
SIG	Special Interest Group
SIGPLAN	Special Interest Group on Programming Languages
SIGSOFT	Special Interest Group on Software Engineering
SOM	Semantisches Objektmodell
SQL	Structured Query Language
SW	Software
TOS	Technisches Objektschema
V-Modell	Vorgangsmodell
VOS	Vorgangsobjektschema
YSM	Yourdon Structured Method

1 Einleitung

1.1 Ziel und Aufbau der Arbeit

Software
Engineering

Als F. L. Bauer im Jahre 1967 in einer Arbeitsgruppe der NATO den Begriff „Software Engineering" prägte, sollte er als ein Widerspruch in sich wirken.[1] Der Begriff schlug ein und wurde zur Leitformel der weiteren Beratungen der Arbeitsgruppe. Heute ist ein ingenieurgemäßes Vorgehen bei der professionellen Softwareerstellung selbstverständlich und auch notwendig.

Obwohl auf dem Gebiet des Software Engineering in den vergangenen 27 Jahren viele Fortschritte erzielt wurden, wird auch heute noch nur ein geringer Prozentsatz der Softwareentwicklungsprojekte erfolgreich abgeschlossen:[2]

---

[1] Vgl. Bauer, F. L.: Software Engineering – wie es begann. In: Informatik-Spektrum, Bd. 16, Nr. 5, Oktober 1993, S. 259–260, hier: S. 259. Bauer stellte bei Beratungen der neugegründeten „Study Group on Computer Science" des NATO Science Committee der Praxis der – wie er es formulierte – Software-Bastelei („tinkering with software") die Notwendigkeit eines Fabrikationsprozesses entgegen und schloß: „What we need, is software engineering." Heute benutzt man im deutschsprachigen Raum synonym zu Software Engineering auch den Begriff „Softwaretechnik".

[2] Abbildung 1 stützt sich auf eine Untersuchung aus dem Jahre 1979 von neun Softwareprojekten im US-amerikanischen Verteidigungsministerium im Gesamtwert von 6,8 Mio. US-$; die Prozentzahlen beziehen sich auf die Anteile an diesem Gesamtwert. Der Verfasser ist sich durchaus bewußt, daß weder Auftraggeber, Jahr noch Anzahl der Projekte repräsentativ für die gesamte Softwarebranche sind. Aber bis zum heutigen Tage wird diese Abbildung zitiert (andere Zahlen so gut wie gar nicht), und Praktiker bestätigen noch heute, daß sie „in ihren Größenordnungen stimmt".

Abb. 1:
Der Erfolg
von
Software-
projekten[3]

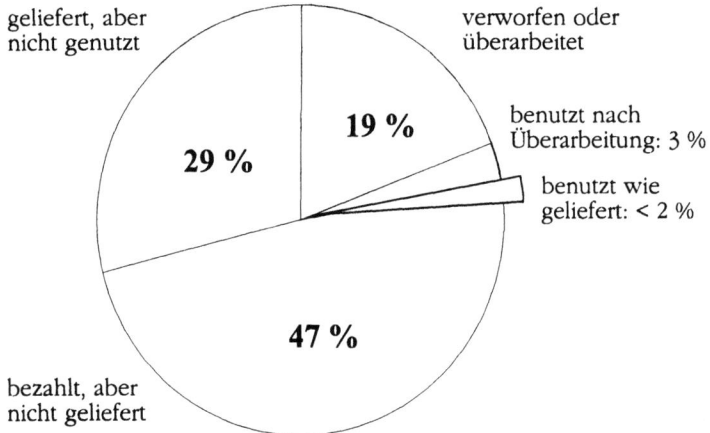

geliefert, aber
nicht genutzt

verworfen oder
überarbeitet

19 %

29 %

benutzt nach
Überarbeitung: 3 %

benutzt wie
geliefert: < 2 %

47 %

bezahlt, aber
nicht geliefert

Große Projekte schlagen erfahrungsgemäß besonders häufig fehl. Auch weiß man, daß etwa die Hälfte aller Fehler in den sogenannten frühen Phasen gemacht wird – also bevor eine Programmzeile codiert ist. Der weitaus größte Teil der Fehler wird aber erst bei der Systemintegration, beim Test oder während der Nutzung entdeckt. Die Beseitigung kostet dann das 30- bis 100fache dessen, was sie direkt nach der Entstehung des Fehlers gekostet hätte.[4]

Struktur-
konzept

Es ist daher ein lohnendes Ziel der Wirtschaftsinformatik, sich um eine Verbesserung des Entwicklungsprozesses gerade in den frühen Phasen zu bemühen. Ziel dieser Arbeit ist nun, das jüngste Strukturkonzept[5] der Informatik und Wirtschaftsinformatik, das Paradigma der Objektorientierung, im Hinblick auf das fachliche Entwerfen von Anwendungssystemen zu untersuchen.

---

[3] Nach Cox, Brad J.: Object-Oriented Programming. An Evolutionary Approach. Reading: Adison-Wesley 1986, S. 4.

[4] Vgl. z. B. Lindecker, Jürg D.: Software-Projekte: Die 20 häufigsten Fehler (2. Teil). In: io Management Zeitschrift, Bd. 58, Nr. 3, 1989, S. 48–53, hier: S. 51, Abb. 7.

[5] Zur Diskussion der Begriffe „Strukturkonzept" und „Paradigma" vgl. Schmidt, Bernd: Informatik und allgemeine Modelltheorie – eine Einführung. In: Angewandte Informatik, 24. Jg., Nr. 1, 1982, S. 35–42, hier: S. 35.

„Meßlatte"

Nachdem in den nächsten beiden Abschnitten die Entwicklungslinien objektorientierter Ansätze aufgezeigt sowie Anliegen und Anspruch der Objektorientierung kurz vorgestellt werden, wird in **Kapitel 2** eine *„Meßlatte"* aufgestellt, an der zunächst traditionelle und anschließend objektorientierte Analysekonzepte hinsichtlich ihrer Eignung für das Erstellen des Fachentwurfes von Anwendungssoftware gemessen werden.

Konventionelle Ansätze

Kapitel 3 präsentiert und kritisiert drei traditionelle Analysemethoden. Als Vertreter der „datenorientierten" Ansätze und wegen seiner grundlegenden Bedeutung für fast alle traditionellen Ansätze wird zunächst das *Entity-Relationship-Modell* von Chen mit seinen Erweiterungen untersucht. *Structured Analysis* wurde als Vertreter der „funktionsorientierten" bzw. „prozeßorientierten" Ansätze auch deshalb ausgewählt, weil es heute sehr weit verbreitet und der Prototyp der strukturierten Methoden ist, die heute als „Stand der Kunst" gelten. Als Vertreter der ebenfalls häufig praktizierten „daten- und funktionsorientierten" Ansätze wird schließlich *Isotec* dargestellt und kritisiert, weil es wegen seiner guten Dokumentation und Werkzeugunterstützung durch ein namhaftes Softwarehaus eine nennenswerte Verbreitung gefunden hat. Die Ansätze werden zunächst methodenübergreifend kritisiert und dann einzeln am Anforderungsprofil aus Kapitel 2 gemessen.

Objektorientierte Ansätze

Kapitel 4 untersucht analog drei objektorientierte Ansätze. Wegen seiner guten Verständlichkeit, seiner weiten Verbreitung vor allem in Deutschland und seiner überdurchschnittlichen Konsequenz in der Anwendung objektorientierter Konzepte wird zunächst der Ansatz von *Coad* und *Yourdon* betrachtet. Die „Object Modeling Technique" von *Rumbaugh et al.* ermöglicht dagegen einen leichten Übergang von herkömmlichen Methoden und wird daher ebenfalls eingehend untersucht. Als herausragender Ansatz der deutschsprachigen Wirtschaftsinformatik und wegen der soliden wirtschaftswissenschaftlichen Grundlagen wird schließlich das „Semantische Objektmodell" von *Ferstl* und *Sinz* vorgestellt und bewertet.

3

Die Kritik der objektorientierten Ansätze beschränkt sich nicht nur auf das erarbeitete Anforderungsprofil. Vielmehr wird auch untersucht, welche Konsequenzen die Objektorientierung für die Fachabteilung und für die Entwickler hat, wenn sie Leitlinie bei der Erarbeitung einer fachlichen Anforderungsspezifikation ist. Darüber hinaus wird geprüft, wie gut das neue Paradigma andere Vorgehensweisen als das klassische Wasserfallmodell unterstützt. Schließlich werden die Grenzen objektorientierter Ansätze untersucht, wobei zwischen vorübergehenden und grundsätzlichen Schwierigkeiten unterschieden wird und verschiedene Anwendungsgebiete betrachtet werden.

Erfahrungen

Vergleich

Kapitel 5 beginnt mit zwei Erfahrungsberichten aus der betrieblichen Praxis, die zeigen, daß objektorientierte Ansätze bereits erfolgreich eingesetzt werden. Anschließend werden die beiden Paradigmen – strukturiert und objektorientiert – vor dem Hintergrund der Erstellung eines Fachentwurfs „als Ganzes" *miteinander verglichen* (in den beiden vorangegangenen Kapiteln wurden sie nur jeweils am Anforderungsprofil gemessen). Besonderer Wert wird dabei auf die Untersuchung der Kriterien Verständlichkeit, Wartbarkeit und Wiederverwendbarkeit gelegt, weil sie zu den zentralen Anliegen objektorientierter Ansätze gehören.

Zusammen-
fassung

Kapitel 6 faßt die wichtigsten Ergebnisse zusammen und gibt einen Ausblick auf weitere Entwicklungen, die das Strukturkonzept der Objektorientierung insbesondere auf dem Gebiet des fachlichen Entwerfens, aber auch auf anderen Gebieten der Wirtschaftsinformatik haben kann.

1.2 Entwicklungsgeschichte objektorientierter Ansätze

Strukturierte
Ansätze

Die Entwicklung objektorientierter Ansätze verlief ähnlich wie die Entwicklung strukturierter Ansätze von der Programmierung über den DV-Entwurf zum Fachentwurf. Der Anfang der strukturierten Programmierung kann auf den wegweisenden Leserbrief von Dijkstra zurückverfolgt werden, in dem er seine jahrelange Beobachtung mitteilte „that the quality of programmers is a decreasing function of the density of **go to** statements in the programs they produce"[6]. Wichtige Stationen der Entwicklung strukturierter Methoden sind:

Meilensteine

Jahr	Autor(en)	Meilenstein
1968	Dijkstra	Go To Statement Considered Harmful
1971	Parnas	Information hiding[7]
1972	Dahl/Dijkstra/Hoare	Structured programing[8]
1973	Nassi/Shneiderman	Struktogramme[9]
1974	Stevens/Myers/ Constantine	Structured Design[10]
1977	Gane/Sarson	Structured Systems Analysis[11]
1989	Yourdon	Modern Structured Analyis[12]

---

[6] Dijkstra, E. W.: Go To Statement Considered Harmful. In: Communications of the ACM, Vol. 11, Nr. 3, March 1968, S. 147–148.

[7] Vgl. Parnas, D. L.: On the Criteria To Be Used in Decomposing Systems into Modules. In: Communications of the ACM, Vol. 15, No. 12, December 1972, S. 1053–1058. Auf Seite 1056 zitiert er seine Arbeit „Information distribution aspects of design methodology. Tech. Rept., Depart. Computer Science, Carnegie Mellon U., Pittsburgh, Pa., 1971. Also presented at the IFIP Congress 1971, Ljubljana, Yugoslavia".

[8] Dahl, O.-J.; Dijkstra, E. W.; Hoare, C. A. R.: Structured programming. Academic Press: London, New York 1972.

[9] Nassi, I.; Shneiderman, B.: Flowchart techniques for structured programming. In: SIGPLAN Notices, Vol. 8, No. 78, 1973, S. 12–16.

[10] Stevens, W. P.; Myers, G. J.; Constantine, L. L.: Structured Design. In: IBM Systems Journal, Vol. 13, 1974, S. 115–124.

[11] Gane, Christopher; Sarson, Trish: Structured Systems Analysis: Tools and Techniques. New York: Improved Systems Technologies 1977 (auch 1979 bei Prentice-Hall, Englewood Cliffs, erschienen).

[12] Yourdon, Edward: Modern Structured Analysis. Englewood Cliffs: Prentice Hall 1989.

**Objektorien-
tierte Pro-
grammierung**

Simula

Auch bei der Objektorientierung stand in der historischen Abfolge die Programmierung am Anfang. Von 1961 bis 1964 entwickelten Dahl und Nygaard am Norwegian Computing Centre die Sprache SIMULA I zur Simulation von Problemen des Operations Research.[13] Diese Sprache wies noch keine objektorientierten Mechanismen auf, war aber bereits bewußt problem- und nicht rechnerorientiert konzipiert und wurde von 1965 bis 1967 zur ersten objektorientierten Programmiersprache, SIMULA 67, weiterentwickelt.[14] Die erste kommerzielle Auslieferung eines SIMULA-67-Compilers erfolgte im März 1971 an die Technische Universität Karlsruhe.[15] SIMULA 67 hatte weniger direkten als vielmehr indirekten Einfluß auf fast alle in der Folgezeit entwickelten objektorientierten Programmiersprachen. Alan Kay hat in seiner Dissertation „The Reactive Engine"[16] „viele Ideen aus der norwegischen Programmiersprache SIMULA übernommen"[17]. Kay hat am Palo Alto Research Center von Xerox maßgeblich an der Entwicklung von Smalltalk mitgewirkt. Smalltalk-80 war (nach mehreren Zwischenergebnissen, beginnend mit Smalltalk-72 und erst ab 1976 nach heutigen Maßstäben objektorientiert) die erste und bis zum heutigen Tage auch letzte kommerziell verfügbare Version. Sie wurde 1981 in der Zeitschrift „BYTE" vorgestellt[18] und ist seit 1982 verfügbar. Während bereits SIMULA 67 den Terminus technicus „Objekt" kannte, wurde der

---

[13] Vgl. Nygaard, Kristen; Dahl, Ole-Johan: The Development of the SIMULA Languages. In: Wexelblat, L. (Ed.): History of Programming Languages, S. 439–478.

[14] Information hiding wurde aber erst später eingeführt.

[15] Nygaard/Dahl, a. a. O., S. 474.

[16] Kay, Alan Curtis: The Reactive Engine, Ph. D. Thesis, University of Utah, Computer Science, September 1969 (University Microfilms, Inc., Ann Arbor, Michigan).

[17] Wesseler, Berthold: Objektorientierung: Traum von besserer Software. In: Online, Nr. 10, 1991, S. 20–27, hier: S. 21. Wesseler zitiert hier eine Äußerung von Gerhard Barth, damals Direktor des Deutschen Forschungszentrums für Künstliche Intelligenz.

[18] BYTE, Vol. 6, No. 8, August 1981. Die Ausgabe ist ein Themenheft über Smalltalk.

Begriff „Objektorientierung" wohl erst mit Smalltalk eingeführt.[19]

C++
Smalltalk
Objective C
u. a.

1979 begann ein weiterer Norweger, Bjarne Stroustrup, der mehrere Jahre mit SIMULA 67 gearbeitet hatte, damit, die Programmiersprache C um objektorientierte Elemente zu erweitern, und entwickelte schließlich C++, das von AT&T 1985 auf den Markt gebracht wurde.[20] Heute ist C++ noch vor Smalltalk die am häufigsten eingesetzte objektorientierte Programmiersprache. Eine andere objektorientierte Erweiterung von C ist Objective-C, das vor allem in den USA verbreitet ist. Auch andere Programmiersprachen wurden um objektorientierte Konzepte erweitert: Pascal, Modula-2, Lisp und auch Cobol (ein ANSI-Standard für Cobol wird für 1997 erwartet). Eigenständige objektorientierte Programmiersprachen (also keine Erweiterungen vorhandener Sprachen) wurden und werden ebenfalls entwickelt: Beispiele sind BETA[21], Eiffel[22] und Oberon-2[23]. Saunders gab bereits 1989 einen Überblick

---

[19] Alan Kay beansprucht die Urheberschaft dieses Begriffs sogar für sich, wenn er schreibt: „Though it has noble ancestors indeed, Smalltalk's contribution is a new design paradigm – which I called *object-oriented* – for attacking large problems of the professional programmer, and making small ones possible for the novice user." (Alan C. Kay: „The Early History of Smalltalk", in: ACM SIGPLAN Notices, Vol. 28, No. 3, March 1993, S. 69–90, hier: S. 70.)

[20] Vgl. Hensel, Gerhard: Objektorientierte Software: Aller Anfang ist schwer. In: Diebold Management Report, Nr. 12, 1992, S. 17–21, hier: S. 20. Bei AT&T wurden auch in den 70er Jahren C und Unix entwickelt.

[21] Die Entwicklung von BETA begann 1975, und die erste Veröffentlichung datiert aus dem Jahre 1987, vgl. Madsen, Ole Lehrmann; Møller-Pedersen, Birger; Nygaard, Kristen: Object Oriented Programming in the Beta Programming Language (Draft). Aarhus: Matematisk Institut Aarhus Universitet, August 11, 1992, hier: S. 1.

[22] Vgl. Meyer, Bertrand: Object-oriented Software Construction. New York u. a.: Prentice Hall 1988.

[23] Vgl. Mössenböck, Hanspeter; Wirth, Niklaus: The Programming Language Oberon-2. In: Structured Programming, Vol. 12, No. 4, 1991, S. 179–195.

über 88 objektorientierte und objektbasierte Programmiersprachen,[24] heute dürften es über hundert sein.[25]

Definition Was unter einer „objektorientierten" Programmiersprache zu verstehen sei, war lange Zeit weder klar noch unumstritten. Heute ist die Definition, die Wegner bereits 1987 vorgeschlagen hat, allgemein akzeptiert:

Abb. 2:
Wegners
Klassifzierung
objekt-
basierter
Sprachen[26]

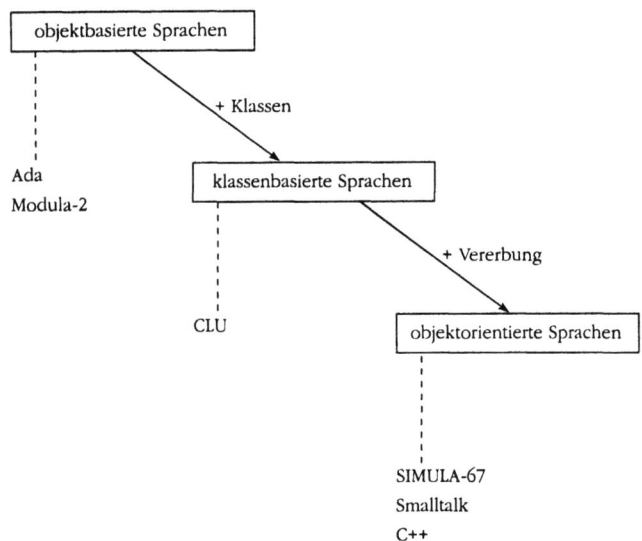

Grundbegriffe Ein **Objekt** ist dabei eine Einheit aus Attributen, deren Werte einen Zustand des Objekts bestimmen, und Operationen, die Attribute verändern oder entsprechende Aktionen in anderen

---

[24] Saunders, John H.: A Survey of Object-Oriented Programming Languages. In: Journal of Object-Oriented Programming, Vol. 1, No. 6, March/April 1989, S. 5–11.

[25] So auch Booch, Grady: Object-Oriented Analysis and Design with Applications. Second Edition. Redwood City u. a.: Benjamin Cummings 1994, S. 475.

[26] nach Wegner, Peter: The Object-Oriented Classification Paradigm. In: Shriver Bruce; Wegner, Peter (Hrsg.): Research Directions in Object-Oriented Programming. Cambridge, London: The MIT Press 1987, S. 479–560.

Objekten veranlassen können. Eine **Klasse** steht für die „Art"
eines Objekts und kann auch als Schablone gedacht werden,
mit der beliebig viele Objekte als Instanzen dieser Klasse generiert werden können. **Vererbung** ist schließlich ein Mechanismus, mit dessen Hilfe neue Klassendefinitionen auf der
Grundlage bestehender Klassendefinitionen vorgenommen
werden können: Eine Klasse vererbt alle ihre Attribute und
Operationen an alle ihre Unterklassen. Mit anderen Worten:
Eine Klasse hat außer ihren eigenen Attributen und Operationen automatisch auch die ihrer Superklasse.

Objektorien-
tierter Entwurf

Delta

Die erste Arbeit auf dem Gebiet des objektorientierten Entwerfens ist sicher die Systembeschreibungssprache DELTA,
die 1977 veröffentlicht wurde.[27] Sie steht in der Nachfolge
von SIMULA 67, richtet sich aber an „Systemanalytiker und
vom Einsatz neuer Systeme (etwaig) Betroffene"[28] und ist
implementationsunabhängig – also keine Programmiersprache.

Ada

Eine weitere frühe Arbeit auf dem Gebiet des objektorientierten Programmentwurfs veranschaulichte Booch 1981 mit Ada,
einer nach obiger Definition nicht objektorientierten, sondern
lediglich objektbasierten Programmiersprache.[29] Ein halbes

---

[27] Holbæk-Hanssen, Erik Holb; Håndlykken, Petter; Nygaard, Kristen: System Description and the DELTA Language. Publication
No. 523, DELTA Project Report No. 4, Second Printing, Norwegian Computing Center, February 1977.

[28] Delnef, Alexander: Zur Geschichte des Paradigmas der Objektorientierung in der Software-Entwicklung. Wissenschaftliche Arbeit zur Erlangung des akademischen Grades „Diplom-Kaufmann"
(Studiengang Betriebswirtschaftslehre, Wahlfach Betriebsinformatik) an der Johannes Gutenberg-Universität Mainz, Fachbereich
03/Rechts- und Wirtschaftswissenschaften, März 1993, S. 95. Diese Arbeit beschreibt ausführlich die Verdienste der skan-
dinavischen Informatik um die Objektorientierung und enthält
umfangreiche Literaturhinweise.

[29] Booch, Grady: Describing Software Design in Ada. In: SIGPLAN
Notices, Vol. 16, No. 9, September 1981, S. 42–47. Auf S. 42 sind
die Ansatzpunkte für seine Überlegungen zu erkennen: „Our experience, apparently shared by others, is that simple top down
functional methodologies fall short in using Ada's expressive po-
wer. [...] We also see a trend toward representation of knowledge

Jahr später folgte Boochs nächste Veröffentlichung zu diesem Thema.[30] In der Arbeit „Object-Oriented Development" von 1986 entwickelt er seinen Ansatz zum objektorientierten Programmentwurf zwar nicht substantiell weiter, erwähnt aber erstmals auch andere Sprachen als Ada zur Realisierung: SIMULA 67, Smalltalk, Objective-C und andere.[31] Darüber hinaus wird hier eine Reihe von graphischen Notationen eingeführt, die auch heute noch in seinen Entwurfsmodellen Verwendung finden. Booch ist nicht nur einer der ersten, die auf dem Gebiet des objektorientierten Programmentwurfs publiziert haben, sondern seine Methode[32] gehört auch heute noch zu den am weitesten verbreiteten (vgl. S. 113).

Weitere frühe Entwurfsmethoden sind PAMELA[33] von G. W. Cherry (1985), GOOD[34] vom Goddard Space Flight Center

---

in systems as opposed to the use of purely imperative processes. Such a trend implies a move to object-oriented problem solutions [...] To support such a solution, it was necessary to derive a design methodology that was object-oriented."

[30] Booch, Grady: Object-Oriented Design. In: Ada Letters, Vol. 1, No. 3, March/April 1982, S. I-3.64–I-3.76.

[31] Booch, Grady: Object-Oriented Development. In: IEEE Transactions on Software Engineering, Vol. SE-12, No. 2, February 1986, S. 211–221, hier: S. 215. Vielleicht hängt dies damit zusammen, daß Booch 1982 die Air Force verließ und in die Privatwirtschaft ging (vgl. ebenda S. 221).

[32] Booch (1994a), a. a. O. Die erste Auflage hatte noch den (angemesseneren) Titel „Object Oriented Design with Applications".

[33] Process Abstraction Method for Embedded Large Applications, vgl. Cherry, George W.: PAMELA Course Notes, Virginia: Improved Systems Technologies 1985.

[34] Seidewitz, Ed: General Object-Oriented Software Development: Background and Experience. In: The Journal of Systems and Software, Vol. 9, Nr. 2, February 1989, S. 95–108. Die erste Veröffentlichung ist Seidewitz, Ed; Stark, Mike: Towards a General Object-Oriented Software Development Methodology. In: Proceedings of the First International Conference on Ada Programming Language Applications for the NASA Space Station, 1986, S. D.4.6.1–D.4.6.14.

(1986/89) und HOOD[35] von der European Space Agency (1987). Diese Methoden sind ebenfalls an Ada gebunden und nach heutigen Maßstäben als objektbasiert einzustufen.[36] Die Termini objektbasiert und objektorientiert wurden oben zwar nur für Programmiersprachen eingeführt, können aber wegen der Durchgängigkeit des Paradigmas auch auf Entwurfs- und Analysemethoden übertragen werden.

Eiffel

Der erste, der einen wirklich objektorientierten Entwurf gefordert hat, war der Erfinder von Eiffel, Bertrand Meyer, im Jahre 1987.[37] Einen anderen Weg als Meyer ging 1988 Alabiso[38], der einen auch nach heutigen Maßstäben objektorientierten Entwurf auf der Grundlage von Datenflußdiagrammen aus der Strukturierten Analyse erstellt – ein Vorgehen, das heute nicht mehr als adäquat angesehen wird (vgl. S. 195). In der Folgezeit wurde eine Reihe weiterer objektorientierter Entwurfsmethoden entwickelt, von denen wegen ihrer heutigen Verbreitung nur die beiden folgenden genannt werden sollen: Responsibility-Driven Design[39], erarbeitet unter der

---

[35] Heitz, M.: HOOD: Hierarchical Object-Oriented Design for development of large technical and realtime software, CISI ingeniere: 1987.

[36] Vgl. auch Stein, Wolfgang: Objektorientierte Analysemethoden. Vergleich, Bewertung, Auswahl. Mannheim u. a.: B.I.-Wissenschaftsverlag 1994, S. 25 f.

[37] Vgl. Meyer, Bertrand: Reusability: The Case for Object-Oriented Design. In: IEEE Software, March 1987, S. 50–64. Meyer veröffentlicht hier zwar keine umfassende Methode, zeigt aber, wie ein Programmentwurf mit Hilfe der Programmier(!)sprache Eiffel erstellt werden kann.

[38] Vgl. Alabiso, Bruno: Transformation of Data Flow Analysis Models to Object Oriented Design. In: ACM SIGPLAN Notices, Vol. 23, No. 11, November 1988 (= OOPSLA '88 Conference Proceedings), S. 335–353.

[39] Wirfs-Brock, Rebecca; Wilkerson, Brian: Object-Oriented Design: A Responsibility-Driven Approach. In: ACM SIGPLAN Notices, Vol. 24, No. 10, October 1989 (= OOPSLA '89 Proceedings), S. 71–75, ausführlicher dargestellt in Wirfs-Brock, Rebecca; Wilkerson, Brian; Wiener, Lauren: Designing Object-Oriented Software. Englewood Cliffs: Prentice Hall 1990.

Leitung von Rebecca Wirfs-Brock, und Better Object Notation (BON)[40] für Eiffel von Jean-Marc Nerson.

Objektorientierte Analyse

Objektorientierte Analyse ist das jüngste Anwendungsgebiet objektorientierter Ideen in der Softwareerstellung. Als Strukturkonzept für einen Fachentwurf hat sie ihren Ursprung in den Programmiersprachen (hier sind vor allem SIMULA und Smalltalk zu nennen) und im Programmentwurf (hier sind vor allem die Arbeiten von Booch zu nennen, s. o.). Weitere Wurzeln liegen in der Künstlichen Intelligenz – hier vor allem in den sogenannten Frames – und in der semantischen Datenmodellierung, die sich wiederum aus der Entity-Relationship-Modellierung entwickelt hat.

Die erste Veröffentlichung, die im Titel den Begriff „objektorientierte Analyse" enthält, ist vermutlich „Object-Oriented Analysis" von Stoecklin, Adams und Smith aus dem Jahre 1987.[41] Das erste Werk, das eine nennenswerte Verbreitung gefunden hat, ist jedoch „Object-Oriented Systems Analysis: Modeling the World in Data" (1988) von Shlaer und Mellor.[42] Wenn der dort vorgestellte Ansatz zur Systemanalyse auch keine Vererbung kennt und daher nach heutigen Kriterien nicht als objektorientiert anzusehen ist, so zeigt er doch, daß bereits Ende der 80er Jahre darüber nachgedacht wurde, objektorientierte Konzepte von Programmierung und DV-Entwurf auf das fachliche Entwerfen zu übertragen.

---

[40] Nerson, Jean-Marc: Applying Object-Oriented Analysis and Design. In: Communications of the ACM, Vol. 35, No. 9, September 1992, S. 63–74. Nerson entwickelt hier das Cluster-Modell von Meyer (vgl. S. 207) weiter.

[41] Stoecklin, Sara F.; Adams, Evans J.; Smith, Suzanne: „Object-Oriented Analysis", Tallahassee (Florida A&M University) und Johnson City (East Tennessee State University): 1987. Ziel der Arbeit ist allerdings eine Methode für den Übergang von Structured Analysis zu objektorientiertem Design (vgl. S. 3), also eher ein objektorientierter DV-Entwurf als ein Fachentwurf.

[42] Shlaer, Sally; Mellor, Stephen J.: Object-Oriented Systems Analysis: Modeling the World in Data. Englewood Cliffs: Yourdon Press 1988.

**Coad/
Yourdon**

**Mehr als 40
Analyse-
methoden**

Die erste umfassende, ausschließlich die Beschreibung der Problemwelt ins Auge fassende Methode dürfte jedoch das Buch „Object-Oriented Analysis" von Coad und Yourdon[43] gewesen sein. Objektorientierte Analyse ist also noch eine sehr junge Materie, und hier eine geschichtliche Einordnung vorzunehmen gleicht dem Versuch, hundert Jahre nach der Errichtung von Stonehenge eine Geschichte der Astronomie zu schreiben. Es soll daher an dieser Stelle genügen, festzustellen, daß Vorschläge für objektorientierte Analysemethoden in kurzen zeitlichen Abständen veröffentlicht wurden und daß es heute mehr als 40 Analysemethoden gibt, die den Anspruch erheben, objektorientiert zu sein.[44] Nicht alle sind wirklich objektorientiert (s. o.), und viele spielen praktisch keine Rolle. Eine grobe Einteilung unterscheidet „evolutionäre" Methoden, die z. B. objektorientierte Erweiterungen konventioneller Ansätze sind (hierher gehört z. B. die in Kapitel 4.2.2 vorgestellte Object Modeling Technique von Rumbaugh et al.), und „revolutionäre" Ansätze wie den von Booch oder die in Kapitel 4.2.1 dargestellte objektorientierte Analyse nach Coad und Yourdon.

---

[43] Coad, Peter; Yourdon, Edward: Object-Oriented Analysis. Englewood Cliffs: Prentice-Hall 1990 (a). Offensichtlich haben die Autoren vorher kaum etwas zur objektorientierten Systemanalyse in Zeitschriften veröffentlicht. Die Bibliographie dieses Buches enthält jedenfalls als einzige Werke der Autoren zwei Seminarunterlagen von Peter Coad aus dem Jahre 1989 (S. 217) und von Edward Yourdon nichts über Objektorientierung. Auf der anderen Seite erschien 1989 ein Aufsatz von Peter Coad (Object-Oriented Analysis. In: American Programmer, Vol. 2, No. 7/8, Summer 1989, S. 22–33) und 1990 ein Aufsatz von Peter Coad und Edward Yourdon (Object-Oriented Analysis. In: Thayer, Richard H.; Dorfman, Merlin (Hrsg.): System and Software Requirements Engineering. Los Alamitos (CA) u. a.: IEEE Computer Society Press, 1990, S. 272–289). Beide Aufsätze werden auch in der 2. Auflage des Buches „Object-Oriented Analysis" (1991) zitiert.

[44] Diese Schätzung ist sehr vorsichtig. Stein (1994), a. a. O., klassifiziert bereits 41 solcher Methoden, die vor dem 1. August 1993 veröffentlicht wurden, s. dort S. 24. Manche dieser Methoden sind auch eher als Entwurfsmethoden anzusehen.

**Daten-
haltungs-
systeme**

Älter als objektorientierte Analysemethoden und für die Wirtschaftsinformatik ein zunehmend wichtiges Gebiet sind die
objektorientierten Datenhaltungssysteme. Eines der ersten
kommerziell verfügbaren objektorientierten Datenhaltungssysteme war GemStone im Jahre 1987.[45] Im August 1989 wurde
„The Object-Oriented Database System Manifesto" erarbeitet,
das bis heute maßgeblich ist.[46] Heute gibt es neben den ei-
genständigen objektorientierten Datenbanken wie O_2 auch
Erweiterungen relationaler Datenbanksysteme (z. B. Postgres
als Erweiterung von Ingres) und – als älteste Vertreter – Produkte, die die mit objektorientierten Programmiersprachen
definierten Objekte „persistent machen". Hierher gehören
unter vielen anderen GemStone[47] auf Smalltalk-Basis und
Poet auf C++-Basis. Unternehmen, die (unter Umständen erhebliche Summen) in den Aufbau relationaler Datenbanken
investiert haben, sind an einer möglichst kostengünstigen Mi-
gration zu objektorientierten Datenhaltungssystemen interes-

---

[45] Vgl. Heuer, Andreas: Objektorientierte Datenbanken. Konzepte,
Modelle, Systeme. Bonn u. a.: Addison-Wesley 1992, S. 475. Wilkie, George: Object-Oriented Software Engineering. The Professional Developer's Guide. Wokingham u. a.: Addison-Wesley
1994, schreibt auf S. 345: „Object-oriented database management
systems are still in their infancy. The first serious commercial
product was released in 1987."

[46] Atkinson, Malcolm; DeWitt, David; Maier, David; Bancilhon,
François; Dittrich, Klaus; Zdonik, Stanley: The Object-Oriented
Database System Manifesto. In: Datenbank-Rundbrief, Nr. 5, Mai
1990, S. 28–36. Die Arbeit trägt das Datum vom 19. August 1989
und war für die „First International Conference on Deductive and
Object-Oriented Databases (DOOD)" vom 4. bis 6. Dezember
1989 in Kyoto vorgesehen. (Der Tagungsband sollte 1990 bei
North-Holland erscheinen.) Der Vollständigkeit halber soll hier
noch ein weiteres „Manifest" erwähnt werden, das „Third gene-
ration database system manifesto" (Stonebraker, Michael; Rowe,
Lawrence A.; Lindsay, Bruce; Gray, James; Carey, Michael; Brodie, Michael; Bernstein, Philip; Beech, David: Third-generation
Database System Manifesto. In: Computer Standards & Interfaces,
Vol. 13, No. 1–3, 1991, S. 41–54). Es verficht einen sanften Übergang von bestehenden Datenbanken und fordert eine Kompatibilität mit SQL.

[47] Heute bietet GemStone auch Sprachschnittstellen zu C++ und C.

siert. Daher bemühen sich fast alle Hersteller relationaler Datenbanken um objektorientierte Erweiterungen, und auch die zum Industriestandard avancierte Datenbankabfragesprache SQL[48] wird in ihrem ISO-Standard (für SQL3), der frühestens 1997 erwartet wird, stark in Richtung Objektorientierung erweitert.[49]

Betriebs-systeme

Ein weiteres systemnahes Gebiet, das sich auch immer stärker dem Bereich der objektorientierten Datenbanken annähert, ist das der objektorientierten Betriebssysteme. Aus Datenbank-Sicht liegt es nahe, die Unterstützung für Objektorientierung bereits auf der grundlegenden Ebene der Betriebssystem-dienste zu implementieren. Zwei wichtige Entwicklungen in diesem Bereich sind das an der Carnegie Mellon University in Pittsburgh bereits Mitte der achtziger Jahre realisierte Unix-Derivat Mach und das in Frankreich entwickelte Betriebssystem Chorus (ebenfalls ein Unix-Derivat). Mach ist Bestandteil des Betriebssystems NextStep und wird sowohl vom amerikanischen Verteidigungsministerium als auch von der Open Software Foundation gefördert. Objektorientierte Betriebssysteme sind bislang nur auf Workstations und PCs erhältlich und sind von einem „flächendeckenden" Einsatz noch weit entfernt.

System-Software

Dennoch ist unumstritten, daß eine objektorientierte Realisierung von Anwendungssystemen früher oder später auch entsprechende Dienste der Systemsoftware voraussetzt. Dem trägt die Common Object Request Broker Architecture (COR-BA) der 1989 gegründeten Object Management Group (OMG), einem Industriekonsortium, Rechnung. Ein Object Request Broker ist ein „Postverteiler", der Verarbeitungsan-

---

[48] SQL ist natürlich auch eine Datendefinitions- und Datenmanipulationssprache.

[49] Vgl. Weber, Reinhold: SQL-Standards in Vergangenheit, Gegenwart und Zukunft. In: Datenbank-Rundbrief, Nr. 12, November 1993, S. 15–20, hier insbesondere S. 18. Dort schreibt Weber auch: „SQL3 wird die 13 ‚Golden Rules' [die Muß-Kriterien für eine objektorientierte Datenbank aus dem obengenannten 'Object-Oriented Database System Manifesto', d. Verf.] und einige der ‚Goodies' [die Kann-Kriterien, d. Verf.] [...] erfüllen."

forderungen (Requests) an Objekte weiterleitet. Er wurde im Januar 1992 zum ersten Mal standardisiert (CORBA 1.1); der Standard CORBA 2.0 existiert seit November 1994. Durch einen solchen „Postverteiler" wird die Client/Server-Programmierung erheblich vereinfacht.

Graphische Benutzeroberflächen

Als letztes Anwendungsgebiet objektorientierter Ansätze seien die graphischen Benutzeroberflächen genannt. Nicht jede graphische Benutzeroberfläche ist eine objektorientierte Benutzeroberfläche[50], aber eine graphische Oberfläche läßt sich objektorientiert effizienter als beispielsweise funktionsorientiert implementiert, weil die Grundelemente (Fenster, Schaltflächen usw.) immer wieder in ähnlicher oder sogar gleicher Form verwendet werden. Umgekehrt läßt sich der Grundgedanke der Objektorientierung – eine möglichst wirklichkeitsgetreue Simulation der Realwelt – mit einer graphischen Benutzeroberfläche am besten verwirklichen. Graphische Benutzeroberflächen waren daher schon sehr früh mit der Entwicklung objektorientierter Ansätze eng verbunden – so eng, daß häufig sogar „Objektorientierung" mit „graphischer Benutzeroberfläche" gleichgesetzt wurde. Auf der anderen Seite trug dieser Umstand nicht unwesentlich zur Verbreitung objektorientierter Ansätze auch im kommerziellen Umfeld bei.

Graphische Benutzeroberflächen ermöglichen gegenüber Menüs auf zeichenorientierten Bildschirmen oder sogar kommandozeilenorientierten Benutzerschnittstellen eine in der Regel einfachere Handhabung eines Anwendungssystems. Sie wurden erstmals im Rahmen des Smalltalk-Projekts entwickelt und eingesetzt. Die zweite graphische Benutzeroberfläche stellte Apple 1983 auf dem Rechner Lisa vor. Aus Gründen, die hier nicht erörtert werden können, setzte sie sich jedoch trotz ihrer Überlegenheit nicht durch. 1984 startete Apple mit dem Macintosh einen zweiten – nun erfolgreicheren – Ver-

---

[50] Eine konventionelle Benutzeroberfläche wird sicherlich nicht objektorientiert, wenn sie dem Benutzer als Graphik präsentiert wird. Die Objekte der Oberfläche müssen Objekte der Realwelt repräsentieren und wie diese bestimmte, veränderliche Eigenschaften und ein von diesen Eigenschaften beeinflußtes Verhalten aufweisen.

such, graphische Benutzeroberflächen zu etablieren.[51] 1985 begann Atari mit dem Verkauf von Rechnern, deren wichtigste Eigenschaft in einer graphischen Benutzeroberfläche mit dem Namen GEM[52] (sowie im niedrigen Preis) bestand. Als Aufsatz für ihr Betriebssystem MS-DOS verkauft Microsoft heute die graphische Benutzeroberfläche Windows. Sie wurde 1983 angekündigt und 1985 in einer ersten Version auf den Markt gebracht. Der endgültige Durch-bruch gelang aber erst 1990 mit der Version 3.0. Eine weitere graphische Benutzeroberfläche ist der Presentation Manager des Betriebssystems OS/2, Version 2.0, von IBM. Folgten die ersten graphischen Benutzeroberflächen wie die von Lisa oder GEM und Windows in ihrer Benutzerführung eher einer funktionsorientierten Sichtweise, so weist der Presentation Manager heute (wie auch Windows95 beta) eindeutige Bezüge zur Objektorientierung auf. Wirklich objektorientierte graphische Benutzeroberflächen sind noch selten, werden aber mit der Entwicklung objektorientierter Betriebssysteme eine zunehmende Verbreitung und Bedeutung erhalten.

Die obigen Ausführungen zeigen, daß in vielen Teilbereichen der Softwaretechnik von Objektorientierung gesprochen wird. Sie alle tragen zu den Hoffnungen, Erwartungen und Ansprüchen bei, die heute mit „der Objektorientierung" verbunden werden und Gegenstand des folgenden Kapitels sind.

---

[51] Vgl. Winblad, Ann L.; Edwards, Samuel D.; King, David R.: Object-Oriented Software. Reading u. a.: Addison-Wesley 1990, S. 136. Die Oberfläche des Betriebssystems System 7 ist heute objektorientiert.

[52] GEM steht für Graphics Environments Manager und war ein eingetragenes Warenzeichen der mittlerweile von Novell aufgekauften Digital Research, Inc.

1.3 Anliegen und Anspruch der Objektorientierung

Die Schwierigkeiten bei der heutigen Softwareerstellung sind alt und bekannt: Softwareentwicklungsprojekte dauern oft zu lange und kosten häufig zu viel, die Softwareprodukte entsprechen längst nicht immer den Anforderungen der Anwender, die Pflege bestehender Anwendungen bindet zu viele Ressourcen usw. usf. Eine Vorgehensweise, die hier in einigen Punkten Abhilfe verspricht, ist interessant; ein Ansatz, der wie die Objektorientierung den Anspruch erhebt, in allen Punkten Verbesserungen zu schaffen, ist besonders interessant und sollte daher sorgfältig untersucht werden.

Entwicklungs-zeit

Vor allem frühe Veröffentlichungen zur Objektorientierung aus der Mitte der 80er Jahre weckten hochgesteckte Erwartungen.[53] Dazu gehörte auch eine **Verkürzung der Entwicklungszeiten.** Dieser Anspruch wird auch heute noch erhoben, wenn auch differenzierter: Die Verkürzung beziehe sich nicht auf jede Phase des Entwicklungsprozesses, sondern für die Analyse werde mehr Zeit verwendet, die allerdings in den späteren Phasen wieder eingespart werde. Seit Beginn der 90er Jahre vertreten manche Autoren auch die Meinung, daß der wesentliche Vorteil objektorientierter Softwareentwicklung nicht so sehr in einer Verkürzung der Entwicklungszeiten liege.[54] Wegen des höheren Aufwandes für die Entwicklung möglichst wiederverwendbarer Klassen wird heute sogar mit einem deutlichen Mehraufwand für die ersten Projekte gerechnet. Erst später, wenn der Vorteil der Wiederverwendung greife, seien kürzere Entwicklungszeiten möglich.

---

[53] Ein Beispiel ist der Massenmarkt für „Software-ICs" (käuflichen Software-Standardbausteinen), der auch neun Jahre nach seiner Ankündigung durch Brad Cox (vgl. Cox (1986), a. a. O., S. v, vi und 27) noch nicht existiert.

[54] Vgl. Rumbaugh, James; Blaha, Michael; Premerlani, William; Eddy, Frederick; Lorensen, William: Object-Oriented Modeling and Design. Englewood Cliffs: Prentice-Hall 1991, S. 9.

Kosten	Der Beitrag objektorientierter Ansätze zur **Kostensenkung** bestehe zum einen in den – zumindest langfristig – kürzeren Entwicklungszeiten und zum anderen in der Möglichkeit, wiederverwendbare Komponenten auf dem Markt zu beziehen (die Entwicklungskosten würden damit auf viele Käufer verteilt). Weitere Kostensenkungspotentiale seien in der höheren Qualität der Fachentwürfe zu sehen.
Komplexität	Die bessere fachliche Verständlichkeit der Entwürfe (und auch der Programme) sei in Verbindung mit verbesserten Informationsstrukturen (Aggregation, Klassenhierarchien mit Vererbung und anderes mehr) ein Beitrag zur **Komplexitätsreduzierung.**
Benutzeranforderungen	Mit objektorientierten Methoden entwickelte Anwendungen würden **besser den Anforderungen der Anwender entsprechen,** weil die Kommunikation mit der Fachabteilung besser unterstützt werde und eine iterative bzw. inkrementelle Entwicklung besser als mit konventionellen Methoden möglich sei. Dadurch könne auch **wechselnden und steigenden Anforderungen** der Benutzer an ihre Anwendungssysteme besser Rechnung getragen werden.
Organisationskonzept	Heute blockieren DV-Altlasten notwendige organisatorische Änderungen, „weil die Abläufe in der Datenverarbeitung festgeschrieben sind und der Anpassungsaufwand als zu groß erscheint"[55]. Heute eingesetzte Informatikkonzepte zementieren damit veraltete Organisationskonzepte; anstelle einer erhofften Flexibilisierung tritt also häufig das Gegenteil ein.[56] Objektorientierte Systeme ermöglichten dagegen aufgrund ihres stärker modularen Aufbaus und der leichteren Änderbarkeit, dem Grundsatz „**Die Informationstechnik folgt der Organisation"** zu folgen und notwendige organisatorische Änderungen schneller als bisher auch informationstechnisch zu unterstützen.

---

[55] Klotz, Ulrich: Ausweg aus dem Produktivitäts-Paradoxon (Teil I). Objektorientierung als ein Leitbild für EDV und Organisation. In: Zeitschrift Führung + Organisation, 62. Jg., Nr. 6, November/Dezember 1993, S. 404–410, S. 406.

[56] Vgl. ebenda.

Fachentwurf und Fachsprache

Bei konventionellen Analysemethoden stellt sich oft bei der Implementierung heraus, daß der Fachentwurf fehlerhaft war. Objektorientierte Ansätze führten dagegen zu einer **höheren Qualität der Fachentwürfe,** weil sie eine Orientierung an der (Fach-)Sprache der Anwender ermöglichten; darüber hinaus könnten objektorientierte Fachentwürfe besser als traditionelle durch die künftigen Anwender auf ihre Richtigkeit und Vollständigkeit überprüft werden.

Kein methodischer Buch

Während es bisher beim Übergang vom Fachentwurf zum DV-Entwurf und weiter zur Implementierung immer wieder einen methodischen Bruch gibt, wiesen objektorientierte Ansätze eine bislang nicht gekannte **Durchgängigkeit** auf; Sprech- und Denkweise seien in allen Entwicklungsphasen dieselben, und die Systementwicklung sei im Grunde eine schrittweise Verfeinerung des Fachentwurfs. Umgekehrt bedeutet diese Durchgängigkeit natürlich eine **Rückverfolgbarkeit von Entwurfsentscheidungen** – ein ebenfalls nicht zu unterschätzender Vorteil.

„Lego-Prinzip"

Auch müsse bei der Softwareentwicklung nicht wie bisher „das Rad immer wieder neu erfunden" werden, sondern existierende Lösungen könnten wiederverwendet werden. Auch dies sei durch den stark modularen Aufbau der Systeme möglich: Die Objekte seien autonome Einheiten, die nach dem „Lego-Prinzip"[57] beliebig zusammengesteckt werden könnten. Dadurch könnten auch Hardwarespezifika besser als bisher gekapselt werden, so daß eine **Portierung** von Anwendungen auf andere Plattformen schneller, billiger und fehlerärmer vorgenommen werden könne.

Benutzeroberfläche

Auf die Tatsache, daß **graphische Benutzeroberflächen** am effizientesten objektorientiert entwickelt werden, wurde bereits auf Seite 16 hingewiesen. An dieser Stelle sei ergänzt, daß „bei der Entwicklung einer typischen Workstation-Applikation etwa 60 Prozent des Codes auf die Programmierung der grafischen Benutzerschnittstelle entfallen – und das bei

---

[57] Vgl. o. V.: Prinzip „Lego". Auf dem Weg zu neuen, flexiblen Systemstrukturen. In: Diebold Management Report, Nr. 6/1990, S. 1–5.

Verwendung einer Standardoberfläche wie etwa Windows oder Motif"[58]. Dabei wird heute mehr als die Hälfte aller neuen Anwendungssysteme mit einer graphischen Oberfläche entwickelt – zumindest wenn man die Großrechneranwendungen ausnimmt. Aber: „Firmenspezifische Anwendungen und Branchenlösungen, die keine Millionenbeträge erlösen, rechtfertigen beim Einsatz herkömmlicher Methoden den Aufwand einer modernen Oberfläche nicht."[59]

Wartung

Schließlich werde die **Pflege bestehender Software erheblich vereinfacht** (auf die Wartung entfallen bis zu 80 % der Gesamtaufwendungen für ein Softwareprodukt), weil objektorientierte Entwürfe und Programme sehr viel leichter änderbar seien als herkömmliche. Dies liege in der Tatsache begründet, daß das Geheimnisprinzip und das Prinzip der Lokalität bei objektorientierten Ansätzen wesentlich besser verwirklicht sei (bzw. werden könne) als bei konventionellen Vorgehensweisen.

Umfassender Anspruch

Anliegen und Anspruch der Objektorientierung sind also umfassend und hoch. Die größten Vorteile scheinen dabei in der „Natürlichkeit" des Ansatzes überhaupt, in der Verständlichkeit der entstehenden Modelle, in der Wiederverwendbarkeit einmal entwickelter Komponenten und der Wartbarkeit objektorientierter Systeme zu liegen. In dieser Arbeit soll nun untersucht werden, welche Vorteile die Objektorientierung beim *fachlichen Entwerfen* bringt; dazu werden zunächst im folgenden Kapitel die Anforderungen an einen Fachentwurf herausgearbeitet.

---

[58] Wilke, Helmut: Datenbanken orientieren sich zunehmend an Objekten. In: Computerwoche, 17. Jg., Nr. 27, 6. Juli 1990, S. 16.
[59] Ebenda.

2 Das Anforderungsprofil eines Fachentwurfs

2.1 Gliederung eines Fachentwurfs

Basiskonzept

Detailkonzept

Der Fachentwurf für ein DV-Anwendungssystem wird nach Kargl in zwei Teile gegliedert, das fachliche Basiskonzept und das fachliche Detailkonzept.[1] Diese Zweiteilung ergibt sich daraus, daß in einer ersten Phase, der Anforderungsermittlung, die aufgaben- und benutzerspezifischen Anforderungen – und, soweit sie bereits vorliegen, die technikspezifischen Anforderungen – an ein zu entwickelndes DV-Anwendungssystem aus der Sicht der Fachabteilung beschrieben werden.[2] Das hierbei entstehende fachliche Basiskonzept wird in einem zweiten Schritt, der Anforderungsspezifizierung, zum fachlichen Detailkonzept verfeinert. Eine solche Zweiteilung ist für einen Fachentwurf nicht zwingend notwendig, aber zur Komplexitätsreduzierung sinnvoll und von vielen Autoren vorgesehen.

---

[1] Vgl. Kargl, Herbert: Fachentwurf für DV-Anwendungssysteme. München, Wien: Oldenbourg 1989 (eine zweite Auflage erschien 1990), S. 94.

[2] Entsprechend den zwei Sichtweisen auf die Organisationsplanung lassen sich die Anforderungen an ein zu entwickelndes DV-Anwendungssystem in Anforderungen an die Systemgestaltung und Anforderungen an die Prozeßgestaltung unterteilen. Letztere beziehen sich auf die **Vorgehensweise** zur Systemgestaltung (z. B. Arbeitsverteilung, Verantwortungsregelung, Zeit- und Kostenbudget) und sind daher hier nicht Gegenstand der Betrachtung. Zu Vorgaben für die Durchführung der Systemerstellung s. Partsch, Helmut: Requirements Engineering. München, Wien: Oldenbourg 1991, S. 36.

Grobstruktur

Aus dem Verständnis eines DV-Anwendungssystems als Mensch-Aufgaben-Technik-System[3] folgt, daß bei der Erarbeitung des Fachentwurfs nicht nur softwaretechnische Probleme wie fachliche Aufgabenmodellierung und technische Anforderungen behandelt werden, sondern auch organisatorische Implikationen Gegenstand der Betrachtung sein müssen. Aus der Notwendigkeit wirtschaftlichen Handelns folgt, daß eine Nutzenbegründung Bestandteil des Fachentwurfs sein muß; gegebenenfalls ist die Realisierung oder Einführung eines geplanten DV-Anwendungssystems in Ausbaustufen sinnvoll.[4] Damit ergibt sich als Grobstruktur des Anforderungsprofils eines Fachentwurfs folgendes Bild:[5]

Abb. 3:
Gliederung
des Fach-
entwurfs

Fachentwurf	
Fachliches Basiskonzept	Fachliches Detailkonzept
Fachliche Basislösung Organisatorische Basislösung Technische Basislösung Ausbaustufen Nutzenbegründung	Fachliche Detaillösung Organisatorische Detaillösung Technische Basislösung (überarbeitet) Ausbaustufen (überarbeitet) Nutzenbegründung (überarbeitet)

Ein Fachentwurf (synonym: fachliche Anforderungsspezifikation) besteht also sowohl aus einem fachlichen Basiskonzept als auch aus einem fachlichen Detailkonzept. Weil bei einem Fachentwurf die technischen Vorgaben nicht so sehr im Mittelpunkt stehen wie fachliche und organisatorische Anforderungen, sollte man beim fachlichen Detailkonzept besser von einer überarbeiteten technischen Basislösung als von einer technischen Detaillösung sprechen; der Begriff „Detail" würde falsche Erwartungen wecken. Auch die Beschreibung der

---

[3] Vgl. Kargl (1989), a. a. O., S. 94.

[4] Vgl. End, Wolfgang; Gotthardt, Horst; Winkelmann, Rolf: Softwareentwicklung. Leitfaden für Planung, Realisierung und Einführung von DV-Verfahren. Berlin, München: Siemens AG 1990, S. 122.

[5] Vgl. Kargl (1989), a. a. O., S. 96 u. 146.

Ausbaustufen und die Nutzenbegründung werden im fachlichen Detailkonzept lediglich überarbeitet.

2.2 Das fachliche Basiskonzept

2.2.1 Die fachliche Basislösung

Mittelpunkt
der
Modellierung

Die fachliche Basislösung steht im Mittelpunkt des fachlichen Basiskonzepts; in ihr wird die betriebliche Wirklichkeit modelliert. Diese Modellierung kann verschiedenen Paradigmen folgen: Sie kann die betrieblichen **Funktionen** hervorheben[6], sie kann **datenorientiert** sein[7]; fachliche **Aufgaben** können durch Zustände (Typen, Mengen), Ereignisse (Typen, Mengen, Häufigkeiten), Vorgänge (Typen, Häufigkeiten) und Kommunikationsbeziehungen modelliert werden[8]. Eine vierte Möglichkeit besteht darin, **Objekte** des Anwendungsbereiches in den Mittelpunkt zu stellen und den entsprechenden „Modellobjekten" die Fähigkeit zu Aktion, Reaktion und Kommunikation zu geben.[9]

„geeignete"
Modellierung

An dieser Stelle soll kein Vergleich und schon gar keine Wertung der unterschiedlichen Ansätze vorgenommen werden. Hier genügt es festzustellen, daß in der fachlichen Basislösung die betriebliche Realwelt in geeigneter Weise in eine (fachliche, nicht DV-technische!) Modellwelt abgebildet werden muß, die alle relevanten betrieblichen Funktionen, Daten und Objekte sowie die zu erfüllenden fachlichen Aufgaben enthält. „In geeigneter Weise" bedeutet dabei vor allem, daß das entstehende Modell – und jede Beschreibung der Anforderungen bzw. der Realwelt, sei diese Beschreibung nun natürlichsprachlich, graphisch oder formal, ist ein Modell – für die Mitglieder der Fachabteilung verständlich ist. Insbesondere muß die Fachabteilung, die in der Regel aus Experten ihres Fachgebietes, aber aus DV-Laien besteht, möglichst

---

[6] Das tut z. B. HIPO.

[7] Das ist z. B. beim Entity-Relationship-Modell der Fall.

[8] Diesen Ansatz wählt Kargl (1989), a. a. O., vgl. S. 96.

[9] In diesem Fall folgt man dem Ansatz der Objektorientierung.

mühelos in der Lage sein, das Modell auf seine Richtigkeit zu überprüfen und Fehler wie Unvollständigkeiten oder Inkonsistenzen zu entdecken.[10] „In geeigneter Weise" bedeutet aber auch, daß das entstehende Modell hinreichend genaue Vorgaben für die Entwickler enthält.[11]

Neben dem – wie auch immer gearteten – Modell der betrieblichen Funktionen, Daten, Aufgaben und Objekte müssen bei der Erarbeitung der fachlichen Basislösung die **Schnittstellen zum Umsystem** festgelegt und beschrieben werden. Der Untersuchungsbereich muß klar abgegrenzt werden, und die „Grenzgänger" müssen identifiziert werden.[12]

2.2.2 Die organisatorische Basislösung

Auswirkungen auf die Organisation

Die Auswirkungen des zu entwickelnden DV-Anwendungssystems auf die Organisation der Fachabteilung(en) werden in der organisatorischen Basislösung beschrieben. Der Arbeitsablauf in der Fachabteilung wird sich durch die Nutzung des DV-Anwendungssystems ändern und muß daher neu gestaltet werden. An dieser Stelle kann auch schon die Entscheidung über eine zentrale oder dezentrale Lösung – z. B. nach dem Client/Server-Konzept – fallen. Auch eine erforderliche Aufgabenneugliederung und Stellenneugliederung

---

[10] Die Praxis hat gezeigt, daß dies nicht bei jeder Darstellung (immer) der Fall ist. Es gibt Berichte, daß die Fachabteilungen Schwierigkeiten mit Structured Analysis oder sogar mit dem Entity-Relationship-Modell hatten, vgl. z. B. Kirsch, Christina: Benutzerbeteiligung bei der Datenmodellierung. In: Softwaretechnik-Trends, Bd. 11, Nr. 3, August 1991, S. 93–103, hier: S. 102.

[11] Eindeutigkeit der Vorgaben und Verständlichkeit sind konkurrierende Ziele bei der Wahl (und Entwicklung) einer Darstellungsweise: Was intuitiv verständlich ist, ist selten eindeutig, und was eindeutig ist, ist fast nie gut verständlich.

[12] Dafür gibt es keine festen Regeln, weil Grenzziehung und Schnittstellendefinition vom Modellierungszweck abhängen. Schnittstellen können sich an betrieblichen Aufgabenbereichen orientieren (z. B. Lagerhaltung und Fertigungsdisposition) oder an bereits bestehenden Anwendungssystemen (Datenbanken, Dateien).

wird im organisatorischen Basiskonzept festgehalten.[13] Die Stellenneugliederung beinhaltet unter anderem die Klärung der Nutzungsberechtigungen und der erforderlichen Qualifikationen sowie erste Aussagen zur Aus- und Weiterbildung betroffener Mitarbeiter.

2.2.3   Die technische Basislösung

Technische Rahmen-Bedingungen

Die Neuentwicklung eines DV-Anwendungssystems „auf der grünen Wiese" ist eine seltene Ausnahme; in den meisten Fällen muß ein Unternehmen mit „Altlasten" an Hard- und Software leben. Die technischen Rahmenbedingungen der Hardwarekonfiguration – z. B. verfügbare oder zu verwendende Geräte[14] – und der Softwarekonfiguration – etwa verfügbare oder zu verwendende (Basis-)Software – sind Gegenstand der technischen Basislösung. Sie enthält auch rudimentäre Aussagen über Art und Umfang der benötigten DV-Arbeitsplätze sowie über technische Maßnahmen, die bei einem Systemausfall zu treffen sind.[15] Weitergehende Aussagen zur technischen Infrastruktur sind bei der Erarbeitung eines **fachlichen** Basiskonzepts gemäß dem Prinzip der Trennung von Essenz und Inkarnation[16] in der Regel nicht erforderlich.

2.2.4   Ausbaustufen

Ausbaustufen

Es kann notwendig oder zweckmäßig sein, das geplante DV-Anwendungssystem in zwei oder mehreren Ausbaustufen zu entwickeln oder einzuführen. Wenn das der Fall ist, muß dies im fachlichen Basiskonzept dargestellt werden.[17] Im Organisationskonzept kann gegebenenfalls auf diese Ausbaustufen hingewiesen werden.

---

[13] Vgl. Kargl (1989), a. a. O., S. 96.
[14] Vgl. Partsch (1991), a. a. O., S. 35.
[15] Vgl. Kargl (1989), a. a. O., S. 135.
[16] Zum Prinzip der Trennung von Essenz und Inkarnation vgl. S.62.
[17] Vgl. End & al. (1990), a. a. O., S. 122.

2.2.5 Nutzenbegründung

Kosten und Nutzen

Die hohen Entwicklungskosten und der große Einführungsaufwand (und natürlich die zu erwartenden hohen Wartungskosten, vgl. S. 21) machen eine Nutzenbegründung erforderlich. Hier werden die erwarteten Projektkosten (Entwicklungs- und Folgekosten) dem erhofften (quantitativen und qualitativen) Projektnutzen gegenübergestellt. Die verschiedenen Verfahren zur Ermittlung der monetär bewertbaren und der qualitativen Wirtschaftlichkeit, wie sie z. B. bei Kargl[18] beschrieben werden, können hier nicht Gegenstand der Betrachtung sein, auf sie wird jedoch der Vollständigkeit halber hingewiesen.

2.3 Das fachliche Detailkonzept

2.3.1 Die fachliche Detaillösung

Verfeinerung

Die in der fachlichen Basislösung niedergeschriebenen aufgabenspezifischen Anforderungen werden im fachlichen Detailkonzept zur fachlichen Detaillösung verfeinert. Das Paradigma der Basislösung (funktions-, daten-, aufgaben-, objektorientiert) sollte aus pragmatischen Gründen beibehalten werden.

Top-down-Ansatz notwendig

Eine detaillierte Spezifizierung der zu erfüllenden fachlichen Aufgaben impliziert in der Regel auch eine Verfeinerung der relevanten betrieblichen Funktionen, Daten und Objekte. Ein Vorgehen zur Erstellung eines Fachentwurfs sollte daher für jede dieser „Sichten" einen Top-down-Ansatz unterstützen (allerdings nicht unbedingt erzwingen) und geeignete Beschreibungsmittel für die Gestaltungsobjekte zur Verfügung stellen. Im Hinblick auf CASE-Systeme kann die fachliche Detaillösung standardisierter und in Ansätzen formaler sein als die Basislösung, doch müssen auch hier Fachleute ohne

---

[18] Siehe Kargl, Herbert: Controlling im DV-Bereich. München, Wien: Oldenbourg 1993, S. 74-89.

DV-Kenntnisse Vollständigkeit und Fehlerfreiheit überprüfen können.

Variierende Begriffe

Die Begriffe, mit denen die zur Überarbeitung bzw. Detaillierung anstehenden Betrachtungsgegenstände bezeichnet werden, variieren stark von Ansatz zu Ansatz. Im folgenden können daher nur schlaglicht- und schlagwortartig die Bereiche aufgezeigt werden, die im Rahmen eines fachlichen Detailkonzepts einer eingehenden Betrachtung unterzogen werden müssen.

Informationsstruktur

Werden informationstragende Objekte unterschieden, müssen sie nun identifiziert werden. Ihre Attribute und die Beziehungen zwischen den Informationsobjekten müssen festgelegt werden. Ein weit verbreiteter Ansatz hierzu, das Entity-Relationship-Modell, wird in Kapitel 3.2.1 vorgestellt. Ziel ist ein konzeptueller Datenbankschema-Entwurf, der mit eventuell vorhandenen Datenbankschemata abgestimmt werden muß. Anhand dieses Datenbankschema-Entwurfs kann ein Datenmengengerüst erstellt werden, bei dem für kommerzielle Anwendungen sinnvollerweise Stamm- und Bewegungsdaten unterschieden werden. Schlüsselsysteme werden ebenfalls im fachlichen Detailkonzept festgelegt (soweit sie fachlich geboten sind), ebenso Prüfziffernverfahren und andere Integritätsbedingungen. Hierher gehören auch die Definitionsbereiche von zulässigen Ein- und Ausgabewerten.

Funktionsstruktur

Bei einer Funktionsstruktur sind Ablauffolge und Bearbeitungsformen zu spezifizieren. Hier sind der statische und der dynamische Teil relevant, und zu jeder Funktionsbeschreibung gehören Funktionsinput, Funktionsoutput, Funktionsauslöser und Verarbeitungsvorschrift. In einem weiteren Schritt müssen aus Funktionsfolgen Ablauf- bzw. Vorgangsketten gebildet werden.

Benutzerschnittstelle

Zur Beschreibung der Benutzerschnittstelle gehören Maskenlayout und Maskenfolge sowie eine Beschreibung der Auswertungen: Inhalt, Layout, Träger (Bildschirm, Papier, logischer Datenträger, ...), Häufigkeit usw. Werden mehrere Benutzer mit dem System arbeiten, kann es sinnvoll sein, ein Benutzermodell zu entwickeln, in das die unterschiedlichen

DV-Kenntnisse und fachlichen Hintergründe sowie unterschiedliche Benutzungshäufigkeiten eingehen.

Sonstiges Ganz wichtig sind Angaben zum Ausführungsverhalten (Zeit, Ressourcen, Genauigkeit), zu Zuverlässigkeit, Robustheit und Ausfallsicherheit.

Art und Umfang der Dokumentation müssen ebenfalls fachlicherseits festgelegt werden, und eine Liste der ausgeschlossenen Leistungen (sie wird vermutlich von der Entwicklerseite zusammengetragen) schließt die fachliche Detaillösung ab.

2.3.2 Die organisatorische Detaillösung

Organisatorische Auswirkungen Die in der organisatorischen Basislösung nur grob umrissene Neugestaltung des Arbeitsablaufes wird in der organisatorischen Detaillösung unter anderem zu einem Belegflußplan verfeinert.[19] Insbesondere können jetzt bereits die Anforderungen an die Datenerfassung festgeschrieben werden: Zeitpunkt und Einmaligkeit der Erfassung, Absicherung des Erfassungsbeleges usw.[20] Die Angaben zur Aufgaben-Neugliederung werden zum Aufgabengliederungsplan detailliert, ebenso die Ausführungen zur Stellen-Neugliederung zum Stellengliederungsplan.[21] Neu sind der Umstellungs- und Einführungsplan sowie ein Schulungsplan; sie sind notwendig, um den Betrieb des geplanten Systems rechtzeitig mit ausreichend ausgebildeten Mitarbeitern aufnehmen zu können.[22] Darüber hinaus muß ein Datensicherheits- und Datenschutzkonzept erarbeitet werden.[23] Hierbei wird auch ein

---

[19] Vgl. Kargl (1989), a. a. O., S. 96 u. 146.

[20] Vgl. End & al. (1990), a. a. O., S. 148.

[21] Siehe Kargl (1989), a. a. O., S. 96 u. 146.

[22] Siehe Kargl (1989), a. a. O., S. 146.

[23] Datensicherheit und Datenschutz haben eine rechtliche, eine technische und eine organisatorische Seite. Einige Aspekte des Datensicherheits- und Datenschutzkonzepts können daher schon in der fachlichen Detaillösung behandelt werden (z. B. unterschiedliche Sichten für verschiedene Benutzergruppen) oder in der technischen Detaillösung (z. B. eine Hardwarekomponente, die den DES-Algorithmus zur Verschlüsselung von Daten implementiert).

Maßnahmenkatalog zur Betriebssicherheit erarbeitet und ein Plan für den Notbetrieb („Notverfahren") erstellt. Das ebenfalls zu entwickelnde Rekonstruktionsverfahren sollte auch Angaben über den maximal möglichen Informationsverlust enthalten.[24]

2.3.3 Die technische Basislösung (überarbeitet)

Technische Auswirkungen

Gemäß dem Prinzip der Trennung von Essenz und Inkarnation kann die technische Basislösung kaum verfeinert werden, wird aber sehr wohl zu überarbeiten sein. Gerade für große Systeme ist ein nicht unerheblicher Zeitaufwand für die Erarbeitung des fachlichen Detailkonzepts zu veranschlagen, so daß sich die technischen Rahmenbedingungen – und technischen Möglichkeiten – in wichtigen Details ändern können. Gegebenenfalls können auch technische Aspekte von Datenschutz und Datensicherheit hier behandelt werden.[25]

2.3.4 Ausbaustufen (überarbeitet)

Ausbaustufen

Auch der Teil „Ausbaustufen" des fachlichen Basiskonzepts kann kaum detailliert werden, muß aber einer Revision unterzogen werden. Zu beachten sind auch die Wechselwirkungen mit der organisatorischen Detaillösung.

2.3.5 Nutzenbegründung (überarbeitet)

Kosten und Nutzen

Das fachliche Detailkonzept steht an der Schnittstelle zwischen DV-Entwurf und -realisierung und stellt daher eine wichtige Zäsur dar. Aus diesem Grunde sollte an dieser Stelle unbedingt noch einmal eine Gegenüberstellung von erwarteten Projektkosten und erhofftem (quantitativen und qualitativen) Projektnutzen vorgenommen werden. Aufgrund der überarbeiteten Kosten-Nutzen-Analyse kann dann die Entscheidung über Fortführung oder Abbruch des Projektes getroffen werden.

---

[24] Siehe Becker, Mario; Haberfellner, Reinhard; Liebetrau, Georg: EDV-Wissen für Anwender. Ein Handbuch für die Praxis, 9. Aufl. Zürich: Verlag Industrielle Organisation; Hallbergmoos: AIT Verlagsgesellschaft 1991, S. 405.

[25] Vgl. oben, Fußnote 23.

3 Traditionelle Analysekonzepte

3.1 Einführung

Mittelpunkt der Modellierung

Für die Erarbeitung eines Fachentwurfs, wie er im vorigen Kapitel vorgestellt wurde, gibt es eine Vielzahl von Methoden.[1] Wie bereits in Kapitel 2 beschrieben, kann die fachliche Modellierung die Funktionen hervorheben, sie kann datenorientiert sein oder vornehmlich fachliche Aufgaben betrachten, und sie kann die Objekte des Anwendungsbereiches in den Mittelpunkt stellen.

HIPO SADT SA ERM JSP Objekttypen-methode

Eine der ersten Methoden für die fachliche Modellierung war HIPO (Hierarchy plus Input-Process-Output), das Anfang der 70er Jahre von IBM entwickelt wurde.[2] In dieselbe Zeit fällt die Entwicklung von SADT®.[3] Während HIPO streng funktionsorientiert ist, geht SADT bereits von einer Dualität von Daten und Funktionen aus: Es werden ein Aktivitätenmodell

---

[1] Ein Überblick über Softwareentwurfs-Methoden findet sich u. a. in Balzert, Helmut: Die Entwicklung von Software-Systemen. Prinzipien, Methoden, Sprachen, Werkzeuge. Mannheim u. a.: B.I.-Wissenschaftsverlag 1982, und Schulz, Arno: Software-Entwurf. Methoden und Werkzeuge, 3. Aufl. München, Wien: Oldenbourg 1992.

[2] Schulz (1992), a. a. O., schreibt auf Seite 90: „Mills hat diese Methode im Haus IBM Anfang der 70er Jahre im 'New York Times Projekt' [...] entwickelt." und zitiert auf S. 91 dessen Bericht „Mathematical Foundations for Structured Programming" aus dem Jahre 1972. Balzert (1982), a. a. O., S. 348, schreibt dagegen: „HIPO wurde 1974 - 75 bei IBM entwickelt." und zitiert „HIPO - A Design Aid And Documentation Technique" von IBM aus dem Jahre 1974. Dieses Datum nennt er auch in seinem Artikel „HIPO" in: Mertens, Peter (Haupthrsg.); König, Wolfgang; u. a. (Hrsg.): Lexikon der Wirtschaftsinformatik, 2. Aufl. Berlin u. a.: Springer 1990, S. 202–204.

[3] Zu SADT vgl. S. 61.

und ein Datenmodell erstellt. In der Praxis hat sich jedoch vorwiegend das Aktivitätenmodell durchgesetzt, in dem Aktivitäten durch Kästen und Daten durch Pfeile dazwischen dargestellt werden. SADT wird also in der Praxis ebenfalls funktionsorientiert eingesetzt.[4] Eine Variante der Funktionsorientierung ist die Prozeßorientierung; die prozeßorientierte Structured Analysis (SA) ist vermutlich die im deutschsprachigen Raum am häufigsten eingesetzte Methode.[5] Aus diesem Grunde wurde SA als Vertreter der funktions- bzw. prozeßorientierten Ansätze in diese Arbeit aufgenommen.

Einen datenorientierten Ansatz verfolgt das Entity-Relationship-Modell. Es ist – allein oder als Bestandteil anderer Methoden – das mit Abstand am häufigsten eingesetzte Hilfsmittel zur Erstellung eines Fachentwurfs. Andere datenorientierte Ansätze sind z. B. Jackson System Programming (JSP) und die Objekttypenmethode von Ortner/Söllner. Ebenfalls aufgrund seiner großen Verbreitung wird das Entity-Relationship-Modell mit seinen Erweiterungen als Repräsentant der datenorientierten Ansätze untersucht.

Isotec

In der Praxis sind darüber hinaus Vorgehensweisen, bei denen man Daten- und Funktionsmodell parallel entwickelt, weit verbreitet. Wenn sie auch – abgesehen von SADT – in der wissenschaftlichen Literatur kaum dokumentiert sind, sollte ein solcher Ansatz in einer Arbeit wie der vorliegenden nicht fehlen; aufgrund der umfassenden Dokumentation in Form ausführlicher Handbücher und der Werkzeugunterstützung durch die Software AG, einem führenden deutschen Softwarehaus, wird Isotec von der Firma Ploenzke AG dargestellt und kritisiert.

---

[4]   Vgl. Wirtz, Klaus Werner: Methoden und Werkzeuge für den Softwareentwurf. In: Kurbel, Karl; Strunz, Horst (Hrsg.): Handbuch Wirtschaftsinformatik. Stuttgart: Poeschel 1990, S. 323–343, hier: S. 331 f.

[5]   Bittner, U.; Hesse, W.; Schnath, J.: Untersuchungen zum Methodeneinsatz in Software-Entwicklungsprojekten. In: Softwaretechnik-Trends, Bd. 12, Nr. 3, August 1992, S. 48–60, hier: S. 51.

Betrachtungs-rahmen

Das Entity-Relationship-Modell, Structured Analysis und Isotec sind Vertreter derjenigen drei „Klassen" von Ansätzen, die mit Abstand am häufigsten verwendet werden. Aus diesem Grunde bleiben weniger verbreitete Ansätze, wie z. B. die Aufgabenmodellierung mit Hilfe von Zuständen, Ereignissen und Vorgängen[6], oder Petri-Netz-basierte Methoden (z. B. ISAC) außerhalb des Betrachtungsrahmens dieser Arbeit. Eine Auswahl objektorientierter Methoden wird jedoch natürlich – in Kapitel 4 – behandelt.

In diesem Kapitel werden nun das Entity-Relationship-Modell, Structured Analysis und Isotec vorgestellt und einer kritischen Betrachtung, inwieweit sie sich für die Erstellung eines Fachentwurfs eignen, unterzogen.

3.2 Traditionelle Methoden zur Erstellung eines Fachentwurfs

3.2.1 Das Entity-Relationship-Modell und seine Erweiterungen

3.2.1.1 Semantische Datenmodelle

Rechnernähe vs. Benutzernähe

Für die IuK-Unterstützung eines Unternehmens muß die betriebliche Wirklichkeit letztlich auf den Rechner abgebildet werden. Rechnernahe Modellierungsformalismen sind z. B. Programmiersprachen und Datenbanken. In Programmiersprachen oder sogenannten logischen Datenmodellen (z. B. Relationenmodell oder hierarchisches Datenmodell) formulierte Modelle sind jedoch nicht geeignet, um den Fachleuten der Anwenderseite eine kompetente Mitwirkung bei der Erstellung eines IuK-Systems zu ermöglichen. Aus diesem Grunde sind Datenmodelle entwickelt worden, die Beschreibungsmittel verwenden, die programmiersprachenunabhängig und datenbankneutral sind und der Fachsprache näher sind,

---

[6] Vgl. Kargl (1989), a. a. O.

33

kurz: mehr von der Struktur und **Bedeutung** eines Sachverhaltes erfassen. Sie erlauben damit, einen relevanten Aus-
schnitt der Realität (einigermaßen) präzise in einem Modell
abzubilden, und sind, da sie auf das Fachverständnis und
nicht auf „Softwaretechnik" abzielen, eine geeignete Kom-
munikationsbasis für die betrieblichen Fachgruppen.

Beispiele

Beispiele solcher semantischen Datenmodelle sind das
Functional Data Model (FDM)[7], das Semantic Database Model
(SDM)[8], TAXIS von der Universität Toronto (vor allem für die
Modellierung interaktiver Datenbankanwendungen) und
SAM* (Semantic Association Model) von der Universität Florida (speziell für die Fabrikautomatisierung)[9]. In Deutschland
sind hier vor allem Hartmut Wedekind und Erich Ortner zu
nennen, die unterschiedliche Abstraktionsebenen in die Anwendungsentwicklung einführten.[10] Auf ihren Arbeiten baut
die semantische Datenmodellierung nach der Objekttypenmethode von Ortner und Söllner auf,[11] die vor allem für die
Modellierung von Beziehungen ein reichhaltiges Instrumen-
tarium zur Verfügung stellt (u. a. Inklusion (Verfeine-
rung/Verallgemeinerung), Aggregation (Verdichtung) und
Konnexion (Verknüpfung)). Den „Quasi-Industriestandard"
der Datenmodellierung stellt heute jedoch das universell ein-

---

[7] Vgl. Sinz, Elmar J.: Das Entity-Relationship-Modell (ERM) und
seine Erweiterungen. In: HMD Theorie und Praxis der Wirtschaftsinformatik, 27. Jg., Nr. 152, März 1990, S. 17–29, hier: S.
18.

[8] Vgl. Sinz (1990), a. a. O., S. 18.

[9] Vgl. Hars, A.; Heib, R.; Kruse, Chr.; Michely, J.; Scheer, A.-W.:
Concepts of Current Data Modelling Methodologies – A Survey.
Institut für Wirtschaftsinformatik, Heft 84, Universität des Saar-
landes 1991, S. 46 u. 54.

[10] Wedekind, Hartmut; Ortner, Erich: Systematisches Konstruieren
von Datenbankanwendungen. Zur Methodologie der Angewandten Informatik. München, Wien: Hanser 1980. Siehe vor allem
S. 10 und S. 68.

[11] Ortner, E.; Söllner, B.: Semantische Datenmodellierung nach der
Objekttypenmethode. In: Informatik-Spektrum, Bd. 12, Nr. 1,
1989, S. 31–42.

setzbare Entity-Relationship-Modell (ER-Modell, ERM) von Chen dar.

Das ERM und seine Erweiterungen sind als semantische **Datenmodelle** nur für die Entwicklung der fachlichen Basislösung und der fachlichen Detaillösung sinnvoll einsetzbar; organisatorische und technische Betrachtungen, Ausbaustufen und Nutzenbegründungen werden von ihm nicht abgedeckt. Im folgenden werden das ERM, wie es Chen 1976/77 vorgestellt hat, eine Reihe von Erweiterungen und ein spezielles erweitertes ERM, das Strukturierte Entity-Relationship-Modell von Sinz, in ihrer Gesamtheit vorgesellt. Auf eine Zuordnung der einzelnen Modellkonstrukte zur fachlichen Basis- und Detaillösung wird dabei vorerst verzichtet, sie erfolgt im Rahmen der Kritik in Kapitel 3.3.2.

3.2.1.2 Das Entity-Relationship-Modell von Chen

ERM als logisches Datenmodell

Chen veröffentlichte 1976 sein Entity-Relationship-Modell nicht als semantisches Datenmodell, sondern man würde heute sagen: als logisches Datenmodell neben dem relationalen Modell und dem Netzwerkmodell.[12] Sein Ziel war damals, auf eine Vereinheitlichung der damals gebräuchlichen logischen Datenmodelle hinzuarbeiten, und daher zeigt er in seinem Aufsatz auch, wie Relationen- und Netzwerkschemata aus einem ERM generiert werden können.

Mathematische Grundlagen

Die theoretische Grundlage des ERM sind die Mengentheorie und die Relationentheorie,[13] was vor allem in der Originalarbeit zum Ausdruck kommt. Chen spricht dort beispielsweise von „entity sets", während man heute eher von Entity-Typen spricht.[14]

---

[12] Chen, Peter Pin-Shan: The Entity-Relationship Model – Toward a Unified View of Data. In: ACM Transactions on Database Systems, Vol. 1, No. 1, March 1976, S. 9–36, hier: S. 9. Das hierarchische Datenmodell wird in seiner Arbeit nicht betrachtet.

[13] Ebenda, S. 10.

[14] Ein Typ ist jedoch streng genommen etwas anderes als eine Menge (und auch etwas anderes als eine Klasse): Bei der Typbildung wird zu höheren Konzepten abstrahiert, während bei der Mengenbildung eine (zeitlich veränderbare) Zusammenfassung

**Entität:
Objekt der
Diskurswelt**

In diesem Abschnitt werden die Konzepte zusammengestellt und erläutert, die das Grundmodell zur Verfügung stellt; für eine Einführung in das ERM sei der interessierte Leser auf die Arbeiten von Chen/Knöll[15] und Stickel[16] verwiesen.

Die beiden zentralen Konzepte des ERM, die bereits im Titel zum Ausdruck kommen, sind Gegenstand und Beziehung bzw. Entität und Beziehung. Eine Entität ist ein wohldefiniertes Objekt der Diskurswelt, das für einen konkreten Gegenstand, ein Ereignis oder eine gedankliche Abstraktion der Realwelt stehen kann. Beispiele für Entitäten sind eine bestimmte Firma oder die Baugruppe 4711. Eine Beziehung ist eine Verknüpfung von zwei oder mehr Entitäten. Ein Beispiel für eine Beziehung ist „liefert(Fa_Schneider_KG, Baugruppe 4711)".

**Abstraktion
zu
Entitätstypen
und
Beziehungs-
typen**

Attribute

Gleichartige Entitäten werden zu **Entitätstypen** abstrahiert, gleichartige Beziehungen zu **Beziehungstypen**. Entitätstypen werden durch Rechtecke dargestellt, Beziehungstypen durch Rauten, von denen jeweils Kanten zu den beteiligten Entitätstypen ausgehen. Entitätstypen müssen durch **Attribute** näher beschrieben werden – wenigstens durch identifizierende Attribute –, Beziehungstypen können Attribute erhalten. Attribute können verschiedene **Werte** annehmen, die jeweils zu einer **Wertemenge** gehören. Ein Attribut ist in der Originalarbeit von Chen eine Abbildung von einer Entitätsmenge (oder einer Beziehungsmenge) in eine Wertemenge.[17] In der

konkreter Entitäten repräsentiert wird. Für diese Mengenbildung greift das ERM auf das Relationenmodell zurück. Entitäts**mengen** werden in der Praxis jedoch kaum modelliert. Auch die lizensierte deutsche Übersetzung von Peter P. S. Chen: The Entity-Relationship Approach to Logical Database Design, Q.E.D. Information Sciences, Wellesley, MA: 1977 (in: Chen, Peter P. S.; Knöll, Heinz-Dieter: Der Entity-Relationship-Ansatz zum logischen Systementwurf. Datenbank- und Programmentwurf. Mannheim u. a.: B.I. Wissenschaftsverlag 1991, S. 15–109), spricht lediglich von Entitätstypen.

[15] Chen/Knöll (1991), a. a. O.

[16] Stickel, Eberhard: Datenbankdesign. Methoden und Übungen. Wiesbaden: Gabler 1991.

[17] Siehe Chen (1976), a. a. O., S. 12.

zweiten, weniger formalen Arbeit von 1977 wird von Entitäts- und Wertetypen gesprochen; ein **Wertetyp** wird „durch einen Kreis gekennzeichnet [...] und ein Attribut durch einen Pfeil, der von dem Entitätstyp zu dem gewünschten Wertetyp zeigt"[18]:

Abb. 4:
Attribute und
Wertetypen

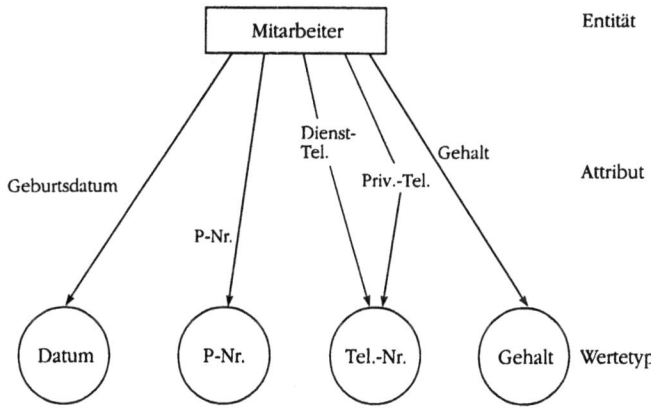

Auch Beziehungen können Attribute haben, z. B. die Beziehung „arbeitet an" zwischen den Entitäten „Mitarbeiter" und „Projekt":

Abb. 5:
Attribut einer
Beziehung

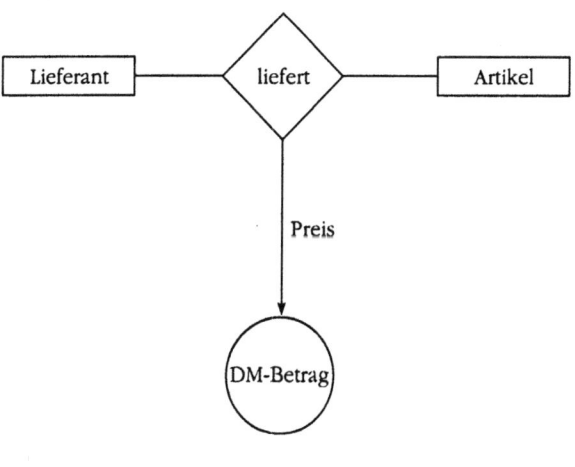

---

18 Siehe Chen/Knöll (1991), a. a. O., S. 37.

Offensichtlich ist „Preis" weder ein Attribut von „Lieferant" noch von „Artikel", sondern gehört zur Aussage „Lieferant X liefert Artikel Y zum Preis Z", also zum Beziehungstyp „liefert". Das Konzept des Attributs eines Beziehungstyps wird (nicht nur) von Chen als wichtig angesehen, um die Umweltsemantik adäquat abzubilden.[19]

Schlüssel

Für die Identifizierung von Entitäten kennt Chen das Konzept des **Entitätsschlüssels** und des **Entitätsprimärschlüssels** und für die Identifizierung von Beziehungen den **Beziehungsschlüssel,** der aus den Primärschlüsseln der beteiligten Entitäten besteht. Die Schlüsselattribute werden zwar bestimmt, aber im Diagramm nicht (!) kenntlich gemacht; auch wird vom Schlüssel lediglich die Identifizierungseigenschaft gefordert, nicht aber die heute übliche Minimalitätseigenschaft[20].

Rekursive Beziehungen

Eine Entität spielt in einer Beziehung immer eine bestimmte **Rolle.** Der **Rollenname** kann der Kante zwischen Entitäts- und Beziehungstyp zugeordnet werden; bei **rekursiven Beziehungen** muß dies sogar geschehen, weil hier in ein und derselben Beziehung zwei unterschiedliche Entitäten zwei unterschiedliche Rollen spielen:[21]

---

[19] Siehe Chen (1976), a. a. O., S. 12, und Chen/Knöll (1991), a. a. O., S. 40. Vgl. aber S. 44.

[20] Die Minimalitätseigenschaft fordert, daß **jedes** Attribut des Schlüssels zur Identifizierung **notwendig** sein muß: Wenn S = $\{A_1, ..., A_n\}$ eine identifizierende Attributemenge ist, ist S genau dann Schlüssel, wenn es keine echte Teilmenge von S gibt, die identifizierend ist.

[21] Das Konzept der Rolle wird in Chen (1976), a. a. O., auf S. 12 eingeführt, fehlt jedoch in Chen/Knöll (1991), a. a. O. Zur Notwendigkeit des Rollennamens vgl. Sinz (1990), a. a. O., S. 19.

Abb. 6:
Stücklisten-
struktur als
rekursiver
Beziehungs-
typ im ERM

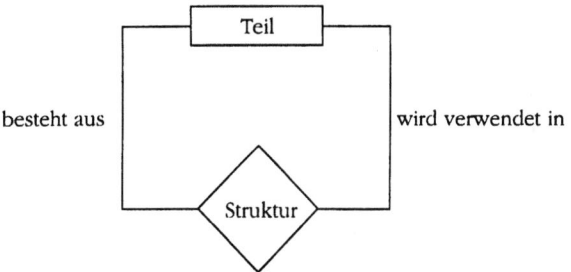

Drei Klassen
von
Integritäts-
bedingungen

Integritätsbedingungen teilt Chen in drei Klassen ein:[22]

(1) Korrektheit des Wertebereiches
(2) Zulässigkeit der Attributwerte
(3) Konsistenz zwischen Attributwerten

Ad (1): Die Korrektheit des Wertebereiches ist im Rahmen der Spezifikation von Attributen zu gewährleisten.

Ad (2): Nicht immer ist der gesamte Wertebereich für einen Attributwert zulässig: Wenn das Gehalt eine reelle Zahl sein soll, sind in der Regel nur positive Zahlen mit maximal zwei Nachkommastellen erlaubt. Durch die Art der Attributspezifikation kann auch die Zulässigkeit der Attributwerte leicht gewährleistet werden.

Ad (3): Hier sind zwei Fälle zu unterscheiden:

(a) Konsistenz zwischen Wertebereichen
   Beispielsweise sollen die Artikelnummern der lieferbaren Artikel in den Artikelnummern des Produktionsprogramms enthalten sein.

(b) Konsistenz zwischen konkreten Attributwerten
   Die Steuern und Sozialabgaben eines Mitarbeiters sollten nicht sein Gehalt übersteigen.

Beide Arten von Konsistenzbedingungen können nur durch sorgfältige Definition der Attribute und der Wertebereiche

---

[22] Siehe Chen (1976), a. a. O., S. 22 f., und Stickel (1991), a. a. O., S. 85.

(Wertetypen) und durch sorgfältige Plausibilitätsprüfungen während der Erstellung und Pflege eines ER-Modells erfüllt werden.

**Existenz-
abhängigkeit**

In manchen Fällen hängt die Existenz einer Entität von der Existenz einer anderen Entität ab. Zum Beispiel brauchen, wenn ein Mitarbeiter die Firma verläßt, die Daten seiner Kinder nicht mehr gespeichert zu werden.[23] Solche Entitäten heißen **schwache Entität** (im Gegensatz zu einer **starken** oder **regulären Entität**). Die **Existenzabhängigkeit** wird im ER-Diagramm durch einen doppelten Rahmen gekennzeichnet; die Richtung der Abhängigkeit wird durch einen Pfeil angegeben.

**Abb. 7:
Existenz-
abhängigkeit
und
schwacher
Entitätstyp**

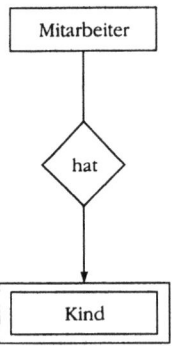

Analog ist ein Beziehungstyp stark bzw. regulär oder schwach, je nachdem, ob alle beteiligten Entitätstypen stark oder schwach sind. Die Unterscheidung zwischen starkem und schwachem Entitäts- bzw. Beziehungstyp ist vor allem für die Wahrung der Datenintegrität wichtig.

**Identifizie-
rungs-
abhängigkeit**

In der Arbeit von 1977 führt Chen neben der Existenzabhängigkeit die **Identifizierungs-** bzw. **Schlüsselabhängigkeit** ein.[24] Sie liegt dann vor, wenn eine Entität nicht aus ihren

---

[23] Problematisch wird es nur, wenn der andere Elternteil noch beschäftigt bleibt. In solchen Fällen müssen gesonderte Integritätsbedingungen greifen.

[24] Siehe Chen/Knöll (1991), a. a. O., S. 44–46.

eigenen Attributen allein identifiziert werden kann, sondern zusätzlich durch ihre Beziehung zu anderen Entitäten. Beispielsweise ist eine Straße nur innerhalb einer Stadt eindeutig bestimmt. In der Praxis sind die meisten Schlüsselabhängigkeiten mit Existenzabhängigkeiten verbunden. Eine Existenzabhängigkeit bedeutet aber nicht unbedingt auch eine Schlüsselabhängigkeit: Es ist durchaus denkbar, daß in der obigen Abbildung jedes Kind einen eigenen Schlüssel erhält.[25]

Komplexität des Beziehungstyps

Wie viele Entitäten an einer Beziehung beteiligt sein können, wird durch die **Komplexität** des Beziehungstyps angegeben. Chen stellt drei Komplexitätsarten zur Verfügung: 1:1, 1:n und n:m. Dabei stehen n und m für „mehrere oder auch gar keins". Es ist also zum einen offengelassen, ob eine Entität an der Beziehung beteiligt sein muß, und zum anderen wird keine Obergrenze für die Anzahl der beteiligten Entitäten angegeben. Dies ist ein Punkt, an dem Erweiterungen des ERM ansetzen (s. Abschnitt 3.2.1.3).

In der folgenden Abbildung werden noch einmal die Konzepte des ER-"Grundmodells" zusammengefaßt:

---

[25] Die Existenzabhängigkeit wird in der Arbeit von 1976 im Beziehungssymbol nicht kenntlich gemacht, in ihm steht der Name der Beziehung. In der Arbeit von 1977 steht bei Existenzabhängigkeit ein „E" in der Raute, bei Existenz- und Identifizierungsabhängigkeit ein „E+ID"; ein Beziehungsname taucht in solchen Fällen nicht auf. (Eine Identifizierungsabhängigkeit **ohne** Existenzabhängigkeit ist nicht denkbar, weil das Vorhandensein eines fremden Schlüssels die Existenz einer anderen Entität voraussetzt.)

Abb. 8:
Übersicht
über die Kon-
zepte des
Entity-
Relationship-
Modells

Name	Symbol
regulärer bzw. starker Entitätstyp	
schwacher Entitätstyp (existenz- oder identifizierungsabhängig)	
Beziehungstyp	
schwacher Beziehungstyp bei Existenzabhängigkeit	E
schwacher Beziehungstyp bei Existenz- und Identifizierungsabhängigkeit	E+ID
Richtung einer Existenz- bzw. Identifizierungsabhängigkeit	
Attribut (für Entitätstypen und Beziehungstypen)	
Wertetyp	
Schlüssel, Primärschlüssel	(werden in Diagrammen nicht kenntlich gemacht)
Komplexitäten von Beziehungen	

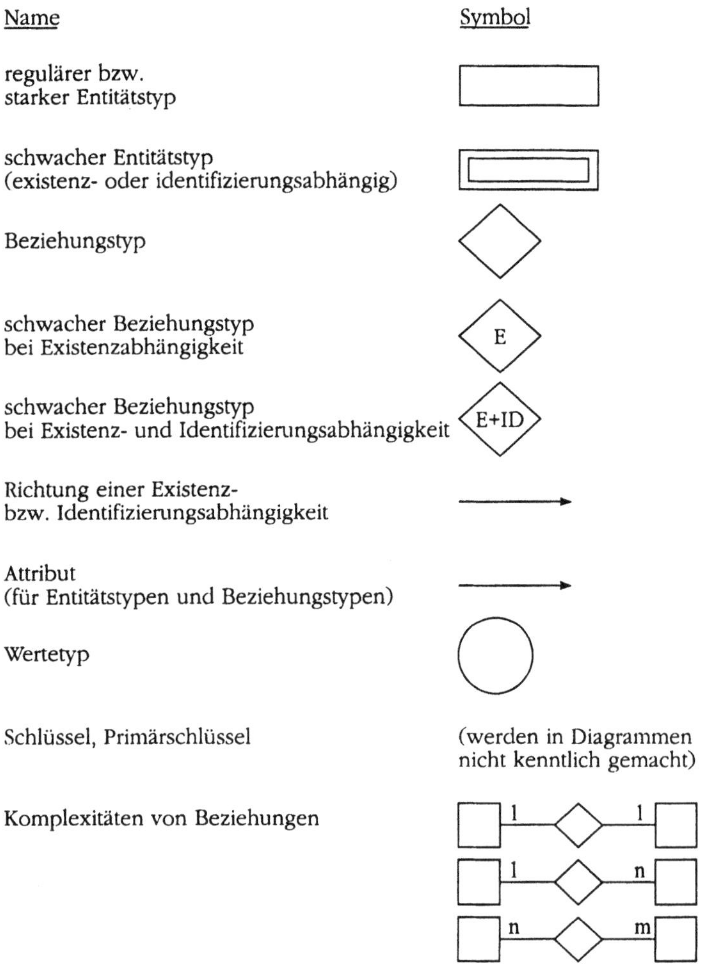

3.2.1.3   Erweiterungen des Entity-Relationship-Modells

Das Entity-Relationship-Modell ist seit seiner Entstehung in einer Vielzahl von Ansätzen verfeinert und erweitert worden; noch heute werden internationale Konferenzen darüber veranstaltet.

Eine erste, naheliegende Erweiterung war, die Attributnamen in Ellipsen zu schreiben und Primärschlüssel zu unterstreichen. Die Wertebereiche werden in gesonderten Aufstellungen festgehalten:

Abb. 9:
Schlüssel-
und Nicht-
schlüssel-
attribute

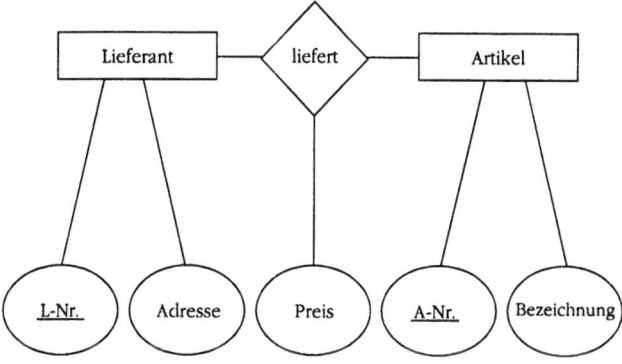

Mehrwertige,
zusammen-
gesetzte und
abgeleitete
Attribute

Elmasri und Navathe kennzeichnen **mehrwertige, zusammengesetzte** und **abgeleitete Attribute.**[26] Ein Beispiel für ein mehrwertiges Attribut ist das Attribut Autor der Entität Buch, da ein Buch mehrere Autoren haben kann. Zusammengesetzte Attribute können später in Wiederholungsgruppen abgebildet werden.[27] Die Kennzeichnung von abgeleiteten (berechenbaren) Attributen erleichtert die Aufrechterhaltung der Datenintegrität.[28]

---

[26] Vgl. Stickel (1991), a. a. O., S. 82. Er verweist auf „Elmasri, R.; Navathe, S.: Fundamentals of Database Systems; Benjamin/Cummings Pub., 1989".

[27] Mehrwertige und zusammengesetzte Attribute sind aus Gründen der konzeptionellen Einfachheit im relationalen Datenmodell nicht zulässig. Diese Einschränkung wird jedoch in NF2-Datenbanken und objektorientierten Datenbanken wieder aufgehoben.

[28] Dem Problem ableitbarer Daten (Entitäten und Beziehungen) hat Rauh einen eigenen Aufsatz gewidmet: Rauh, Otto: Überlegungen zur Behandlung ableitbarer Daten im Entity-Relationship-Modell (ERM). In: Wirtschaftsinformatik, 34. Jg., Nr. 3, Juni 1992, S. 294–306.
Vgl. auch Teorey, Toby J.; Yang, Dongqing; Fry, James P.: A Logical Design Methodology for Relational Databases Using the Extended Entity-Relationship Model. In: Computing Surveys, Vol.

Stelligkeit der Beziehungen

Hinsichtlich der **Zuordnung** der Attribute sind zwei Einschränkungen vorgeschlagen worden:[29]

(1) Beziehungen dürfen keine Attribute haben.
Das kann man damit begründen, daß alles, was ein Attribut hat, also eine beschreibende Informationseinheit, ein Träger von Informationen ist und damit eine Entität.

(2) Es gibt überhaupt keine Attribute.
Dies hat den Vorteil der konzeptuellen Einfachheit; jedes Attribut wird als eigene Entität modelliert.

Wird die **Stelligkeit** von Beziehungen – also die Anzahl der Entitäten, die an einer Beziehung beteiligt sein können – auf zwei eingeschränkt, spricht man von einem **binären ERM (BERM)** im Gegensatz zum **allgemeinen ERM (general ERM, GERM).** Wenn man nur zweistellige Beziehungen zuläßt, lassen sich die – allerdings nur auf den ersten Blick vorhandenen – Interpretationsprobleme bei mehrstelligen Beziehungen vermeiden:

Abb. 10: Eine dreistellige Beziehung (1)

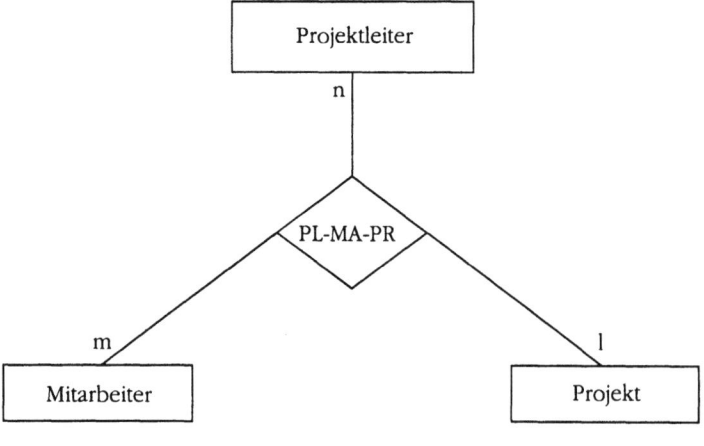

18, No. 2, June 1986, S. 197–222, hier: S. 205 f. Auch in manchen objektorientierten Ansätzen spielen berechenbare Attribute eine besondere Rolle, vgl. S. 137.

[29] Vgl. Sinz (1990), a. a. O., S. 22.

Interpretationsprobleme bei mehrstelligen Beziehungen

Angenommen, es soll eine Beziehung zwischen Projektleiter, Mitarbeiter und Projekt modelliert werden, die folgenden Bedingungen genügt:

(1) Ein Projektleiter kann mehrere Mitarbeiter führen und mehrere Projekte leiten.

(2) Ein Mitarbeiter kann an verschiedenen Projekten mitarbeiten, und an jedem Projekt arbeiten mehrere Mitarbeiter.

(3) Da ein Mitarbeiter an mehreren Projekten mitarbeiten kann, kann er mehrere Projektleiter haben.

Diesen Sachverhalt würde man wie in Abbildung 10 darstellen.

Dieses Modell gibt aber keine (eindeutige) Auskunft darüber, wie viele Projektleiter ein Projekt hat: Gibt es für jedes Projekt nur genau einen Projektleiter, müßte in der obigen Abbildung n = 1 sein, was aber im Widerspruch zu Bedingung (3) steht.

Dreistellige Beziehungen lassen sich nicht immer in zweistellige auflösen

Hier bieten sich zwei Wege an: Zum einen kann man versuchen, eine dreistellige Beziehung **in zweistellige Beziehungen aufzulösen – das geht nicht immer,** wie unten gezeigt wird. Wenn es möglich ist, sollte man es allerdings auch tun, weil zweistellige Beziehungen einfacher zu verstehen und leichter zu handhaben sind.

Kombinationsinterpretation

Zum anderen kann man versuchen, eine eindeutige Interpretation der dreistelligen Beziehung zu finden – und das ist in der Regel die sogenannte **Kombinationsinterpretation**[30].

Zur Erläuterung sei in der obigen Abbildung statt n eine 1 geschrieben:

---

[30] Vgl. Rauh, Otto; Stickel, Eberhard: Beziehungsprobleme: Zur Quantifizierung von Beziehungsarten im ER-Modell. In: it, 34. Jg., Nr. 6, 1992, S. 345–351, hier S. 347 f.

Abb. 11:
Eine
dreistellige
Beziehung (2)

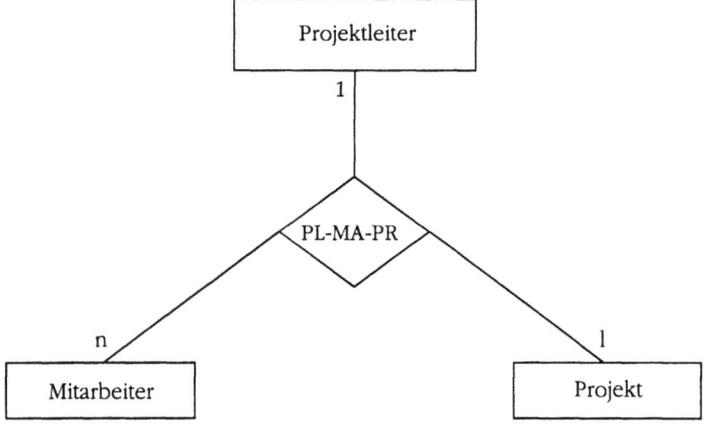

Notwendig:
Betrachtung
auf Exem-
plarebene

Bei der Kombinationsinterpretation wird jede Zahl an einem Entitätstyp A durch die Kombination von Entitäten aller übrigen Entitätstypen bestimmt. Abbildung 11 ist also wie folgt zu interpretieren:

(1) Für jede Kombination aus einem Mitarbeiter und einem Projekt gibt es genau 1 Projektleiter. (Insbesondere: Jedes Projekt hat nur einen Leiter.)

(2) Für jedes Paar „Projektleiter/Projekt" gibt es mehrere Mitarbeiter. (Insbesondere: An einem Projekt arbeiten mehrere Mitarbeiter.)

(3) Für jede Kombination „Projektleiter/Mitarbeiter" gibt es mehrere Projekte. (Insbesondere: Ein Mitarbeiter kann an mehreren Projekten arbeiten.)

Beweis durch
Beispiel

Es bleibt noch zu zeigen, daß nicht jede dreistellige Beziehung in zweistellige Beziehungen aufgelöst werden kann.[31] Ein Gegenbeispiel ist der Fall aus Abbildung 10. Um die Behauptung zu beweisen, muß man allerdings mögliche Ausprägungen der Beziehung betrachten, also auf die Ebene konkreter Beziehungen zwischen konkreten Entitäten „hinab-

---

[31] Vgl. Stickel (1991), a. a. O., S. 87–89.

steigen". Dazu sei folgende Relation R (hier in Tabellenform) für obiges ERM gegeben:

Abb. 12:
Relation R

R

Projektleiter	Mitarbeiter	Projekt
PL 1	MA 1	P 1
PL 1	MA 2	P 1
PL 2	MA 1	P 2
PL 2	MA 2	P 1

Projiziert man diese Relation auf drei zweistellige Relationen, so ergibt sich

Abb. 13:
Die Relatio-
nen R1, R2
und R3

R1

Projektleiter	Mitarbeiter
PL 1	MA 1
PL 1	MA 2
PL 2	MA 1
PL 2	MA 2

R2

Projektleiter	Projekt
PL 1	P 1
PL 2	P 1
PL 2	P 2

R3

Mitarbeiter	Projekt
MA 1	P 1
MA 1	P 2
MA 2	P 1

Aus den Relationen R1 bis R3 läßt sich die Information von R nicht wieder gewinnen; der natürliche Verbund der Relationen R1 und R2 über das gemeinsame Attribut Projektleiter liefert nämlich die folgende Relation R':

R'

Projektleiter	Mitarbeiter	Projekt
PL 1	MA 1	P 1
PL 1	MA 2	P 1
PL 2	MA 1	P 1
PL 2	MA 1	P 2
PL 2	MA 2	P 1
PL 2	MA 2	P 2

R' ist offensichtlich ungleich R. Die Zerlegung von R führte zu einem Informationsverlust: In R war beispielsweise bekannt, daß MA 2 nichts mit Projektleiter 2 im Projekt 2 zu tun hat. Man kann eben nicht aus der Tatsache, daß Projektleiter 2 das Projekt P 2 leitet (R2) und auch Mitarbeiter 2 führt (R1), schließen, daß er auch im Projekt P 2 der Vorgesetzte von MA 2 ist.

Auch der natürliche Verbund von R1 und R3 sowie der natürliche Verbund von R2 und R3 führen zu einem Informationsverlust und zu anderen Relationen als R. Eine verlustfreie Zerlegung ist nämlich nur dann möglich, wenn geeignete mehrwertige Abhängigkeiten vorliegen. Hier werden die vierte und fünfte Normalform angesprochen, auf die an dieser Stelle jedoch nicht eingegangen werden kann. Der interessierte Leser sei auf jedes gute Datenbankbuch verwiesen.

Komplexität von Beziehungen

Ein wichtiger Fortschritt ist die **Präzisierung der Komplexität von Beziehungen.** Chens Grundmodell läßt bei 1:n- und n:m-Beziehungen offen, ob die Beziehungen partiell oder total waren, mit anderen Worten: ob auf der Seite von n bzw.

m eine Entität beteiligt sein muß oder ob sie auch fehlen darf. So etwas kann präzisiert werden. Darüber hinaus kann es sinnvoll sein, für die Anzahl der beteiligten Entitäten eine Unter- und eine Obergrenze festzulegen. Solche **referentiellen Integritätsbedingungen** sind ein wichtiger Teil der zu modellierenden Umweltsemantik.

Um auch Beziehungen vom Grad 3 und höher sinnvoll interpretieren zu können, wählt man die Kombinationsinterpretation und definiert für jeden Entitätstyp E und jeden Beziehungstyp (!) b, mit dem E in Verbindung steht, einen Komplexitätsgrad comp(E, b) = (min, max), der angibt, in wievielen konkreten Beziehungsausprägungen des Typs b eine Entität vom Typ E minimal auftreten muß und maximal auftreten kann. (Im folgenden wird mit Beziehung immer eine konkrete Beziehungsausprägung gemeint, also eine Menge konkreter Entitäten.)

(min, max)-Notation

In der hier angegebenen **(min, max)-Notation** wählt man häufig $0 \leq min \leq 1 \leq max \leq *$, wobei * „beliebig viele" bedeutet. Daraus ergeben sich vier Grundtypen von Komplexitätsgraden:

$$(0, 1), \quad (0, *)$$

$$(1, 1), \quad (1, *)$$

Komplexitätsgrad

Bei Bedarf können jedoch min und max für jeden Einzelfall genau spezifiziert werden, z. B. $comp(E_{100}, b_{50}) = (2, 5)$. Zu beachten ist ferner, daß nun **eine Beziehung** $b(E_1, E_2)$ durch **zwei Komplexitätsgrade** beschrieben wird: $comp(E_1, b)$ und $comp(E_2, b)$.

Abb. 11 kann damit zur Abbildung 14 präzisiert werden.

Aggregation

Die beiden wichtigsten Erweiterungen des ERM sind **Aggregation** und **Klassifizierung**. Sie wurden von Smith und Smith in grundlegenden Arbeiten untersucht [32] und sind

---

[32] Siehe Smith, John Miles; Smith, Diane C. P.: Database Abstractions: Aggregation. In: Communications of the ACM, Vol. 20, No. 6, June 1977, S. 405–413, und Smith, John Miles; Smith, Diane C. P.:

Abb. 14:
Beispiel zur
(min, max)-
Notation

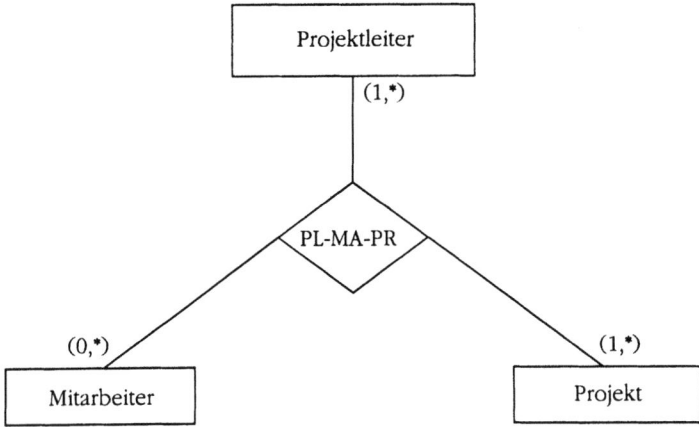

heute Bestandteil der meisten semantischen Datenmodelle und auch objektorientierter Ansätze. Bei der Aggregation wird zwischen einem Ganzen und seinen Teilen unterschieden, zwischen einer Entität und ihren Teil-Entitäten. Sie kann in drei Grundformen auftreten:[33]

a) das Ganze und seine Teile
Beispiel: Ein Auto besteht (u. a.) aus Motor und Reifen

b) der Behälter und sein Inhalt
Beispiel: Ein Flugzeug „enthält" die Besatzung und die Passagiere

c) die „Ansammlung" und ihre „Mitglieder"
Beispiel: Die „Mitglieder" einer Firma sind ihre Angestellten.

Database Abstractions: Aggregation and Generalization. In: ACM Transactions on Database Systems, Vol. 2, No. 1, March 1977, S. 105–133.

[33] Vgl. die Beschreibung der *Whole-Part-Structure* in Coad, Peter; Yourdon, Edward: Object-Oriented Analysis. Second Edition. Englewood Cliffs: Prentice-Hall 1991 (a), S. 93–97.

**Klassifizierung:
Generalisierung/
Spezialisierung**

Bei der Klassifizierung werden je nach Sichtweise entweder Klassen[34] aufgrund gemeinsamer Merkmale zu einer Klasse „höherer Ordnung" abstrahiert – man spricht dann von **Generalisierung** – oder als in bestimmter Hinsicht von einer oder mehreren anderen verschieden betrachtet – dann spricht man von **Spezialisierung**. Durch Generalisierung und Spezialisierung entsteht derselbe hierarchische „Klassifikationsgraph"; Generalisierung und Spezialisierung sind daher lediglich zwei entgegengesetzte „Richtungen" in diesem Graphen bzw. „zwei Seiten derselben Medaille". Die entstehenden Hierarchien werden oft als „Is_a"- bzw. „Is_kind_of"-Beziehung bezeichnet. Im Gegensatz zur Aggregation, die eine Beziehung auf Exemplar- bzw. Entitätsebene darstellt, sind Generalisierung und Spezialisierung Beziehungen auf Klassen- bzw. Typen-Ebene.

Die Notationen für Aggregation und Klassifizierung bzw. Generalisierung/Spezialisierung sind sehr unterschiedlich. Hier wird im Hinblick auf den Hauptteil der Arbeit die Notation von Coad/Yourdon[35] verwendet:

**Abb. 15:
Aggregation
und Klassifizierung**

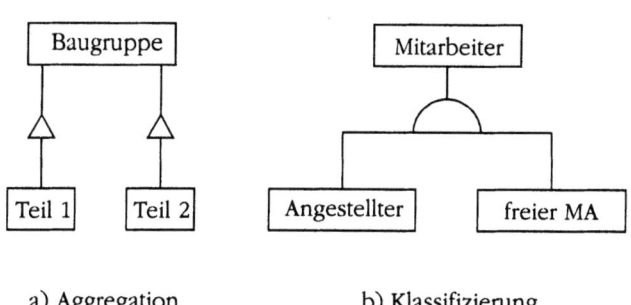

a) Aggregation   b) Klassifizierung

---

[34] „Klasse" ist hier synonym zu „Entitätstyp" verwendet.
[35] Siehe Coad/Yourdon (1991a), a. a. O., S. 91 u. 81.

Subtypen

Manche Erweiterungen sehen als Generalisierungshierarchie auch (nur) eine **Subtypenhierarchie**[36] vor: Ein Entitätstyp E_U ist ein Subtyp vom Supertyp E_O, wenn jedes Exemplar von E_U auch ein Exemplar von E_O ist.

**Abb. 16:
Eine Subtypenhierarchie**

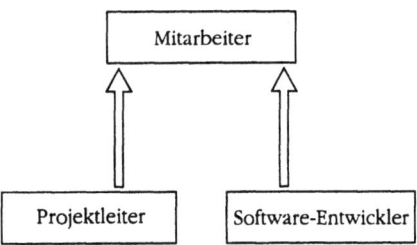

Sowohl jeder Projektleiter als auch jeder Softwareentwickler ist ein Mitarbeiter.[37] Zu beachten ist, daß im Gegensatz zur Generalisierungshierarchie die „Unterobjektmengen" nicht disjunkt sein müssen: Es kann Projektleiter geben, die auch Softwareentwickler sind.

Scheuermann & al. fassen Aggregation als Abstraktion von Beziehungen auf und ermöglichen daher eine **Uminterpretation** von Beziehungen in Entitäten.[38] Diesen Ansatz greift u. a. Scheer[39] auf.

---

[36] Vgl. Teorey & al. (1986), a. a. O., hier: S. 201. Siehe auch Abb. 19.

[37] Die Notation ist Teorey & al. (1986), a. a. O., entnommen.

[38] Vgl. Sinz (1990), a. a. O., S. 24. Sinz verweist auf „Scheuermann, P.; Schiffner, G.; Weber, H.: Abstraction Capabilities and Invariant Properties Modeling Within the Entity-Relationship Approach. In: Chen, P. P.-S. (Hrsg.): Entity-Relationship Approach to Systems Analysis and Design. Proc. Int. Conf. on Entity-Relationship Approach 1979. North-Holland, Amsterdam 1980, S. 121–140".

[39] Scheer, August-Wilhelm: Wirtschaftsinformatik. Informationssysteme im Industriebetrieb, 3. Aufl. Berlin u. a.: Springer 1990, S. 34, u. Scheer, August-Wilhelm: Architektur integrierter Informationssysteme: Grundlagen der Unternehmensmodellierung. Berlin u. a.: Springer 1991, S. 52.

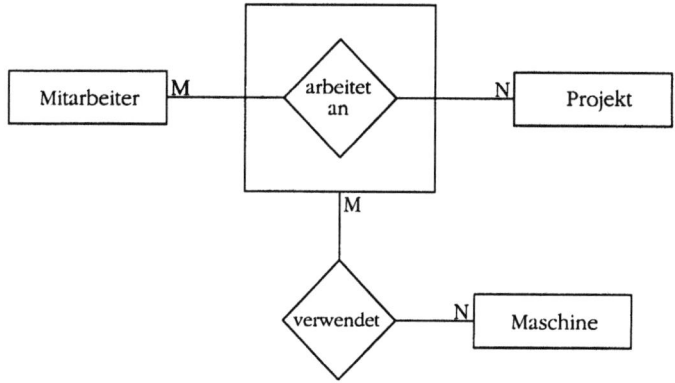

a) Notation nach Scheer

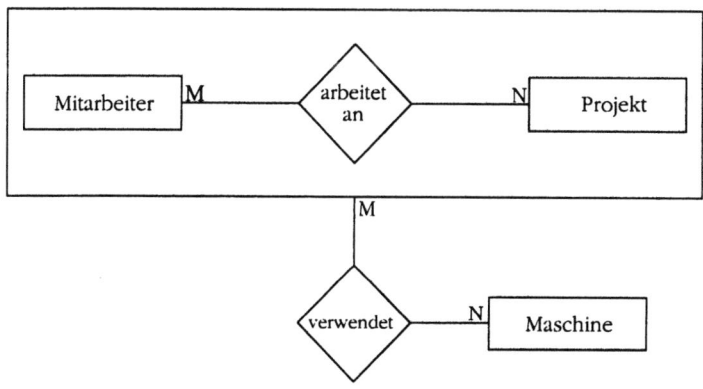

b) Notation nach Sinz

Wie vor allem die Notation nach Sinz zeigt, eignet sich die Uminterpretation von Entitäts- in Beziehungstypen nur im Rahmen eines Top-down-Ansatzes für die Verfeinerung bereits vorhandener Abstraktionen. Eine Verdichtung, also die Bildung von Abstraktionen aus bereits vorhandenen Entitäts- und Beziehungstypen, kann mit Hilfe der Uminterpretation aus syntaktischen Gründen offensichtlich nicht vorgenommen werden. Es bleibt auch fragwürdig, warum man die aus guten Gründen getroffene Unterscheidung zwischen Entitäts- und

Beziehungstypen durch eine Uminterpretation wieder aufheben soll.

Visualisierung von Existenzabhängigkeiten

Alle bisher vorgestellten Erweiterungen führen nach wie vor zu einem ER-Diagramm, das ein bipartiter Graph ist: Es gibt genau zwei Arten von Knoten – Rechteck und Raute –, und jede Kante verbindet ein Rechteck mit einer Raute. Bei einer praxisrelevanten Größe eines ER-Diagramms mit mehreren hundert Knoten läßt diese Art der Darstellung große Freiheiten und wird leicht unübersichtlich. Drückt man die Existenzabhängigkeit eines Entitätstyps von einem anderen Entitätstyp auch durch die Anordnung im ER-Diagramm aus, indem man z. B. die (eher) originären Typen links und die (eher) abhängigen Typen rechts schreibt, entsteht ein **quasi-hierarchischer Graph** (ein gerichteter, azyklischer Graph), der durch die klare Visualisierung von Existenzabhängigkeiten ein ER-Diagramm wesentlich besser strukturiert als das Grundmodell von Chen.

Ein Beispiel für ein erweitertes Entity-Relationship-Modell auf der Basis quasi-hierarchischer Graphen ist das Strukturierte Entity-Relationship-Modell (SERM) von Sinz, das in Abschnitt 3.2.1.4 vorgestellt wird.

Zeitaspekte

Verhaltensaspekte

Weitere Entwicklungen des ERM betreffen die Modellierung von **Zeit-** und **Verhaltensaspekten** sowie die **Semantik von Aktualisierungen (Updates).**[40] Erst in den Anfängen stecken Lösungsansätze für die aus wirtschaftsinformatischer Sicht drängenden Probleme der **Integration** und **Verdichtung** von ER-Modellen.[41] Schließlich wird auch versucht, das ERM um **objektorientierte Konzepte** zu erweitern.[42] Hier sind

---

[40] Vgl. Sinz (1990), a. a. O., S. 28.

[41] Vgl. Mistelbauer, Heinz: Datenmodellverdichtung: Vom Projektdatenmodell zur Unternehmens-Datenarchitektur. In: Wirtschaftsinformatik, 33. Jg., Nr. 4, August 1991, S. 289–299.

[42] Vgl. z. B. Navathe, Shamkant B.; Pillalamarri, Mohan K.: OOER: Toward Making the E-R Approach Object-Oriented. In: Batini, Carlo (Hrsg.): Entity-Relationship Aproach: A Bridge to the User, Proceedings of the Seventh International Conference on Entity-Relationship Approach, Rome, Italy, November 16–18, 1988, Amsterdam u. a.: North Holland 1989, S. 185–206.

zunächst einmal generische Operatoren zu nennen, die auf komplexen Objekten operieren (komplexe Objekte sind aus anderen Objekten zusammengesetzte, also aggregierte Objekte); dadurch wird z. B. vermieden, daß man eine Operation in mehrere einfachere Operationen auf Teilobjekten zerlegen muß.

Metaklassen

Eine weitere Möglichkeit ist die Einführung von Metaklassen (wie sie in Smalltalk vorhanden sind), also Klassen, deren Instanzen bzw. Exemplare selbst wieder Klassen sind. Es tauchen auch Erweiterungen des ER-Modells als Teilmodelle in objektorientierten Ansätzen auf, so z. B. als Objektmodell in der Object Modeling Technique nach Rumbaugh et al. Dies ist jedoch Gegenstand von Kapitel 4.2.2.

3.2.1.4 Das Strukturierte Entity-Relationship-Modell (SERM) von Sinz

Schwach-stellen des ERM

Als Ausgangspunkt für die Entwicklung seines Strukturierten Entity-Relationship-Modells (SERM) nennt Sinz folgende Schwachstellen des ERM von Chen:[43]

1) eine wenig aussagekräftige Darstellung der Beziehungskomplexität,

2) die mangelhafte Visualisierung von Existenzabhängigkeiten,

3) die Modellierbarkeit zyklischer Existenzabhängigkeiten und

4) die Notwendigkeit von Strukturtransformationen bei der Umwandlung in ein relationales Datenbankschema.

Das SERM beseitigt diese Schwächen.

Als weitere wichtige Motivation nennt er eine Arbeit von Mistelbauer[44], in der „quasihierarchische Graphen zur Modellie-

---

[43] Siehe Sinz, Elmar J.: Das Strukturierte Entity-Relationship-Modell (SER-Modell). In: Angewandte Informatik, 30. Jg., Nr. 5, 1988, S. 191–202, hier: S. 193–195.

[44] Mistelbauer, Heinz: Datenstrukturanalyse bei MBB (Hubschrauber und Flugzeuge). Technische Niederschrift MBB TN/S/157/87, Ottobrunn 1987.

rung unternehmensweiter konzeptioneller Schemata eingesetzt werden"[45].

Komplexität von Beziehungen

Den ersten oben genannten Mangel beseitigt Sinz durch die bereits in Abschnitt 3.2.1.3 eingeführte (min, max)-Notation. Charakteristischer für seinen Ansatz ist die Behandlung von Existenzabhängigkeiten. Er argumentiert, daß solche Abhängigkeiten die Beziehung zwischen zwei Entitätstypen betreffen und daher nicht über Attribute modelliert werden sollten.[46] Statt dessen schlägt er vor, Existenzabhängigkeiten mit Hilfe von referentiellen Integritätsbedingungen anzugeben. Man formuliert eine Existenzabhängigkeit dann nicht zwischen zwei Entitätstypen A und B, sondern zwischen einem Entitätstyp (A bzw. B) und einem Beziehungstyp b.

Ein Beziehungstyp hängt immer von einem Entitätstyp ab; hier spricht man von einseitiger Abhängigkeit, und comp(A,b) = (0,1) oder comp(A,b) = (0,*). Ist auch umgekehrt der Entitätstyp vom Beziehungstyp abhängig, spricht man von wechselseitiger Abhängigkeit, und comp(A,b) = (1,1) oder comp(A,b) = (1,*).

Entity-Relationship-Typ

Darüber hinaus wird ein Entitätstyp mit allen (1,1)-Beziehungstypen, an denen er beteiligt ist, zusammengefaßt (diese Identifizierung ist aufgrund der 1:1-Entsprechung ohne Informationsverlust möglich). Dadurch entsteht ein sog. Entity-Relationship-Typ (ER-Typ), neben dem Entity-Typ (E-Typ) und dem Relationship-Typ (R-Typ) ein dritter „Objekttyp".

Kanten sind gerichtet: Existenz-abhängigkeit

Im SERM werden nun die Kanten gerichtet interpretiert: Jede Kante geht von Rechteck zu Raute und von links nach rechts. Daraus folgt, daß ein E-Typ niemals Zielknoten einer Kante sein kann und ein R-Typ niemals Startknoten. Nur ER-Typen können sowohl Start- als auch Zielknoten sein. Insgesamt ergibt sich, daß die (eher) unabhängigen Entitäten links und die (eher) abhängigen Entitäten rechts im SER-Diagramm zu finden sind. Existenzabhängigkeiten und Folgen von Existenzabhängigkeiten werden dadurch im Diagramm optisch

---

[45] Sinz (1988), a. a. O., S. 196.

[46] Vgl. Sinz (1990), a. a. O., S. 25 f.

hervorgehoben. Die verschieden gezeichneten Kanten geben die Komplexität einer Beziehung an.

Abb. 18:
Objekttypen und Komplexitätsangaben im SERM

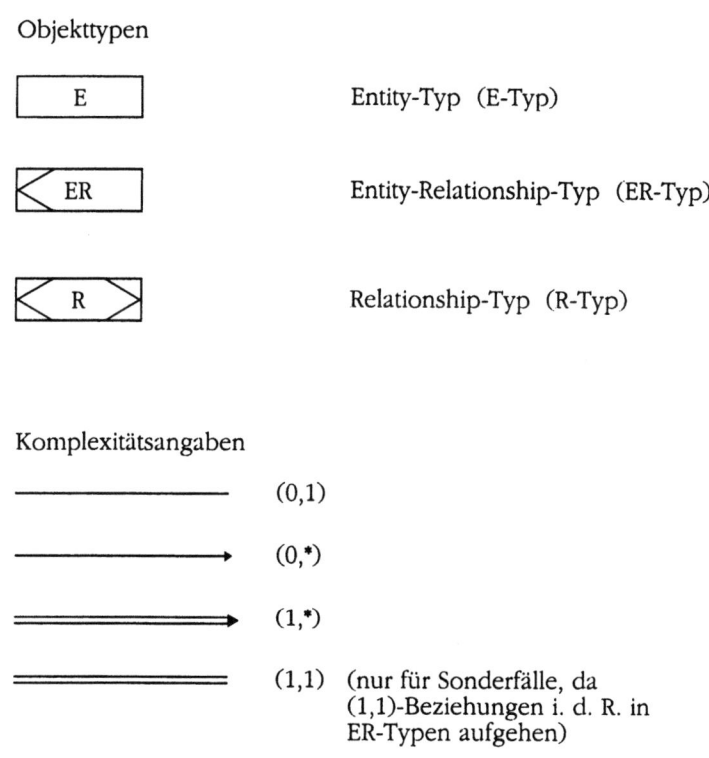

Objekttypen

E   Entity-Typ (E-Typ)

ER   Entity-Relationship-Typ (ER-Typ)

R   Relationship-Typ (R-Typ)

Komplexitätsangaben

——————— (0,1)

——————→ (0,*)

═══════→ (1,*)

═══════ (1,1) (nur für Sonderfälle, da (1,1)-Beziehungen i. d. R. in ER-Typen aufgehen)

Auch die Modellierung zyklischer Existenzabhängigkeiten, die im Grundmodell bei vielen beteiligten Entitäten kaum zu erkennen ist, ist ohne einen Verstoß gegen die Syntax des SERM nicht möglich, da hierfür ein Objekttyp B, der von einem Objekttyp A transitiv abhängt, sowohl rechts von A stehen muß (wegen der transitiven Abhängigkeit) als auch links von A (um den Zyklus zu schließen). Oder man hat eine

Kante, die von rechts nach links läuft, was ebenfalls ein Widerspruch wäre.[47]

Transformation in ein normalisiertes Relationenmodell

Die vierte oben genannte Schwachstelle, die Notwendigkeit von Strukturtransformationen bei der Umwandlung in ein Relationenschema, wird dadurch gemildert, daß erstens durch die Einführung von ER-Typen unnötige Relationen vermieden werden und zweitens jeder Objekttyp seinen Primärschlüssel „nach rechts" als Primärschlüssel, Teil eines Primärschlüssels oder Fremdschlüssel weitergibt.[48] Der Übergang in ein normalisiertes Relationenmodell ist also beim SERM wesentlich leichter als beim ERM.

„Is_a"-Hierarchie

Subtypenhierarchie

Die **Generalisierung,** eine inzwischen allgemein akzeptierte Erweiterung des ERM, ist auch Bestandteil des SERM.[49] Im folgenden bezeichne S einen generalisierten Objekttyp, den sog. **Supertyp,** S_i (i = 1,...,n) bezeichne spezialisierte Objekttypen, die sog. **Subtypen.** M(S) sei die Objektmenge zu S, $M(S_i)$ die Objektmenge des Subtyps S_i. Es gelte $M(S_i) \subseteq M(S)$ für alle i. Dann können zwei Mengeneigenschaften unterschieden werden:

a) M(S) wird vollständig durch die $M(S_i)$ abgedeckt:

$$\bigcup_{i=1}^{n} M(S_i) = M(S)$$

b) Die Teilmengen $M(S_i)$ von M(S) sind paarweise disjunkt:

$$M(S_i) \cap M(S_j) = \emptyset \quad \forall\ i, j \in \{1, ..., n\} \text{ mit } i \neq j$$

---

[47] Zu zyklischen Existenzabhängigkeiten und den damit verbundenen Problemen siehe Sinz (1988), a. a. O.a, S. 194 f. und S. 199 f.

[48] Zum Übergang vom SERM zum Relationenmodell vgl. Sinz (1988), a. a. O., S. 199, und Sinz (1990), a. a. O., S. 27.

[49] Die Generalisierung ist in der ersten Arbeit von 1988 noch nicht so weit entwickelt wie in Ferstl, O. K.; Sinz, Elmar J.: Grundlagen der Wirtschaftsinformatik. Bd. 1. München, Wien: Oldenbourg 1993 (a), S. 109–111, das hier als Grundlage dient.

Gilt Eigenschaft a), liegt eine „Is_a"-Hierarchie vor, sonst spricht man von einer (allgemeinen) Subtypenhierarchie. Je nachdem, ob Eigenschaft a) oder b) erfüllt ist oder nicht, können die folgenden vier Fälle unterschieden werden, die durch unterschiedliche Notationen zum Ausdruck gebracht werden können:

Abb. 19:
Generalisie-
rungshierar-
chien im
SERM[50]

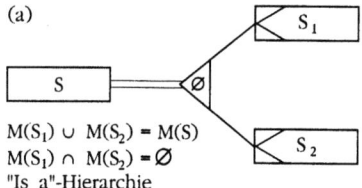

(a)

$$M(S_1) \cup M(S_2) = M(S)$$
$$M(S_1) \cap M(S_2) = \emptyset$$
"Is_a"-Hierarchie

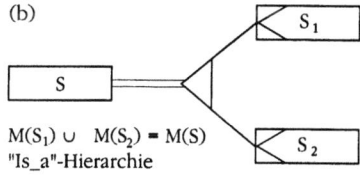

(b)

$$M(S_1) \cup M(S_2) = M(S)$$
"Is_a"-Hierarchie

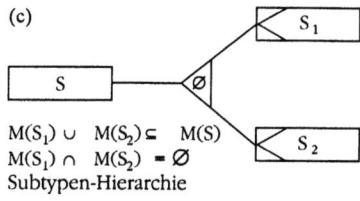

(c)

$$M(S_1) \cup M(S_2) \subseteq M(S)$$
$$M(S_1) \cap M(S_2) = \emptyset$$
Subtypen-Hierarchie

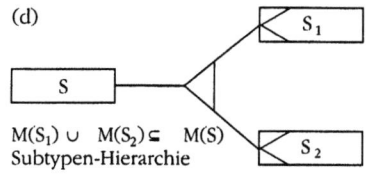

(d)

$$M(S_1) \cup M(S_2) \subseteq M(S)$$
Subtypen-Hierarchie

---

[50] nach Ferstl/Sinz (1993a), a. a. O., S. 109.

Kategorie

Das Kriterium, in dem sich die verschiedenen Subtypen eines Supertyps unterscheiden, wird **Kategorie** genannt. Selbstverständlich kann ein Supertyp mehrere Kategorien haben:

Abb. 20:
Beispiel zur
Generalisie-
rung im
SERM

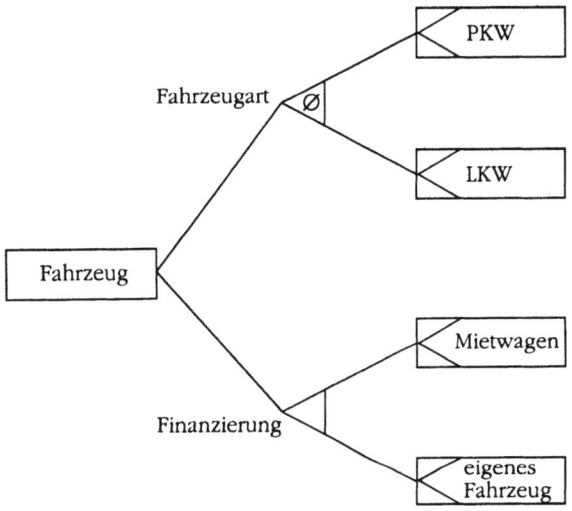

Modellie-
rungs-
mächtigkeit

Für den Nachweis, daß das SERM dieselbe Modellierungsmächtigkeit hat wie das ERM von Chen (daß also alles, was im ERM konsistent modellierbar ist, auch in einem äquivalenten SER-Diagramm darstellbar ist), sei der Leser Sinz[51] verwiesen. Semantische Integritätsbedingungen, die mit den graphentheoretischen Begriffen Kreis, Schraube und Ring zusammenhängen, werden in der Arbeit von Ferstl und Sinz[52] behandelt; sie werden hier jedoch nicht untersucht, da nur ein Überblick über das SERM gegeben werden soll. Zum Abschluß sei noch darauf hingewiesen, daß das SERM die Grundlage für die Modellierungsmethode SAP-SERM ist, die

---

[51] Siehe Sinz (1988), a. a. O., S. 200 f.
[52] Siehe Ferstl/Sinz (1993a), a. a. O., S. 117 f.

im Zusammenhang mit einem modellgestützten Informationsmanagement im R/3-System eingesetzt wird.[53]

3.2.2   Structured Analysis

3.2.2.1   Zur Geschichte von Structured Analysis

Vorläufer von SA

Erste Veröffentlichungen

Die Systemanalyse, wie sie bis in die 70er Jahre hinein betrieben wurde, produzierte wortreiche, monolithische Anforderungsdefinitionen in Volltextform, die sehr redundant, mühsam zu lesen (und mühsam zu schreiben), oft mißverständlich formuliert, stark an der verwendeten Technik orientiert und praktisch nicht wartbar waren. Vor diesem Hintergrund entstand aus der Praxis – nicht aus der Wissenschaft – eine Reihe von neuen Ansätzen, wie Anforderungen an ein DV-System zu formulieren seien. Ein erster Ansatz war HIPO[54], ein weiterer Meilenstein in dieser Entwicklung war 1975 SADT (Structured Analysis (and) Design Technique) von Ross und Schoman von der Firma SofTech Inc.[55] SADT verwendete zum ersten Mal Diagramme zur Spezifikation (sieht man einmal von den schematischen Darstellungen in HIPO ab), und Ross und Schoman vertraten auch als erste die Ansicht, daß die strukturierte Analyse die „logischen" Systemanforderungen von den „physikalischen" Aspekten des Systems unterscheiden sollte.[56] 1977 veröffentlichten Gane und Sarson ihr grundlegendes Werk „Structured Systems

---

[53] Seubert, Michael; Schäfer, Torsten; Schorr, Martin; Wagner, Jürgen: Praxisorientierte Datenmodellierung mit der SAP-SERM-Methode. In: EMISA-Forum, Heft 2/1994, S. 71–79.

[54] Vgl. S. 31.

[55] Ross, D. T.; Schoman Jr., K. E.: Structured Analysis for Requirements Definition. In: IEEE Transactions on Software Engineering, Vol. SE-3, No. 1, January 1977, S. 6–15.

[56] Vgl. McMenamin, Stephen M.; Palmer, John F.: Essential Systems Analysis. New York: Yourdon Press 1984, S. 5. Bereits beim Namen SADT merkt man, daß der Begriff „Structured Analysis" unglücklich gewählt ist: Nicht die Methode ist strukturiert, sondern die entstehenden Dokumente sollen strukturiert sein!

Analysis: Tools and Techniques".[57] In ihm werden die für Structured Analysis – im folgenden oft mit SA bezeichnet – charakteristischen Beschreibungsmittel Datenflußdiagramm, Datenlexikon und Möglichkeiten zur Darstellung der Verarbeitungslogik (Entscheidungstabellen, Entscheidungsbäume, Pseudocode) vorgestellt. Ein Jahr später erschienen im Abstand von nur einem Monat[58] „Structured Analysis and System Specification" von DeMarco[59] und „Structured Analysis" von Weinberg[60].

Zusammenstellung praxisbewährter Konzepte, Ideen und Notationen

Das Erscheinen dieser drei Bücher mit inhaltlich sehr ähnlichen Grundideen unterstreicht die Tatsache, daß SA nicht die Entwicklung einer einzelnen Person(engruppe) ist, sondern eine in der Praxis entstandene Zusammenstellung mehrerer Konzepte, Ideen und Notationen. Selbstverständlich wurde und wird SA auch heute noch weiterentwickelt:

Meilensteine

1984 führten McMenamin und Palmer[61] die Ereigniszerlegung (event partitioning) und das ER-Diagramm in SA ein. Darüber hinaus und vor allem formulierten sie das Prinzip der Trennung von Essenz und Inkarnation, was das Hauptanliegen ihres Buches ist und was sie lediglich am Beispiel von SA vorstellen.[62] Die Unterschei-

---

[57] Gane/Sarson (1977), a. a. O. Häufig wird die Ausgabe von Prentice-Hall (Englewood Cliffs) von 1979 zitiert und damit die Arbeit von Gane/Sarson zeitlich falsch eingeordnet.

[58] So Hruschka, Peter: Structured Analysis auf dem Weg zum Defacto-Standard. In: Timm, Michael (Hrsg.): Requirements Engineering '91. „Structured Analysis" und verwandte Ansätze, Marburg, 10./11. April 1991, Proceedings, Berlin u. a.: Springer 1991, S. 1–13, hier: S. 13.

[59] DeMarco, Tom: Structured Analysis and System Specification. New York: Yourdon Press 1978.

[60] Weinberg, Victor: Structured Analysis. Englewood Cliffs: Yourdon Press (Prentice Hall) 1978.

[61] McMenamin/Palmer (1984), a. a. O.

[62] Siehe ebenda, S. 8: „Although we use the tools of structured analysis and information modeling when we document our requirements definition work, this doesn't mean that they are the only documentation tools to be used with our techniques for

dung zwischen Essenz und Inkarnation korrespondiert zwar mit dem Begriffspaar logisch/physisch – diese Begriffe, die unter anderem von Gane/Sarson und De-Marco verwendet werden, werden auf S. 5 bis 8 kritisiert –, ist aber wesentlich genauer und fundierter. McMenamin und Palmer beschrieben auch erstmals eine Methode, wie man die Essenz eines Systems – die Merkmale, die ein System unabhängig von seiner Implementierung aufweisen muß, um seinen Zweck zu erfüllen; mit anderen Worten: die fachlichen Anforderungen – herausfindet, und Kriterien für eine gute Modellbildung mit SA. Schließlich führten sie die sog. Blitzmodelle (eine Art Prototypen eines Entwurfs) in SA ein.

1985 schlugen Ward und Mellor eine Erweiterung von SA zur Modellierung von Echtzeitsystemen vor.[63]

1987 taten Pirbhai und Hatley das gleiche (im Gegensatz zu Ward/Mellor ohne Ereigniszerlegung);[64] ihr Ansatz – SA/RT – war sehr erfolgreich.[65]

1989 veröffentlichte Yourdon vor dem Hintergrund geänderter Rahmenbedingungen für die Softwareentwicklung – seit dem Erscheinen des Buches von Gane/Sarson waren bereits 12 Jahre vergangen, und mittlerweile gab es Workstations und PCs zur Werkzeugunterstützung, die Datenmodellierung erfuhr eine stärkere Beachtung, Prototyping hatte sich etabliert, und der Übergang zum Strukturierten Design war (etwas) besser geebnet –

---

identifying the system's essence. [...] the strategies of essential systems analysis transcend any one set of documentation tools."

[63] Ward, Paul; Mellor, Stephen J.: Structured Development for Real-Time Systems, Vol. I–III. Englewood Cliffs: Prentice-Hall 1985.

[64] Hatley, Derek; Pirbhai, Imtiaz: Strategies for Real-Time System Specification. Dorset House 1987. Deutsche Ausgabe: München, Wien: Hanser 1991.

[65] Hruschka (1991), a. a. O., S. 12.

sein Buch „Modern Structured Analysis"[66], das wichtige Erweiterungen der vorangegangenen Jahre enthält. Die dort vorgestellte Methode ist gemeint, wenn Autoren heute von SA sprechen, und sie ist Grundlage des folgenden Abschnittes 3.2.2.2.

Ende der 80er Jahre tauchten Erweiterungen um objektorientierte Konzepte auf, unter anderem von Yourdon, Inc.[67]

1989   beschrieb Bailin eine Methode, die SA und Objektorientierung kombiniert[68], und Constantine bemühte sich um eine Integration von SA und Objektorientierung[69].

1991   stellten Franzen und Siegel eine (vermutlich jedoch nicht die erste) Erweiterung mit Petri-Netzen vor.[70] Petri-Netze sind ein ausducksstarkes und formal fundiertes Sprachmittel zur Darstellung der Zeitabhängigkeit von Ereignissen und bieten sich daher für die Modellierung von Echtzeitsystemen an.

Andere Be- SA ist nur einer von mehreren üblichen Namen für die Me-
zeichnungen thode. Daneben sind auch Bezeichnungen wie „Gane-Sarson-

---

[66] Yourdon (1989), a. a. O. Anmerkung: 1990 erschien vom selben Autor ein Buch über objektorientierte Systemanalyse!

[67] Vgl. Bowles, Adrion J.: A Note on the Yourdon Structured Method. In: ACM SIGSOFT Software Engineering Notes, Vol. 15, No. 2, April 1990, S. 27.

[68] Bailin, Sidney C.: An Object-Oriented Requirements Specification Method. In: Communications of the ACM, Vol. 32, No. 5, May 1989, S. 608–623.

[69] Constantine, Larry: Object-Oriented And Structured Methods: Toward Integration. In: American Programmer, Vol. 2, No. 7/8, August 1989, S. 34–40.

[70] Franzen, Helmut; Siegel, Günter: Die Methode der Strukturierten Analyse mit Petri-Netzen (SA/PN) als Echtzeiterweiterung. In: Timm, Michael (Hrsg.): Requirements Engineering '91. „Structured Analysis" und verwandte Ansätze, Marburg, 10./11. April 1991, Proceedings, Berlin u. a.: Springer 1991, S. 178–190.

Analysetechnik", „DeMarco-Methode", SA/RT, „Hatley/ Pirbhai-Methode", „Yourdon-Methodik" (Yourdon war lange Jahre einer der Protagonisten und prominenter Dozent von SA) und Yourdon Structured Method (YSM)[TM] [71] gebräuchlich.

Verbreitung   SA ist eine der am weitesten verbreiteten Methoden zur Beschreibung von Anforderungen. Hruschka zitiert drei amerikanische Statistiken[72], die SA mit etwa 50 % aller Nennungen als die mit Abstand am häufigsten eingesetzte Methode aufführen. Die weite Verbreitung von SA wird auch durch die Untersuchung von Bittner, Hesse und Schnath[73] belegt, nach der SA beim Methodeneinsatz an dritter Stelle steht – hinter dem Entity-Relationship-Modell (!) und dem Einsatz definierter Vorgehensrichtlinien (!). Hruschka schreibt sogar, daß auf dem deutschen CASE-Markt „ohne SA kein Werkzeug mehr zu verkaufen ist"[74]. Sowohl die weite Verbreitung als auch das breite Einsatzspektrum (transaktions-orientierte Systeme, datenbankorientierte Systeme, Echtzeitsysteme, Machbarkeitsuntersuchungen, Organisationsmo-delle, Schwachstellenanalyse u. a. m.[75]) waren Anlaß, SA in diese Arbeit aufzunehmen.

3.2.2.2   **Modern Structured Analysis**

Das Buch „Modern Structured Analysis" von Edward Yourdon[76] beschreibt den „Stand der Kunst" des Einsatzes von SA

---

[71] Bowles weist darauf hin, daß Yourdon und Yourdon Structured Method (YSM) geschützte Warenzeichen von Yourdon, Inc., sind und daß die Methode mit Versionsnummern versehen werde (Stand April 1990: YSM 3.0), s. Bowles (1990), a. a. O.

[72] Hruschka (1991), a. a. O., S. 4. Zitiert oder indirekt zitiert werden das Software Magazin (1987), ein Vortrag von Edward Yourdon im Oktober 1989 und „Sentry Market Research: CASE 1988–1989". Angaben zu Art und Umfang der Stichproben werden nicht gemacht.

[73] Bittner & al. (1992), a. a. O., hier: S. 51. Der Untersuchung liegen 29 kommerzielle Softwareprojekte in 19 Firmen zugrunde.

[74] Hruschka (1991), a. a. O., S. 4.

[75] Ebenda, S. 7 f.

[76] Yourdon (1989), a. a. O.

in der Praxis. Aus diesem Grunde wurde es als Grundlage für die Beschreibung von SA in dieser Arbeit gewählt.[77]

Darstellungs-mittel

SA setzt – heute – folgende Darstellungsmittel ein:

Datenflußdiagramme (dataflow diagrams)
Datenlexikon (data dictionary)
Prozeßspezifikationen (process specifications)
Entity-Relationship-Diagramme (entity-relationship diagrams)
Zustandsübergangs-Diagramme (state-transition diagrams)

Während der Analyse werden folgende Modelle erstellt:

das Essenz-Modell (essential model), bestehend aus
Umweltmodell (environment model) und
Verhaltensmodell (behavioral model), sowie
das Inkarnationsmodell (user implementation model)

Darstellungsmittel und Modelle werden im folgenden kurz erläutert. Ihre Zuordnung zu den einzelnen Teilen eines Fachentwurfs wird im Rahmen der Kritik in Kapitel 3.3.3 vorgenommen.

Datenfluß-diagramme

Datenflußdiagramme: Datenflußdiagramme bestehen aus vier Arten von Knoten und aus gerichteten Kanten, die in der

Terminator

Prozeß (process, function, transformation)

Speicher (store)

implementierter Speicher (implementation store)

Regel markiert sind. Als Knoten können vorkommen:

---

[77] Für die englischen Termini wurden geeignete Übersetzungen versucht. Die Originalbegriffe stehen beim ersten Auftreten in Klammern dahinter.

Als Kante dient ein Pfeil:

 Fluß: Daten- und/oder
Materialfluß
(flow: dataflow, material flow)

Für die Modellierung von Echtzeitsystemen stehen noch
Kontrollfluß und Kontrollprozeß zur Verfügung, die mit gestrichelten Linien gezeichnet werden.

Terminatoren sind Quellen und Senken des Graphen bzw.
Ursprung und Bestimmungsort der Daten, die das System
verarbeitet. Prozesse transformieren Eingangsflüsse in Ausgangsflüsse.[78] Speicher dienen der Ablage von Daten. Existiert ein Speicher aus Gründen, die von einer bestimmten
Systemrealisierung erzwungen werden (z. B. bereits vorhandene und zu verwendende Datenbanken), spricht man von
einem implementierten Speicher. Flüsse beschreiben Daten in
Bewegung und werden in der Regel mit Namen markiert.
Abb. 21 zeigt ein Beispiel eines Datenflußdiagramms.

Datenflußdiagramme können zu verschiedenen Abstraktionsebenen verdichtet werden (z. B. in eine Reihe von Konkretisierungsstufen verfeinert werden). Das Datenflußdiagramm
der obersten Abstraktionsebene enthält neben Terminatoren
nur noch einen einzigen Prozeß (das „System") und heißt
Kontextdiagramm.

Datenlexikon **Datenlexikon:** Im Datenlexikon wird die Bedeutung der
Flüsse und Speicher, die in den Datenflußdiagrammen vorkommen, festgehalten. Es enthält auch Angaben über erlaubte Werte und Details zu den Beziehungen im Entity-
Relationship-Diagramm (Entitätstypen im ER-Diagramm korrespondieren mit Speichern im Datenflußdiagramm). Die Notation für die Datendefinitionen ist formal, was für eine Werk

---

[78] Diese Sichtweise kommt Auftraggebern sehr entgegen: Sie denken seit jeher in (Daten-)Flüssen und interessieren sich nicht für
Steuerflüsse.

Abb. 21:
Ein einfaches
Datenfluß-
diagramm

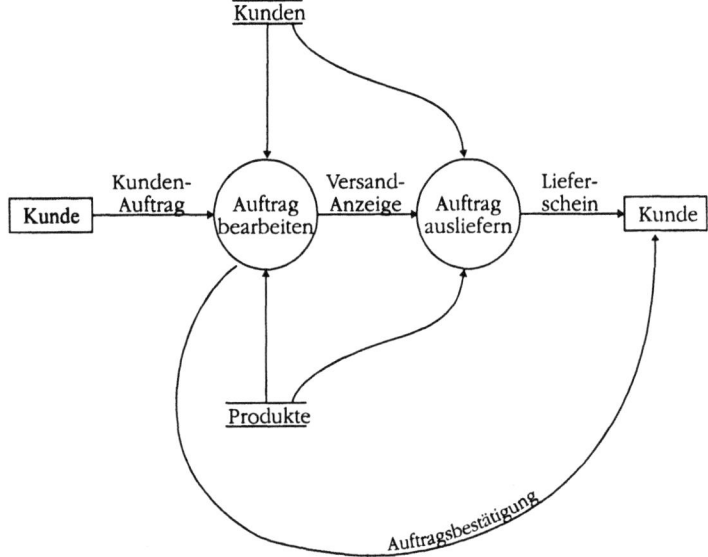

zeugunterstützung unerläßlich ist, aber einfach genug, um
von entsprechend geschulten Benutzern verstanden zu werden:

Symbol	Beschreibung
=	besteht aus (ist definiert als, ist äquivalent zu)
+	und (gefolgt von)
()	Option
{}	Wiederholung (Iteration); Unter- und Ober-grenzen können spezifiziert werden.
[]	Auswahl einer von mehreren Möglichkeiten
|	trennt die verschiedenen Möglichkeiten in-nerhalb von []
@	Schlüsselattribut für einen Speicher
**	schließen einen Kommentar ein

Beispiel:

Kundendaten	=	Kundennummer + Anrede + Name + Adresse
Anrede	=	[Herr | Frau | Firma]
Adresse	=	Straße + Postleitzahl + Ort + (Land)
...		
Name	=	{Buchstabe}
Postleitzahl	=	5{Ziffer}5

* Eine PLZ besteht aus mindestens 5 Ziffern und aus höchstens 5 (also aus genau 5 Ziffern). *

Buchstabe	=	[A–Z | a–z]
Ziffer	=	[0–9]

Prozeß-spezifikation

Prozeßspezifikationen: Eine Prozeßspezifikation – oft auch als Minispezifikation (minispec, miniature specification) bezeichnet – beschreibt, wie durch einen Prozeß ein Eingangsfluß in einen Ausgangsfluß transformiert wird. Dazu gibt es eine Reihe von Möglichkeiten:

Pseudocode
Entscheidungstabellen
Entscheidungsbäume
Anfangs- und Endbedingungen (pre/post conditions)
Ablaufpläne (Flußdiagramme)
Nassi-Shneiderman-Diagramme

Diese Beschreibungsmittel sind hinreichend bekannt und müssen an dieser Stelle nicht erläutert werden.

ER-Diagramme

Entity-Relationship-Diagramme: ER-Diagramme waren Gegenstand von Kapitel 3.2.1 und müssen hier nicht nochmals vorgestellt werden.

Zustands-übergangs-diagramme

Zustandsübergangs-Diagramme: Sie dienen der Modellierung des zeitabhängigen Verhaltens eines Systems und sind daher vor allem für Echtzeitsysteme von Bedeutung. Aber auch einige große, komplexe kommerziellen Systeme haben Echtzeitaspekte (z. B. Platzbuchungssysteme mit einigen tausend Terminals oder Datenfernübertragungssysteme) und verlangen daher nach adäquaten Beschreibungsmitteln für Analyse und Entwurf.

Ein Zustandsübergangs-Diagramm enthält die Zustände, in denen ein System sein kann, und kennzeichnet mit Pfeilen die Übergänge zwischen diesen Zuständen. An diese Pfeile werden die Bedingungen, die zu einem Zustandsübergang führen, und die Aktionen, die ein System bei einem Zustandsübergang durchführt, geschrieben. Zustandsübergangs-Diagramme können ebenso wie Datenflußdiagramme hierarchisch dekomponiert werden.

Abb. 22:
Ein einfaches
Zustands-
übergangs-
Diagramm

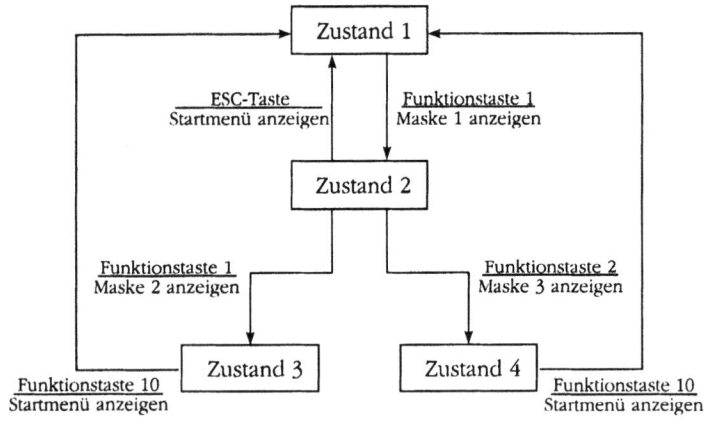

Erstellte
Modelle

Das Essenz-Modell: Das Essenz-Modell ist ein Modell der essentiellen Anforderungen, wie McMenamin und Palmer sie verstanden und charakterisiert haben. Yourdon modelliert sie in zwei Teilmodellen, dem Umweltmodell und dem Verhaltensmodell. Das **Umweltmodell** dient der Festlegung der Schnittstellen zum Umsystem (zu definieren, was Bestandteil des Systems ist und was es nicht ist, ist häufig eine ausgesprochen schwierige Aufgabe!) und besteht aus einer kurzen Beschreibung des Systemzweckes, einem Kontextdiagramm und einer Ereignisliste. Die Ereigniszerlegung stammt ebenfalls von McMenamin und Palmer; sie zeigen, daß alle Softwaresysteme auf Ereignisse der Umwelt mit geplanten Reaktionen antworten.[79] Diese Sichtweise übernimmt Yourdon und verlangt daher zu Beginn des Entwicklungsprozesses eine Liste all der Ereignisse, auf die das System in irgendeiner Weise reagieren muß. Diese Ereignisse werden jeweils mit F, Z oder K bezeichnet. Diese Buchstaben geben an, ob ein Ereignis fluß-, zeit- oder kontrollorientiert ist.[80]

Abb. 23:
Eine kurze
Ereignisliste

1. Kunde erteilt Auftrag (F)

2. Vorstand fordert den monatlichen Verkaufsbericht an (Z)

Das **Verhaltensmodell** beschreibt das Verhalten des System"inneren", das notwendig ist, damit das System seinem Zweck entsprechend mit seiner Umgebung interagieren kann. Es besteht aus den oben beschriebenen Datenflußdiagrammen unterschiedlichen Abstraktionsgrades, Entity-Relationship-Diagrammen, Zustandsübergangs-Diagrammen, Prozeßspezifikationen und den entsprechenden Einträgen in das Datenlexikon.

Das **Inkarnationsmodell:** Es ist zwar gut und richtig, einen **Fach**entwurf von Realisierungsdetails so weit wie möglich freizuhalten, aber in nahezu jedem Entwicklungsprojekt wird der Auftraggeber Randbedingungen zur Implementierung nennen, die Rückwirkungen auf den Fachentwurf haben. Das augenfälligste Beispiel ist die **Automatisierungsgrenze**[81]: Im Essenzmodell werden u. a. fachliche Aufgaben beschrieben, es wird aber nicht festgehalten, welche Aufgaben vom System und welche vom Benutzer erledigt werden. Ein weiteres Beispiel sind die **Formate**[82] der Ein und Ausgabedaten

---

[79] McMenamin/Palmer (1984), a. a. O., S. 12–14.

[80] Kontrollereignisse sind ein Sonderfall der zeitorientierten Ereignisse und kommen in kommerziellen Systemen so gut wie nie vor. Sie werden daher hier als vernachlässigbares Detail von SA betrachtet.

[81] Vgl. Yourdon (1989), a. a. O., S. 381.

[82] Vgl. ebenda.

(Bildschirmmasken, Listenlayout usw.), die einen erheblichen Realisierungsspielraum lassen: Soll die Seitenzahl oben oder unten stehen? Soll auf jeder Seite eine Zwischensumme gebildet werden, oder genügt die Summenbildung am Ende der Liste? Und so weiter. Mit anderen Worten: Das Inkarnationsmodell deckt folgende Bereiche ab:[83]

Durch das Inkarnationsmodell abgedeckte Bereiche

1   Allokation des Essenzmodells auf Menschen und Maschinen

2   Details der Mensch-Maschinen-Interaktion

2.1   Auswahl von Ein- und Ausgabegeräten
2.2   Formate der Ein- und Ausgabedaten
2.3   Masken- und Listenlayout
2.4   Schlüsselsysteme

3   Maßnahmen zur Fehlervermeidung und -eindämmung (z. B. Speicherung von Daten auf zwei Platten oder Magnetbändern, kontrollierte Redundanz für Plausibilitätsprüfungen, Kontrollmeldungen für manuelle Überprüfungen)

4   Weitere Randbedingungen

4.1   Datenmengengerüst
4.2   Antwortzeitverhalten
4.3   Hardware- und Software-Vorgaben (z. B. „Programmierung in Eiffel, Einsatz auf SNI RM 600")
4.4   Umweltbedingungen (z. B. Temperaturbereich, Feuchtigkeit, Geräuschentwicklung, Strahlungsabgabe)
4.5   Zuverlässigkeit
4.6   Datenschutz und Datensicherheit

Das Festhalten dieser Vorgaben ist von großer Bedeutung, da sie ein gewichtiger Einflußfaktor für die Systemerstellung sind; es ist sogar möglich, daß ein elegantes Essenzmodell innerhalb der vom Auftraggeber verlangten Rahmenbedingungen nicht realisiert werden kann.

---

[83] Vgl. ebenda, S. 380–406 (passim).

3.2.3   Isotec

3.2.3.1   Überblick über Isotec

Isotec ist ein Akronym für Integrierte **Software-Te**chnologie und ist keine einzelne Methode, sondern ein Verbund von Konzepten und Methoden für die Software-Entwicklung im kommerziellen Bereich. Der Unterstützung phasenübergreifender Aktivitäten dienen die Komponenten

- Vorgehenskonzept,
- Projektmanagement,
- Administrationskonzept und
- Qualitätssicherung.

Unterstützung phasenspezifischer Aktivitäten

Die eher phasenspezifischen Aktivitäten unterstützen die Komponenten

- Informationsstrukturanalyse (ISA):
  Sie ist während des fachlichen und auch während des DV-technischen Entwerfens anwendbar.
- Funktionsstrukturanalyse (FSA):
  Sie ist ebenfalls während des fachlichen und während des DV-technischen Entwerfens anwendbar.
- Strukturierung und Spezifikation von Systemfunktionen (SSF):
  Einsatzgebiet ist der DV-Entwurf.
- Dialogentwurf (DIA):
  Einsatzgebiet ist vor allem der DV-Entwurf, teilweise auch bereits der Fachentwurf.
- Systemspezifischer Datenstrukturentwurf (SDS):
  Er wird während der Systemrealisierung eingesetzt.

Komponenten = Methoden

Diese Komponenten werden auch Methoden genannt. Darüber hinaus unterscheidet Isotec vier Ebenen der Modellierung:

Vier Ebenen der Modellierung

- Das Unternehmensmodell:
  Es beschreibt ein ganzes Unternehmen aus globaler, strategischer Sicht. Es wird für die strategische IS-

Planung erstellt und muß für die folgenden drei Ebenen nicht unbedingt vorliegen.

- Das Betriebliche Modell:
  Es beschreibt ein betriebliches System (nicht unbedingt ein Anwendungssystem) aus fachlicher Sicht und ist mit einem Fachentwurf weitgehend deckungsgleich.
- Das Anwendungsmodell:
  Es beschreibt ein Anwendungssystem aus konzeptioneller, zielsystemunabhängiger Sicht. Es entspricht weitgehend dem DV-Entwurf, enthält aber auch Teile, die vom Verfasser dieser Arbeit dem Fachentwurf zugeordnet werden (z. B. den Entwurf der Benutzerschnittstelle).
- Das Technische Modell:
  Es beschreibt die Abbildung eines Anwendungsmodells in eine spezielle Zielumgebung und entspricht der Systemrealisierung.

Modelle in jeder Ebene

Jede dieser Modellebenen enthält

- ein Datenmodell,
- ein Funktionsmodell,
- deren Interaktion sowie
- die Interaktion mit der Außenwelt.

Keine der Isotec-Methoden beschreibt also eine Modellebene vollständig, sondern entweder die Datenkomponente des Modells (Informationsstrukturanalyse) oder die Funktionskomponente, deren Interaktion oder die Interaktion mit der Außenwelt (Funktionsstrukturanalyse, Strukturierung und Spezifikation von Systemfunktionen).

Methoden und Techniken in übergreifenden Konzepten integriert

Isotec wurde in der Vergangenheit häufig mit seinen Methoden, vor allem mit der Informationsstrukturanalyse und der Funktionsstrukturanalyse, gleichgesetzt. Dies widerspricht jedoch dem Grundgedanken von Isotec, Methoden und Techniken in übergreifenden Konzepten zu integrieren (vgl. oben die Komponenten für phasenübergreifende Aktivitäten). Hier ist vor allem das Vorgehenskonzept zu nennen, das z. B. für die Projektarten „klassische Neuentwicklung", „vertikale Weiterentwicklung", „evolutionäre Entwicklung" und „Standard-software-Einführung" die konkreten Entwicklungsaktivitäten, die Nutzung von Methoden und Techniken sowie zu erbringende Zwischen- und Endergebnisse beschreibt und strukturiert.

Dennoch soll die Darstellung im folgenden die Informationsstrukturanalyse und die Funktionsstrukturanalyse stark betonen, weil die parallele Entwicklung von Daten- und Funktionsstruktur charakteristisch für Isotec ist – und in der Praxis am weitesten verbreitet ist.

3.2.3.2 Informationsstrukturanalyse (ISA)

Konzeptionelles Datenmodell

Ziel der Informationsstrukturanalyse[84] ist ein konzeptionelles Datenmodell, die Informationsstruktur, die in einer fachbezogenen und DV-neutralen Weise erstellt wird. Sie wird in Form eines erweiterten binären ER-Modells beschrieben und kennt insbesondere die Konzepte Aggregation und Klassifizierung (hier Spezialisierung genannt). Die Notation des Informationsstruktur-Diagramms ist Abbildung 24 zusammengefaßt.

Attribute

Identifizierende Beziehungen

Eigenschaften können sowohl Attribute als auch identifizierende Beziehungen (s. u.) sein; ihre Notation geschieht wie folgt:

* <identifizierendes Attribut>
* (<identifizierende Beziehung>)
- <beschreibendes Attribut>

Von einer identifizierenden Beziehung spricht man, wenn sich ein Informationsobjekt A ganz oder teilweise über eine Beziehung zu einem anderen Informationsobjekt B identifiziert. (A ist in diesem Fall von B abhängig.) Im Beispiel der Abbildung 25 werden Exemplare eines Artikels mit einer identifizierenden Beziehung beschrieben.

---

[84] Beschrieben wird Version 2.3 (o. J.), die im Februar 1994 aktuell war.

Abb. 24:
Notation des
Informationsstruktur-
Diagramms[85]

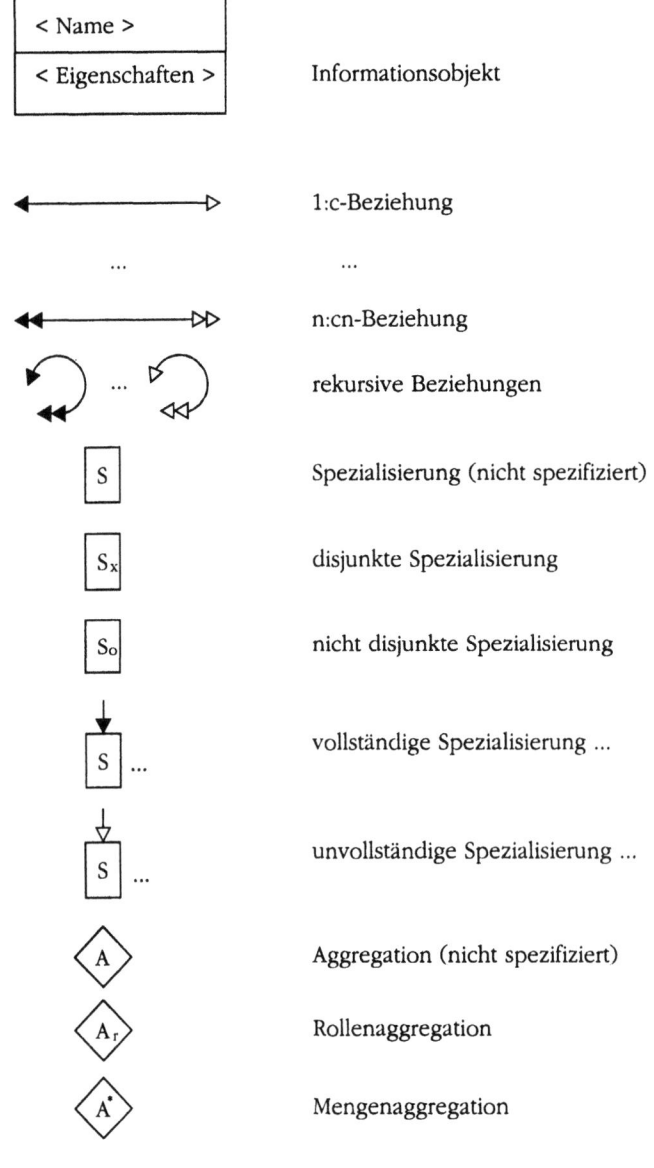

< Name >	
< Eigenschaften >	Informationsobjekt

1:c-Beziehung

n:cn-Beziehung

rekursive Beziehungen

Spezialisierung (nicht spezifiziert)

disjunkte Spezialisierung

nicht disjunkte Spezialisierung

vollständige Spezialisierung ...

unvollständige Spezialisierung ...

Aggregation (nicht spezifiziert)

Rollenaggregation

Mengenaggregation

---

[85] nach: o. V.: Isotec, Informationsstrukturanalyse (ISA), Version 2.3.
o. O.: Ploenzke Informatik, Juni 1991, S. 124 und S. 53.

Abb. 25:
Identifizieren-
de Beziehung

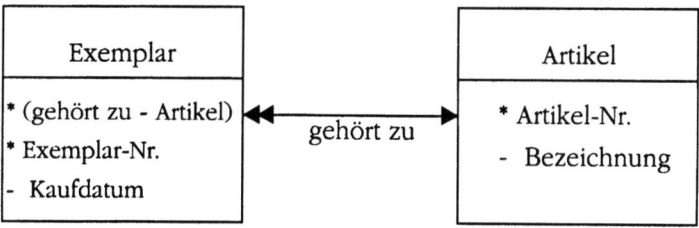

Klassifikation

Eine Klassifikation bzw. Spezialisierung kann allgemein angegeben werden, man kann aber auch die Eigenschaften disjunkt/nicht disjunkt sowie vollständig/unvollständig spezifizieren, wie es bereits im SERM von Ferstl/Sinz getan wird (vgl. Abb. 19 auf S. 59). Mehrfachvererbung wird nicht gezeigt und ist daher in Isotec wohl nicht vorgesehen, wird aber nicht ausdrücklich ausgeschlossen.

Aggregation

Bei der Aggregation werden die sog. Rollenaggregation und die Mengenaggregation unterschieden; darüber hinaus gibt es die allgemeine Aggregation, die die ersten beiden integriert und eine vereinfachende Darstellung ermöglicht. Wenn ein Flug beispielsweise durch Start- und Zielflughafen, das eingesetzte Flugzeug sowie seine Besatzung beschrieben wird, läßt sich dies mit Hilfe der allgemeinen Aggregation wie folgt modellieren:

Abb. 26:
Allgemeine
Aggre-
gation[86]

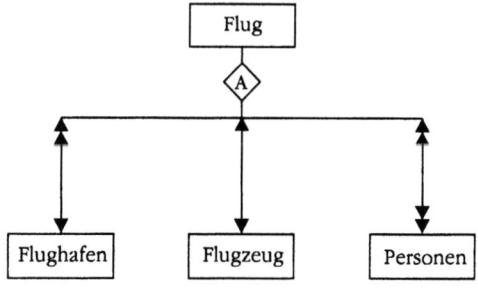

---

[86] Quelle: Isotec/ISA, a. a. O., S. 59.

Mit der Rollen- und der Mengenaggregation[87] erhält man jedoch ein detaillierteres Modell:

Abb. 27:
Rollen- und
Mengen-
aggregation[88]

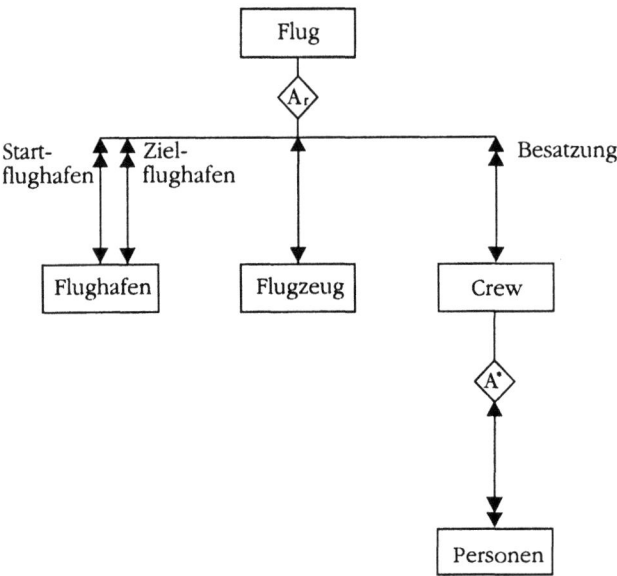

Neben diesen strukturbildenden Konzepten legt Isotec großen Wert auf die Formulierung von Integritätsbedingungen, die Inhalt und Änderung einer Informationsstruktur kontrollieren und damit die Konsistenz der Datenbasis sicherstellen. Diese Integritätsbedingungen werden ausführlich klassifiziert.[89] Ein Beispiel ist die Wertmengenbedingung (z. B.: „Das durchschnittliche Alter der Autos eines Fuhrparks darf nicht über 5 Jahren liegen."). Integritätsbedingungen sind Bestandteil der Informationsstruktur, werden jedoch in natürlicher Sprache formuliert und im rechnergestützten Informationsobjekt-Katalog und im Beziehungs-Katalog festgehalten.

Integritäts-
Bedingungen

---

[87] Bei der Rollenaggregation tauchen unter Umständen mehrere Komponenten in verschiedenen Rollen auf. Die Rollennamen werden an die Beziehungen geschrieben; fehlt ein Rollenname, ist er mit dem Komponentennamen identisch. Bei der Mengenaggregation gibt es nur eine Komponente.

[88] Quelle: Isotec/ISA, a. a. O., S. 59.

[89] Siehe Isotec/ISA, a. a. O., S. 68.

Für die unterschiedlichen Modellierungsebenen werden Empfehlungen hinsichtlich des Detaillierungsgrades der Informationsstruktur gegeben. Während für das Unternehmensdatenmodell noch nicht einmal Beziehungen zu allen Informationsobjekten oder Kardinalitäten verlangt werden, wird vom Anwendungsdatenmodell bereits verlangt, daß es in dritter Normalform ist. Für die Komplexitätsbewältigung bei Informationsstrukturen, die aufgrund ihrer Größe unübersichtlich geworden sind, bietet Isotec zwei einfache Vergröberungen an: die Vergröberung von Spezialisierungen (Ausblenden der „Subklassen") und Vergröberung von Aggregationen (Ausblenden der Komponenten).

Verbindungs-matrix

Für die Abstimmung der Informationsstruktur mit der Funktionsstruktur wird eine Verbindungsmatrix empfohlen, die in Form eines N2-Diagramms die Informationsobjekte den Funktionen gegenüberstellt.

Kataloge

Zur Dokumentation der Informationsstrukturanalyse gehören schließlich noch (möglichst rechnergestützte) Kataloge der Informationsobjekte, der Beziehungen, der Spezialisierungen, der Aggregationen, der Datenelemente[90] und der Datenelementtypen, die jeweils sehr detaillierte Spezifikationen enthalten.[91]

3.2.3.3 Funktionsstrukturanalyse (FSA)

Einheitliches Konzept aus Organisation und Software

Ziel der Funktionsstrukturanalyse ist es, „ein Fundament für ein einheitliches Konzept aus Organisation und Software zu entwickeln"[92]. Dazu werden die betriebliche Aufbau- und Ablauforganisation, die betriebliche Kommunikation, die Kommunikation zwischen Funktionen und Außenwelt sowie die „indirekte Kommunikation", d. h. die Ablage von Informationen zur späteren Wiederverwendung, modelliert. Hier werden durchaus auch manuell erbrachte Leistungen betrach-

---

[90] Datenelement- und Datenelementtyp-Kataloge enthalten u. a. die genaue Definition der Attribute.

[91] Vgl. Isotec/ISA, a. a. O., S. 129–132.

[92] o. V.: Isotec, Funktionsstrukturanalyse (FSA), Version 2.2. o. O.: Ploenzke Informatik, Juni 1991, S. 14.

tet. Die DV-technisch unterstützten Leistungen eines Anwendungssystems, die Systemfunktionen, werden mit der Methode „Strukturierung und Spezifikation von Systemfunktionen (SSF)" noch weiter detailliert.

Drei Aspekte: statisch dynamisch kommunikativ

In der Funktionsstrukturanalyse werden drei Aspekte des funktionalen Zusammenhangs in drei aufeinander abgestimmten Strukturen dargestellt:[93]

- der statische Aspekt führt zur statischen Funktionsstruktur; sie wird in einem Funktionsbaum dargestellt.
- der dynamische Aspekt führt zur Ablaufstruktur; sie wird in Funktionsnetzen oder N2-Diagrammen dargestellt.
- der kommunikative Aspekt führt zur Kommunikationsstruktur; sie wird in N2-Diagrammen dargestellt.

Statische Funktionsstruktur

Die statische Funktionsstruktur teilt das Gesamtsystem, für das zunächst einmal eine Top-Funktion definiert werden muß, in kleinere, überschaubare Funktionen auf. Die Aufteilung endet bei den Elementarfunktionen, den kleinsten fachlich sinnvollen Funktionen. Der dadurch entstehende Funktionsbaum spiegelt u. a. die Aufbauorganisation eines Unternehmens wider.[94] Jede Funktion (genauer: betriebliche Funktion) wird im Funktionskatalog inhaltlich beschrieben, es wird angegeben, in welche Funktionen sie sich gliedert und welche die ausführende Stelle ist. Darüber hinaus werden Datenschutzanforderungen und Betriebsmittel genannt.

Ablaufstruktur

Funktionsnetze

In der Ablaufstruktur werden Geschäftsvorfälle, betriebliche Prozesse und Abläufe modelliert. Hier wird also der zeitliche und organisatorische Zusammenhang von betrieblichen Elementarfunktionen untersucht. Durch die Einbeziehung von Startzeitpunkten von Funktionsabläufen und von Mengenschätzungen wird „über die reine Datenerfassung hinaus eine Auswertung und Optimierung der Ablaufstruktur nach zeit-

---

[93] Siehe ebenda, S. 35.
[94] Vgl. ebenda, S. 47.

und mengenmäßigen Gesichtspunkten möglich"[95]. Die Ablaufstruktur ist durch die Menge aller Abläufe gegeben. „Ein Ablauf ist die Darstellung eines in sich abgeschlossenen Unternehmensprozesses oder eines Teils desselben. Er enthält mindestens eine betriebliche Elementarfunktion und mindestens eine Bedingung, die für die Durchführung einer oder mehrerer betrieblichen Funktionen verantwortlich ist."[96] Ein Ablauf besteht damit aus Funktionen (genauer: Elementarfunktionen), evtl. weiteren Abläufen und Bedingungen. Darüber hinaus enthält er Auslöser und Verteiler. Jeder Ablauf wird in Funktionsnetzen beschrieben, die die oben genannten Elemente mit Ablaufpfeilen verbinden. Jedes Funktionsnetz läßt sich auf ein Petri-Netz zurückführen.[97] Dies ermöglicht eine gewisse formale Überprüfbarkeit sowie den Nachweis bestimmter Systemeigenschaften. Insbesondere bieten Petri-Netze den Vorteil, eine Computer-Simulation der Abläufe durchzuführen. Abbildung 28 zeigt ein allgemeines Ablaufdiagramm.

Kommunikationsstruktur

Die Kommunikationsstruktur legt den Austausch von Informationen innerhalb des Systems und zwischen dem System und der Außenwelt fest: Für jede Funktion werden Quelle und Ziel von Informationen untersucht. Die Gesamtleistung des Systems ist dann durch die Gesamtheit der Leistungen aller Elementarfunktionen an Einheiten der Außenwelt, die sog. Externen Partner, definiert.

Elemente der Kommunikationsstruktur sind neben den Funktionen und den Externen Partnern die Informationsobjekte und Beziehungen (die in der Informationsstrukturanalyse ermittelt wurden) sowie die sog. Datengruppen-K. „Eine Datengruppe-K [oder kurz: Datengruppe, d. Verf.] ist eine

---

[95] Ebenda, S. 36.

[96] Ebenda, S. 52. Auf die teilweise kontrovers geführte Diskussion, was denn unter einem (Geschäfts-)Prozeß, Unternehmensprozeß, Geschäftsvorfall, Vorgang, Ablauf usw. zu verstehen sei, soll hier nicht eingegangen werden.

[97] Siehe ebenda, S. 44; vgl. auch ebd., S. 42.

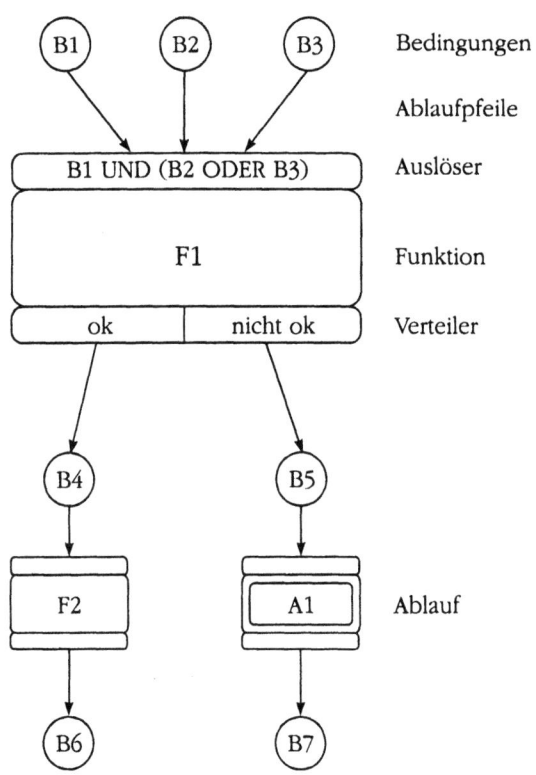

B1   B2   B3   Bedingungen

Ablaufpfeile

B1 UND (B2 ODER B3)   Auslöser

F1   Funktion

ok   nicht ok   Verteiler

B4   B5

F2   A1   Ablauf

B6   B7

strukturierte oder unstrukturierte Information mit einem einheitlichen, fachlich begründeten Sinnzusammenhang, die
durch eine Funktion des Systems in einer Kommunikations-
form und mit Hilfe eines Informationsträgers ein- oder ausgegeben wird."[98] Die Kommunikationsstruktur beschreibt also, welche Datengruppen zwischen zwei Funktionen, zwischen Funktionen und Informationsobjekten sowie zwischen
Funktionen und Externen Partnern ausgetauscht werden. Diese Beschreibung erfolgt mit Hilfe von Kommunikations-
diagrammen. Ein Kommunikationsdiagramm gehört zu einer
Funktion und zeigt die Funktionen, in die sie sich gliedert,
die sog. Teilfunktionen. Abb. 29 zeigt ein Beispiel.

---

[98] Isotec/FSA, a. a. O., S. 64.

Abb. 29:
Ein Kommu-
nikations-
diagramm

Funktion „Bibliothek verwalten"

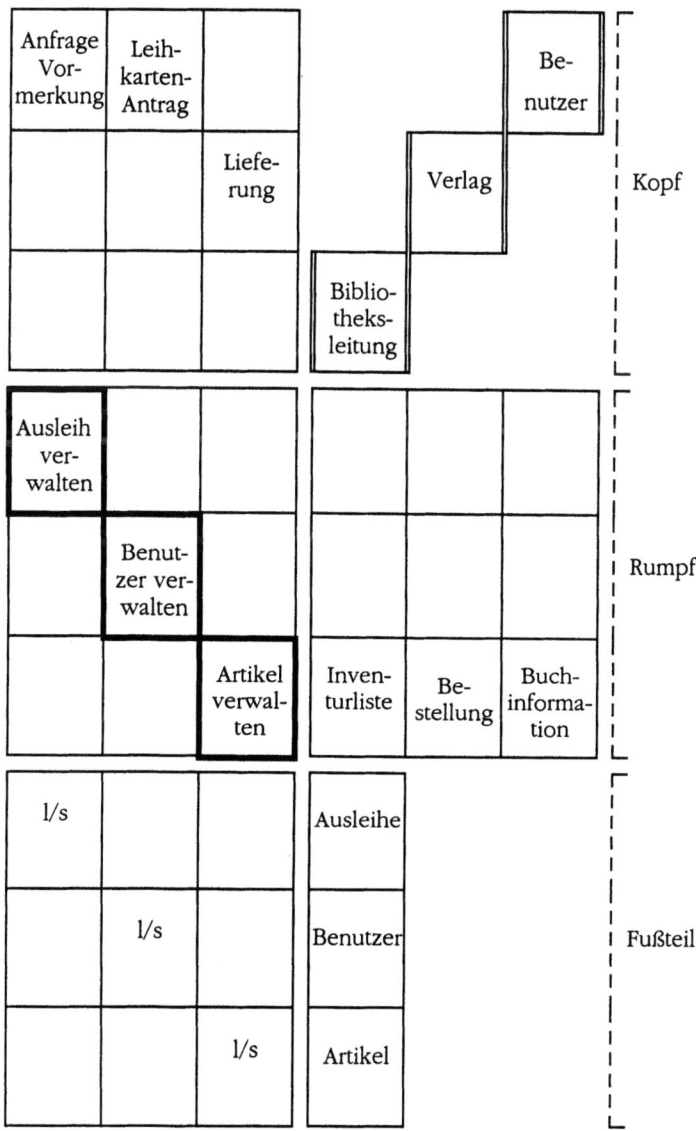

Der Kopfteil enthält rechts die Externen Partner und links deren Eingaben in die Teilfunktionen. Der Rumpf zeigt links die Teilfunktionen und rechts deren Ausgaben an die Externen Partner. Der Fußteil beschreibt, auf welche Art und Weise die Teilfunktionen auf die Informationsobjekte und Beziehungen zugreifen.

Zustands-diagramme

Als ein weiteres Entwurfsmittel empfiehlt Isotec Zustandsdiagramme in Form von N2-Diagrammen. Ein solches Diagramm wird für jedes Informationsobjekt erstellt; es hält fest, welche Elementarfunktion welchen Zustand herbeiführt. In der Diagonalen stehen die Zustände des Informationsobjekts, in den übrigen Feldern die Elementarfunktionen, die den Zustand der gleichen Zeile in den Zustand der gleichen Spalte überführen. Das Diagramm wird also im Uhrzeigersinn gelesen:

Abb. 30:
Ein Zustands-diagramm [99]

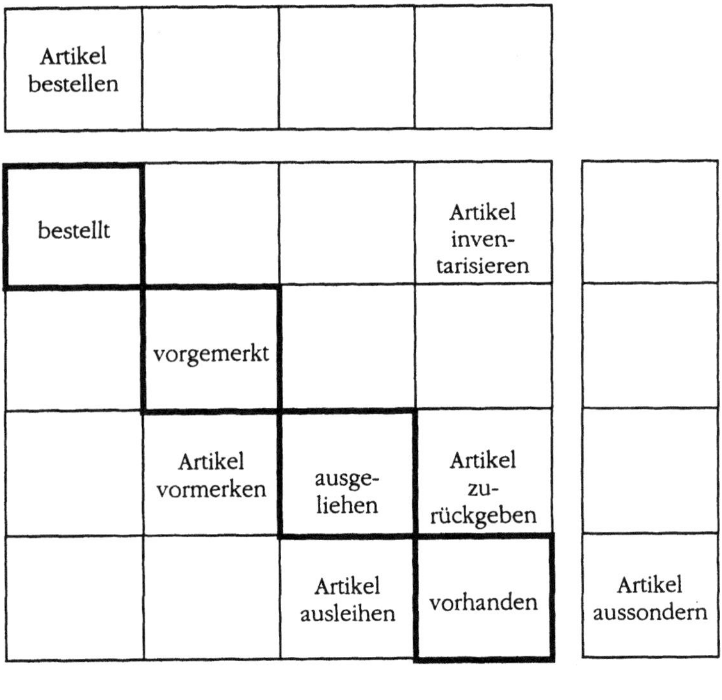

---

[99] Quelle: Isotec/FSA, a. a. O., S. 147

Dokumentation der Funktionsstrukturanalyse

Die Dokumentation der Funktionsstrukturanalyse umfaßt schließlich

- die Funktionsübersicht (z. B. als Baumdiagramm),

- die Ablaufdiagramme,

- die Kommunikationsdiagramme und

- die Zustandsdiagramme.

Darüber hinaus werden folgende Kataloge bzw. Matrizen erstellt bzw. mitgenutzt:[100]

- Funktionskatalog

- Systemfunktionskatalog

- Ablaufkatalog

- Bedingungskatalog

- Datengruppenkatalog

- Katalog der Informationsobjekte

- Katalog der Externen Partner

- Verwendungsmatrix
  (den Funktionen des Funktionsbaumes werden die verwendeten Informationsobjekte gegenübergestellt)

- Funktionsverteilungsmatrix
  (den Funktionen werden die durchführenden organisatorischen Einheiten gegenübergestellt)

- Unterstützungsmatrix
  (den Elementarfunktionen werden die Systemfunktionen gegenübergestellt, die sie unterstützen)

---

[100] Für eine ausführliche Beschreibung vgl. Kapitel 7 von Isotec/ FSA, a. a. O.

3.2.3.4   Zur Abstimmung von Informations- und Funktionsstruktur

In Isotec werden auf jeder Modellebene (Unternehmens-modell, Betriebliches Modell, Anwendungsmodell, Technisches Modell) eine Informationsstruktur – ein Datenmodell – und eine Funktionsstruktur erstellt (vgl. S. 74):

Abb. 31:
Dimensionen
der
Modellierung

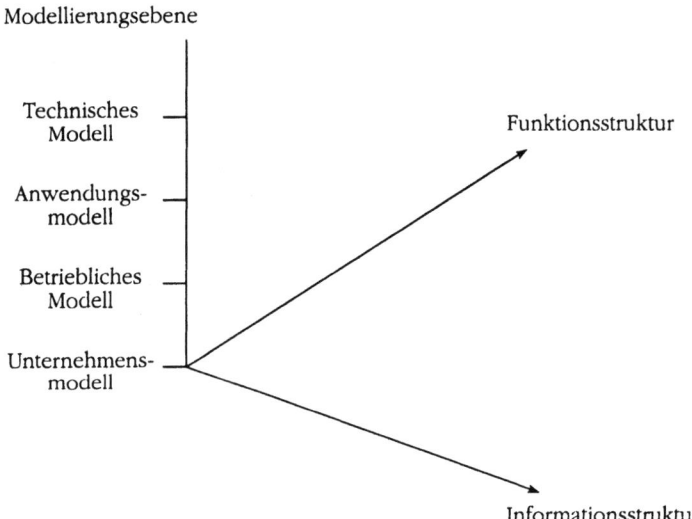

Modellierungsebene

Technisches Modell

Funktionsstruktur

Anwendungs-modell

Betriebliches Modell

Unternehmens-modell

Informationsstruktur

Abstimmung
auf jeder
Modellie-
rungsebene

Auf jeder Modellierungsebene besteht damit das Problem der Abstimmung zwischen Informations- und Funktionsstruktur. Innerhalb der Funktionsstruktur müssen darüber hinaus noch der statische, der kommunikative und der dynamische Aspekt aufeinander abgestimmt werden. (Die nun mindestens fünf Dimensionen des Modellierungsproblems lassen die Komplexität der notwendigen Abstimmung der verschiedenen Isotec-Modelle, Strukturen bzw. Diagramme ahnen.) Die Isotec-Handbücher gehen an verschiedenen Stellen auf dieses Problem ein.[101]

Kommunikationsdiagramm Verwendungsmatrix

Bei der parallelen Top-down-Entwicklung von Informations- und Funktionsstruktur wird für jede hierarchische Stufe des Funktionsbaumes das Kommunikationsdiagramm (vgl. oben Abb. 29) eingesetzt.[102] Für die Endabstimmung der beiden Strukturen „wird eine Verwendungsmatrix erstellt, die alle Elementarfunktionen und alle Informationsobjekte enthält"[103]. Für die Abstimmung werden einige Regeln genannt, z. B.:

Regeln für die Abstimmung

- Der Detaillierungsgrad der betrachteten Funktionen muß dem der betrachteten Informationsobjekte entsprechen.[104]
- Jedes Informationsobjekt muß von mindestens einer Funktion gelesen und von mindestens einer Funktion geschrieben werden.[105]
- „Nach jedem Verfeinerungsdurchgang sollte ein globaler Abgleich durchgeführt werden, d. h. es sollte eine Abstimmung mit der zentralen Datenadministration über die gesamte Informationsstruktur stattfinden."[106]

Handfeste Regeln wie diese sind jedoch selten. Die Abstimmung von getrennt modellierter Daten- und Funktionssicht ist eben prinzipiell schwierig und nicht formalisierbar, weil bei jeder Inkonsistenz (kreative) Entwurfsentscheidungen getroffen werden müssen. Diese Schwierigkeiten wachsen noch sehr schnell mit der Größe des Projekts: „Die parallele Verfeinerung beider Strukturen ist aber bei größeren Projekten nicht mehr einfach, da die Informationsstruktur die Verfeine-

---

[101] Die einschlägigen Stellen sind: a) Isotec/ISA, a. a. O., S. 28, 113; b) Isotec/FSA, a. a. O., S. 24, 26, 61, 67, 94–96, 106, 108–110, 122 f.

[102] Vgl. Isotec/ISA, a. a. O., S. 113.

[103] Vgl. ebenda, S. 113.

[104] Vgl. Isotec/FSA, a. a. O., S. 61. (Hier wird die Aussage für Kommunikationsdiagramme getroffen. Eine analoge Aussage findet sich auf S. 110 zur Verwendungsmatrix.)

[105] Vgl. ebenda, S. 95.

[106] Ebenda, S. 95.

rung mehrerer Äste des Funktionsbaumes durch mehrere Teams koordiniert."[107] Die Notwendigkeit und Schwierigkeit der Abstimmung von Daten- und Funktionssicht ist ein großes, gemeinsames Problem konventioneller Ansätze.

3.2.3.5 Die Spezifikation der Benutzerschnittstelle

**Benutzer-
schnittstelle**

Die Spezifikation der Benutzerschnittstelle, die nach Auffassung des Verfassers in den Fachentwurf gehört, erfolgt in Isotec im Rahmen der Methode „Strukturierung und Spezifikation von Systemfunktionen (SSF)", die einer späteren Phase[108] zugeordnet ist.

Die Dialogoberfläche eines Anwendungssystems wird parallel zu den Systemfunktionen der obersten Ebene, die den betrieblichen Elementarfunktionen zugeordnet sind, entwickelt.[109] Die Eigenschaften, die für jede Oberflächeneinheit spezifiziert werden müssen, sind der Abbildung 32 zu entnehmen.[110]

Die Wahl der Darstellungsmittel bleibt dem Anwender der Methode überlassen. Für den Zusammenhang mit den Systemfunktionen gelten folgende Regeln:[111]

---

[107] Ebenda, S. 95.

[108] Isotec sieht allerdings auch hier noch eine Zusammenarbeit mit der Fachabteilung vor: „Die Spezifikation wird in der Regel die detaillierteste Darstellungsform sein, die noch zur Abstimmung mit der Fachabteilung herangezogen wird." (o. V.: Isotec, Strukturierung und Spezifikation von Systemfunktionen (SSF), Version 2.3. o. O.: Ploenzke Informatik, Juni 1991, S. 22) „Die Benutzerschnittstelle ist damit ein wesentlicher Gegenstand der Abstimmung mit dem potentiellen Anwender. Ihre Entwicklung muß in Zusammenarbeit von Fach- und DV-Abteilung erfolgen." (ebenda, S. 90)

[109] Vgl. Isotec/SSF, a. a. O., S. 91.

[110] Vgl. ebenda, S. 92–97.

[111] Siehe ebenda, S. 104.

- „Jede Maske wird von nur einer Systemfunktion gesendet/ empfangen. Eine Systemfunktion sendet/empfängt nur eine Maske."
- „Jede Liste wird von genau einer Systemfunktion ausgegeben."

Abb. 32:
Zur Spezifikation der Benutzerschnittstelle

Eigenschaft	Maske bzw. Fenster	Druck-ausgaben
Layout	X	X
Steuerung (Welche Aktionenen können im betreffenden Kontext ausgewählt werden?	X	(entfällt)
Integritätsbedingungen (vor allem Abhängigkeiten zwischen Datenfeldern, z. B. Spaltensumme bei Gruppenwechseln)	X	X
Datenelementtyp (Format, Länge, Wertebereich)	X	X
Felddarstellung (Präsentationsattribute wie fett, rechtsbündig, Tausenderpunkte als 0 oder Leerzeichen)	X	X
Eingabezwang (Muß-, Kannfelder)	X	(entfällt)
Vorbelegungen von Feldern	X	(entfällt)
Feldbezogene Hilfe	X	(entfällt)
Verweis auf Datenelemente der Informationsstruktur	X	X

3.2.3.6 Zur Weiterentwicklung von Isotec

Verbund von Methoden und Konzepten

Isotec ist als Verbund von Konzepten und Methoden offen für eine Weiterentwicklung und den Austausch einzelner Komponenten. Auf die beiden wichtigsten Weiterentwicklungen soll an dieser Stelle hingewiesen werden: ISOTEC-OOM (objektorientierte Modellierung) und Geschäftsprozeßanalyse (GPA). Beide Erweiterungen lagen dem Verfasser als ca. 130 bzw. ca. 60 Seiten starkes Handbuch vor.[112] Sie sind „lizensiertes Material, intern" und daher vermutlich noch nicht in großem Umfang praxiserprobt.

ISOTEC-OOM

ISOTEC-OOM „ersetzt" als ein integrierter Ansatz sämtliche traditionellen phasenspezifischen Methoden (vgl. S. 73). Die Darstellungstechniken sind Coad/ Yourdon[113] bzw. Coad/Nicola[114] entlehnt. Für das Verhaltensmodell werden Szenarien mit Beteiligten und Aufträgen nach Rubin/Goldberg[115] erstellt sowie Zustandsdiagramme nach Rumbaugh & al.[116] erstellt. Die Nachrichtendiagramme, die ebenfalls im Verhaltensmodell zum Einsatz kommen, werden – als eigene Ergänzung[117] – auch zur Modellierung von Abläufen eingesetzt. In ISOTEC-OOM sind also verschiedene objektorientierte Ansätze zu einem durchgängigen Vorgehen integriert. Darüber hinaus liegt der Schwerpunkt des Handbuches auf praktischen Hinweisen für den Einsatz im Projekt – durchgängig

---

[112] o. V.: ISOTEC-OOM (ISOTEC-Objektorientierte Modellierung), Version 0.0, Lizensiertes Material (intern), o. O.: Ploenzke AG 1994; o. V.: Geschäftsprozeßanalyse (GPA), Version 1.0, Lizensiertes Material (intern), o. O.: Ploenzke AG 1994.

[113] Coad/Yourdon (1991a), a. a. O., und Coad, Peter; Yourdon, Edward: Object-Oriented Design. Englewood Cliffs: Prentice-Hall 1991 (b).

[114] Coad, Peter; Nicola, Jill: Object-Oriented Programming. Englewood Cliffs: Prentice Hall 1993.

[115] Rubin, Kenneth S.; Goldberg, Adele: Object Behavior Analysis. In: Communications of the ACM, Vol. 35, No. 9, September 1992, S. 48–62.

[116] Rumbaugh, James: The Evolution of Bugs and Systems. In: Journal of Object-Oriented Programming, Vol. 4, No. 7, November/December 1991, S. 48–52.

[117] Vgl. ISOTEC-OOM (1994), a. a. O., S. 2.

von der Analyse über Design bis zur Implementierung. ISO-TEC-OOM wird in dieser Arbeit jedoch nicht eingehender behandelt, weil es über die Ansätze von Coad/Yourdon und Rumbaugh hinaus, die beide in Kapitel 4 behandelt werden, wenig grundsätzlich Neues bietet.

Prozeß-analyse

Die zweite Erweiterung, die Geschäftsprozeßanalyse (GPA), stellt einen Teil der Untersuchung im Rahmen einer strategischen Unternehmensplanung oder eines Business Re-Engineering dar.[118] Sie ersetzt also keine der traditionellen Methoden, sondern ist ihnen (bzw. ISOTEC-OOM) vorgelagert. Stichworte sind hier u. a. die Verteilung von Funktionen und Informationen innerhalb der betrieblichen Organisation und die Abgrenzung von Funktionalität und Einsatzbreite von Anwendungssystemen.[119] Grundlage der im Handbuch vorgestellten Methode ist die Wertkettenanalyse von Porter[120]. Ziel des Handbuches ist es, „die theoretischen Überlegungen Porters (und anderer) in konkrete Handlungsanweisungen zu übersetzen"[121].

Auch auf diese Erweiterung soll hier nicht näher eingegangen werden, weil die Geschäftsprozeßanalyse der fachlichen Analyse eines zu entwickelnden Anwendungssystems nicht zugeordnet, sondern vorgelagert ist. Die beiden Erweiterungen zeigen jedoch die Breite des Einsatzspektrums von Isotec und daß Isotec neue Paradigmen der Betriebswirtschaftslehre und der Wirtschaftsinformatik aufgreift und einbezieht.

---

[118] Vgl. ISOTEC-GPA (1994), a. a. O., S. 5.
[119] Vgl. ebenda, S. 11.
[120] Porter, Michael: Wettbewerbsvorteile. Frankfurt: Campus 1989.
[121] Vgl. ISOTEC-GPA (1994), a. a. O., S. 5.

3.3 Kritik der Methoden

3.3.1 Methodenübergreifende Kritik

Fachliches Basiskonzept

Ein fachliches Basiskonzept besteht nicht nur aus einer fachlichen Basislösung, sondern muß auch eine organisatorische und eine technische Basislösung enthalten und darüber hinaus ggf. Angaben zu Ausbaustufen und in jedem Fall eine Nutzenbegründung (vgl. S. 27). Analoges gilt für das fachliche Detailkonzept.

Weder das Entity-Relationship-Modell noch Structured Analysis bietet eine Hilfestellung zur Erarbeitung der **organisatorischen Basis- bzw. Detaillösung**, der **Angaben zu Ausbaustufen** und der **Nutzenbegründung**. Das ist auch nicht unbedingt notwendig: Die Nutzenbegründung ist ein betriebswirtschaftliches Problem und kann mit Hilfe der zur Verfügung stehenden Verfahren zur Ermittlung der quantitativen und qualitativen Wirtschaftlichkeit vorgenommen werden.[122] Auch der fakultative Teil „Ausbaustufen" muß durch eine Methode zur Anwendungssystementwicklung nicht abgedeckt werden, da hier in der Regel ein Fließtext ausreicht. Auch die Erarbeitung der organisatorischen Basis- bzw. Detaillösung ist eine betriebswirtschaftliche Aufgabe und muß von einer Methode zur Anwendungssystementwicklung nicht unterstützt werden; für die Modellierung der Aufgaben- und Stellenneugliederung z. B. stellt die Organisationslehre genügend Konzepte bereit, die auch im Fachentwurf verwendet werden können.

Isotec dagegen sieht ausdrücklich die Erarbeitung dessen vor, was in der organisatorischen Basis- bzw. Detaillösung verlangt wird, wenn auch oft lediglich als Kurzbeschreibung oder unter Hinweis auf z. B. „Organisationslehre". Alle einschlägigen Aktivitäten sind strukturiert in ein Vorgehenskonzept eingebettet, so daß ihre Durchführung zu definierten Zeitpunkten verlangt wird. Angaben zur (Änderung der) Auf-

---

[122] Vgl. S. 27.

bau- und Ablauforganisation finden sich in der Aktivität „Systemauswirkungen untersuchen"[123], die Erarbeitung/Anpassung des Schulungs- und Betreuungskonzepts ist ebenfalls eine eigene Aktivität[124], das Überleitungsverfahren[125] und ein Konzept für Datensicherheit und Datenschutz[126] werden angesprochen. Die organisatorische Detaillösung wird allerdings nicht so fein erarbeitet, daß ein Belegflußplan erstellt oder die Anforderungen an die Datenerfassung (vgl. Kapitel 2.3.2) detailliert beschrieben würden; ein Reorganisationsverfahren wird im Rahmen des Datensicherungskonzepts[127] behandelt. Auch Ausbaustufen werden von Isotec nicht betrachtet. Dagegen ist die Kosten-Nutzen-Analyse ein zwingender Bestandteil von Isotec.[128] Sie wird jedoch nur einmal im Rahmen der Voruntersuchung durchgeführt, eine Überarbeitung findet nicht statt.

Die **technische Basislösung** gehört schon eher zum Fundament der Anwendungssystementwicklung; ihre Erarbeitung sollte daher durch die eingesetzte entsprechende Methode unterstützt werden. Das ist beim Entity-Relationship-Modell nicht der Fall, das – wie unten gezeigt wird – auch für die Entwicklung der fachlichen Basis- und Detaillösung nur begrenzt einsetzbar ist. Structured Analysis bietet mit ihrem Inkarnationsmodell durchaus einen Ansatzpunkt zur Erarbeitung der technischen Basislösung (s. S. 72). Isotec betrachtet technische Randbedingungen nur am Rande: Zur Beschreibung der statischen Funktionsstruktur gehört auch die Angabe der Betriebsmittel („Betriebsmittel sind technische Einrichtungen, die eine Funktion zur Ausführung benötigt."[129]), die auch für jede Funktion im Funktionskatalog

---

[123] o. V.: Isotec, Vorgehenskonzept (VGK), Version 2.2. o. O.: Ploenzke Informatik, Juni 1991, S. 45 u. 94.

[124] Vgl. Isotec/VGK, a. a. O., S. 53, 57, 118, 129.

[125] Vgl. Isotec/VGK, a. a. O., S. 53, 119

[126] Vgl. Isotec/VGK, a. a. O., S. 53, 112; Isotec/SSF, a. a. O., S. 151 f.

[127] Vgl. Isotec/SSF, a. a. O., S. 152.

[128] Isotec/VGK, a. a. O., S. 45, 96 f.

[129] Isotec/FSA, a. a. O., S. 51.

aufgeführt werden. Die Erarbeitung einer technischen Basislösung als Teildokument kann jedoch ohne weiteres in jedes Vorgehensmodell von Isotec integriert werden.

Fachliches Detailkonzept

Schwerpunkt aller betrachteten Methoden ist damit die **fachliche Basislösung** und die **fachliche Detaillösung**. Auch hier gibt es jedoch Teile, die von den einzelnen Methoden nicht oder nur unzureichend berücksichtigt werden:

Überprüfung auf Richtigkeit und Vollständigkeit

Ein gemeinsamer Mangel aller betrachteten Methoden ist, daß die Fachabteilung nur schwer in der Lage ist, in einem vorgelegten Modell Unvollständigkeiten oder Inkonsistenzen zu entdecken. Die einzelnen Diagramme mögen übersichtlich und für sich verständlich sein – aber die Vollständigkeit, Fehlerfreiheit und die Konsistenz mit anderen Diagrammen bzw. Teilmodellen zu überprüfen ist ein ganz anderes und sehr viel schwierigeres Problem. Die Modelle sowohl für die fachliche Basis- als auch für die fachliche Detaillösung sind noch zu abstrakt und von den Denkweisen der Fachabteilung noch zu weit entfernt, als daß sich die Fachabteilung mit ihnen vertraut machen könnte oder wollte.

Problem: Abgleich von Daten- und Funktionsstruktur

Ein Problem, das grundsätzlich noch nicht gelöst ist, ist der Abgleich von Daten- und Funktionsstruktur in der fachlichen Detaillösung. Dies ist daher ein weiteres gemeinsames Manko aller betrachteten Methoden: Das Entity-Relationship-Modell bietet überhaupt keine Möglichkeit zur Modellierung der Funktionsstruktur, (Modern) Structured Analysis verwendet das ERM zur Datenmodellierung und schafft damit ebenfalls Probleme bei der Konsolidierung mit den Datenflußdiagrammen, und auf die Problematik der Abstimmung bei Isotec wurde bereits in Abschnitt 3.2.3.4 (s. S. 86) eingegangen.

Benutzerschnittstelle

Die Beschreibung der Benutzerschnittstelle (Maskenlayout, Maskenfolge, Beschreibung der Auswertungen wie z. B. Listen) wird vom ERM nicht unterstützt und von Structured Analysis lediglich angesprochen. Isotec dagegen räumt der Benutzerschnittstelle großen Raum ein.[130] Geeignete

---

[130] Vgl. Abschnitt 3.2.3.5 (S. 88). Das Handbuch SSF enthält auch einen eigenen Anhang „Dialogentwurf" von mehr als 40 Seiten.

Sprachmittel bzw. Notationen für die Modellierung der immer wichtiger werdenden graphischen und objektorientierten Benutzeroberflächen werden jedoch von keiner der betrachteten Methoden zur Verfügung gestellt.

Ein Benutzermodell[131] wird von Structured Analysis vorgesehen, nicht aber vom ERM. Isotec kannte in der Version 2.1 des Vorgehenskonzepts ein Benutzermodell und hat dessen Entwurf ausführlich beschrieben,[132] in der aktuellen Version 2.2 ist es jedoch nicht mehr vorhanden. Ähnliches gilt für die Angaben zu Ausführungsverhalten (Zeit, Genauigkeit, Ressourcen), zu Zuverlässigkeit, Robustheit und Ausfallsicherheit: Structured Analysis bietet Raum dafür im Inkarnationsmodell, Isotec spezifiziert lediglich die Genauigkeit über die Angabe des Datentyps und die Ressourcen durch Angabe der Betriebsmittel (s. o.), und das Entity-Relationship-Modell sieht hierzu keine Angaben vor.

Dokumen-tation

Art und Umfang der Dokumentation sowie eine Zusammenstellung der ausgeschlossenen Leistungen sind in keiner der behandelten Methoden ein Betrachtungsgegenstand, können aber in Fließtext aufgenommen werden. (Isotec sieht zwar während der Implementierungsphase (!) die Erstellung von Benutzerhandbuch und Schulungsunterlagen sowie der Produktionsbetriebsdokumentation (für den Betrieb z. B. im Rechenzentrum) vor,[133] Art und Umfang der Dokumentation werden jedoch im Rahmen der Erstellung des Fachentwurfs nicht angesprochen.)

Problem: Übergang zum DV-Entwurf

Ein letzter, allen Methoden gemeinsamer Mangel sind die großen Schwierigkeiten beim Übergang vom Fachentwurf zum DV-Entwurf (Design): Während beim Fachentwurf Daten und Funktionen getrennt modelliert werden, werden sie im DV-Entwurf wieder zu Modulen zusammengeführt. Daher ist hier ein Wechsel in der Darstellungsart oder sogar ein Pa-

---

[131] Das Benutzermodell ist ein „Modell des Benutzers", vgl. Kapitel 2.3.1, S 28.

[132] o. V.: ISOTEC, Vorgehenskonzept (VGK), Version 2.1. o. O.: EDV Studio Ploenzke, o. J., S. 58 u. 137 f.

[133] Isotec/VGK, a. a. O., S. 57 u. 129 f.

radigmenwechsel notwendig, was einen fehleranfälligen methodischen Bruch in der Anwendungsentwicklung bedingt. In Structured Analysis müssen beispielsweise die netzartigen Datenflußdiagramme in Modulhierarchien überführt werden. Dies ist schwierig und muß darüber hinaus ohne klare methodische Unterstützung vorgenommen werden.

In den folgenden drei Abschnitten werden das Entity-Relationship-Modell, Structured Analysis und Isotec einzeln einer detaillierten Kritik unterzogen.

3.3.2 Kritik am Entity-Relationship-Modell und seinen Erweiterungen

Semantisches Datenmodell

Semantische Datenmodelle haben den Vorteil, daß sie der Begriffswelt der Fachabteilung näher sind als die gängigen logischen Datenmodelle (hierarchisch, Netzwerk-, relational) und darüber hinaus eine Modellierung unabhängig von den Modellen der eingesetzten oder später einzusetzenden Datenbank(en) erlauben.

Universell einsetzbar

größte Verbreitung

Das Entity-Relationship-Modell von Chen ist ein universell einsetzbares und heute das am weitesten verbreitete semantische Datenmodell. Es ist der „Assembler der Datenmodellierung": Es besteht aus sehr wenigen und sehr einfachen Grundbausteinen, und jeder Sachverhalt läßt sich mit ihm modellieren. Es läßt jedoch sehr viele gleichwertige Modellierungen desselben Sachverhaltes zu,[134] und eine Reihe von möglichen Inkonsistenzen ist schwer zu entdecken.

Ziel: „personenunabhängigere" Modellierung

Erweiterungen des ERM zielen daher auf eine „personenunabhängigere" Modellierung und die bessere Gewährleistung semantischer Integrität. Darüber hinaus stellen sie – analog zu höheren Programmiersprachen – mächtigere Sprachkonstrukte wie Aggregation, Klassifizierung (Generalisierung/Spezialisierung) und explizite Darstellung von Exi-

---

[134] Das Problem gleichwertiger ER-Diagramme untersuchen z. B. Jajodia, Sushil; Ng, Peter A.; Springsteel, Frederick N.: The Problem of Equivalence for Entity-Relationship-Diagrams. In: IEEE Transactions on Software Engineering, Vol. SE-9, No. 5, September 1983, S. 617–631.

stenzabhängigkeiten zur Verfügung. Erweiterungen, die auf das Paradigma der Objektorientierung abzielen, sind neben der dort selbstverständlichen Klassifizierung die Einführung von Operatoren und auch generischen Operatoren sowie z. B. das aus Smalltalk bekannte Konzept der Metaklasse.

SERM Den Stand der Wissenschaft in der deutschsprachigen Wirtschaftsinformatik stellt – neben anderen Ansätzen wie z. B. der Objekttypenmethode von Ortner und Söllner[135] – das Strukturierte Entity-Relationship-Modell von Sinz dar. Seine Vorzüge kommen vor allem bei umfangreichen Schemata zum Tragen. Es enthält bis auf die Aggregation alle Elemente, die heute von einem semantischen Datenmodell erwartet werden können, und ermöglicht nicht zuletzt durch seine quasi-hierarchische Struktur einen personenunabhängigeren Entwurf als das Grundmodell von Chen.

Semantische **Daten**modelle decken jedoch organisatorische und technische Betrachtungen, Ausbaustufen und Kosten-Nutzen-Betrachtungen nicht ab. Daraus folgt, daß sie nur für die Entwicklung der fachlichen Basislösung und der fachlichen Detaillösung geeignet sind. Im folgenden werden das ERM und seine Erweiterungen auf ihre Eignung zur Erstellung dieser beiden Teile eines Fachentwurfs untersucht.

Fachliches Basiskonzept Das ERM und seine Erweiterungen unterstützen eine datenorientierte Vorgehensweise bei der Entwicklung einer fachlichen Basislösung. Hierfür genügt es, Entitäts- und Beziehungstypen zu modellieren und mit (ggf. mehrwertigen oder zusammengesetzten) Attributen zu versehen, die an dieser Stelle noch nicht vollständig spezifiziert werden müssen. Ebenfalls in die fachliche Basislösung gehören die Angabe von Rollenname und der Komplexitäten der Beziehungstypen. Mächtige Modellierungshilfen bereits in den ersten Phasen sind Aggregation und Klassifizierung.

Fachliches Detailkonzept In der fachlichen Detaillösung kommen evtl. fehlende Attribute hinzu, zusammengesetzte Attribute werden ggf. verfeinert; Wertemengen und -typen müssen nun spezifiziert wer-

---

[135] Ortner/Söllner (1989), a. a. O. Vgl. auch S. 34.

den. Eine weitere Aufgabe ist die Festlegung der Entitäts-Primärschlüssel (die auch die Grundlage für die Beziehungs-schlüssel bilden) und der Integritätsbedingungen. Die Modellierung von Existenz- und Identifizierungsabhängigkeiten gehört ebenfalls in die Detaillösung, da hierfür ein Detailwissen im Anwendungsfachgebiet notwendig ist, das während der Entwicklung einer Basislösung weder notwendig noch (auf Entwicklerseite häufig) gegeben ist. Aggregation und Klassifizierung sind als Abstraktionsmechanismen auch Hilfsmittel zur Verfeinerung einer Basislösung zur Detaillösung. Ebenso ist die Uminterpretation von Beziehungstypen in Entitäten eine Möglichkeit zur Verfeinerung eines ER-Modells.

Datenmodelle bilden keine betrieblichen Funktionen ab

Hinsichtlich der Abbildung der betrieblichen Realwelt in eine fachliche Modellwelt (vgl. S. 24) ist festzuhalten, daß das ERM und seine Erweiterungen nur die „halbe Welt" abbilden: Betriebliche Funktionen werden in semantischen **Daten**modellen nicht abgebildet; eine Funktionsstruktur kann mit dem ERM nicht beschrieben werden.

Schwer auf Vollständig-keit und Konsistenz überprüfbar

Das entstehende Datenmodell ist zwar einfach und nach-vollziehbar, von den Endbenutzern aber nur schwer auf Vollständigkeit und Konsistenz überprüfbar, da sie in anderen Kategorien denken: Sie denken nicht in Entitäten und Beziehungen, sondern in Abläufen („betrieblichen Funktionen") und Lebensläufen der Realweltobjekte. Auch für die Entwickler enthält das Modell nicht hinreichend genaue Vorgaben, weil der dynamische Aspekt des zu entwickelnden Anwendungssystems fehlt.

Die Schnittstellen zum Umsystem, die in der fachlichen Basislösung festgestellt werden müssen, können mit dem ERM genügend genau beschrieben werden.

Top-down-Ansatz

Ein für die Entwicklung einer fachlichen Detaillösung aus der fachlichen Basislösung erforderlicher Top-down-Ansatz wird durch das ERM unterstützt. Wichtige Teile der fachlichen Detaillösung entziehen sich jedoch der Beschreibung mit Hilfe eines ER-Modells: Neben der Funktionsstruktur sind das die

Beschreibung der Benutzerschnittstelle, die Angaben zu Ausführungsverhalten usw. (vgl. Kapitel 2.3.1).

**Konzeptio-
nelle Ein-
fachheit und
Universalität**

Für eine tragende Säule eines Anwendungssystems, die Daten, stellt das ER-Modell – vor allen Dingen in seinen Erweiterungen – eine hervorragend geeignete Methode dar. Es bietet in seiner konzeptionellen Einfachheit und Universalität ei-
ne Vielzahl von Möglichkeiten der Verfeinerung und Erweiterung und wird auch heute noch von Wissenschaftlern und
Praktikern weiterentwickelt.

3.3.3 Kritik an Structured Analysis

Structured Analysis – und erst recht Modern Structured Analysis, wie sie in Abschnitt 3.2.2.2 vorgestellt wurde – ist eine
wesentlich umfangreichere Methode als der Entity-Relationship-Ansatz, der heute sogar Bestandteil von SA ist (vgl.
S. 66). Ein erster Vorteil von SA ist daher, daß ein breiteres
Spektrum des Fachentwurfs abgedeckt werden kann.

**Zwang zu
diszipliner-
tem und
strukturiertem
Denken**

Ein wichtiger (allerdings nicht spezifischer) Vorzug von SA ist
auch, daß sie zu diszipliniertem und strukturiertem Denken
zwingt: Fehler und Unvollständigkeiten in der Anforderungsspezifikation werden leichter entdeckt als beispielsweise bei
Fließtext. Gedankensprünge und Themenwechsel wie bei
verbalen Ausarbeitungen sind nicht möglich. Darüber hinaus
erzwingt SA eine klare Trennung von Systemanalyse und
Entwurf, weil entwurfsorientiertes Denken schnell zu Modellen führt, die für Fach-Leute schwer verständlich und aufgrund zu weitgehender Detaillierung unübersichtlich sind.[136]
Mit anderen Worten: „befriedigende SA-Ergebnisse setzen
voraus, daß nicht auf die Implementierung geschielt wird."[137]

---

[136] Jogun, Kurt; Schlawne, Manfred; Berger, Joachim: Erfahrungen
mit der Anwendung von SA-Methoden zur Beschreibung von
Informations-Systemen. In: Timm, Michael (Hrsg.): Requirements Engineering '91. „Structured Analysis" und verwandte Ansätze, Marburg, 10./11. April 1991, Proceedings, Berlin u. a.:
Springer 1991, S. 86–92, hier: S. 86.

[137] Ebenda, S. 87.

Konzeptio-
nelle
Einfachheit

Anschaulich-
keit

Eine weitere Stärke von SA ist ihre konzeptionelle Einfachheit und die Anschaulichkeit vor allem der Datenflußdiagramme. SA kann auch die Kommunikation zwischen Fachabteilung und Entwicklergruppe verbessern;[138] die entstehenden Modelle sind – ggf. nach einer entsprechenden kurzen Schulung („Lesekurs") – auch für Nicht-DV-Leute verständlich.[139]

Vorteile

Für Entwickler ist von Vorteil, daß SA leicht erlernbar ist[140] und durch den Einsatz des Datenlexikons zu verständlicher, redundanzarmer Dokumentation führt, die leicht aktuell zu halten ist.[141] Außerdem unterstützt SA durch die hierarchische Dekomponierung des Kontextdiagramms einen Top-down-Ansatz, wodurch auch sehr große DV-Projekte übersichtlich gestaltet werden können, und ist – was für den Einsatz in der Praxis nicht unerheblich ist – eine „standardisierte, weitver-

---

[138] Hansen und Roth machen hier einen feinen Unterschied: „SA allein verbessert **nicht** die Kommunikation zwischen Fachabteilung und Entwicklung. Kommunikation ist ein menschliches Problem; wer ohne SA ein offenes Kommunikationsverhältnis zu seinem Umfeld hatte, dem erleichtert SA die Arbeit. Personen, die lieber für sich arbeiten und ungerne kommunizieren, motiviert die Methode nicht spürbar." (Hansen, Detlef; Roth, Christian: Requirements Engineering bei der Techniker Krankenkasse: Ein Erfahrungsbericht. In: Timm, Michael (Hrsg.): Requirements Engineering '91. „Structured Analysis" und verwandte Ansätze, Marburg, 10./11. April 1991, Proceedings, Berlin u. a.: Springer 1991, S. 67–85, hier: S. 79. Hervorhebung durch Hansen und Roth)

[139] So unter vielen anderen Schulz (1992), a. a. O., S. 87. Die Endbenutzertauglichkeit von SA – und auch des ER-Modells – wird mitunter bestritten. Hierzu ist anzumerken, daß jede Darstellungstechnik eine gewisse Einarbeitungszeit erfordert und daß SA und ERM sicher zu den einfachsten Notationen überhaupt gehören (sie haben weniger als 10 Symbole) und daß im Alltag wesentlich komplexere graphische Darstellungen üblich sind: Musiknoten, Verkehrsschilder, Stadt- und Straßenpläne, Strickmuster u. v. m.

[140] Vgl. ebenda, S. 87.

[141] Vgl. Hansen/Roth (1991), a. a. O., S. 80.

breitete, bei disziplinierter Anwendung erfolgreiche"[142] Methode.

Es liegt in der Natur der Sache, daß Probleme und Schwächen einer Methode in der Literatur besser dokumentiert sind als ihre Vorteile. Die folgende Zusammenstellung von Problemen, die beim Einsatz von SA aufgetreten sind, ist daher umfangreicher als die Schilderung der Vorzüge, was allerdings keine Wertung sein soll.

Nachteile

Ein Nachteil, der nicht spezifisch für SA ist, aber zunehmend schwerer wiegt, ist die Tatsache, daß die Methode auf Neuentwicklungen ausgelegt ist: Die Beschreibung vorhandener Schnittstellen sowie die Einbettung von Teilsystemen ist ein umständlicher und fehlerträchtiger Prozeß.[143] Aber auch bei Neuentwicklungen fehlt eine Unterstützung für Varianten und Erweiterungen.[144] Der Vorteil der leichten Verständlichkeit geht mit dem Nachteil einer unklaren und schwachen Semantik einher, was eine Überprüfung der Korrektheit unmöglich macht und eine beschränkte Ausführbarkeit der erstellten Modelle zur Folge hat.[145]

---

[142] Leszak, M.; Franzen, B.; Fritschi, K.: Integration Strukturierter Methoden zur Anforderungsspezifikation von Informationssystemen. In: Timm, Michael (Hrsg.): Requirements Engineering '91. „Structured Analysis" und verwandte Ansätze, Marburg, 10./11. April 1991, Proceedings, Berlin u. a.: Springer 1991, S. 139–159, S. 140. Das „standardisiert" darf allerdings bezweifelt werden, wenn man sich nicht auf YSM^{TM} (vgl. S. 65) beschränkt.

[143] Vgl. Glinz, Martin: Probleme und Schwachstellen der Strukturierten Analyse. In: Timm, Michael (Hrsg.): Requirements Engineering '91. „Structured Analysis" und verwandte Ansätze, Marburg, 10./11. April 1991, Proceedings, Berlin u. a.: Springer 1991, S. 14–39, hier: S. 21 f.

[144] Vgl. ebenda, S. 17.

[145] Vgl. ebenda, S. 24 f. Der Grund liegt vor allem darin, daß die Aktivierungsregel in SA („Ein Prozeß wird aktiviert, sobald er über alle benötigten Daten verfügt.") sehr unscharf ist und die Minispezifikationen eine beliebig schwache Semantik haben können.

Datenflüsse lassen sich nicht verfeinern

Die Vergröberung bzw. Verfeinerung von Datenflußdiagrammen, die vor allem zur Komplexitätsreduzierung nötig ist, ist bei Prozessen möglich, aber nicht bei Datenflüssen und auch nicht bei Terminatoren. Dadurch können auch Datenflußdiagramme der höchsten Hierarchiestufe „unübersichtlich werden, nämlich dann, wenn viele Datenquellen und -senken dargestellt werden müssen. Dies ist notwendig, weil sie in die untergeordneten Datenflußdiagramme nicht eingehen."[146] Eine gemeinsame Verfeinerung/Vergröberung von Daten und Funktionen ist daher bei SA nicht möglich. Weil auch klare Strukturierungsregeln fehlen, sind vergröberte und verfeinerte Datenflußdiagramme nicht stabil und häufigen Änderungen unterworfen.[147] Eine zusätzliche Unübersichtlichkeit der Darstellung entsteht dadurch, daß eine Regel fehlt, in welcher Weise Prozesse im Diagramm anzuordnen sind:[148] Die Numerierung der Prozesse dient auch nur der Identifizierung und bezeichnet keine Sequenz.

Steuerfluß fehlt

Überhaupt fehlt in SA (zunächst einmal) der Steuerfluß. SA ist datenflußorientiert: Daten werden zwischen gedächtnislosen Prozessen weitergereicht. In Erweiterungen sind Sprachmittel zur Beschreibung des Kontrollflusses zwar vorhanden, aber auch dort nur für Echtzeitsysteme vorgesehen, und eine nachträgliche Einführung ist in jedem Fall schwierig.[149] Es ist z. B. „nicht zu erkennen, ob Eingangs- und Ausgangsflüsse parallel ablaufen"[150]. Auch ein Fachentwurf braucht eben an manchen Stellen Angaben zur Reihenfolge, in der bestimmte Aktivitäten durchgeführt werden. Diese Angaben können nur in einem Steuerfluß festgehalten werden.

Keine Methode „aus einem Guß"

Ein schwerwiegender Mangel von SA erklärt sich dadurch, daß SA eine Zusammenstellung mehrerer Konzepte, Ideen

---

[146] Schulz (1992), a. a. O., S. 85. Die Aussage, die Schulz hier über DeMarco macht, gilt auch für Modern Structured Analysis nach Yourdon.

[147] Vgl. Leszak & al. (1991), a. a. O., S. 157.

[148] Vgl. Schulz (1992), a. a. O., S. 84 f.

[149] Vgl. ebenda, S. 87.

[150] Ebenda.

und Notationen ist, die im Laufe der Zeit noch erweitert wurde, und keine homogene Methode „aus einem Guß": Für Prozesse, Daten und zeitabhängiges Verhalten gibt es drei getrennte Notationen (Datenflußdiagramm, Entity-Relationship-Diagramm, Zustandsübergangs-Diagramm). In der Praxis ist es sehr schwer, diese Diagramme miteinander konsistent zu halten, was dazu führt, daß in der Regel eine Sichtweise dominiert.[151]

Fachliches Basiskonzept

Für die Erstellung einer fachlichen Basislösung dient in SA das Essenzmodell. In dessen Umweltmodell werden die Schnittstellen zum Umsystem festgelegt, und in seinem Verhaltensmodell kann die betriebliche Realwelt in eine fachliche Modellwelt abgebildet werden. Weil das Verhaltensmodell sowohl Entity-Relationship-Diagramme als auch Datenflußdiagramme unterschiedlichen Abstraktionsgrades sowie Zustandsübergangs-Diagramme enthält, können sowohl Daten als auch Funktionen und Aufgaben modelliert werden. Es sei jedoch daran erinnert, daß die Abstimmung zwischen ER-Diagrammen und Datenflußdiagrammen eine schwierige und fehleranfällige Aufgabe ist. Weil für ein Verständnis des Gesamtsystems mehrere Diagramme bzw. Diagrammarten notwendig sind, ist es für die Fachabteilung auch schwierig, das Essenzmodell auf seine Richtigkeit zu überprüfen und Fehler (Unvollständigkeiten, Inkonsistenzen usw.) zu entdecken – auch wenn jedes einzelne Diagramm einfach und übersichtlich sein mag. Auf der anderen Seite enthält ein gutes Essenzmodell (erst recht in Verbindung mit dem Inkarnationsmodell) hinreichend genaue Vorgaben für die Entwickler. Hier ist allerdings auf die oft zitierten Schwierigkeiten beim

---

[151] Das Ziel ist ein Analogon zu dem, was für Architekten selbstverständlich ist: Es gibt verschiedene Sichten (Grundriß, Aufriß, Seitenriß), und wenn eine Länge im Grundriß geändert wird, wird sie automatisch im Aufriß oder Seitenriß nachgeführt. Von diesem Analogon ist man jedoch in der Softwaretechnik noch weit entfernt.

Übergang von Structured Analysis zum Structured Design hinzuweisen.[152]

Fachliches Detailkonzept

Für die Entwicklung einer fachlichen Detaillösung wird das Essenzmodell verfeinert. Das ist möglich, weil sowohl das ER-Modell als auch Datenflußdiagramme und Zustandsübergangs-Diagramme einen Top-down-Ansatz ermöglichen. In das Essenzmodell lassen sich auch Prüfziffernverfahren und andere Integritätsbedingungen aufnehmen. Für die fachliche Detaillösung wird auch das Inkarnationsmodell erstellt, in dem Schlüsselsysteme definiert und die Definitionsbereiche von zulässigen Ein- und Ausgabewerten festgelegt werden. Die Beschreibung der Benutzerschnittstelle ist ebenfalls im Inkarnationsmodell vorgesehen, ebenso Angaben zum Ausführungsverhalten (Zeit, Ressourcen usw.), zu Zuverlässigkeit, Robustheit und Ausfallsicherheit. Der statische und der dynamische Teil der Funktionssicht sind durchaus modellierbar, allerdings ist eine Verfeinerung bei Datenflüssen und Terminatoren nicht möglich. Insofern bestehen in puncto „Funktionsstruktur" bei Structured Analysis einige Schwächen.

Technische Basislösung

Auch die technische Basislösung wird durch SA abgedeckt, sie ist dort allerdings im Inkarnationsmodell „versteckt": Die Hard- und Softwarevorgaben sind bereits von Yourdon als Bestandteil des Inkarnationsmodells vorgesehen, alle anderen technikspezifischen Anforderungen lassen sich dort ebenfalls unter Punkt 4 „Weitere Randbedingungen" aufführen.

Modellierungshilfen für das Inkarnationsmodell?

Mit welchen Modellierungshilfen das Inkarnationsmodell erstellt werden soll, schreibt Yourdon nicht. Soll beispielsweise die Allokation des Essenzmodells auf Menschen und Maschinen in Fließtext beschrieben werden, oder werden diese Informationen auf die Diagramme des Essenzmodells verteilt? (Dann wäre es aber kein reines Essenzmodell mehr!) Viele Randbedingungen, die im Inkarnations„modell" festgehalten werden, sind zwar wichtiger Bestandteil eines Fachentwurfes,

---

[152] Den Strukturbruch zwischen Fachentwurf und DV-Entwurf kritisieren u. a. Schulz (1992), a. a. O., S. 87, und Glinz (1991), a. a. O., S. 24.

lassen sich aber – allgemeinverständlich – wohl kaum anders als im Fließtext spezifizieren.

Zusammen-
fassung

Zusammenfassend kann festgehalten werden, daß SA eine Methode ist, die sowohl für die Entwicklung einer fachlichen und technischen Basislösung als auch für die Erstellung einer fachlichen Detaillösung geeignet ist, wobei sie jeweils alle wesentlichen[153] Teile abdeckt. Eine ihrer größten Schwächen liegt in der Schwierigkeit, die verschiedenen Diagramme des Essenzmodells (die sozusagen Teilmodelle sind) konsistent zu halten, was auch die Überprüfung eines Fachentwurfs durch die Fachabteilung erschwert.

3.3.4   Kritik an Isotec

Beste
Abdeckung
des Anforde-
rungsprofils

Isotec ist ein Verbund von Konzepten und Methoden, der durch die Unterstützung von vier Vorgehensmodellen (klassische Neuentwicklung, vertikale Weiterentwicklung, evolutionäre Entwicklung, Standardsoftware-Einführung) ein breites Spektrum von Einsatzgebieten abdeckt. Darüber hinaus deckt es durch ein umfassendes Vorgehenskonzept und durch die detailliert beschriebenen Methoden „Informationsstrukturanalyse", „Funktionsstrukturanalyse" und „Strukturierung und Spezifikation von Systemfunktionen" von allen drei betrachteten konventionellen Ansätzen das in Kapitel 2 beschriebene Anforderungsprofil eines Fachentwurfs am besten ab.[154]

---

[153] Als „nicht wesentlich" werden hier die Punkte „Art und Umfang der Dokumentation" sowie „Liste der ausgeschlossenen Leistungen" angesehen, weil sie nicht der Unterstützung durch eine spezielle Methode bedürfen.

[154] Modern Structured Analysis hat zwar hinsichtlich technischer Basislösung, Benutzermodell und Angaben zu Ausführungsverhalten, Ausfallsicherheit usw. eindeutig Stärken gegenüber Isotec, diese – durchaus wichtigen – Punkte können aber ohne weiteres als Fließtext formuliert werden. Darüber hinaus deckt Isotec die wesentlich wichtigeren Punkte „organisatorische Basis-/Detaillösung" und „Benutzerschnittstelle" erheblich besser ab als Modern Structured Analysis. Von daher erscheint die obige Wertung gerechtfertigt.

Zwang zu diszipliniertem und strukturiertem Denken

Gemeinsam mit Structured Analysis hat Isotec den Vorzug, daß es zu diszipliniertem und strukturiertem Denken zwingt: Die Erstellung der Informations- sowie der Funktionsstruktur mit ihren Modellen und Katalogen bringt es fast automatisch mit sich, daß keine thematischen Abschweifungen oder Unvollständigkeiten vorkommen. Die Nahtstelle zwischen betrieblichen Elementarfunktionen und Systemfunktionen bzw. die Systemfunktionen selbst sind auch eine klare Trennlinie zwischen Fachentwurf und DV-Entwurf, so daß hier ein ergebnisorientiertes Meilensteinkonzept verfolgt werden kann.

Große Anzahl von Diagrammen, Matrizen, Katalogen

Isotec stellt jedoch verhältnismäßig hohe Anforderungen an die Bereitschaft der Fachabteilung, sich in die Modellierung ihres zukünftigen Anwendungssystems hineinzudenken. Dies gilt weniger für die Informationsstruktur-Diagramme (sie sind erweiterte Entity-Relationship-Diagramme) oder die Ablaufdiagramme (sie sind zwar als Derivate von Petri-Netzen nicht trivial, aber durchaus auch für Laien verständlich) als vielmehr für die große Anzahl von Diagrammen, Matrizen und Katalogen. Die Schwierigkeit bei Isotec liegt weniger in der Verständlichkeit der angefertigten Dokumente – sie kann durchaus als gut bezeichnet werden – als vielmehr in der Tatsache, daß die Anforderungen über viele Dokumente verteilt sind und damit eine Überprüfung des Fachentwurfs auf sachliche Vollständigkeit und inhaltliche Richtigkeit erschwert wird. Wegen der guten Verständlichkeit der Dokumente und des strukturierten Vorgehens nach dem Vorgehenskonzept ist Isotec jedoch geeignet, die Kommunikation zwischen Fachabteilung und Entwicklergruppe zu unterstützen.

Leicht erlernbar

Top-down-Ansatz

Isotec ist auch leicht erlernbar. Wird Isotec rechnerunterstützt eingesetzt, was empfohlen wird, sind die Entwicklungsdokumente weitestgehend redundanzfrei und leicht zu aktualisieren. Einen Top-down-Ansatz unterstützt Isotec sowohl durch seine vier Modellierungsebenen als auch durch Verfeinerungen von Spezialisierungen und Aggregationen sowie durch die hierarchische Dekomponierung des Funktionsmodells und der Kommunikationsdiagramme. Damit ist Isotec auch für den Einsatz in großen DV-Projekten geeignet. Isotec unterstützt neben den klassischen Aspekten Informations- und

Funktionsstruktur auch die Ablaufstruktur und berücksichtigt damit auch den (in Structured Analysis z. B. fehlenden) Steuer- bzw. Kontrollfluß. Eine gemeinsame Verfeinerung/Vergröberung von Daten und Funktionen ist bei Isotec – im Gegensatz zu Structured Analysis – möglich, wenn auch aufwendig und fehleranfällig (vgl. Abschnitt 3.2.3.4 zur Abstimmung von Informations- und Funktionsstruktur).

Kaum Kritik in der Literatur

Im Gegensatz zu Structured Analysis wird Isotec in der Literatur fast überhaupt nicht behandelt oder gar kritisiert. Die nachfolgende Nennung von (möglichen) Vor- und Nachteilen gründet sich daher ausschließlich auf das Studium der Handbücher und auf das Isotec zugrundeliegende Paradigma der Trennung von Daten und Funktionen.

Getrennte Notationen

Die Methoden von Isotec sind zwar aufeinander abgestimmt, aber wie bei Structured Analysis gibt es für Daten, Funktionen und zeitabhängiges Verhalten drei getrennte Notationen (Informationsstruktur; Funktionsstruktur und Kommunikationsstruktur; Ablaufstruktur). Trotz Rechnerunterstützung dürfte es in der Praxis schwer sein, diese Diagramme miteinander konsistent zu halten – noch dazu auf verschiedenen Detaillierungsstufen. Eine Sichtweise – Funktions-, Daten- oder Ablaufsicht – wird daher in der Regel dominieren.[155]

Fachliches Basiskonzept

Eine fachliche Basislösung wird mit Isotec mit Hilfe der Methoden Informationsstrukturanalyse und Funktionsstrukturanalyse erarbeitet. Dies ermöglicht eine Modellierung der betrieblichen Wirklichkeit in Daten, Funktionen und betriebliche Aufgaben bzw. Abläufe. Allerdings lassen die beiden Methoden einen Detaillierungsgrad zu, der für eine fachliche Basislösung zu hoch ist; hier muß der Anwender von Isotec selbst ein Abbruchkriterium entwickeln. Auch sei an die grundsätzlichen Schwierigkeiten beim Abgleich von Informations- und Funktionsstruktur erinnert. Darüber hinaus ist es für die Fachabteilung schwierig, bei fünf Dimensionen[156] und mehr als 15 Dokumenttypen (verschiedene Diagramme, Kata-

---

155 Vgl. oben Fußnote 151.
156 Vgl. S. 86.

loge und Matrizen) einen Entwurf auf Vollständigkeit zu überprüfen. Auf der anderen Seite enthält das entstehende Modell – oder besser: die entstehenden Modelle bzw. Strukturen – hinreichend genaue Vorgaben für die Entwickler der fachlichen Detaillösung. Auch die Schnittstellen zum Umsystem werden durch die Spezifikation der Externen Partner explizit beschrieben.

Fachliches Detailkonzept

Die fachliche Detaillösung entsteht durch Verfeinerung der erarbeiteten Informationsstruktur und der Funktionsstruktur. Dies ist möglich, weil die verwendeten Isotec-Methoden einen Top-down-Ansatz unterstützen. Die Informationsstrukturanalyse wird so detailliert vorgenommen, daß ein konventioneller Datenschema-Entwurf in dritter Normalform generiert und ein Datenmengengerüst erstellt werden kann. Schlüsselsysteme sowie Prüfziffernverfahren und andere Integritätsbedingungen nehmen in Isotec einen breiten Raum ein.

Die Funktionsstruktur wird bei Isotec von allen drei betrachteten konventionellen Ansätzen am ausführlichsten erstellt und deckt alle Anforderungen aus Kapitel 2 ab: statischer und dynamischer Teil, Funktionsauslöser usw. (s. S. 28).

Umfassender Verbund von Konzepten und Methoden

Im Ergebnis stellt sich Isotec als ein umfassender Verbund von Konzepten und Methoden dar, der ein breites Spektrum von Einsatzgebieten abdeckt und sowohl für die Entwicklung einer fachlichen Basislösung als auch einer fachlichen Detaillösung geeignet ist. Isotec deckt dabei alle Teile ab, die einer Unterstützung durch eine bestimmte Methode bedürfen[157] – und tut dies besser als das Entity-Relationship-Modell und Structured Analysis.[158] Ein nicht zu unterschätzender Vorteil dürfte darin liegen, daß die Verwendung von (vereinfachten) Petri-Netzen die Möglichkeit bietet, das Ablaufmodell auf dem Rechner zu simulieren. Auf der anderen Seite liegt – wie bei Structured Analysis – eine große Schwäche von Isotec

---

[157] Dies gilt z. B. nicht für die – durchaus wichtigen – Angaben zu Ausführungsverhalten, zu Zuverlässigkeit, Robustheit und Ausfallsicherheit sowie für die Punkte „Art und Umfang der Dokumentation" und „Liste der ausgeschlossenen Leistungen".

[158] Zu dieser Wertung vgl. S. 105 mit Fußnote 154.

darin, eine Vielzahl von Dokumenten und Diagrammen miteinander konsistent halten müssen. Dies ist auch mit ein
Grund dafür, daß die Überprüfung eines Fachentwurfs durch
die Fachabteilung trotz der guten Verständlichkeit der einzelnen Dokumente und Diagramme nicht einfach sein dürfte.

3.3.5   Zusammenfassung

Schwerpunkt: fachliche Basislösung, fachliche Detaillösung

Der Schwerpunkt der betrachteten Methoden liegt in der
fachlichen Basis- und der fachlichen Detaillösung; die organisatorische und die technische Basislösung sowie Angaben zu
Ausbaustufen und eine Nutzenbegründung werden nicht oder
kaum angesprochen. Ausnahmen sind hier die technische
Basislösung bei der Strukturierten Analyse und die organisatorische Basislösung bei Isotec. Das Entity-Relationship-
Modell eignet sich als semantisches Datenmodell nicht zur
Modellierung der Funktionsstruktur und bedarf daher unbedingt der Ergänzung durch andere Methoden.

Die folgenden Tabellen stellen die einzelnen „Komponenten"
eines Fachentwurfs den drei untersuchten Methoden gegenüber und geben an, wie gut diese Komponenten mit Hilfe
der Methoden erarbeitet werden können.

Bedarf zur Verbesserung

Die Übersicht zeigt, daß in den besonders kritischen Punkten
„Überprüfung auf Richtigkeit und Vollständigkeit", „Unterstützung eines Top-down-Ansatzes" und „Benutzer-schnittstelle" noch ein Bedarf zur Verbesserung besteht. Auch sei an
dieser Stelle noch einmal auf die grundsätzlich noch nicht
gelöste, allen traditionellen Methoden gemeinsame Schwierigkeit der Abstimmung von Daten- und Funk-tionsentwurf hingewiesen.

Abb. 33:
Unterstützung des fachlichen Basiskonzepts durch konventionelle Methoden

Komponente des fachlichen Basiskonzepts	Methode		
	ERM	SA	Isotec
Fachliche Basislösung			
verständliche Modellierung	●	●	●
Überprüfung auf Richtigkeit u. Vollständigkeit	O	O	O
hinreichend genaue Vorgaben für Entwickler	●	●	●
Schnittstellen zum Umsystem	●	●	●
Organisatorische Basislösung			
Aufbauorganisation	-	-	●
Ablauforganisation	-	-	●
Schulung	-	-	●
Systemarchitektur (soweit sie organisatorische Folgen hat)	-	-	-
Technische Basislösung			
Hardware	-	●	O
Software	-	●	O
Arbeitsplätze	-	-	O
Maßnahmen bei Systemausfall	-	-	O
Ausbaustufen	-	-	-
Nutzenbegründung	-	-	●

● volle Unterstützung, gut möglich
O ansatzweise Unterstützung, noch möglich
- keine Unterstützung, nicht oder kaum möglich

Abb. 34:
Unter-
stützung des
fachlichen
Detail-
konzepts
durch kon-
ventionelle
Methoden
(wird fortge-
setzt)

Komponente des fachlichen Detailkonzepts	Methode		
Fachliche Detaillösung	ERM	SA	Isotec
Top-down-Ansatz	●	O	●
verständliche Modellierung	●	●	●
Überprüfung auf Richtigkeit u. Vollständigkeit	O	O	O
konzeptioneller Datenschemaentwurf	●	●	●
Datenmengengerüst	O	O	●
Schlüsselsysteme	●	●	●
Integritätsbedingungen	-	●	●
Funktionsstruktur: statisch, dynamisch	-	O	●
Benutzerschnittstelle	-	O	●
Benutzermodell	-	●	1)
Ausführungsverhalten	-	●	O
Zuverlässigkeit, Robustheit, Ausfallsicherheit	-	●	-
Dokumentation	-	-	-
ausgeschlossene Leistungen	-	-	-

**Abb. 34
(Fortsetzung):
Unterstützung
des fachli-
chen Detail-
konzepts
durch kon-
ventionelle
Methoden**

Organisatorische Detaillösung			
Belegflußplan	-	-	-
Aufgabengliederungsplan	-	-	•
Stellengliederungsplan	-	-	•
Einführungsplan	-	-	•
Schulungsplan	-	-	•
Datensicherheits- und Datenschutzkonzept	-	-	•
Plan für Notbetrieb	-	-	•
Rekonstruktionsverfahren	-	-	•
Technische Basislösung (überarbeitet)	(wie im Basiskonzept)		
Ausbaustufen (überarbeitet)	(wie im Basiskonzept)		
Nutzenbegründung (überarbeitet)	(wie im Basiskonzept)		

•	volle Unterstützung, gut möglich
O	ansatzweise Unterstützung, noch möglich
-	keine Unterstützung, nicht oder kaum möglich
1)	in der aktuellen Version nicht mehr vorhanden, vgl. S. 95.

4 Objektorientierung als Analysekonzept

4.1 Einführung

Mehr als 40 objektorientierte Analysemethoden

Heute gibt es mehr als vierzig Analysemethoden, die den Anspruch erheben, objektorientiert zu sein.[1] Nicht alle sind wirklich objektorientiert, und viele spielen praktisch keine Rolle. Eine Umfrage in der Internet-Newsgroup „comp.object" im Herbst 1992 und eine Umfrage unter den Lesern der Zeitschrift „OBJEKTspektrum" im Frühjahr 1994 zum Einsatz objektorientierter Analysemethoden brachte folgende Ergebnisse:[2]

Abb. 35: Verbreitung objektorientierter Analysemethoden

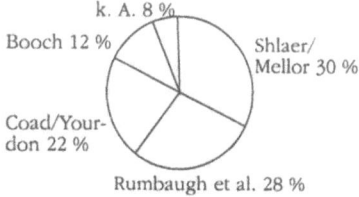

k. A. 8 %
Booch 12 %
Shlaer/Mellor 30 %
Coad/Yourdon 22 %
Rumbaugh et al. 28 %

a) Umfrage in "comp.object"
Herbst 1992

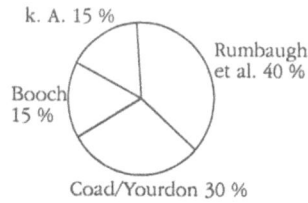

k. A. 15 %
Rumbaugh et al. 40 %
Booch 15 %
Coad/Yourdon 30 %

b) Umfrage in "OBJEKTspektrum"
Frühjahr 1994

Wenn auch beide Umfragen sicher nicht repräsentativ sind, bestätigen sie doch den Eindruck, den man auf Messen und Ausstellungen gewinnt: Die Methoden von Coad/Yourdon,

---

[1] Vgl. S. 13.

[2] Siehe Schäfer, Steffen: Klassische Entwurfstechniken für die objektorientierte Softwareentwicklung. In: HMD Theorie und Praxis der Wirtschaftsinformatik, Nr. 170, März 1993, S. 47–55, hier: S. 51, und Paulisch, Frances: Aus den Startlöchern (Editorial). In: OBJEKTspektrum, 1. Jg., Nr. 2, Mai/Juni 1994, S. 7. Leider wird in beiden Fällen nicht einmal gesagt, wie viele Personen sich an der Umfrage beteiligten.

Rumbaugh et al., Shlaer/Mellor und Booch sind „marktbeherrschend".

Coad/ Yourdon

Unter diesen Autoren setzen Coad und Yourdon objektorientierte Strukturkonzepte am konsequentesten ein. Darüber hinaus ist ihr Ansatz nach Meinung des Verfassers der am leichtesten verständliche. Dies und die weite Verbreitung vor allem in Deutschland sind der Grund, „Object-Oriented Analysis" von Coad/Yourdon in diesem Kapitel darzustellen und zu bewerten.

OMT von Rumbaugh et al.

Während Coad und Yourdon **ein** Modell in fünf Schichten erstellen, bilden Rumbaugh et al. drei getrennte und aufeinander abzustimmende Modelle; ihr Funktionsmodell wird sogar mit Hilfe herkömmlicher Datenflußdiagramme erstellt. Die „Object Modeling Technique" von Rumbaugh et al. wird daher von vielen Entwicklern als ein „sanfter Weg" von strukturierten Ansätzen zur Objektorientierung angesehen und aus diesem Grunde in Kapitel 4.2.2 behandelt.

Sematisches Objektmodell von Ferstl/Sinz

Als letzter Ansatz wird das „Semantische Objektmodell" von Ferstl und Sinz betrachtet. Es ist der mit Abstand bedeutendste Ansatz, den die deutschsprachige Wirtschaftsinformatik hervorgebracht hat, besitzt von allen Methoden die solidesten wirtschaftswissenschaftlichen Grundlagen und erfährt mit Unterstützung der Siemens Nixdorf Informationssysteme AG auch eine gute Werkzeugunterstützung. Wenn das Semantische Objektmodell in der Industrie bislang auch keine große Verbreitung gefunden hat, ist es doch wissenschaftlich außerordentlich interessant und wird daher einer kritischen Betrachtung unterzogen.

Methoden- unabhängige Untersuchung

Den Abschluß von Kapitel 4 bilden drei Abschnitte, die das Paradigma der Objektorientierung als Ganzes untersuchen: die Sicht der Fachabteilung und die Sicht der Entwickler bei der Erarbeitung der fachlichen Anforderungsspezifikation mit einer objektorientierten Methode, drei mögliche Vorgehensmodelle sowie Schwierigkeiten, geeignete und ungeeignete Anwendungsgebiete objektorientierten Entwerfens.

4.2 Objektorientierte Methoden zur Erstellung eines Fachentwurfs

4.2.1 Objektorientierte Analyse nach Coad/Yourdon

4.2.1.1 Die fünf Schichten des Modells

1990 veröffentlichten Peter Coad und Edward Yourdon – der ein Jahr zuvor noch Verfechter von Structured Analysis war[3] – ihr gemeinsames Buch „Object-Oriented Analysis"[4], das bereits ein Jahr später in zweiter, stark verbesserter Auflage erschien[5]. Dieser Ausgabe folgen Darstellung und Terminologie in diesem Abschnitt.

Prinzipien zur Komplexitäts- bewältigung

Die Autoren stellen an den Beginn ihrer Ausführungen eine Reihe von allgemeinen Prinzipien zur Komplexitätsbewältigung wie (prozedurale und Daten-)Abstraktion, Klassifizierung, Kommunikation über Botschaften usw.[6] Leitlinie und Maßstab für die gesamte Darstellung ihres Ansatzes sind universell einsetzbare Methoden zur Problemlösung.

Haupt- aktivitäten

Die objektorientierte Analyse (OOA) als spezieller Problemlösungsprozeß besteht aus folgenden Hauptaktivitäten:

Klassen finden
Strukturen festlegen
(hier werden z. B. Vererbungsstrukturen festgehalten)
Sachgruppen festlegen
(hier werden sachlich zusammengehörige Klassen gruppiert)
Attribute definieren
Dienstleistungen definieren
(hier werden die „Services", die Objekte erbringen können, spezifiziert)

---

[3] In diesem Jahr erschien sein bereits mehrfach zitiertes Buch „Modern Structured Analysis".

[4] Coad/Yourdon (1990a), a. a. O.

[5] Coad/Yourdon (1991a), a. a. O.

[6] Vgl. ebenda, S. 12–18.

Nota bene: Dies sind Aktivitäten, keine aufeinanderfolgenden Schritte. Das resultierende OOA-Modell besteht dementsprechend aus fünf Schichten:

Abb. 36:
Die Schichten
des OOA-
Modells nach
Coad/
Yourdon

———————— Sachgruppen-Schicht

———————— Klassen-Schicht

———————— Struktur-Schicht

———————— Attribute-Schicht

———————— Dienstleistungs-Schicht

Diese Schichten kann man sich als Overheadfolien vorstellen, die jeweils eigene Aspekte zum Modell beitragen.[7] In den meisten CASE-Werkzeugen kann jede Schicht einzeln ein- und ausgeblendet werden.

Im folgenden werden die für Coad/Yourdon zentralen Begriffe Klasse, Struktur, Sachgruppe, Attribut und Dienstleistung erläutert sowie die Notation dieses Ansatzes vorgestellt.

Klasse

Abstrakte
Klasse

Unter einer **Klasse** verstehen die Autoren eine „Beschreibung eines oder mehrerer Objekte mit einem einheitlichen Satz von Attributen und Dienstleistungen; in dieser Beschreibung wird auch festgehalten, wie neue Objekte dieser Klasse erzeugt werden"[8]. Daneben gibt es den Begriff **Klasse-&-Objekte** (*Class-&-Objects*), der *eine Klasse und die Objekte in dieser Klasse* bezeichnet. Von einer „Klasse-&-Objekte" gibt es also Objekte (Instanzen, Exemplare), während es von einer „Klasse" (genauer: abstrakten Klasse) keine direkten Objekte gibt, sondern sie wird lediglich zur Generalisierung von spezielleren Klassen verwendet (s. u.). Klassen können Schnittstellen zum Umsystem, Geräte, Belege, Ereignisse und anderes mehr modellieren.

---

[7]   Vgl. Coad/Yourdon (1991a), a. a. O., S. 35.
[8]   Ebenda, S. 53.

Abb. 37:
Die Klassen-
symbole bei
Coad/
Yourdon

a) abstrakte Klasse

b) Klasse-&-Objekte

Strukturie-
rung von
Klassen

Zur **Strukturierung** der Klassen stellt der Ansatz von Coad/Yourdon die beiden wichtigsten Beziehungsarten der semantischen Datenmodellierung zur Verfügung:

1. Die **Generalisierungs-Spezialisierungs-Struktur** *(Generalization-Specialization Structure)* gibt die Klassifikation aus Abschnitt 3.2.1.3 wieder.[9] Sie ist eine Beziehung zwischen zwei Klassen.

2. Die **Komplex-Simplex-Struktur** *(Whole-Part Structure)* entspricht in etwa der Aggregation aus Abschnitt 3.2.1.3, wird jedoch weiter gefaßt. Sie kommt in drei Varianten vor:[10]

   a) ein „Ganzes", das in „Teile" zerlegt werden kann (z. B. ein Bus, der aus Einzelteilen besteht)

---

[9] In der ersten Auflage hieß die *Generalization-Specialization Structure* auch noch *Classification Structure*. Coad und Yourdon meinen, daß ihr neuer Begriff treffender sei (s. S. 79), der Verfasser dieser Arbeit hält jedoch die Bezeichnung „Klassifikation *(Classification)*" für adäquater, weil sie mit einem Wort dasselbe In-Beziehung-Setzen zweier Klassen zum Ausdruck bringt wie die zwei Wörter Generalisierung und Spezialisierung. Da eine Übersetzung aber den Quelltext getreu wiedergeben soll, wird hier die Bezeichung Generalisierungs-Spezialisierungs-Struktur beibehalten.

[10] Vgl. Coad/Yourdon (1991a), a. a. O., S. 93. Der wörtlich übersetzte Begriff „Teil-Ganzes-Struktur" suggeriert zunächst einmal lediglich den Fall a). Durch das Begriffspaar komplex/simplex wird allgemein und besser ausgedrückt, daß ein komplexes Objekt in einfachere Einheiten „aufgebrochen" wird.

b) ein „Behälter" und sein „Inhalt"
   (z. B. ein Bus und seine Fahrgäste)

c) eine „Gruppe" und ihre „Mitglieder" (und Spielarten
   hiervon, z. B. „Sammlung" und „Teile")
   (z. B. eine Abteilung und die Angestellten in ihr)

Eine Generalisierungs-Spezialisierungs-Struktur kann hierarchisch sein (dies führt zu Einfachvererbung) oder netzartig
(dies führt zu Mehrfachvererbung). Abbildung 38 zeigt eine
netzartige Generalisierungs-Spezialisierungs-Struktur mit zwei
gleichwertigen Klassifikationsnotationen.

Abb. 38:
Die Genera-
lisierungs-
Spezialisie-
rungs-
Struktur bei
Coad/
Yourdon[11]

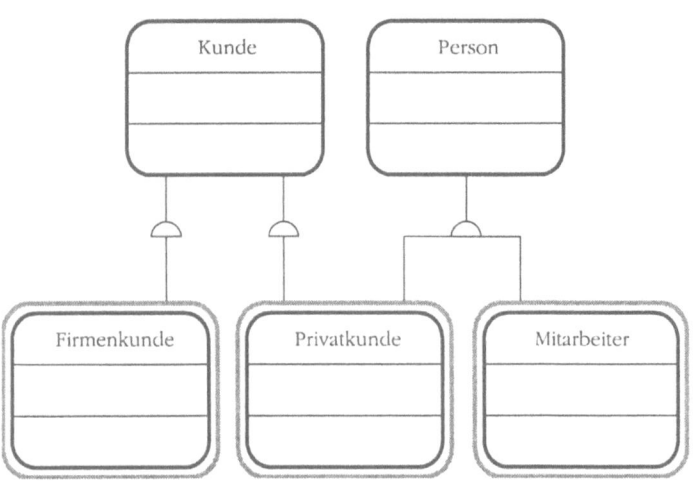

An den beiden Enden des Komplex-Simplex-Symbols stehen
in vereinfachter (min, max)-Notation (vgl. Abschnitt 3.2.1.3)
die minimale und die maximale Anzahl der an der Beziehung
beteiligten Objekte.

---

[11] Quelle: Coad/Yourdon (1991a), a. a. O., S. 90.

Abb. 39:
Die Komplex-
Simplex-
Struktur bei
Coad/
Yourdon

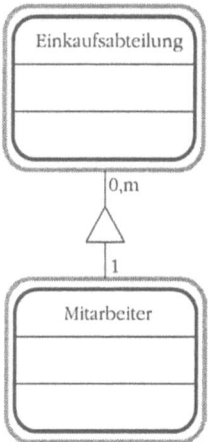

Sachgruppen
zur
Komplexitäts-
reduzierung

Sachgruppen dienen der Komplexitätsreduzierung. Mit ihrer Hilfe gewinnt man einen Überblick über die hundert und mehr Klassen eines großen OOA-Modells. (Der englische Begriff *subject* bedeutet hier so viel wie „Sachgebiet, Teilbereich", was durch das deutsche Wort *Subjekt* nicht zum Ausdruck kommt. Aus diesem Grunde wird hier der Begriff *Sachgruppe* bevorzugt.) Die Beziehung von Sachgruppen zu Klassen ist eine Komplex-Simplex-Struktur auf höherer Ebene: Sachgruppen sind **Teile,** die bei der Diskussion über das **Ganze** eines umfassenden Problembereiches und der Aufgaben eines Systems als Leitlinie dienen.

In einem Bottom-up-Ansatz werden Sachgruppen gebildet, indem man in jeder Struktur (Generalisierung/Spezialisierung, Komplex-Simplex) die Klasse auf der obersten Ebene zur Sachgruppe „befördert" (gibt es mehrere Objekte auf der obersten Ebene, muß offensichtlich das geeignetste ausgewählt werden). „Alleinstehende" Objekte, die also in keine Struktur eingebunden sind, werden ebenfalls zur Sachgruppe „erhoben". In einem zweiten Schritt können Sachgruppen wieder zu Sachgruppen (höherer Ordnung) zusammengefaßt werden; Leitlinie sind hier sinnvolle Teilbereiche des Problembereichs sowie minimale Abhängigkeiten und Interaktionen zwischen den Sachgruppen. Wenn es das Verständnis des Modells erleichtert, kann eine Klasse auch in mehreren Sachgruppen vorkommen.

Bei größeren Projekten empfehlen die Autoren, in einem Top-down-Ansatz mit den Sachgruppen zu beginnen und sie, wenn die Klassen gefunden sind, zu revidieren.[12]

Schachtelung von Sachgruppen

Die Schachtelung von Sachgruppen ermöglicht es, unter Beachtung von Millers „7±2"-Prinzip[13] eine „Mehr-Ebenen-Landkarte" des Problembereichs zu erstellen.

Die Notation von Sachgruppen hat drei Varianten (s. Abb. 40): In einem grauen Rahmen stehen entweder

- die Nummer und der Name der Sachgruppe (Minimalnotation),

- die Nummer und der Name der Sachgruppe sowie die darin enthaltenen Klassen (Kurznotation) oder

- in jeder Ecke die Nummer der Sachgruppe, wenn der Rahmen in der Klassenschicht um die zugehörigen Klassen gezogen wird. (Vollnotation)

Attribute

Attribute sind Informationen, die ein Objekt einer Klasse näher beschreiben. Der Zustand eines Objektes wird durch seine Attributwerte festgelegt. Die Zustandsinformationen – also die Attributwerte – eines Objektes können ausschließlich mit Hilfe der Dienstleistungen dieses Objekts (s. u.) verändert werden. Ein Attribut ist entweder atomar (z. B. eine Artikelnummer) oder eine „natürliche Gruppierung atomarer Datenelemente"[14] (z. B. eine Adresse, die aus Straße mit Hausnummer, Postleitzahl, Stadt und ggf. Land besteht). Die Nor-

---

[12] Vgl. Coad/Yourdon (1991a), a. a. O., S. 111.

[13] Miller, George A.: The Magical Number Seven, Plus or Minus Two: Some Limits on our Capacity for Processing Information. In: The Psychological Review, Vol. 63, No. 2, March 1956, S. 81–97. Vgl. auch Broadbent, Donald E.: The Magic Number Seven After Fifteen Years. In: Kennedy, Alan; Wilkes, Alan (Hrsg.): Studies in Long Term Memory. London u. a.: Wiley & Sons 1975, S. 3–18.

[14] Coad/Yourdon (1991a), a. a. O., S. 123.

malisierung, also die Beseitigung von Redundanzen, und die Spezifikation von Identifikationsmechanismen (Schlüsseln) werden auf den DV-Entwurf verlagert.

Abb. 40:
Sachgruppen
bei Coad/
Yourdon

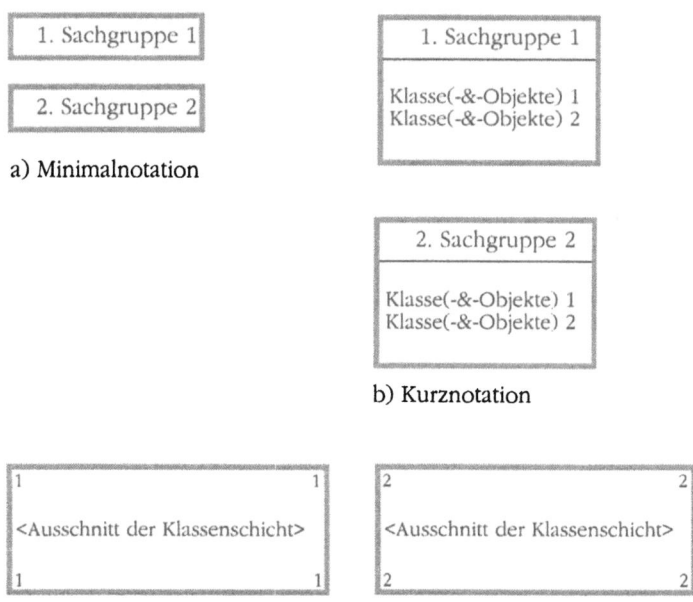

a) Minimalnotation

b) Kurznotation

Die Festlegung von Schlüsseln erst im DV-Entwurf überrascht etwas. Die Autoren begründen dies damit, daß Schlüsselsysteme der betrieblichen Realwelt nicht so eindeutig sind, wie es für ein DV-System notwendig ist,[15] und geben das amerikanische Kraftfahrzeugkennzeichen und die Sozialversicherungsnummer als Beispiele an. Dies schließt jedoch nicht aus, daß fachlich notwendige Schlüssel zunächst einmal als normale Attribute spezifiziert werden. Während des DV-Entwurfs kann dann entschieden werden, ob dieser Schlüssel immer zur Identifizierung ausreicht oder ob die Eindeutigkeit eines jeden Objekts anderweitig sichergestellt werden muß. Eine

---

[15] „real-world identifiers cannot be guaranteed unique", s. ebenda, S. 124.

wichtige Aufgabe der Schlüssel im Entity-Relationship-Modell und im Relationenmodell, nämlich Beziehungen herzustellen, entfällt ja bei der Anwendung des objektorientierten Paradigmas.

Attribute werden im Klassen-Symbol im mittleren Feld eingetragen:

Abb. 41:
Attribute bei
Coad/
Yourdon

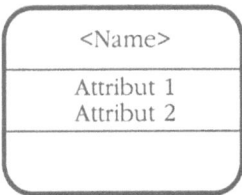 

Instanz-
verbindungen

Ebenfalls zur Attribute-Schicht gehören die **Instanz-Verbindungen** (*instance connections*), die eine „Assoziation" modellieren: Durch sie wird ausgedrückt, welche Objekte ein Objekt zu seiner Aufgabenerfüllung benötigt.[16] Sie entsprechen etwa den Beziehungen im Entity-Relationship-Modell. Eine Instanz-Verbindung wird als Linie zwischen Objekten gezeichnet und enthält (wie die Komplex-Simplex-Beziehung) an jedem Ende Kardinalitätsangaben:

Abb. 42:
Instanz-
verbindung
bei Coad/
Yourdon

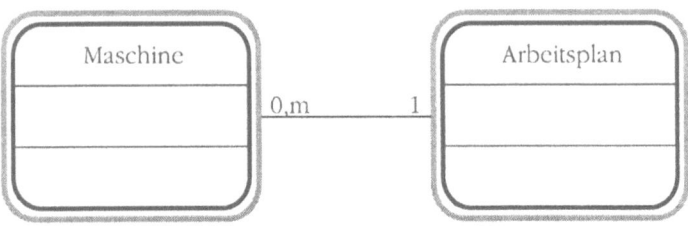

Zum Beispiel wird jeder Arbeitsplan für genau eine Maschine erstellt; für eine Maschine können kein, ein oder mehrere Arbeitspläne existieren.

---

[16] Vgl. Coad/Yourdon (1991a), a. a. O., S. 127.

Dienst-
leistungen

Die **Dienstleistungs-Schicht** ist die komplexeste Schicht des OOA-Modells. Für ihre Erstelllung sind folgende Aktivitäten notwendig:[17]

- Modellieren der **Objektzustände** mit Hilfe einfacher Zustandsübergangs-Diagramme,
- **Identifizieren** der erforderlichen **Dienstleistungen** (*Services)* eines jeden Objekts,
- Identifizieren von **Nachrichtenverbindungen** zwischen Objekten und
- **Spezifizieren** der **Dienstleistungen** mit Hilfe einfacher Flußdiagramme.

Jede Kombination von Attributen repräsentiert einen **Zustand** eines Objekts. Zustandsänderungen gehören zu den „Dienstleistungen" eines Objekts. Ein Objekt muß nach der Sichtweise der Objektorientierung „höflich gebeten werden", seinen Zustand zu ändern, und tut es „freiwillig"; es wird nicht von einer von außen kommenden „Funktion" „bearbeitet". Ein Zustandsübergangs-Diagramm bei Coad/ Yourdon zeigt lediglich in Kästen die (Namen der) Zustände und gültige Übergänge als unbenannte Pfeile; weitergehende Details werden in den Dienstleistungsspezifikationen (s. u.) festgehalten.

Abb. 43:
Zustands-
übergangs-
Diagramm
nach Coad/
Yourdon

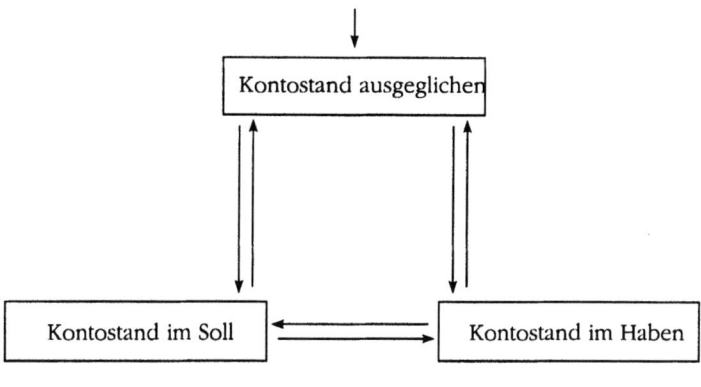

---

17 Vgl. Coad/Yourdon (1991a), a. a. O., S. 144.

Beim **Identifizieren der Dienstleistungen** eines Objekts brauchen die sog. „algorithmisch einfachen" Dienstleistungen wie Erzeugen und Löschen sowie Lesefunktionen für Attributwerte nicht betrachtet zu werden; sie werden als immer vorhanden und „implizit" angesehen und tauchen in keiner Schicht-Darstellung auf. Betrachtet werden lediglich „algorithmisch komplexe" Dienstleistungen, die etwa Attributwerte berechnen und verändern oder externe Systeme beobachten.

Die Namen der Dienstleistungen werden im Klassen-Symbol im unteren Feld eingetragen:

Abb. 44:
Dienstlei-
stungen bei
Coad/
Yourdon

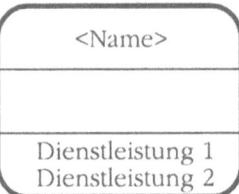

Nachrichten-
verbindung

Mit einer **Nachrichtenverbindung** wird zum Ausdruck gebracht, daß ein Objekt die Dienstleistung eines anderen Objekts benötigt bzw. in Anspruch nehmen wird. Das heißt insbesondere: In der Phase des DV-Entwurfs oder der Systemrealisierung wird ein Objekt A nur dann eine Methode eines Objekts B aufrufen (können), wenn in der Phase der objektorientierten Systemanalyse auch eine Nachrichtenverbindung vorgesehen wurde. Der Grund dafür liegt u. a. darin, daß explizit festgehalten werden soll, wer die Dienstleistungen eines anderen Objekts in Anspruch nehmen darf. Darüber hinaus stellen die Nachrichtenverbindungen ein wichtiges Hilfsmittel zur Modellierung der Gesamtfunktionalität eines Systems dar.

Eine Nachrichtenverbindung wird als Pfeil vom Sender zum Empfänger gezeichnet und kann den Namen der benötigten Dienstleistung tragen. Sie repräsentiert sowohl die gesendeten Werte (Eingabeparameter) als auch die zurückgesendete

Antwort (Ausgabeparameter). In kritischen Fällen können „Ausführungspfade" (*threads of execution*), also Folgen von Nachrichtenverbindungen bzw. Dienstleistungs-Aufrufen, definiert, benannt, mit Numerierungen versehen[18] und mit „verschiedenen Linienarten"[19] kenntlich gemacht werden.

Mit Hilfe von Flußdiagrammen wird **jede Dienstleistung** eines Objektes **spezifiziert**. die verwendeten Flußdiagramme (*Service Charts*) gehen auf George Cherry (1990) zurück und enthalten folgende Konstrukte:

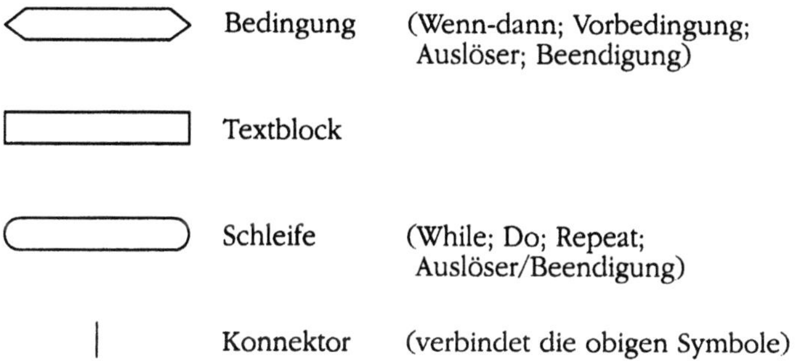

Abb. 45: Komponenten von Flußdiagrammen bei Coad/ Yourdon

Bedingung   (Wenn-dann; Vorbedingung; Auslöser; Beendigung)

Textblock

Schleife   (While; Do; Repeat; Auslöser/Beendigung)

Konnektor   (verbindet die obigen Symbole)

4.2.1.2   Die Dokumente der objektorientierten Analyse nach Coad/Yourdon

Dokumente

Eine vollständige Analyse nach Coad/Yourdon umfaßt die folgenden Dokumente:[20]

* das OOA-Modell in 5 Schichten
  (Sachgruppen, Klassen, Strukturen, Attribute, Dienstleistungen),
* die Klassen-Spezifikationen (s. u.) sowie
* bei Bedarf ergänzende Dokumente,
  z. B. Randbedingungen, die das gesamte System betreffen (Antwortzeit, Zuverlässigkeit usw.)

---

[18] Vgl. Coad/Yourdon (1991a), a. a. O., S. 155.
[19] Ebenda, S. 151.
[20] Vgl. Coad/Yourdon (1991a), a. a. O., S. 164.

Eine Klassen-Spezifikation[21] umfaßt folgende Punkte (fakultative Punkte stehen in eckigen Klammern):[22]

Attribute

externer Input[23]
externer Output

Zustandsübergangs-Diagramm

Randbedingungen

Bemerkungen

Dienstleistungen (Name und Flußdiagramm)

[Traceability Codes[24]]
[Applicable State Codes]
[Zeitschranken]
[Speicherplatzangaben]

---

[21] Im Original *Class-&-Object specification template,* S. 165. Offensichtlich halten es die Autoren nicht für angebracht, daß eine solche Schablone auch für abstrakte Klassen erstellt wird. Sie müßte in der Regel auch durch Schablonen für die spezialisierten Klassen vervollständigt werden.

[22] Vgl. ebenda, S. 165.

[23] Die Begriffe *external input* und *external output* werden ebenso wie die *Class-&-Object template* selbst kommentarlos auf S. 155 eingeführt. Im Radar-Beispiel des Buches werden für das Objekt Radar als *external input* „RadarResponse: the input data from the actual radar" und als *external output* „RadarCommand: the command sent out to an actual radar" aufgeführt. Offensichtlich sind jeweils von außen, nicht von anderen Objekten über Nachrichten eintreffende Daten gemeint; solche Daten müssen jedoch nicht für jedes Objekt spezifiziert werden, erst recht nicht in Anwendungen, die keine Echtzeitsysteme sind oder Meßwerte verarbeiten.

[24] Die *traceability codes* und die *applicable state codes* werden auf S. 157 ohne Erläuterung oder Beispiel eingeführt; es bleibt unklar, was genau damit gemeint ist.

4.2.1.3   Ein Ausblick auf den objektorientierten DV-Entwurf

Mensch-Computer-Interaktion

Ein kurzer Ausblick auf den objektorientierten DV-Entwurf nach Coad/Yourdon ist deshalb notwendig, weil nach ihrem Ansatz die Mensch-Computer-Interaktion vor allem ein Teil des DV-Entwurfs (*Design*) ist.

Entwurf als Erweiterung des OOA-Modells

Der Übergang zum DV-Entwurf ist nach Ansicht von Coad/Yourdon eine Erweiterung des OOA-Modells – und nicht, wie sonst üblich, eine Transformation. Das OOA-Modell wird um eine Interaktionskomponente (*Human Interaction Component*), eine Task-Management-Komponente und eine Daten-Management-Komponente erweitert. Damit ergibt sich im objektorientierten DV-Entwurf das folgende fünfschichtige Vier-Komponenten-Modell:

Abb. 46: Das fünfschichtige Vier-Komponenten-Modell des objektorientierten DV-Entwurfs nach Coad/Yourdon[25]

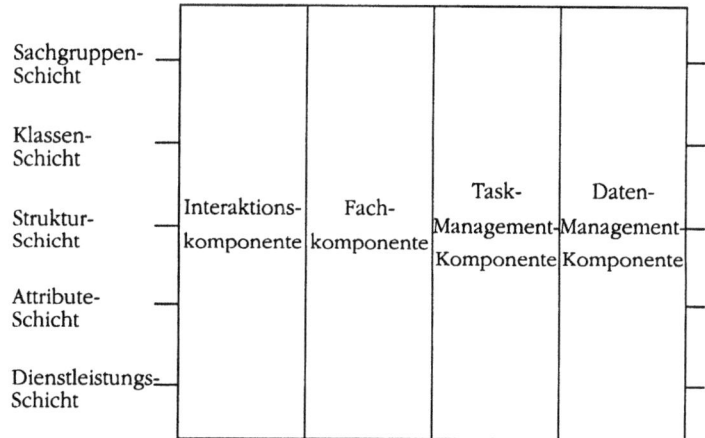

Die Interaktionskomponente enthält die vorgesehenen Bildschirminhalte (Fenster) und Listen und beschreibt die jeweiligen Benutzereingaben.[26] Hier wird mit den Klassen Fenster, Auswahlmenü usw. gearbeitet.

Die Ergebnisse der objektorientierten Systemanalyse finden sich vor allem in der Fachkomponente (*Problem Domain*

---

[25]   nach Coad/Yourdon (1991b), a. a. O., S. 26.
[26]   Vgl. ebenda, S. 56 und 60–64.

Component) wieder; es kann notwendig sein, daß hier Klassen aus DV-Sicht kombiniert oder aufgeteilt werden müssen.[27]

Die Task-Management-Komponente und die Daten-Management-Komponente sind lediglich für den DV-Entwurf und nicht für den Fachentwurf von Bedeutung und daher hier nicht Gegenstand der Betrachtung.

4.2.2 Objektorientierte Analyse nach Rumbaugh et al.

4.2.2.1 Die drei Modelle

Durchgängiges Verfahren

Die Object Modeling Technique (OMT), ein Ansatz zur objektorientierten Softwareentwicklung, der von James Rumbaugh, Michael Blaha, William Premerlani, Frederick Eddy und William Lorensen am General Electric Research and Development Center in den USA entwickelt wurde, basiert auf einer Arbeit von Loomis, Shah und Rumbaugh aus dem Jahre 1987[28] und wurde 1991 als Buch veröffentlicht.[29] Sie erhebt den Anspruch, ein durchgängiges Verfahren von der Systemanalyse über den DV-Entwurf bis zur Implementierung zu bieten.

Drei Modelle

Im Rahmen von OMT werden zunächst einmal ein Objektmodell, ein Dynamikmodell und ein Funktionsmodell erstellt, die aufeinander abgestimmt werden und zusammen das Analysemodell bilden (vgl. Abb. 47). Während des DV-Entwurfs werden diese drei Modelle verfeinert und bilden dann das Design-Modell. In der Phase der Realisierung werden die drei nunmehr verfeinerten Modelle in einer Pro-

---

[27] Hier spielen Überlegungen zur Wiederverwendung oder die Einführung einer generalisierten Klasse zur Definition eines Kommunikationsprotokolls eine Rolle, vgl. ebenda, S. 23 u. 39–50.

[28] Loomis, Mary E. S.; Shah, Ashwin V.; Rumbaugh, James E.: An Object Modeling Technique for Conceptual Design. In: ECOOP '87. European Conference on Object-Oriented Programming, Paris, 15.–17. Juni 1987, Proceedings, Berlin u. a.: Springer 1987, S. 192–202.

[29] Rumbaugh & al. (1991), a. a. O.

grammiersprache, einer Datenbank oder auch in Hardware implementiert; eine Unterscheidung in drei Modelle ist dann natürlich nicht mehr möglich.

Abb. 47:
Die Modell-
komponenten
von OMT

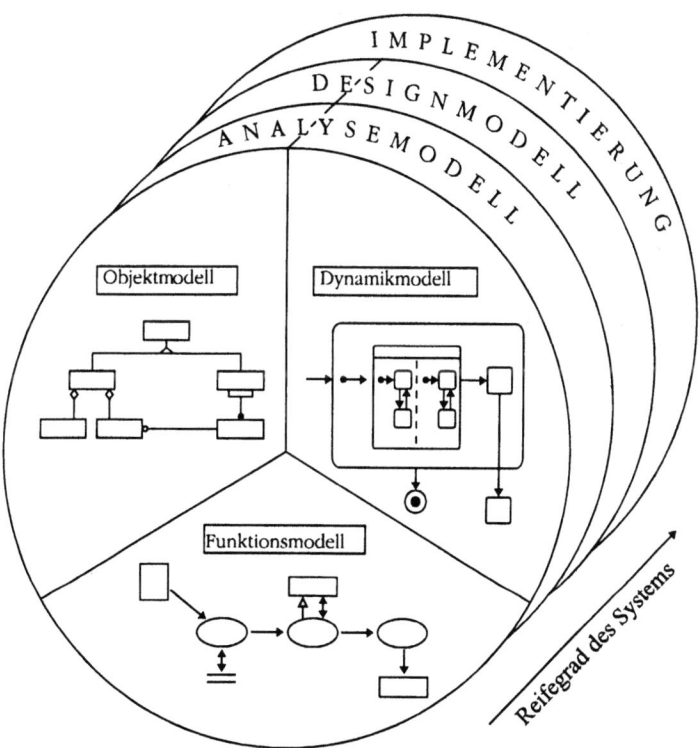

Objektmodell

Das **Objektmodell** beschreibt die statische Struktur eines Systems: Objekte und ihre Beziehungen. Das Objektmodell besteht aus Objektdiagrammen; ein Objektdiagramm kann als erweitertes ER-Diagramm aufgefaßt werden und wird in Abschnitt 4.2.2.2 vorgestellt.

Dynamik-
modell

Das **Dynamikmodell** beschreibt die zeitabhängigen Aspekte eines Systems. Das Dynamikmodell besteht aus geschachtelten Zustandsübergangs-Diagrammen (vgl. Abb. 22 auf S. 70;

OMT spricht jedoch von Ereignissen statt von Bedingungen) und ist Gegenstand von Abschnitt 4.2.2.3.

Funktions-modell

Das **Funktionsmodell** beschreibt die Transformationen, denen Daten unterliegen. Das Funktionsmodell besteht aus Datenflußdiagrammen (vgl. Abb. 21 auf S. 68) und wird in Abschnitt 4.2.2.4 behandelt.

Primat des Objekt-modells

Die Autoren nennen diese drei Modelle „orthogonale Teile"[30] der Beschreibung eines Systems, sie sind aber dennoch voneinander abhängig. Das Objektmodell hat dabei ein gewisses Primat, denn man muß festlegen, **was** sich ändert bzw. transformiert wird, bevor man sagen kann, **wann** oder **wie** es sich ändert.[31]

Der **Zusammenhang** zwischen den drei Modellen ist Gegenstand von Abschnitt 4.2.2.5; nach dem Beschreiben von Konzepten und Notationen von OMT bilden Angaben zum **Vorgehen** bei der objektorientierten Analyse nach Rumbaugh et al. den Abschluß dieses Unterkapitels.

4.2.2.2 Das Objektmodell

Objekt

Unter **Objekt** verstehen Rumbaugh et al. „ein Konzept, eine Abstraktion oder ein klar abgegrenztes Ding, das für das vorliegende Problem eine Bedeutung hat"[32]. Objekte haben eine Identität (d. h., sie werden allein aufgrund ihrer Existenz unterschieden und nicht aufgrund unterschiedlicher Attributwerte). Gegebenenfalls bezeichnet man einzelne konkrete Objekte mit Objekt-Instanz oder Instanz und eine Gesamtheit zusammengehöriger Objekte mit Objekt-Klasse oder Klasse.

Klasse

Die Notation für eine **Klasse** besteht aus einem Rechteck mit drei Feldern:

---

[30] Siehe Rumbaugh & al. (1991), a. a. O., S. 6.
[31] Vgl. ebenda.
[32] Ebenda, S. 21 (Übersetzung d. Verf.).

Abb. 48:
Klassennota-
tion der OMT

Klassen-Name			
Attribut 1:	Typ 1	=	Standard-Vorgabe 1
Attribut 2:	Typ 2	=	Standard-Vorgabe 2
...			
Operation 1:	Argumenteliste 1:	Ergebnis-Typ 1	
Operation 2:	Argumenteliste 2:	Ergebnis-Typ 2	
...			

Abstrakte
Klasse

Konkrete
Klasse

Die beiden unteren Bereiche sind optional; auch können bei Bedarf lediglich die Namen der Klasse, der Attribute und der Operationen angegeben werden. Operationen können in Diagrammen höherer Ebenen auch ganz weggelassen werden[33] (dann wird die Verwandtschaft des OMT-Objektmodells zu semantischen Datenmodellen besonders deutlich).

Konzeptuell unterscheiden Rumbaugh et al. zwischen einer abstrakten Klasse und einer konkreten Klasse. Eine **abstrakte Klasse** hat keine direkten Instanzen, wohl aber ihre Subklasse(n). Eine **konkrete Klasse** hat direkte Instanzen (und kann abstrakte Subklassen haben – diese wiederum müssen konkrete Subklassen haben). Die Unterscheidung zwischen abstrakter und konkreter Klasse kommt in der Notation jedoch nicht zum Ausdruck.[34]

Assoziationen

Objekte stehen miteinander in Beziehung. Auf Instanzen-Ebene wird dies durch sog. **Links** zum Ausdruck gebracht, auf Klassen-Ebene durch **Assoziationen,** die den Relationships im ER-Modell entsprechen. Rumbaugh widmet ihnen einen eigenen Aufsatz, weil er sie für die Modellierung von

---

[33] Vgl. Rumbaugh & al. (1991), a. a. O., S. 25.
[34] Vgl. ebenda, S. 61 f.

Systemen „sogar für wichtiger als Vererbung"[35] hält. Binäre Assoziationen werden durch einfache Verbindungslinien dargestellt und gegebenenfalls benannt. Mehrstellige Assoziationen, die weitaus seltener vorkommen,[36] werden wie im ER-Modell durch eine Raute bezeichnet:

Abb. 49:
Mehrstellige
Beziehungen
in OMT

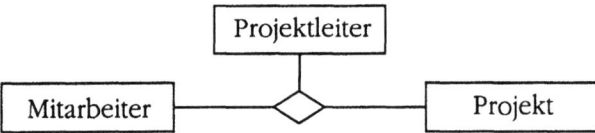

Die **Kardinalität,** also die Anzahl der Objekte, die an einem Link beteiligt sein können, wird durch Symbole oder Zahlenangaben gekennzeichnet:

Abb. 50:
Kardinalitäten
von Assozia-
tionen

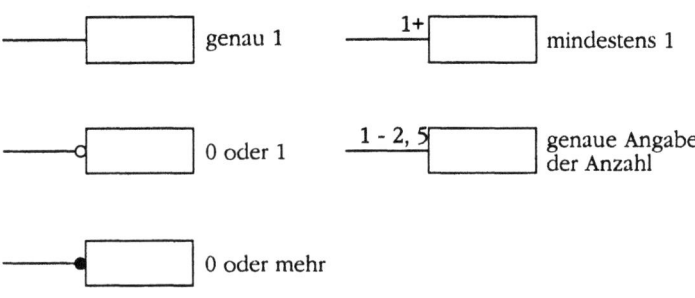

[35] Siehe Rumbaugh, James: Horsing around with Associations. In: Journal of Object-Oriented Programming, Vol. 4, No. 9, February 1992, S. 49–53, hier: S. 49. Diese Aussage bedeutet nicht, daß er die Vererbung – ein konstituierendes Element des Paradigmas der Objektorientierung – für unwichtig hält, sondern die Assoziationen für **noch** wichtiger.

[36] Vgl. Rumbaugh & al. (1991), a. a. O., S. 28: „In practice, the vast majority are binary or qualified [...] We have encountered a few general ternary and few, if any, of order four or more." Noch klarer auf S. 159: „We have not encountered associations with four or more classes in our work."

Qualifikationsattribute

Eine Besonderheit von OMT sind die sog. **Qualifikationsattribute** (*qualifiers*). Man betrachte dazu das Beispiel in Abbildung 51:

Abb. 51: Qualifizierte Beziehungen in OMT[37]

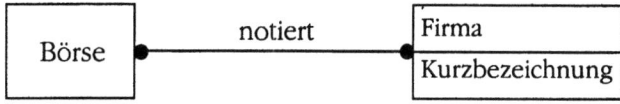

a) eine nicht qualifizierte Beziehung

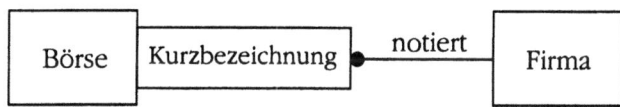

b) eine qualifizierte Beziehung

Zwischen Börse und Firma besteht eine n:m-Beziehung. Jede Börse hat jedoch für jede Firma eine eindeutige Kurzbezeichnung, so daß die Kardinalität der Beziehung durch das Qualifikationsattribut „Kurzbezeichnung" auf n:1 reduziert wird. „Qualifikation erhöht die semantische Genauigkeit und Sichtbarkeit von Navigationspfaden."[38] Die nicht qualifizierte Beziehung kann beispielsweise nicht zum Ausdruck bringen, daß eine Firma an verschiedenen Börsen verschiedene Kurzbezeichnungen führen kann.

Link-Attribute

Man beachte, daß Kurzbezeichnung nun ein Attribut der Beziehung „notiert" ist und nicht mehr der Klasse „Firma".[39] Eine Assoziation kann auch weitere Attribute haben. Diese sog. **Link-Attribute** werden dann in einem „degenerierten Klassensymbol"[40] notiert:

---

37 Quelle: Rumbaugh & al. (1991), a. a. O., S. 37.

38 Rumbaugh & al. (1991), a. a. O., S. 36 (Übersetzung d. Verf.).

39 Vgl. Rumbaugh (1992a), a. a. O., S. 50: „A qualifier is an attribute of the association itself"

40 Siehe Rumbaugh (1992a), a. a. O., S. 51: „within a degenerate class box"

Natürlich können Stellenbezeichnung und Gehalt hier auch als Attribute von „Person" modelliert werden. In konstruktiver Voraussicht sollte dies jedoch nicht geschehen: Die Kardinalität der Beziehung könnte sich auf n:m erhöhen, was die Angabe eines einzelnen Gehalts wertlos macht. Die Attributierung von Assoziationen erhöht also die Flexibilität eines Entwurfs.

Noch weitergehend, kann eine Assoziation auch als eigenständige Klasse modelliert werden. Dies ist vor allem dann sinnvoll, wenn Links mit anderen Objekten assoziiert sind oder von Operationen bearbeitet werden:[41]

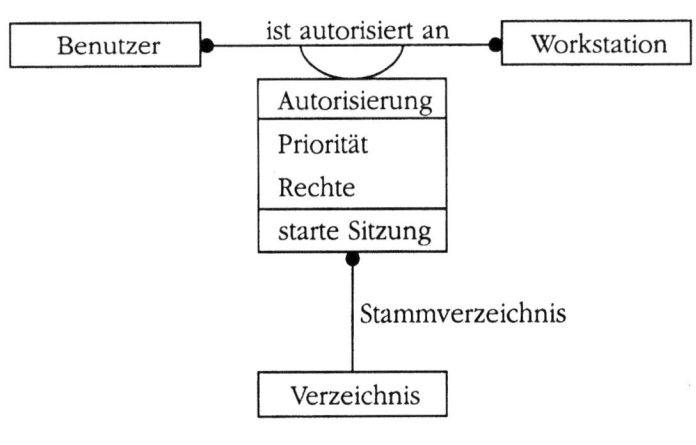

---

[41] Siehe Rumbaugh & al. (1991), a. a. O., S. 33.
[42] Quelle: Rumbaugh & al. (1991), a. a. O., S. 34.

Rollennamen

An eine Assoziation können auch die **Rollennamen** der beteiligten Objekte geschrieben werden. Obwohl ein Rollenname neben das „Zielobjekt" einer Assoziation geschrieben wird, ist er ein (abgeleitetes) Attribut des „Quellobjekts".[43] Die Verwendung von Rollennamen ist optional, ist aber oft eingängiger als die (alternative oder zusätzliche) Verwendung von Assoziationsnamen. Bei Assoziationen zwischen Objekten derselben Klasse sind Rollennamen obligatorisch:

**Abb. 54:
Rollennamen
in OMT**

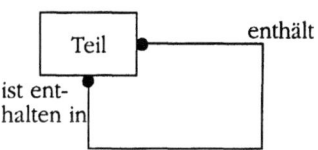

Als objektorientierter Ansatz kennt OMT selbstverständlich auch die Konzepte Generalisierung und Aggregation. Bei der **Generalisierung** werden die Fälle disjunkter und nicht disjunkter Subklassen unterschieden (vgl. Abb. 55 a und b). Gegebenenfalls wird ein Diskriminator neben das Generalisierungssymbol geschrieben (c); er ist ein Attribut, dessen Wert die Subklassen unterscheidet. Mehrfachvererbung wird zugelassen (d).

Klassifikation

Die **Aggregation** ist eine Sonderform der Assoziation mit folgenden Eigenschaften: Eine Aggregation ist transitiv (wenn A Teil von B ist und B Teil von C, dann ist A auch Teil von C) und antisymmetrisch (wenn A Teil von B ist, ist B nicht Teil von A), und einige Eigenschaften der Teile werden von der Gesamtheit übernommen (z. B. ist die Geschwindigkeit einer Autotür dieselbe wie die des Autos).

Aggregation

Die Auffassung der Aggregation als Sonderfall der Assoziation findet sich auch im Symbol für die Aggregation wieder: Es ist das Rautensymbol der Beziehung im ER-Modell in verkleinerter Form (s. Abbildung56).

---

[43]   Vgl. ebenda, S. 35.

Abb. 55:
Generalisie-
rung in OMT

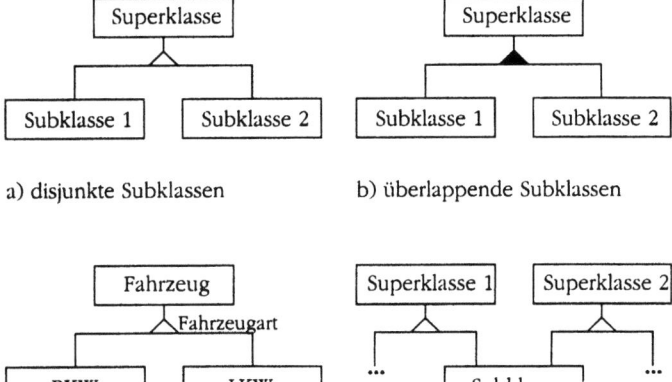

a) disjunkte Subklassen   b) überlappende Subklassen

c) Beispiel für einen Diskriminator   d) Mehrfachvererbung

Abb. 56:
Aggregation
in OMT

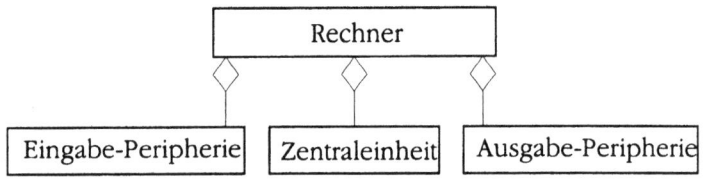

Eine Besonderheit von OMT ist die **Propagierung von Operationen,** die vor allem bei Aggregationen auftritt, aber auch bei (anderen) Assoziationen vorkommen kann. Gemeint ist damit das „Durchschlagen" von Operationen auf nachgeordnete Objekte. Kopiert man beispielsweise ein Dokument, das aus mehreren Absätzen besteht, werden automatisch alle Absätze kopiert; in Abbildung 57 wird letztendlich die Operation „kopieren" bis zum Zeichen propagiert:

Abb. 57:
Propagierung
von Operatio-
nen[44]

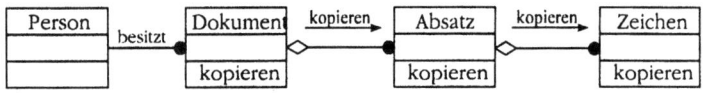

---

[44] Nach: Rumbaugh & al. (1991), a. a. O., S. 60.

Das Konzept der Propagierung erlaubt damit zwischen den bekannten Grenzen *deep copy* (Kopieren des aktuellen Objektes und aller untergeordneter Objekte) und *shallow copy* (Kopieren nur des aktuellen Objektes) ein breites Spektrum und die Möglichkeit feiner Unterscheidung.

Randbedin-
gungen

Ein weiteres charakteristisches Konzept von OMT sind die **Randbedingungen** (*constraints*), die für Objekte, Klassen, Attribute, Links und Assoziationen spezifiziert werden können. Die Randbedingungen sind eine Restriktion der annehmbaren Werte. Beispiele sind (vgl. Abb. 58):

- Die Summe der Aktiva muß gleich der Summe der Passiva sein (Randbedingungen zwischen zwei Objekten zum selben Zeitpunkt).

- Das Datum einer Rückfahrt darf nicht vor dem Datum der Hinfahrt liegen (Randbedingung zwischen zwei Attributen eines Objektes).

- Zu jedem Verlag gehört eine Anzahl von Buchtiteln, die alphabetisch sortiert sein sollen (Randbedingung eines Links; auch Kardinalitätsangaben (vgl. S. 132) sind solche Randbedingungen).

- Der Vorsitzende eines Ausschusses ist Mitglied dieses Ausschusses (Teilmengen-Randbedingung einer Assoziation).

Basis-
informationen

Abgeleitete
Informationen

Rumbaugh et al. legen großen Wert darauf, bereits während der Analyse den informationsgehalt des Objektmodells in zwei Teile zu gliedern: die logisch grundlegenden **Basisinformationen** und die daraus **ableitbaren Informationen.**[45] Beispielsweise sind Nettobetrag und Mehrwertsteuersatz Basisinformationen, während Bruttobetrag ableitbar ist. Ein Objektmodell sollte nach Möglichkeit nur Basisinformationen enthalten, aber wenn abgeleitete Informationen in der betrieblichen Praxis bedeutsam sind, müssen sie auch in das

---

[45] Vgl. ebenda, S. 26 und 75 f. Auch über abgeleitete Informationen hat Rumbaugh einen eigenen Aufsatz geschrieben: Rumbaugh, James: Derived Information. In: Journal of Object-Oriented Programming, Vol. 5, No. 1, March/April 1992, S. 57–61.

137

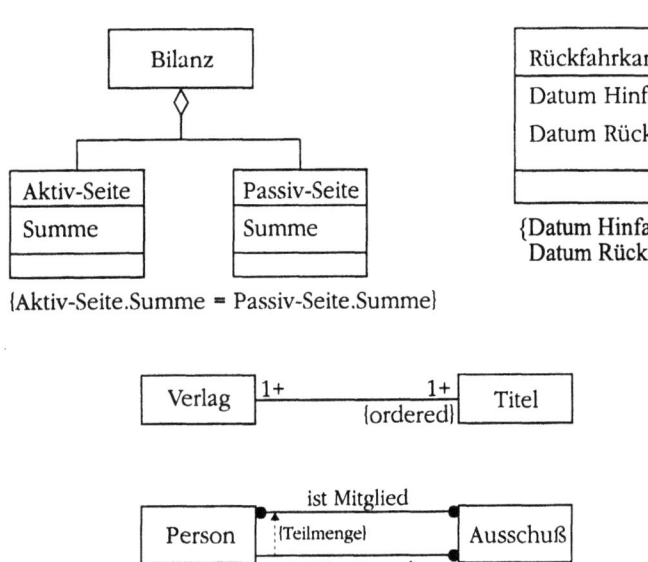

Abb. 58:
Randbedin-
gungen in
OMT

Objektmodell aufgenommen werden. Nur sollten sie auch als solche gekennzeichnet werden, um Abhängigkeiten und (kontrollierte) Redundanz deutlich zu machen. Die Kennzeichnung geschieht durch einen Schrägstrich vor dem Namen der abgeleiteten Information, die ein Attribut, eine Assoziation, ein Rollenname oder (in seltenen Fällen) eine Klasse[46] sein kann (vgl. Abb. 59).

Die Kennzeichnung abgeleiteter Informationen bedingt automatisch auch die „Kennzeichnung" absolut notwendiger Basisinformationen, auf die – etwa im Rahmen geänderter Anforderungen – nicht verzichtet werden kann, ohne den Informationsgehalt des Modells signifikant zu verringern.

---

[46]   Vgl. Rumbaugh (1992b), a. a. O., S. 60. Bereits für sein eigenes Beispiel (eine Telefonleitung in verschiedenen Zuständen) gibt Rumbaugh zu, daß er die Notation als abgeleitete Klasse „nur unter seltenen Umständen" empfiehlt (s. ebd.).

Abb. 59:
Abgeleitete
Informationen
in OMT

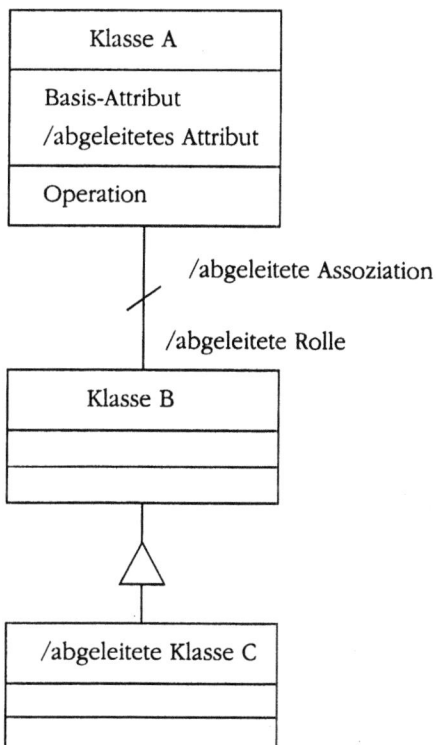

Klasse A

Basis-Attribut
/abgeleitetes Attribut

Operation

/abgeleitete Assoziation

/abgeleitete Rolle

Klasse B

/abgeleitete Klasse C

Klassen-
diagramme

Objekt-
diagramme

Zum Abschluß der Darstellung des Objektmodells soll noch darauf hingewiesen werden, daß OMT nicht nur **Klassendia-gramme** (*class diagrams*) kennt, sondern auch **Objektdia-gramme** (*instance diagrams*), die „für die Dokumentation von Testfällen (insbesondere Szenarien) und die Diskussion von Beispielen"[47] (vor allem, um komplexe Klassendiagramme zu erläutern) verwendet werden. Abbildung 60 zeigt die Darstellung von Objekten in der Gegenüberstellung zu Klassen.

---

[47] Rumbaugh & al. (1991), a. a. O., S. 23 (Übersetzung d. Verf.).

Abb. 60:
Klassen und
Objekte in
OMT

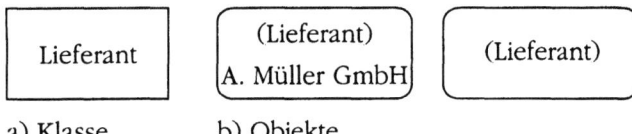

a) Klasse   b) Objekte

4.2.2.3   Das Dynamikmodell

Zustands-
übergangs-
diagramme

Das Dynamikmodell beschreibt die zeitabhängigen Aspekte eines Systems: Kontrollfluß, Interaktionen und Operationenfolge. Zentrale Konzepte in diesem Zusammenhang sind **Ereignisse,** die als externe Stimuli aufgefaßt werden, und **Zustände,** die Attributwerte von Objekten repräsentieren. Das Darstellungsmittel sind **Zustandsübergangs-Diagramme,** wie sie in Abschnitt 3.2.2.2 beschrieben wurden. Die Autoren folgen der Notation von Harel[48] und verwenden gegenüber der Darstellung in Kapitel 3 unter anderem folgende Erweiterungen:

Ereignisse

Ereignisse können **Attribute** haben, und Zustandsübergänge können an **Bedingungen** geknüpft werden (eine Bedingung ist hier eine boolesche Funktion über Attributwerten):

Abb. 61:
Zur Notation
von Zu-
standsüber-
gangs-
Diagrammen
in OMT

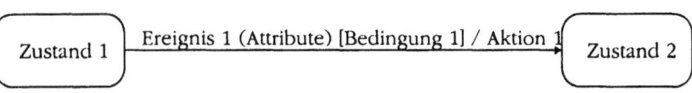

In dieser Abbildung wird von einem Objekt die Aktion 1 nur dann ausgeführt, wenn es sich in Zustand 1 befindet, Ereignis 1 (mit den spezifizierten Attributen) eintritt und Bedingung 1 erfüllt ist; in diesem Fall geht das Objekt in Zustand 2 über.

Schachtelung

Innerhalb eines Zustandes können sog. Aktivitäten spezifiziert werden. Eine **Aktivität** ist eine Folge von **Aktionen.** Sie beginnt beim Eintritt in einen Zustand und endet (i. d. R.) beim Austritt aus diesem Zustand – sie verbraucht also Zeit. Zu-

---

48   Harel, David: Statecharts: A Visual Formalism for Complex Systems. In: Science of Computer Programming, Vol. 8 (1987), S. 231–274.

standsübergangs-Diagramme können **geschachtelt** werden: Man kann eine Aktivität in einem neuen Zustandsübergangs-Diagramm detaillieren.

Zustands-generali-sierung

Ebenso wie bei Objekt-Diagrammen gibt es auch bei Zustandsübergangs-Diagrammen Generalisierungs-Hierarchien, die es erlauben, daß Zustände und Ereignisse Gemeinsamkeiten in Struktur und Verhalten (ver)erben können. Ein Beispiel für eine **Zustandsgeneralisierung** ist die Zusammenfassung der Zustände „Dauer", „1. Gang" und „2. Gang" eines Automatikgetriebes in den Zustand „Vorwärtsgang":

Abb. 62: Geschachtel-tes Zustands-übergangs-Diagramm mit Zustands-generalisie-rung [49]

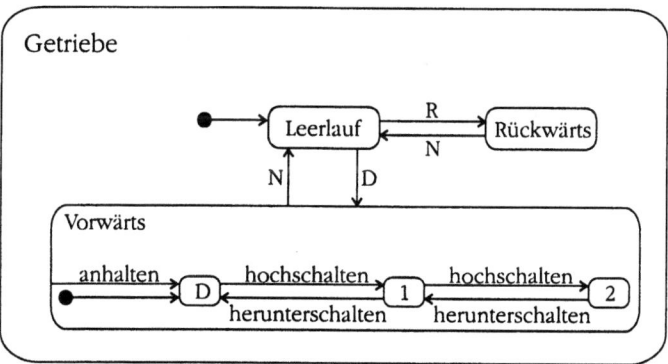

Ereignisgene-ralisierung

Ein Beispiel für eine **Ereignisgeneralisierung** ist die Klassifizierung von Benutzereingaben (unterschieden in Tastatur- und Mauseingaben, zum einen spezialisiert in Kontrollsequenzen und alphanumerische Eingaben, zum anderen in linke und rechte Maustaste).[50]

Innerhalb eines Objekts kann es zu **Parallelitäten** kommen, wenn die Attribute und/oder Links in Teilmengen partitioniert werden können, die jeweils ihre eigenen Zustände und damit Subdiagramme haben:

---

[49] Nach: Rumbaugh & al. (1991), a. a. O., S. 97.

[50] Vgl. ebenda, S. 98.

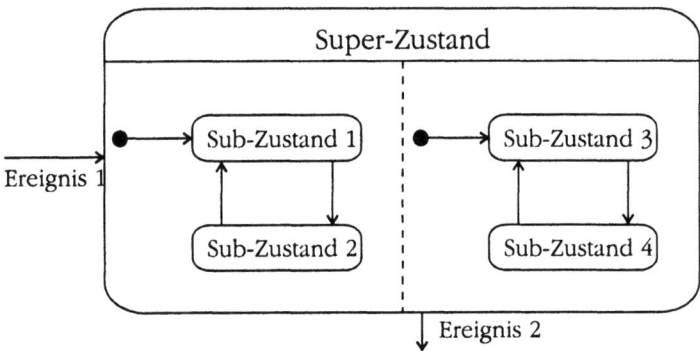

Abb. 63:
Parallele
Sub-Zu-
stände inner-
halb eines
Objekts[51]

OMT erlaubt noch eine Reihe weiterer Detaillierungen bzw.
Erweiterungen von Zustandsübergangs-Diagrammen; die
Autoren betonen jedoch, daß in einem Dynamikmodell nicht
immer alle Konstrukte vorkommen (müssen).[52]

4.2.2.4 Das Funktionsmodell

Datenfluß-
diagramme

Das Funktionsmodell, die dritte Modellkomponente von
OMT, beschreibt, was in einem System geschieht, d. h., wie
Eingabewerte in Ausgabewerte transformiert werden. Dazu
greifen die Autoren auf die traditionellen Datenflußdiagramme zurück,[53] wie sie auch in Modern Structured Analysis
verwendet werden (vgl. S. 66). Eine eingehende Darstellung
des Funktionsmodells ist daher hier weder notwendig noch
angebracht; hier sollen lediglich zwei Konzepte vorgestellt
werden, die in Structured Analysis nicht verwendet werden.

Das eine Konzept besteht in der Möglichkeit, Daten zu du-
plizieren, aufzuteilen oder zusammenzuführen:

---

[51] Quelle: ebenda, Appendix A.
[52] Vgl. Rumbaugh & al. (1991), a. a. O., S. 453.
[53] Siehe ebenda, S. 123.

Abb. 64:
Duplizierung,
Aufteilung
und Zusam-
menführung
von Daten-
flüssen

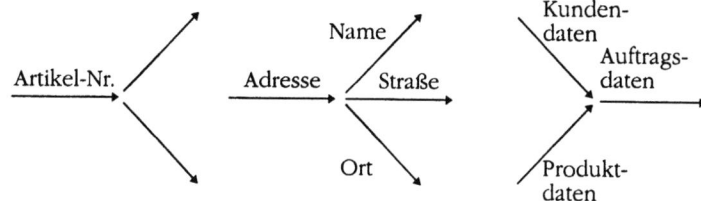

Das zweite Konzept besteht in einem Datenfluß, der ein Objekt erzeugt, das später anderen Operationen als Zielobjekt dient. Dieser Sachverhalt wird durch ein Dreieck am Ende des Datenflusses notiert. Normalerweise ist das erzeugte Objekt ein Datenspeicher wie im folgenden Beispiel:

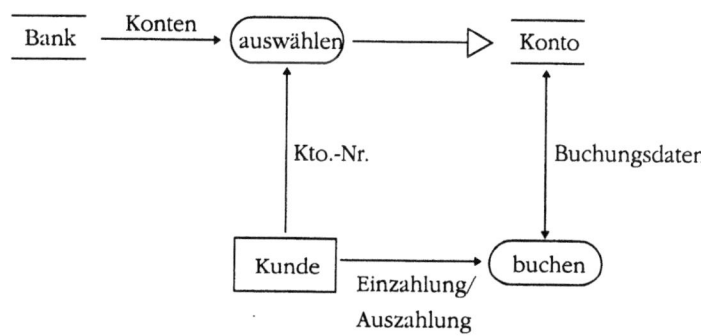

Abb. 65:
Datenfluß,
der ein Objekt
erzeugt

Es ist ein Unterschied, ob ein Objekt einen einzelnen Wert darstellt oder ob es als ein Datenspeicher mit vielen Werten betrachtet wird. Im obigen Beispiel wird unter mehreren Konten eines ausgewählt, das Zielobjekt für nachfolgende Buchungsoperationen ist.

Konventionelle Datenflußdiagramme können die Erzeugung bzw. Auswahl von einzelnen Objekten, die an anderer Stelle im Diagramm verwendet werden, nicht adäquat wiedergeben. Das oben beschriebene Konzept ist eine Erweiterung, die Rumbaugh et al. in Datenflußdiagramme eingeführt haben.[54]

---

[54] Siehe Rumbaugh & al. (1991), a. a. O., S. 128.

Wie in Structured Analysis auch, werden im Funktionsmodell die Datenflüsse der höchsten Detaillierungsstufe mit Hilfe von Entscheidungstabellen, Pseudocode o. ä. spezifiziert; sie stellen die Operationen auf Objekten dar.

4.2.2.5 Der Zusammenhang zwischen den Modellen

In OMT werden drei Modelle erstellt: das Objektmodell, das Dynamikmodell und das Funktionsmodell. Das Funktionsmodell beschreibt, **was** geschieht, das Dynamikmodell, **wann** es geschieht, und das Objektmodell, **womit** bzw. **woran** es geschieht. Die drei Modelle hängen also zusammen und müssen aufeinander abgestimmt werden, wobei das Objektmodell eine gewisse Vorrangstellung hat (vgl. S. 130).

Objektmodell und Dynamikmodell

Ein **Zusammenhang zwischen Objektmodell und Dynamikmodell** ist zunächst einmal dadurch gegeben, daß Ereignisse Operationen auslösen (Zustandsübergänge können oft als Operationen auf Objekten implementiert werden). Darüber hinaus werden Zustände durch Attributwerte und Links repräsentiert. Das Dynamikmodell einer Klasse (also das Modell, das durch ihr Zustandsübergangs-Diagramm beschrieben wird) wird an ihre Subklassen vererbt. Außerdem kann jede Subklasse ihr eigenes Dynamikmodell haben; dieses muß allerdings eine Verfeinerung des übergeordneten Modells sein. Eine gewisse Unabhängigkeit vom Objektmodell besitzt dagegen die Ereignis-Hierarchie, weil Ereignisse über verschiedene Klassen hinweg definiert werden können. Ereignisse sind auch ausdrucksstärker - und realitätsnäher – als Operationen. Hierin ist wohl ein Grund dafür zu finden, daß Operationen im Objektmodell von OMT eine geringere Rolle spielen als in anderen Ansätzen (vgl. auch S. 166).

Funktionsmodell und Objektmodell

Der **Zusammenhang zwischen Funktionsmodell und Objektmodell** wird u. a. dadurch hergestellt, daß jeder Prozeß durch eine oder mehrere Operationen realisiert wird. Terminatoren sind Objekte im Objektmodell. Datenspeicher finden sich im Objektmodell als Objekte oder wenigstens als Attribute wieder. Datenflüsse können Attributwerte oder auch ganze Objekte sein. Das Objektmodell zeigt also die Struktur der Terminatoren, Datenspeicher und Datenflüsse des Funktionsmodells. Umgekehrt spezifiziert das Funktionsmodell die Operationen auf den Klassen des Objektmodells und die Argumente dieser Operation. Die Prozesse im Funktionsmodell zeigen auch die Objekte, die durch Funktionen miteinander verbunden sind. Das Funktionsmodell zeigt also die „funktional" zusammengehörigen Objekte.

**Dynamik-
modell und
Funktions-
modell**

Der **Zusammenhang zwischen Dynamikmodell und Funktionsmodell** wird zum einen über die Prozesse hergestellt: Das Dynamikmodell beschreibt, in welcher Reihenfolge die im Funktionsmodell spezifizierten Prozesse ausgeführt werden. Zum anderen werden die Aktivitäten und Aktionen des Funktionsmodells im Dynamikmodell als Spezifikation der Prozesse hinreichend definiert.

Weitere, kritische Ausführungen zum Zusammenhang zwischen den drei Modellen in OMT finden sich in Kapitel 4.3.3.

4.2.2.6   Der Analyseprozeß

**Das
Vorgehen**

In den vorangegangenen Abschnitten wurden die **Dokumente** vorgestellt, die im Rahmen der objektorientierten Analyse nach Rumbaugh et al. angefertigt werden. Zum Abschluß der Darstellung von OMT soll jedoch auch noch kurz das **Vorgehen** zum Erstellen eines Fachentwurfs beschrieben werden.

Ausgangspunkt ist eine Problembeschreibung, die auch Muß- und Kann-Anforderungen enthält. Diese Beschreibung dient als Hilfe zum Problemverständnis und ist nicht als unveränderliches Dokument anzusehen. Die nun schriftlich festgehaltenen Anforderungen bilden die Grundlage für die Erstellung eines Objektmodells. Dazu werden zunächst **Objekte und Klassen definiert.** Kandidaten sind Substantive in der Problembeschreibung. Unter diesen Kandidaten müssen diejenigen eliminiert werden, die ungenau sind (z. B. „System"), redundant (Synonyme), im gegebenen Zusammenhang irrelevant (etwa „Kosten") oder lediglich Attribute sind. In diesem Stadium wird auch ein **Datenlexikon** (*data dictionary*) angelegt, das Klassen, ihre Attribute und Operationen sowie Assoziationen beschreibt. Als nächster Schritt werden **Assoziationen** zwischen Klassen und danach die **Attribute** identifiziert. Das entstehende Objektmodell wird **unter Verer-bungsgesichtspunkten überarbeitet** und verfeinert. Nun müssen die **Zugriffspfade untersucht** werden. Wenn beispielsweise ein einziges Ergebnis erwartet wird, sollten alle Zugriffspfade auch denselben Wert liefern.

Beurteilungs-kriterien

Nach einem solchen Durchgang wird das Objektmodell kaum zufriedenstellend sein. Die Autoren nennen eine Reihe von Beurteilungskriterien für ein Objektmodell.[55] Wenn beispielsweise zwei Assoziationen mit gleichem Namen und gleichem Zweck vorkommen, könnte eine Generalisierung der beteiligten Klassen sinnvoll sein und die beiden Assoziationen „vereinigen". – Der Prozeß zur Erstellung des Objektmodells muß daher **iteriert** werden. Die oben beschriebene Reihenfolge ist dabei nicht bindend, sondern wird lediglich dem noch unerfahrenen Anwender von OMT empfohlen.[56]

Gruppierung von Objekten

Der letzte Schritt der Objektmodellierung besteht darin, daß sachlich zusammengehörige und „eng gekoppelte" Objekte zu sog. **Modulen** (die sich über mehrere Seiten erstrecken können) gruppiert werden. Moduln können sich überschneiden.

Szenarios und Ereignisse

Für die zweite Modellierungskomponente, das Dynamikmodell, werden zunächst einmal **Szenarios** erarbeitet. Ein Szenario beschreibt exemplarisch eine Folge von Interaktionen bzw. Ereignissen. Aus diesen Szenarios werden **Ereignisse** herauskristallisiert und in Eingangs- und Ausgangsereignisse klassifiziert. Jedes Szenario wird in einen *event trace,* eine halbformale, graphische Darstellung von Ereignisfolgen, „übersetzt".[57] Für jede Klasse, die eine nicht triviale Dynamik besitzt, wird ein Zustandsübergangs-Diagramm erstellt. (Jedes Szenario bzw. jeder *event trace* korrespondiert mit einem Pfad in diesem Zustandsübergangs-Diagramm.) Die Konsistenz und Vollständigkeit der Ereignisse, die in mehreren Zustandsübergangs-Diagrammen vorkommen, muß sichergestellt

---

[55]   Vgl. Rumbaugh & al. (1991), a. a. O., S. 166 f.
[56]   Vgl. ebenda, S. 167.
[57]   Vgl. Rumbaugh & al. (1991), a. a. O., S. 173 f.

werden (vgl. hierzu die Ausführungen in Kapitel 4.3.3). Modulübergreifende Ereignisse werden in einem ***event flow diagram*** summarisch zusammengetragen, das die Namen der Module als Knoten und an gerichteten Kanten die entsprechenden Ereignisse (ohne Angabe von Reihenfolgen) enthält. Die Zustandsübergangs-Diagramme und das globale *event flow diagram* bilden das Dynamikmodell.

Funktionalität modellieren

Das Funktionsmodell, die dritte Modellkomponente, erfordert die **Identifizierung von Eingabe- und Ausgabewerten** und die Erstellung von **Datenflußdiagrammen,** die „funktionale Abhängigkeiten" aufzeigen. Auf der untersten Detaillierungsstufe müssen die **Prozesse spezifiziert** werden, wobei eine deklarative Beschreibung einer prozeduralen vorgezogen wird, weil sie keine Implementierung vorgibt. Schließlich sind noch Randbedingungen, die zwischen Objekten erfüllt sein müssen, zu formulieren, und ggf. müssen **Optimierungskriterien** spezifiziert werden (z. B. „Minimiere die Anzahl von Netzzugriffen.").

Abstimmung der drei Modelle?

Zum Abschluß des Analyseprozesses wird jedes Modell **verifiziert und verfeinert;** detailliertere Szenarios (die auch Fehlerfälle vorsehen sollten), spielen hier eine große Rolle. Auf eine **Abstimmung der drei Modelle** gehen die Autoren nicht ein,[58] vgl. hierzu Kapitel 4.3.3.

4.2.3 Das Semantische Objektmodell von Ferstl/Sinz

4.2.3.1 Grundlagen

Das Semantische Objektmodell (SOM), ein zugehöriges Vorgehensmodell und ein entsprechendes CASE-Werkzeug werden an der Universität Bamberg unter Leitung von Otto K. Ferstl und Elmar J. Sinz entwickelt; die erste Veröffentlichung datiert aus dem Jahre 1990.[59]

---

[58] Dies wäre zumindest auf S. 261–262 (s. ebenda) angebracht.

[59] Ferstl, Otto K.; Sinz, Elmar J.: Objektmodellierung betrieblicher Informationssysteme im Semantischen Objektmodell (SOM). In: Wirtschaftsinformatik, 32. Jg., Nr. 6, Dezember 1990, S. 566–581.

**Betriebswirt-
schaftliche
Fundierung**

Kennzeichnend für den SOM-Ansatz ist die betriebswirtschaftliche Fundierung und die Sichtweise der Unternehmung
als betrieblicher Regelkreis.[60] Ferstl und Sinz gehen vom einem Grundmodell der Unternehmung aus, das auf Grochla
zurückgeht.[61] In diesem Modell besteht ein betriebliches System aus den beiden Teilsystemen betriebliches Basissystem
bzw. Leistungssystem (zur betrieblichen Leistungserstellung;
es realisiert die Sachziele der Unternehmung) und betriebliches Informationssystem bzw. Lenkungssystem (zur Planung,
Steuerung und Kontrolle des Basissystems).

Dieses Grundmodell wird zu einem objektorientierten Modell
der Unternehmung verfeinert; unter „**Objekt**" kann dabei die
gesamte Unternehmung oder auch eine Komponente des Lei-

**Leistungs-
flüsse**

Steuerflüsse

stungs- oder des Lenkungssystems verstanden werden. Objekte kommunzieren miteinander mit Hilfe von **Leistungs-
und Steuerflüssen.** Bei Leistungsflüssen werden Güter-,
Zahlungs- und Dienstleistungsflüsse unterschieden, die aus
Güter-, Zahlungs- bzw. Dienstleistungspaketen bestehen.
Steuerflüsse bestehen aus Nachrichten. „Jeder Leistungsfluß
wird durch einen gegenläufigen Steuerfluß ausgelöst und
durch einen gleichlaufenden Steuerfluß begleitet."[62] Beispielsweise wird der Leistungsfluß „Warenlieferung" durch
den gegenläufigen Steuerfluß „Bestellung" ausgelöst und
durch den gegenläufigen Steuerfluß „Lieferschein" begleitet.
Für das Zusammenwirken von Objekten sind Interaktions-
kanäle für die unterschiedlichen Flußarten vorgesehen.

Ein Fluß wird nicht als Kontinuum, sondern als Folge diskre-
ter Pakete betrachtet: Man spricht von Leistungspaketen
(Güter, Zahlungen, Dienstleistungen) und Steuerpaketen. Für
den Austausch von Leistungen wird damit ein **Transakti-**

---

[60] Vgl. ebenda, S. 479, 481, 490.

[61] Grochla, Erwin: Betriebliche Planung und Informationsmodelle.
Entwicklung und aktuelle Aspekte. Reinbek: Rowohlt 1975; siehe
insbesondere S. 12 f.

[62] Ferstl/Sinz (1993a), a. a. O., S. 41.

onskonzept notwendig. Nach dem Transaktionskostenansatz[63] unterscheidet man die Phasen

(1) Anbahnung
(2) Vereinbarung
(3) Durchführung und Kontrolle
(4) Anpassung

Objekte

Objekte können hierarchisch dekomponiert werden. Ein Objekt des Lenkungssystems – kurz: **S-Objekt** (S für Steuerung als Synonym für Lenkung) kann in mehrere S-Objekte zerlegt werden; ein Objekt des Leistungssystems – kurz: **SL-Objekt** – kann man in mehrere SL-Objekte oder in mindestens ein S-Objekt und mindestens ein SL-Objekt zerlegen. (Die Bezeichnung SL deutet darauf hin, daß diese Objekte auch einen Lenkungsanteil für die objektinterne Steuerung enthalten; reine L-Objekte wären nicht steuerbar.)

Vorgehens-modell

Das **Vorgehensmodell (V-Modell)** zur Objektmodellierung im SOM (s. Abb. 66) umfaßt drei Ebenen:[64]

1. Abgrenzung von **Objektsystem** und **Zielsystem** für die Gesamtaufgabe des Objektsystems: Modellierung der Außensicht des Systems. Die Beschreibung ist informal.

2. Modellierung der zugehörigen Aufgaben und Ziele: Das **Interaktionsmodell (IM)** stellt die Zerlegung des Objektsystems in einer Folge von Interaktionsdiagrammen dar; das zugehörige **Aufgabensystem (AS)** stellt die Zerlegung der Gesamtaufgabe des Objektsystems in einer Folge von Vorgangs-Ereignis-Netzen dar: Modellierung der Innensicht des Systems. Die Beschreibung ist semiformal.

---

[63] Picot, Arnold: Organisation. In: Vahlens Kompendium der Betriebswirtschaftslehre, Band 2, 3. Aufl. München: Vahlen 1993, S. 101–174, hier: S. 107.
[64] Vgl. Ferstl/Sinz (1993a), a. a. O., S. 137, und Ferstl, Otto K.; Sinz, Elmar J.: Ein Vorgehensmodell zur Objektmodellierung betrieblicher Informationssysteme im Semantischen Objektmodell (SOM). In: Wirtschaftsinformatik, 33. Jg., Nr. 6, Dezember 1991, S. 477–491, hier: S. 481.

3. Spezifikation des IuK-Systems in Form eines **konzeptuellen Objektschemas (KOS)** und eines darauf aufbauenden **Vorgangsobjektschemas (VOS):** Objektmodellierung des IuK-Systems. Die Beschreibung ist ebenfalls semiformal.

Abb. 66:
Das Vorgehensmodell
(V-Modell) zur
Objektmodellierung
im SOM-
Ansatz[65]

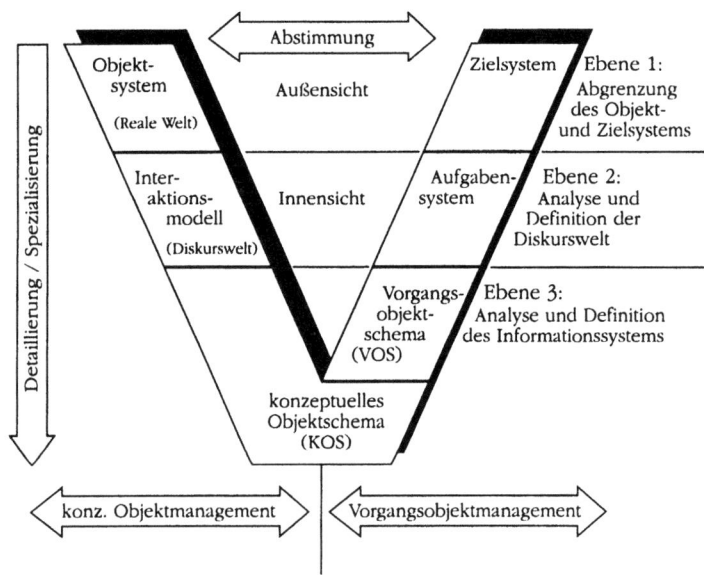

Permanente
Abstimmung

Konzeptuelle Objektmodellierung und Vorgangsmodellierung, die beiden Schenkel des V-Modells, erfolgen in permanenter gegenseitiger Abstimmung.

4.2.3.2   Modellierung von Objektsystem und Zielsystem

Die Modellierung des Objektsystems folgt dem in Abbildung 67 dargestellten Metamodell.

Produktions-
regeln

Für die Objekt-, Transaktions- und Aufgabenzerlegung gibt es genaue Produktionsregeln.[66] Die Objektzerlegung wurde bereits oben angesprochen. Eine Transformationsaufgabe kann

---

[65]   Quelle: Ferstl/Sinz (1991), a. a. O., S. 481.
[66]   Sie sind in Ferstl/Sinz (1993b), a. a. O., S. 10 f., beschrieben.

**Abb. 67:
Metamodell
für das Inter-
aktionsmodell
und das Auf-
gaben-
system[67]**

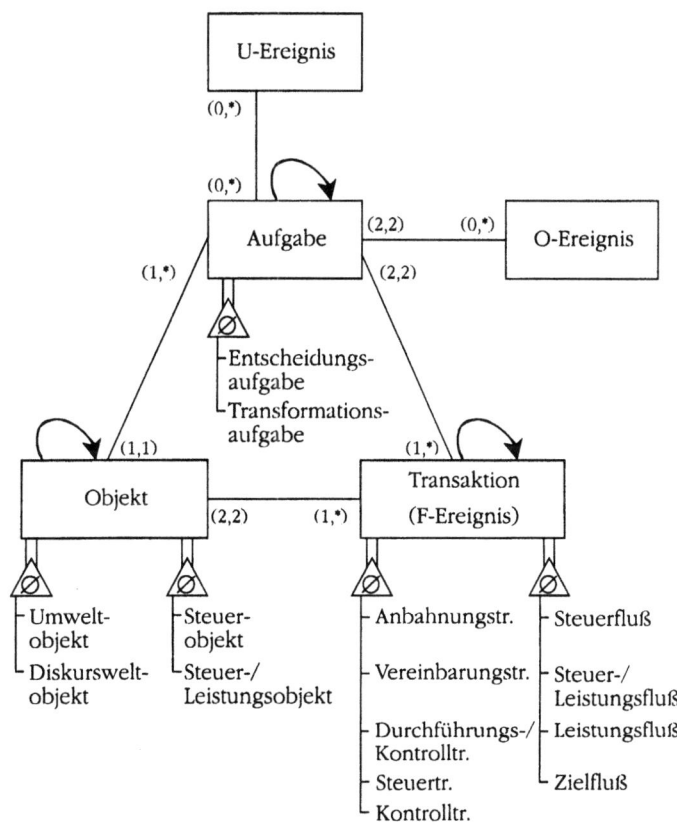

deutet eine Dekomponierbarkeit an.

beispielsweise (nur) in eine oder mehrere Transformationsaufgaben zerlegt werden, eine Entscheidungsaufgabe in
mindestens eine Entscheidungsaufgabe und evtl. eine oder
mehrere Transformationsaufgaben. Ein O-Ereignis ist ein Ereignis zur objektinternen Kopplung von Aufgaben eines Ob-

---

[67] Quelle: Ferstl, Otto K.; Sinz, Elmar J.: Der Modellierungsansatz
des Semantischen Objektmodells (SOM). Bamberger Beiträge zur
Wirtschaftsinformatik, Nr. 18, Universität Bamberg, 1993, S. 10.

jekts.[68] Dieses Ereignis ist nicht an einen Fluß (von außen) gebunden. Ein U-Ereignis ist ein Ereignis aus der Umwelt. Auch ein U-Ereignis ist nicht flußgebunden. Beispiele sind das Eintreten von Zeitpunkten oder der Ablauf von Fristen. Ein F-Ereignis ist flußgebunden und Bestandteil einer Transaktion. Es entspricht dem Eintreffen eines Leistungs- oder Steuer-Leistungs-Pakets bzw. einer Nachricht.

Für ein **Interaktionsdiagramm** stehen folgende Symbole zur Verfügung:

Abb. 68:
Symbole in
Interakti-
onsdia-
grammen[69]

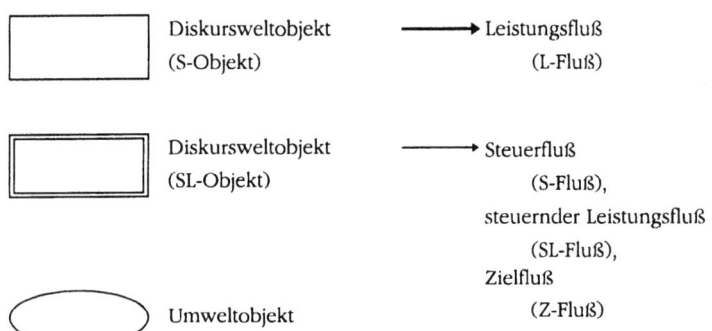

Das **Interaktionsmodell** besteht aus einer Folge von Interaktionsdiagrammen; das Interaktionsdiagramm der obersten Abstraktionsstufe ist eine Darstellung des Objektsystems in Form eines einzigen Diskursweltobjekts und aller zugehörigen Umweltobjekte. Darüber hinaus werden hier bereits alle relevanten Flüsse[70] zwischen Umweltobjekten und dem Dis-

Interaktions-
modell

---

68   O-Ereignisse werden – ebenso wie die im folgenden erwähnten U- und F-Ereignisse – in der jüngsten Veröffentlichung zum SOM-Ansatz (Ferstl/Sinz (1993b), a. a. O.) mit kargen Worten eingeführt und werden hier lediglich der Vollständigkeit halber mit vorgestellt.

69   Quelle: Ferstl/Sinz (1993a), a. a. O., S. 140.

70   Ein S-Fluß ist ein Steuerfluß, ein SL-Fluß ein steuernder Leistungsfluß (z. B. eine Auftragsbestätigung, die auch eine Dienstleistung darstellt). Ein Z-Fluß (Zielfluß) ist ein spezieller Steuerfluß zur Modellierung von Zielvorgaben. Diese werden jedoch nicht in Form von Nachrichten transportiert, sondern sind über

kursweltobjekt vollständig beschrieben. Abbildung 69 zeigt ein Interaktionsdiagramm der ersten Zerlegungsstufe:

Abb. 69: Interaktions- diagramm der ersten Zerle- gungsstufe[71]

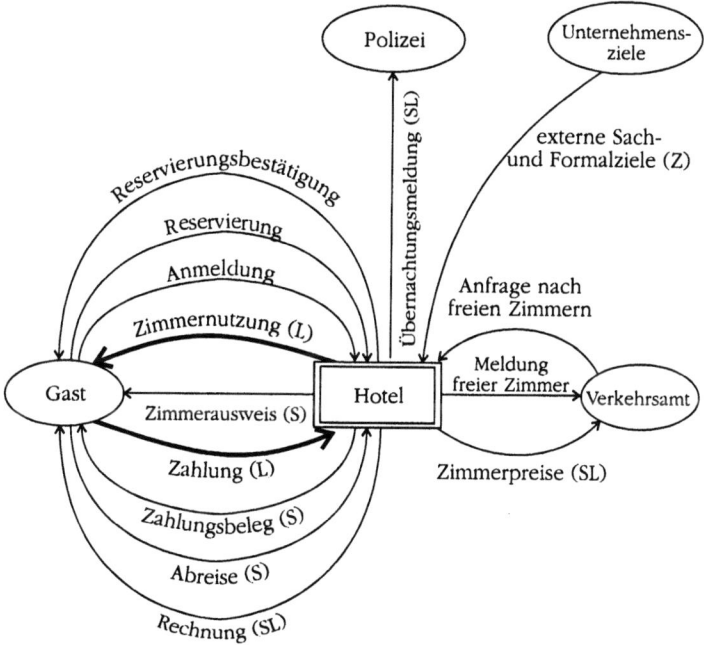

Aufgaben- system

Parallel zur Modellierung des Objektsystems wird auf der Grundlage der Definition der Gesamtaufgabe des Systems und deren Zielsystem das **Aufgabensystem** entwickelt. Zur Beschreibung einer **Aufgabe** gehören (s. Abb. 70)

- Sachziele,
- Formalziele,
- Vorereignisse, die eine Aufgabendurchführung auslösen,
- Nachereignisse zur Beschreibung des Zustands nach der Aufgabendurchführung sowie der

---

den Z-Fluß permanent als Parameter abgreifbar (vgl. Ferstl/Sinz (1993a), a. a. O., S. 140).

[71] Quelle: ebenda, S. 142.

• Aufgabenraum. Er besteht aus dem Zustandsraum des Objekts (dieser wird durch die Attribute des Objekts beschrieben) und den von der Aufgabe verwendeten Interaktionskanälen.

Abb. 70:
Außensicht
einer
Aufgabe[72]

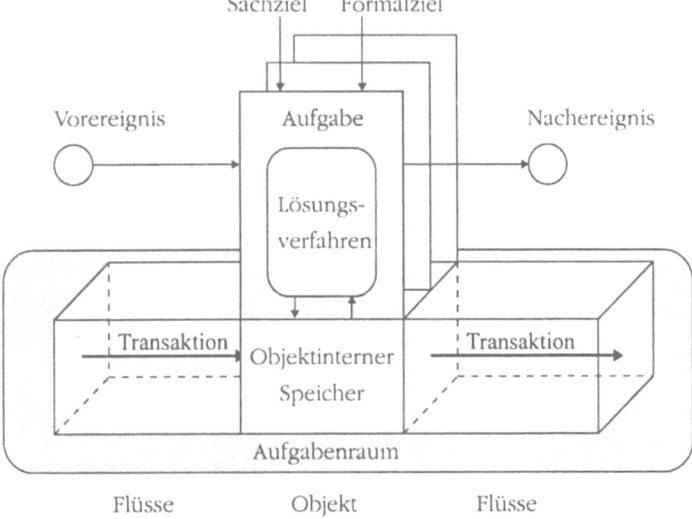

Die Angaben über das Lösungsverfahren für eine Aufgabe gehören (ebenso wie die Angaben zu Aufgabenträgern) zur Innensicht einer Aufgabe, die hier nicht betrachtet wird.

Abstim-
mungsregeln

Zur **Abstimmung** von Interaktionsmodell und Aufgabensystem dienen folgende Regeln:[73]

1. Jedem Diskursweltobjekt sind eine oder mehrere Aufgaben zugeordnet. Eine Aufgabe ist genau einem Diskursweltobjekt – dem **Aufgabenobjekt** – zugeordnet. (Eine Aufgabe wird also dann zerlegt, wenn ihr Diskursweltobjekt zerlegt wird.)

2. Jede Aufgabe realisiert einen oder mehrere Flüsse eines Diskursweltobjekts. Jeder Fluß wird von genau einer Auf-

---

[72] Quelle: Ferstl/Sinz (1993a), a. a. O., S. 142.
[73] Vgl. ebenda, S. 144.

gabe realisiert. (Aufgaben sind sozusagen „Treiber" für die Leistungs- und Nachrichtenpakete, die auf einem Fluß transportiert werden.) Wenn alle Flüsse eines Interaktionsdiagramms durch Aufgaben realisiert sind, ist die entsprechende Aufgabenzerlegung vollständig.

3. Jede Aufgabenzerlegung korrespondiert mit einem Interaktionsdiagramm. Das Aufgabensystem besteht also analog zum Interaktionsmodell aus einer Folge von Aufgabenzerlegungen.

Eine Aufgabenzerlegung wird in Form eines Vorgangs-Ereignis-Netzes (eines Petri-Netzes) sowie tabellarisch – unter Angabe von Typ (Entscheidungs- oder Transformationsaufgabe), Sachzielen, Formalzielen und Flüssen – beschrieben.

4.2.3.3   **Das konzeptuelle Objektschema**

Das konzeptuelle Objektschema (KOS) besteht aus einer Menge von Objekttypen[74], die miteinander in Beziehung stehen. Es ist eine objektorientierte Erweiterung eines konzeptuellen Datenschemas im SERM (s. Abschnitt 3.2.1.4).[75] Die Erstellung von konzeptuellem Objektschema und Vorgangsobjektschema (VOS) bildet die dritte Modellierungsebene (vgl. Abb. 66); deren Metamodell ist in Abbildung 71 dargestellt.

Objekttyp

Während ein (Daten-)Objekttyp im SERM durch einen **Namen,** einen **Typ** (E-, ER-, R-Typ) und seine **Attribute** beschrieben wird, besitzt ein Objekttyp im SOM-Ansatz noch zusätzlich

• eine Menge von **Nachrichtendefinitionen.** Sie legen fest, welche Nachrichten von den Objekten (Instanzen) dieses Typs „verstanden" werden;

---

[74] Ferstl und Sinz sprachen bisher von „Objekten" und nun von „Objekttypen". In beiden Fällen sind **Typen** gemeint, nie konkrete Einzelobjekte.

[75] Vgl. Ferstl/Sinz (1990), a. a. O., und Ferstl/Sinz (1993a), a. a. O., S. 154 ff.

• eine Menge von **Operatoren (Methoden),** die ein Objekttyp für Reaktionen auf Nachrichten zur Verfügung stellt.

Abb. 71: Metamodell für das konzeptuelle Objektschema und das Vorgangsobjektschema[76]

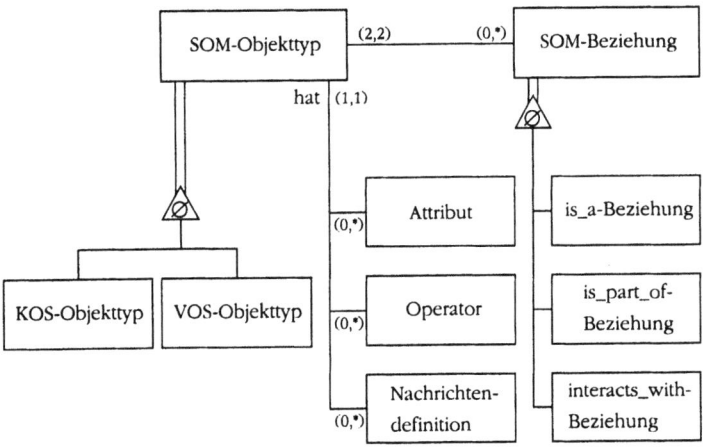

Beziehungsarten

Während im SERM die Beziehungen lediglich Schlüsselreferenzen sind oder eine Klassifikation darstellen (Generalisierung/Spezialisierung), gibt es im SOM-Ansatz die folgenden drei Beziehungsarten:

• Die **is_a-Beziehung** dient der Modellierung von Klassifikationsbeziehungen (wie im SERM). Sie dient auch der Modellierung von Vererbung: Ein Supertyp vererbt an seine(n) Subtyp(en) Attribute, Nachrichtendefinitionen und Operatoren.

• Die **is_part_of-Beziehung** dient der Modellierung der Aggregation von Objekttypen.

• Die **interacts_with-Beziehung** dient der Modellierung von Interaktionskanälen für den Nachrichtenaustausch zwischen Objekten.

---

[76] Nach: Ferstl/Sinz (1993a), a. a. O., S. 154, und Ferstl/Sinz (1993b), a. a. O., S. 20.

Wie ein konzeptuelles Datenschema im SERM ist auch ein konzeptuelles Objektschema im SOM-Ansatz ein quasi-hierarchischer Graph, in dem Existenzabhängigkeiten explizit visualisiert werden.

Übergang zum konzeptionellen Objektschema

Für den Übergang vom Interaktionsmodell zum konzeptuellem Objektschema gibt es Regeln, auf die hier nicht im Detail eingegangen werden kann.[77] Als Beispiele seien folgende beiden Regeln genannt:

- Jedes zu automatisierende Diskurswelt- oder Umweltobjekt aus dem detailliertesten Interaktionsdiagramm wird als existenzunabhängiger Objekttyp modelliert.

- ein S-, SL- oder Z-Fluß wird (wenn er zu automatisieren und zu speichern ist) mit Hilfe von interacts_with-Beziehungen als Interaktionskanal modelliert, und zwar in der Regel durch einen eigenen Objekttyp. Dieser Objekttyp ist dann mit den beiden zu verknüpfenden Objekttypen durch je eine interacts_with-Beziehung verbunden:

Interaktionsdiagramm:

Abb. 72: Modellierung von Interaktionskanälen im konzeptuellen Objektschema[78]

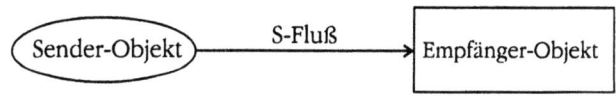

Konzeptuelles Objektschema:

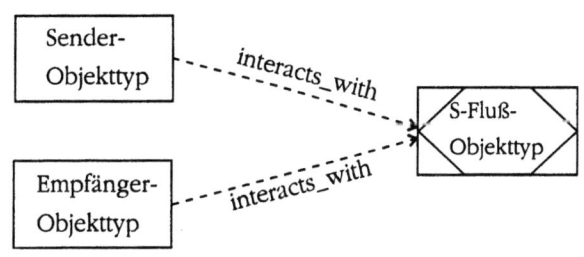

---

[77] Sie sind in Ferstl/Sinz (1993a), a. a. O., S. 156 ff., und Ferstl/Sinz (1993b), a. a. O., S. 20 f., beschrieben.
[78] Quelle: Ferstl/Sinz (1993a), a. a. O., S. 158.

Neben dem Interaktionsdiagramm der untersten Zerlegungsstufe wird auch das zugehörige Vorgangs-Ereignis-Netz für die Erstellung des KOS herangezogen. Aus den Reihenfolge-Beziehungen der Ereignisse lassen sich Existenzabhängigkeiten zwischen den Objekttypen ableiten, die die zugehörigen Flüsse modellieren.[79]

4.2.3.4 Das Vorgangsobjektschema

Vorgangs-objekttypen

Analog zum konzeptuellen Objektschema besteht das Vorgangsobjektschema (VOS) aus einer Menge von Vorgangsobjekttypen, die miteinander in Beziehung stehen (vgl. oben Abb. 71). Ein Vorgangsobjekttyp „beschreibt für eine oder mehrere verwandte Aufgaben das Zusammenwirken der an der Aufgabendurchführung beteiligten konzeptuellen Objekttypen des KOS"[80], er spezifiziert also die Lösungsverfahren, die im Aufgabensystem nur angedeutet werden. Daß Aufgaben miteinander verwandt sind, erkennt man daran, daß sie ein gemeinsames Aufgabenobjekt (s. S. 154) haben. Im KOS wird ein Aufgabenobjekt als Teilgraph abgegrenzt; es besteht aus all den Objekttypen, deren Attribute für das Aufgabenobjekt relevant sind.[81] Zur Definition eines Vorgangsobjekttyps gehören also

- **Attribute:** Es sind die Attribute der Objekttypen des KOS-Teilgraphen, der das Aufgabenobjekt spezifiziert;

- **Operatoren:** Zur Realisierung der diesem Vorgangsobjekttyp zugeordneten Aufgaben wird je eine Navigation innerhalb des Aufgabenobjekts definiert;

- **Nachrichtendefinitionen:** Die Nachrichten, die mit den vorgangsauslösenden Ereignissen und den produzierten Ereignissen korrespondieren, werden definiert.

Die Aufgabenobjekte der einzelnen Vorgangsobjekttypen können sich natürlich stark überlappen – es sind ja Teilgra-

---

[79] Vgl. ebenda, S. 158.
[80] Ebenda, S. 161.
[81] Vgl. Ferstl/Sinz (1993a), a. a. O., S. 161.

phen. Daraus folgt, daß ein konzeptueller Objekttyp an verschiedenen Aufgabendurchführungen beteiligt sein kann.

4.2.3.5   Das Interface-Objektschema

Für den SOM-Ansatz hat M. Amberg ein Software-Architekturmodell entwickelt, das eine Erweiterung des SOM-Ansatzes darstellt.[82] Es besteht aus den anwendungsspezifischen Objektschemata KOS, VOS und IOS sowie dem anwendungsneutralen technischen Objektschema TOS:

Abb. 73:
Das Software-Architekturmodell des SOM-Ansatzes und Verteilung der Funktionalität eines IuK-Systems[83]

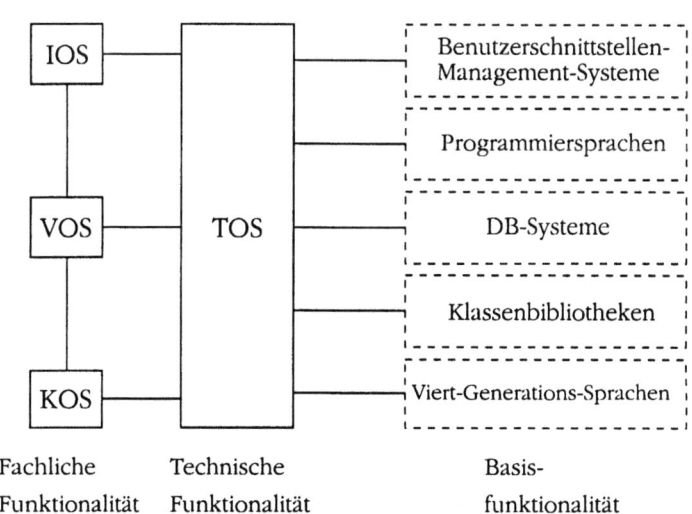

Die in den Abschnitten 4.2.3.3 und 4.2.3.4 beschriebenen Schemata KOS und VOS werden durch das Interface-Objektschema (IOS) ergänzt. Es spezifiziert Interface-Objekttypen und ihre Beziehungen zur fachlichen Beschrei-

---

[82] Amberg, Michael: Konzeption eines Software-Architekturmodells für die objektorientierte Entwicklung betrieblicher Anwendungssysteme. Dissertation an der Universität Bamberg, 1993.

[83] Amberg (1993), a. a. O., S. 119 u. 131.

bung der Funktionalität einer Mensch-Computer-Schnittstelle oder einer Computer-Computer-Schnittstelle.[84]

Neben diesen drei anwendungsspezifischen Objektschemata steht das technische Objektschema (TOS) zur Ankopplung an die Systemumgebung: Seine Objekttypen dienen als anwendungsneutrale Basismaschine zur Realisierung der anwendungsspezifischen Komponenten – die die sog. Nutzermaschine bilden – des IuK-Systems. Die technische Funktionalität wird mit Hilfe der Basisfunktionalität von Programmiersprachen, Datenbanksystemen, Benutzerschnittstellen-Management-Systemen usw. verwirklicht.

4.3 Kritik der Methoden

4.3.1 Methodenübergreifende Kritik

Anforderungsprofil nie vollständig abgedeckt

Ebenso wie bei den traditionellen Methoden deckt keine der betrachteten objektorientierten Methoden das Anforderungsprofil für einen Fachentwurf vollständig ab: Keine der betrachteten objektorientierten Methoden bietet eine Hilfestellung zur Erarbeitung der organisatorischen Basis- bzw. Detaillösung, der Angaben zu Ausbaustufen und der Nutzenbegründung. Hier gilt das bereits in Kapitel 3.3.1 Gesagte: Bei Ausbaustufen und Nutzenbegründung geht geht es in erster Linie um betriebswirtschaftliche Probleme, die von einer Methode zur Anwendungsentwicklung nicht unbedingt unterstützt werden müssen, bzw. um Bereiche, in denen Fließtext ausreicht. Die Kritik im einzelnen wird sich daher auf die fachliche Basis- bzw. Detaillösung und auf die technische Basislösung konzentrieren.

---

[84] Vgl. ebenda, S. 119.

4.3.2 Kritik an der objektorientierten Analyse nach Coad/Yourdon

Einfache Notation

Coad und Yourdon nehmen in ihrem Ansatz konkreten Bezug auf universelle Prinzipien zur Komplexitätsbewältigung (vgl. S. 115) und erreichen dadurch eine „natürliche" und semantisch reichhaltige Modellierung eines Problembereiches. Zusätzlich kann die Komplexität eines Systems durch die Bildung von Sachgruppen, die wieder Sachgruppen enthalten können, reduziert werden. Die Notation ist einfach: Klassensymbole mit drei Feldern für Name, Attribute und Dienstleistungen, Instanzverbindungen (ein noch leichter verständlicher Name wäre Objektverbindung[85]), Nachrichtenverbindungen, Symbole für die bereits aus der semantischen Datenmodellierung zumindest im Prinzip bekannten Beziehungsarten Generalisierung/Spezialisierung und Komplex/Simplex. Eine Fachabteilung kann daher ein OOA-Modell leicht auf seine Richtigkeit überprüfen und sogar mitentwickeln. Die Notation wird auch in der Phase des DV-Entwurfs beibehalten, so daß der Übergang zu nachgelagerten Entwicklungsphasen „weich" und ohne Bruch in der Notation ist (auch in der Methode gibt es keinen Bruch). Ein OOA-Modell ist eine gute Grundlage für die Entwickler, die es zu einem OOD-Modell eher erweitern als transformieren.

Schnittstellen zum Umsystem

Die Schnittstellen zum Umsystem, die im Rahmen der fachlichen Basislösung festgelegt werden müssen, werden bei Coad/Yourdon nicht als solche definiert. Wiederholt weisen die Autoren jedoch darauf hin, daß beim Definieren von Klassen, Strukturen, Attributen und Dienstleistungen jeweils geprüft werden muß, ob sie für das System relevant sind.[86] Mit anderen Worten: Das Festlegen der Systemgrenzen erfährt durchaus die erforderliche Aufmerksamkeit; bei Bedarf werden auch die Schnittstellen zum Umsystem als Klassen mo-

---

[85] Siehe Coad/Yourdon (1991a), a. a. O. Auf S. 53 führen die Autoren *Instance* als Synonym für *Object* ein.

[86] Vgl. u. a. Coad/Yourdon (1991a), a. a. O., S. 67, 84, 96, 121, 148 f.

delliert, und die Systemgrenzen werden mit der Notation für eine (alles umfassende) Sachgruppe in das Modell eingetragen.

Technische Rahmenbedingungen werden ignoriert

Technische Rahmenbedingungen, deren Angaben Bestandteil der technischen Basislösung sind, werden in der objektorientierten Analyse nach Coad/Yourdon ignoriert:

> Even if a particular hardware/software architecture is mandated by the client or by some external statute, and will never, ever change, keep it out of the systems analysis, organization, and specification. Why? First, to keep the analysis and specification abstractions as simple as possible. Second, to avoid massive re-work when the never-ever-changeable does indeed change. Then the requirements can be mapped to different architectures as needed, to assess timing and sizing implications. [Coad/Yourdon (1991a), a. a. O., S. 71]

In ihrem Buch „Object-Oriented Design"[87] ist von technischen Rahmenbedingungen überhaupt nicht die Rede.

Es ist durchaus legitim, daß eine Methode zur Softwareentwicklung die technische Basislösung nicht abdeckt, und die radikale Einstellung der Autoren in diesem Punkt, die hier vermutlich in der Tradition von McMenamin und Palmer stehen (man denke an deren *perfect technology*[88]), soll hier deutlich wiedergegeben werden. Für den Anwender der Methode von Coad/Yourdon bleibt demnach, die technische Basislösung als Text zu verfassen. Inwieweit er sich bei der fachlichen Basislösung von den technischen Randbedingungen beeinflussen läßt oder nicht (etwa im Hinblick auf Wiederverwendung der Klasse oder im Wissen um Veränderlichkeit auch der Hardwareanforderungen), bleibt ihm überlassen.

Fachliches Basiskonzept

Fachliches Detailkonzept

Die Grenze zwischen fachlichem Basiskonzept und fachlichem Detailkonzept ist im Ansatz von Coad/Yourdon nicht klar zu ziehen. Im Rahmen des fachlichen Basiskonzepts wird man sicher die obersten drei Schichten beginnen (Sach-

---

87 Coad/Yourdon (1991b), a. a. O.
88 McMenamin/Palmer (1984), a. a. O., S. 16.

gebiete, Klassen, Strukturen), jedoch müssen insbesondere noch nicht alle Spezialisierungs- und Dekomponierungsklassen bereits hier gefunden werden. Auf der anderen Seite werden Zustandsübergangsdiagramme und Flußdiagramme erst beim fachlichen Detailkonzept erarbeitet. Die fünf Schichten werden im Rahmen der Erstellung des fachlichen Basiskonzepts also sicherlich unterschiedlich stark detailliert. In der folgenden Abbildung ist der „Bearbeitungsstand" dieser Schichten mit Abschluß des fachlichen Basiskonzepts qualitativ wiedergegeben:

Abb. 74:
Das fachliche
Basiskonzept
im Fünf-
Schichten-
Modell von
Coad/
Yourdon

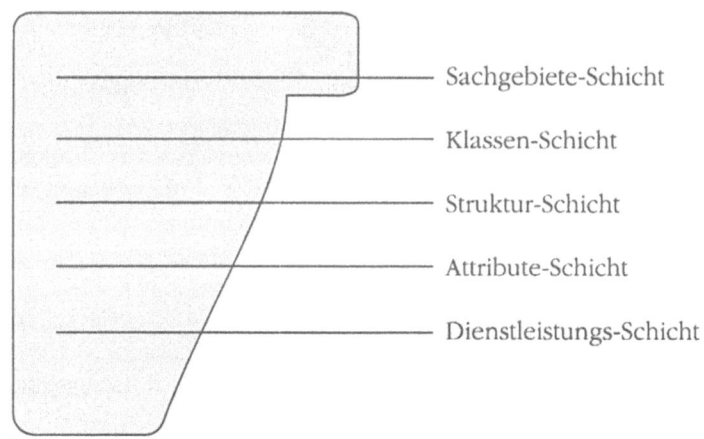

Sachgebiete-Schicht

Klassen-Schicht

Struktur-Schicht

Attribute-Schicht

Dienstleistungs-Schicht

Kein
Abbruch-
kriterium
gegeben

Ein geeignetes Abbruchkriterium ist im Ansatz von Coad/Yourdon, der ja ein Kontinuum vom Beginn der Analyse bis zum Ende des Designs anstrebt – und in erheblichem Umfang auch verwirklicht –, allerdings nicht gegeben. Dies hat allerdings den Vorteil, daß das fachliche Basiskonzept ohne Bruch und Paradigmenwechsel zum fachlichen Detailkonzept verfeinert werden kann. Ein Top-down-Ansatz wird dabei vor allem durch die Konzepte Sachgruppe, Generalisierung/Spezialisierung und Komplex/Simplex unterstützt. Man beachte auch, daß das Entity-Relationship-Modell, das häufig für das fachliche Detailkonzept verwendet wird, konzeptuell im Objektdiagramm nach Coad/Yourdon enthalten ist. Das bedeutet, daß man auch ein Objektdiagramm als Grundlage für einen konzeptuellen Datenbankschema-Entwurf und für die Erstellung eines Datenmengengerüsts verwenden kann. Schlüsselsysteme, Prüfziffernverfahren und Integritätsbedingungen wie die Definition zulässiger Ein- und Ausgabewerte können in Objekten bzw. Klassen gekapselt werden und dadurch leicht in ein OOA-Modell integriert werden.

Modellierung der Funktionalität

Die Funktionalität eines Anwendungssystems ist beim objektorientierten Ansatz auf die Dienstleistungen der Objekte verteilt. Ablauffolge und Bearbeitungsformen finden hier ihren Niederschlag. In mustergültiger Weise werden bei der Spezifikation von Objekten (bzw. wenn man die Objekte als abstrakte Datentypen sieht: bei der Definition ihrer Schnittstellen) „Funktions"input, „Funktions"output, „Funktions"auslöser und Verarbeitungsvorschrift spezifiziert.

Schwächen

Schwächen zeigt der Ansatz von Coad/Yourdon jedoch, wenn es um die Gesamtschau der Funktionsstruktur geht, wenn man Ablauf- bzw. Vorgangsketten visualisieren will. Dies liegt zum Teil im Paradigma selbst begründet, das die „Funktionen" zusammen mit den zugehörigen „Daten" einkapselt und die Funktionen somit einer gemeinsamen Betrachtung weitgehend entzieht. Die Nachrichtenverbindungen zeigen zwar so etwas wie funktionelle Abhängigkeit, aber der Kontrollfluß fehlt. „Kritische Ausführungspfade" können zwar durch Numerierung der Nachrichtenverbindungen definiert werden (vgl. S. 125), doch ist dies eher eine Lesehilfe für das Diagramm als eine Spezifikation ganzer Funktionsabläufe. Auf der anderen Seite ist es Anliegen und Anspruch der Objektorientierung, die Konstruktion wiederverwendbarer Objekte zu ermöglichen. Dann muß aber die Funktionalität auf Objektebene – und nicht höher – spezifiziert werden. Dennoch bleibt festzuhalten, daß für die Beschreibung der übergeordneten Funktionalität, also für das Zusammenspiel der Objekte, (auch) bei Coad/Yourdon noch die geeigneten Beschreibungsmittel fehlen.

Benutzerschnittstelle

Die Beschreibung der Benutzerschnittstelle wird von Coad/Yourdon nicht im Rahmen der Systemanalyse, sondern erst während des DV-Entwurfs vorgenommen. Sie erfolgt damit zwar in einer anderen Phase, als es vom Verfasser dieser Arbeit für sinnvoll gehalten wird, sie ist aber dennoch ein harmonischer Bestandteil des objektorientierten Gesamtansatzes der Autoren und kann ohne weiteres bereits gemeinsam mit der übrigen Systemanalyse vorgenommen werden.

Sonstiges Angaben zum Ausführungsverhalten, zu Zuverlässigkeit, Robustheit und Ausfallsicherheit haben ihren Platz in den ergänzenden Unterlagen (vgl. S. 125).

Die Festlegung von Art und Umfang der Dokumentation sowie eine Aufstellung der ausgeschlossenen Leistungen, die die fachliche Detaillösung abschließen, werden bei Coad/Yourdon nicht betrachtet und sind bei Anwendung ihres Ansatzes im Fließtext zu formulieren.

4.3.3 Kritik an der objektorientierten Analyse nach Rumbaugh et al.

Bewährte Konzepte Rumbaugh et al. verwenden für ihre *Object Modeling Technique* bewährte Konzepte:

* Ihr Objektmodell bezeichnen sie selbst als erweitertes ER-Modell.[89]

* Das Dynamikmodell greift auf die Zustandsübergangs-Diagramme zurück, die auch Modern Structured Analysis kennt.

* Das Funktionsmodell verwendet ebenfalls die bereits aus Modern Structured Analysis bekannten Datenflußdiagramme mit wenigen Erweiterungen.

Leichtes Umlernen Entwickler, die objektorientiert vorgehen möchten, finden in OMT daher eine Methode, die **auf Bekanntem aufbauend zu einem vollwertigen objektorientierten Ansatz** führt; dies ist wegen des leichten Umlernens ein großer Vorteil von OMT gegenüber vielen anderen Ansätzen.

Permanente Abstimmung notwendig Auf der anderen Seite müssen die drei Modelle permanent aufeinander abgestimmt werden, was die Probleme konven-

---

[89] Rumbaugh & al. (1991), a. a. O., S. 271: „OMT object modeling is also an enhanced form of ER."

tioneller Ansätze in OMT bis zu einem gewissen Grade wiederholt. Die Autoren weisen zwar punktuell auf den Zusammenhang zwischen den Teilmodellen hin, aber wie die Konsistenz zwischen ihnen hergestellt oder auch nur aufrechterhalten werden kann, beschreiben sie nicht. Auch auf die Notwendigkeit, die Konsistenz innerhalb eines Modells sicherzustellen, weisen sie zwar hin (beispielsweise müssen Konsistenz und Vollständigkeit der Ereignisse, die in mehreren Zustandsübergangs-Diagrammen vorkommen, gegeben sein), aber wie das zu bewerkstelligen ist, wird auch hier nicht gesagt. In diesem Zusammenhang muß auch noch auf einen weiteren Punkt hingewiesen werden: Unterschiedliche Aufgabenstellungen führen auch zu unterschiedlicher Betonung der Teilmodelle. Datenbankgestützte Anwendungen stellen das Objektmodell in den Vordergrund, eine Compilerentwicklung eher das Funktionsmodell. Die relative Unabhängigkeit der Teilmodelle voneinander und die Möglichkeit der Schwerpunktbildung bergen allerdings die Gefahr, daß man konventionell mit Datenflußdiagrammen und Entity-Relationship-Diagrammen modelliert und die übrigen Konzepte entweder überhaupt nicht oder nur als nebensächliches Beiwerk verwendet. Zusammenfassend muß daher festgehalten werden, daß die **Abstimmung zwischen den Teilmodellen problematisch** ist.

Kein Versenden von Nachrichten

Auch fehlt ein wichtiges Konzept in OMT: das **Versenden von Nachrichten,** wie es Coad/Yourdon (vgl. S. 124) und Ferstl/Sinz (vgl. S. 158) kennen. Rumbaugh et al. widmen schon den Operationen wesentlich weniger Aufmerksamkeit als alle anderen objektorientierten Ansätze,[90] und das Versenden von Nachrichten wird von ihnen nur im Zusammenhang mit Programmiersprachen unter dem Stichwort „Calling Operations in Smalltalk" erwähnt.[91] Auf Entwurfsebene fehlt damit ein Ausdrucksmittel für die Interaktion von Objekten. Dies wird etwas dadurch relativiert, daß einem „Nachbarobjekt" entlang einer Assoziation (bzw. einem Link, vgl. S.

---

[90]   Vgl. ebenda, S. 183 u. 187.
[91]   Ebenda, S. 307.

131) immer auch Nachrichten gesendet werden können. Das heißt: Jede Nachrichtenverbindung kann prinzipiell durch eine Assoziation ersetzt werden. Dennoch ist es in vielen Fällen klarer, explizit eine (gerichtete) Nachrichtenverbindung zu spezifizieren, als eine allgemeine Assoziation zu wählen, die zunächst einmal nur zum Ausdruck bringt, daß zwei Objekte miteinander in Beziehung stehen. Dem Ansatz von Rumbaugh et al. fehlt damit ein wichtiges Merkmal einer objektorientierten Systemanalyse. Für Entwicklungsvorhaben, bei denen eine Kommunikation über Nachrichten sozusagen auf der Hand liegt (z. B. Client/Server-Anwendungen oder das Einbinden vorhandener Software mit Hilfe der Wrapper-Technik) ist ihre Methode daher nur bedingt tauglich.

Reichhaltige Notation

Die **Notation** ist dagegen reichhaltig: Die Notation des Objektmodells ist umfangreicher als bei jedem anderen in dieser Arbeit betrachteten objektorientierten Ansatz und erst recht umfangreicher als bei den meisten Erweiterungen des ER-Modells. Die Notation der Zustandsübergangs-Diagramme, die in OMT geschachtelt werden können und parallele Subzustände von Objekten zulassen, ist detaillierter als bei Modern Structured Analysis, die wiederum detaillierter ist als bei Coad/Yourdon (vgl. Kapitel 4.2.1.1). Auch die Datenflußdiagramme erfahren gegenüber Modern Structured Analysis geringfügige Erweiterungen.

Überprüfung durch die Fachabteilung

Vorgaben für Entwickler

Ein solcher Reichtum an Konzepten und Symbolen erhöht natürlich den Lernaufwand. Auf der anderen Seite reicht für die meisten Projekte eine Teilmenge der Symbole aus (etwa ein Drittel[92]), und man ist wenigstens prinzipiell in der Lage, auch ausgefallene Feinheiten im Bedarfsfalle adäquat zu modellieren. OMT besitzt also eine Grundmenge von Symbolen und Konzepten, die einfach zu lernen und zu handhaben ist, und umfaßt dennoch eine mächtige und ausdrucksstarke Notation. Wenn diese Notation angemessen eingesetzt wird, kann eine **Fachabteilung** ein OMT-Objektmodell **sehr gut mitentwickeln bzw. überprüfen.** Die Notation wird in der Phase des DV-Entwurfs beibehalten, so daß es hier (wie auch

---

[92] Vgl. ebenda, S. 453.

in der Methode) keinen Bruch gibt.[93] Das Analysemodell wird in weichem Übergang zum Designmodell verfeinert; **hinreichend genaue Vorgaben für die Entwickler** sind durch das Analysemodell also durchaus gegeben.

Schnittstellen zum Umsystem

Die **Schnittstellen zum Umsystem** werden in OMT nicht als solche erwähnt oder behandelt. Hier beschränken sich die Autoren auf den Hinweis, daß Klassen, die wenig oder nichts mit dem anstehenden Problem zu tun haben, aus dem Modell entfernt werden sollen.[94] Schnittstellen zum Umsystem tauchen – bei richtiger Modellierung – auch im Datenflußdiagramm als Terminatoren auf, doch muß festgehalten werden, daß OMT zwar die Möglichkeit bietet, auch Schnittstellen zum Umsystem zu modellieren, die Einsicht in die Notwendigkeit ihrer Definition jedoch bei den Entwicklern bereits vorhanden sein muß.

Technische Rahmenbedingungen

Die **technischen Rahmenbedingungen** werden in der Analyse mit OMT so gut wie nicht betrachtet. Man erhält lediglich den pragmatischen Rat, daß (nicht näher definierte) „Systeminterna" nicht in die Anforderungsdefinition bzw. Problembeschreibung gehören, Protokolle für die Kommunikation mit vorhandenen Systemen und Performanz-Vorgaben aber durchaus legitime Anforderungen sind.[95] Auf technische Anforderungen gehen die Autoren nur noch einmal kurz auf S. 186 ein, wo es heißt, daß Performanz-Vorgaben gemeinsam mit den Optimierungskriterien (im Funktionsmodell) spezifiziert werden sollen. Eine Erarbeitung einer eigenen technischen Basislösung ist also in OMT nicht vorgesehen; der OMT-Anwender muß sie also anderweitig formulieren.

Fließender Übergang

Die **Grenze zwischen fachlicher Basislösung und fachlicher Detaillösung** ist OMT fremd: Es wird **ein** Analysemodell erstellt, wenn auch in mehreren Iterationsschritten. Die drei Teilmodelle lassen jedoch beliebige Detaillierungsstufen zu:

---

[93] Vgl. ebenda, S. 260: „The distinction between analysis and design may at times seem arbitrary and confusing."

[94] Vgl. ebenda, S. 155.

[95] Vgl. ebenda, S. 150.

- Im Objektmodell kann man sich auf Kernklassen beschränken und darüber hinaus Attribute nur teilweise und Operationen überhaupt nicht spezifizieren. Die Kardinalitätsangaben, die in OMT sehr detailliert vorgesehen sind,[96] können zunächst einmal sehr grob gemacht werden (1:1; 1:n; m:n). Die Generalisierungs- und Aggregations-Hierarchien müssen nicht bis in die feinsten Verästelungen ausgearbeitet werden. Die Strukturierung in Moduln bietet ebenfalls eine Hilfe zur Komplexitätsbewältigung.

- Im Dynamikmodell müssen die Zustandsübergangs-Diagramme nur für ausgewählte Objekte und nur bis zu einer gewissen Schachtelungstiefe angefertigt werden.

- Im Funktionsmodell können sich die Datenflußdiagramme auf eine bestimmte Schachtelungstiefe beschränken. Auf die Spezifizierung von Randbedingungen und Optimierungskriterien kann ganz verzichtet werden.

Top-down-Ansatz

Von einem Ansatz, der wie OMT einen nahtlosen Übergang von der Analyse bis zur Implementierung anstrebt,[97] kann man kein klares Abbruchkriterium für die Ausarbeitung einer fachlichen Basislösung erwarten. Dafür ist aber, wo immer man die Grenze zieht, eine **leichte Verfeinerung zur fachlichen Detaillösung** möglich. Ein **Top-down-Ansatz** ist dabei durch das Konzept des Moduls und der Generalisierungs- und Aggregations-Hierarchien möglich.

---

[96] Offenbar sind die Autoren – wie der Verfasser dieser Arbeit – der Ansicht, daß Kardinalitätsangaben **fachlicherseits** spezifiziert werden müssen und daher in einen **Fach**entwurf – und nicht in die Systemkonzeption – gehören: Alles, was fachlich notwendig ist und spezifiziert werden kann, sollte auch bereits im Fachentwurf festgelegt werden. Auf der anderen Seite gehören Kardinalitätsangaben nicht unbedingt zum Grundgerüst eines Modells und können daher in der fachlichen **Basis**lösung durchaus unkompliziert gehandhabt werden.

[97] Vgl. ebenda, S. 260: „In practice, many portions of the analysis model can often be readily implemented without change; thus there may be considerable overlap between the analysis and the design models."

**Fachliches
Detailkonzept**

Das Objektmodell kann als erweitertes ER-Modell als Vorgabe für einen **konzeptuellen Datenschema-Entwurf** und ein **Datenmengengerüst** dienen. Fachlich notwendige **Schlüsselsysteme** finden sich als Attribute wieder, **Prüfziffernverfahren** in den Operationen bzw. im Funktionsmodell, und **Integritätsbedingungen** werden als Randbedingungen im Objektmodell und im Funktionsmodell formuliert.

**Modellierung
der
Funktionalität**

Ablauffolge und **Bearbeitungsformen** von Funktionen sind in OMT auf die einzelnen Objekte verteilt und werden im Funktionsmodell beschrieben. „**Funktions**"input und „**Funktions**"output werden bei der Spezifikation der Operationen eines Objekts definiert (vgl. Abb. 48), „**Funktions**"-auslöser sind Ereignisse, die im Dynamikmodell beschrieben sind, und die **Verarbeitungsvorschrift** findet sich in der Prozeßspezifikation im Funktionsmodell.

Die Funktionalität eines Systems ist bei OMT also zum einen auf die verschiedenen Objekte und zum anderen auf drei Modelle verteilt. Wenn man auch zu einer einzelnen Funktion noch alle beschreibenden Angaben zusammentragen kann, ist doch eine „**Gesamtschau" der Funktionen** oder die Bildung von **Funktionsketten** so gut wie unmöglich. Das Datenflußdiagramm zeigt zwar einen gewissen Zusammenhang zwischen Funktionen, und auch die Assoziationen dienen der Visualisierung von „funktionalen" Abhängigkeiten, aber als Spezifikation ganzer Funktionsabläufe ist dies ungeeignet. Während die Funktionalität eines einzelnen Objektes noch gut beschreibbar ist, ist die „Funktionalität" eines gesamten Anwendungssystems – vorsichtig formuliert – nur so gut beschreibbar, wie es das Funktionsmodell, das praktisch aus Datenflußdiagrammen besteht, zuläßt.

**Benutzer-
schnittstelle**

Die **Benutzerschnittstelle** wird in OMT ausgesprochen knapp behandelt. In den 15 einschlägigen Zeilen heißt es dazu:

The analysis should concentrate first on the information flow and control, rather than the presentation format. [...] It is hard to evaluate a user interface without actually testing it. [Rumbaugh & al. (1991), a. a. O., S. 172]

Dennoch halten die Autoren es für angebracht, „wenigstens eine mögliche Illustration jeder Interaktion anzufertigen, um sicherzustellen, daß nichts Wichtiges vergessen wurde"[98]. Layouts dienen also lediglich der unverbindlichen Verdeutlichung und nicht der Spezifikation von Benutzeranforderungen, und Bildschirmfolgen und detaillierte Beschreibungen der Auswertungen fehlen völlig. Die Beschreibung der Benutzerschnittstelle muß also praktisch unabhängig von einem OMT-Modell vorgenommen werden.

Sonstiges

Die Anforderungen bezüglich **Ausführungsverhalten, Zuverlässigkeit, Robustheit** und **Ausfallsicherheit** werden in OMT unter den Optimierungskriterien des Funktionsmodells beschrieben.[99]

Art und Umfang der Dokumentation sowie eine **Liste der ausgeschlossenen Leistungen** werden im Rahmen von OMT nicht behandelt, sie müssen daher – und können – anderweitig festgehalten werden.

4.3.4   Kritik am Semantischen Objektmodell von Ferstl/Sinz

Starke Bindung an die betriebliche Realwelt

Das Semantische Objektmodell setzt am Objektsystem und am Zielsystem der Realwelt an und erreicht dadurch eine starke Bindung des IuK-Systems an die betriebliche Realwelt und an die Ziele der Unternehmung. Die Erstellung eines Aufgabensystems im Rahmen einer fachlichen Basislösung kommt der Sprache und Denkweise einer Fachabteilung näher als beispielsweise „Prozesse" und „Datenflüsse";[100] Objekte werden als idealisierte Aufgabenträger gesehen. Die Analyse-Ergebnisse im SOM-Ansatz sind daher gut verständlich, und die Darstellungstechniken (Notationen) sind es ebenfalls. Durch die betriebswirtschaftliche Fundierung und fachliche

---

[98]   Ebenda, S. 172 (Übersetzung d. Verf.).

[99]   Vgl. ebenda, S. 183 u. 186.

[100]   In jüngster Zeit gilt das für das Wort „Prozeß" nicht mehr uneingeschränkt. Es ist jedoch gefährlich, wenn man glaubt, unter einem Begriff dasselbe zu verstehen, und nur Ähnliches meint: Ein Geschäfts**prozeß** ist nicht dasselbe wie ein **Prozeß** in Structured Analysis!

Nähe ist die Fachabteilung sehr gut in der Lage, ein Modell auf seine Richtigkeit zu überprüfen. Für die Entwickler enthält das Modell bzw. jede der drei Ebenen hinreichend genaue Vorgaben für nachgelagerte Entwicklungsphasen.

Schnittstellen zum Umsystem

Die Schnittstellen zum Umsystem werden explizit im Interaktionsdiagramm der obersten Abstraktionsstufe dargestellt: Es sind die Umweltobjekte. Damit ist die letzte zentrale Forderung der fachlichen Basislösung erfüllt.

Fachliches Basiskonzept

Für das fachliche Basiskonzept sind dabei die ersten beiden Ebenen des V-Modells relevant, während die Erstellung des konzeptuellen Objektschemas und des Vorgangsobjektschemas zum fachlichen Detailkonzept gehören. Die Detaillierung von Interaktionsmodell und Aufgabensystem geht allerdings weiter, als es für das Basiskonzept notwendig ist, so daß man die Grenze zwischen Basis- und Detailkonzept in einer geeigneten Detaillierungsstufe ziehen wird; ein eindeutiges Abbruchkriterium ist damit allerdings nicht gegeben.

Die organisatorische Basislösung und erst recht die organisatorische Detaillösung werden durch das Semantische Objektmodell so gut wie nicht abgedeckt (vgl. S. 25 u. 29): Das in der zweiten Modellierungsebene erstellte Aufgabensystem kann zwar für eine Aufgabenneugliederung herangezogen werden. Alle anderen Punkte der organisatorischen Basis- und Detaillösung (Stellengliederungsplan, Datensicherungs- und Datenschutzkonzept, „Notverfahren" usw.) werden vom Semantischen Objektmodell jedoch nicht angesprochen. Die technischen Rahmenbedingungen der Hard- und Softwarekonfiguration werden an keiner Literaturstelle zum SOM-Ansatz angesprochen; hier ist man offensichtlich auf Fließtext angewiesen, der in den meisten Fällen auch ausreicht.

Fachliches Detailkonzept

Die fachliche Detaillösung wird in kontinuierlicher Verfeinerung der fachlichen Basislösung erarbeitet: Die Modellierung ist durchgängig objektorientiert, und der Übergang zwischen den einzelnen Beschreibungsformen wird durch die Methode gesteuert. Der in Kapitel 2.3.1 geforderte Top-down-Ansatz wird hier also unterstützt.

Die Schemata der dritten Ebene sind formaler als die Modelle der zweiten Ebene, aber immer noch semiformal, so daß Fachleute ohne DV-Kenntnisse auch die Objektschemata noch auf Vollständigkeit und Fehlerfreiheit überprüfen können.

Das konzeptuelle Objektschema kann, da es eine Erweiterung eines semantischen Datenmodells (SERM) ist, als Grundlage für einen Datenbankschema-Entwurf und für die Erstellung eines Datenmengengerüsts dienen. Für Schlüsselsysteme, Prüfziffernverfahren, Definitionsbereiche von zulässigen Ein- und Ausgabewerten und andere Integritätsbedingungen ist der objektorientierte Ansatz hervorragend geeignet, weil diese Dinge in Objekten gekapselt werden.[101]

Die in Kapitel 2.3.1 genannte „Funktionsstruktur" wird durch das Aufgabensystem und das Vorgangsobjektschema abgedeckt.

Benutzer-schnittstelle Maskenlayout, Maskenfolge und Beschreibung der Auswertungen (Inhalt, Träger (Bildschirm, Papier, ...), Häufigkeit usw.) werden von Ferstl und Sinz in keiner (!) Veröffentlichung zum SOM-Ansatz angesprochen. Masken und Listen lassen sich jedoch ohne weiteres als Objekte modellieren. Dies tut Amberg in seiner Weiterentwicklung des SOM-Ansatzes im Interface-Objektschema.[102] Die Maskenfolge ergibt sich dialogabhängig durch Benutzereingaben, die aus der Sicht eines Masken-Objekts Nachrichten darstellen, auf die es z. B. mit einer Methode „anzeigen" reagiert. Inhalt, Träger und Häufigkeit einer Auswertung sind Attribute eines Auswertungs-Objekts; eine andere Möglichkeit besteht darin, die Auswertungs-Objekte nach dem Träger zu klassifizieren und so die Objekttypen „Bildschirmauswertung", „Liste" und „Datei" zu spezifizieren. – Die Beschreibung der Benutzer-

---

[101] Diese Eignung ist nicht ein Spezifikum der Objektorientierung, sondern liegt bereits bei abstrakten Datentypen vor. Das Konzept der Vererbung ist in diesem Zusammenhang jedoch eine gute Unterstützung.

[102] Vgl. Amberg (1993), a. a. O., S. 119–129.

schnittstelle ist also im weiterentwickelten SOM-Ansatz möglich.

Sonstiges

Die Erstellung eines Benutzermodells, die Angaben zu Ausführungsverhalten, zu Zuverlässigkeit, Robustheit und Ausfallsicherheit, zu Art und Umfang der Dokumentation sowie die Liste der ausgeschlossenen Leistungen betreffen das IuK-System als Ganzes und werden vom SOM-Ansatz, der ein System in Objekte „atomisiert", nicht berücksichtigt. Doch auch hier kommt es mehr auf eine Berücksichtigung dieser Punkte in einem fachlichen Detailkonzept als auf eine (semi)formale Modellierung und Notation: Fließtext ist meist ein angemessenes Darstellungsmittel.

4.3.5 Zwischenergebnis

Schwerpunkt: Fachliche Basislösung Fachliche Detaillösung

Der Schwerpunkt der drei betrachteten objektorientierten Methoden liegt – ebenso wie bei den in Kapitel 3 untersuchten konventionellen Ansätzen – auf der fachlichen Basis- und der fachlichen Detaillösung. Während bei den traditionellen Methoden die organisatorische Basislösung, die technische Basislösung und die Nutzenbegründung wenigstens ansatzweise angesprochen werden, geben die objektorientierten Methoden in dieser Hinsicht keine Hilfestellung.

Analog zu Kapitel 3.3.5 stellen die folgenden Tabellen die einzelnen Komponenten eines Fachentwurfs den drei untersuchten Methoden gegenüber und geben an, wie gut diese Komponenten mit Hilfe der Methoden erarbeitet werden können.

Die Übersicht zeigt, daß hinsichtlich der besonders kritischen Punkte „Überprüfung auf Richtigkeit und Vollständigkeit" und „Unterstützung eines Top-down-Ansatzes" objektorientierte Methoden gut oder sogar sehr gut zur Erstellung eines Fachentwurfs geeignet sind. Die ebenfalls wichtige Benutzerschnittstelle wird lediglich von Rumbaugh et al. (fast) nicht betrachtet, sie kann aber in seinen Ansatz, der nicht stark integriert ist, eingefügt werden.

Abb. 75:
Unterstüt-
zung des
fachlichen
Basiskon-
zepts durch
objekt-
orientierte
Methoden

Komponente des fachlichen Basiskonzepts	Methode		
	Coad/ Yourdon	Rumbaugh et al.	Ferstl/ Sinz
Fachliche Basislösung			
verständliche Modellierung	●	●	●
Überprüfung auf Richtigkeit und Vollständigkeit	●	●	●
hinreichend genaue Vorgaben für Entwickler	●	●	●
Schnittstellen zum Umsystem	○	○	●
Organisatorische Basislösung			
Aufbauorganisation	-	-	-
Ablauforganisation	-	-	○
Schulung	-	-	-
Systemarchitektur (soweit sie organisatorische Folgen hat)	-	-	-
Technische Basislösung	-	-	-
Ausbaustufen	-	-	-
Nutzenbegründung	-	-	-

● volle Unterstützung, gut möglich

○ ansatzweise Unterstützung, noch möglich

– keine Unterstützung, nicht oder kaum möglich

Abb. 76:
Unterstüt-
zung des
fachlichen
Detailkon-
zepts durch
objektorien-
tierte Metho-
den (wird
fortgesetzt)

Komponente des fachlichen Detailkonzepts	Methode		
	Coad/ Yourdon	Rum-baugh et al.	Ferstl/ Sinz
Fachliche Detaillösung			
Top-down-Ansatz	●	●	●
verständliche Modellierung	●	●	●
Überprüfung auf Richtigkeit und Vollständigkeit	●	●	●
konzeptioneller Datenschema-Entwurf	●	●	●
Datenmengengerüst	●	●	●
Schlüsselsysteme	●	●	●
Integritätsbedingungen	●	●	●
Funktionsstruktur: statisch, dynamisch	○[1]	○[1]	●
Benutzerschnittstelle	●	-	●[2]
Benutzermodell	-	-	-
Ausführungsverhalten	●	●	-
Zuverlässigkeit, Robustheit, Ausfallsicherheit	●	●	-
Dokumentation	-	-	-
ausgeschlossene Leistungen	-	-	-

Organisatorische Detail-lösung	–	–	–
Technische Basislösung (überarbeitet)	–	–	–
Ausbaustufen (überarbeitet)	–	–	–
Nutzenbegründung (überarbeitet)	–	–	–

Abb. 76 (Fortsetzung): Unterstützung des fachlichen Detailkonzepts durch objektorientierte Methoden

● volle Unterstützung, gut möglich

○ ansatzweise Unterstützung, noch möglich

– keine Unterstützung, nicht oder kaum möglich

1) Eine Gesamtschau der Funktionalität ist hier kaum möglich.

2) in der Weiterentwicklung durch Amberg

Ein Nachteil der objektorientierten Analyse von Coad/Yourdon und der Object Modeling Technique von Rumbaugh et al. ist sicher darin zu sehen, daß eine Gesamtschau der Funktionalität kaum möglich ist, weil Beschreibungsmittel für die übergeordnete Funktionalität, also für das Zusammenspiel der Objekte, fehlen. Hier ist das Semantische Objektmodell von Ferstl/Sinz mit seinem Aufgabensystem und seinem Vorgangsobjektschema geeigneter.

4.3.6   Objektorientierung als Leitlinie bei der Erarbeitung der fachlichen Anforderungsspezifikation

4.3.6.1   Charakteristische Merkmale einer objektorientierten Systemanalyse

Charakteristika einer objektorientierten Systemanalyse

Als hervorstechend charakteristische Merkmale einer objektorientierten Systemanalyse sind vor allem folgende zu nennen:

- **Objekte als Kapseln** von Daten und auf diesen operierenden Methoden (synonym: Funktionen, Operationen, Operatoren, Services, Dienstleistungen ...),

- Kommunikation über **Nachrichten,**

- Bildung von **Klassen,**

- **Klassenhierarchien,** die Begriffshierarchien widerspiegeln (sollten); damit verknüpft ist die

- **Vererbung.**

Kapselung von Daten und Methoden stellt traditionelle Vorgehensweisen sozusagen auf den Kopf: „If there is too much data transmission in your routines, then put your routines into your data."[103] Kilberth et al. spielen in diesem Punkt noch deutlicher auf die Dichotomie von Daten und Funktionen an: „Was bei der Trennung von Daten und Funktionsmodellierung künstlich erst wieder zusammengebracht werden muß, wird hier durch das Konstruktionsprinzip vorgegeben: Daten und ihre Verwendung in Operationen sind an einer Stelle beschrieben."[104]

---

[103] Meyer (1987), a. a. O., S. 57.

[104] Kilberth, Klaus; Gryczan, Guido; Züllighoven, Heinz: Objektorientierte Anwendungsentwicklung. Konzepte, Strategien, Erfahrungen. Braunschweig, Wiesbaden: Vieweg 1993, S. 131.

Kapselung von Daten und Methoden unterstützt das Prinzip der Lokalität[105]. Dieses Prinzip des Software Engineering besagt, „daß alle Informationen, die für die Gestaltung einer Systemkomponente relevant sind, lokal zu dokumentieren sind, um dadurch die Übersichtlichkeit zu erhöhen"[106]. In Objekten steht also zusammen, was zusammengehört, was die Verständlichkeit sowohl für Entwickler als auch für Benutzer verbessert. – Die Kapselung wird selbstverständlich von allen drei in diesem Kapitel betrachteten Ansätzen unterstützt: Zu Coad/Yourdon vgl. Abb. 41 und 44; zu Rumbaugh et al. vgl. Abb. 48, und zu Ferstl/Sinz vgl. Abb. 71.

Die Kommunikation über **Nachrichten** wird notwendig, weil die Objekte gekapselte, autonome Einheiten sind. Objekte sind nur über ihre Schnittstellen manipulierbar, d. h., sie stellen genau spezifizierte Dienste zur Verfügung – und mehr nicht. Diese Dienste können mit Hilfe von Nachrichten abgerufen und von anderen Objekten genutzt werden. Der Versand einer Nachricht ist also gleichbedeutend mit der Nutzung einer Dienstleistung eines anderen Objekts.

Coad/Yourdon kennzeichnen den Versand einer Nachricht mit einer eigenen Notation (vgl. S. 124), und Ferstl/Sinz spezifizieren in eigenen Nachrichtendefinitionen, welche Nachrichten von den einzelnen Objekten „verstanden" werden (vgl. S. 158). Rumbaugh et al. bieten keine Möglichkeit, die Kommunikation über Nachrichten explizit darzustellen, was bereits auf S. 166 kritisiert wurde.

Die Bildung von **Klassen** ist bereits aus der semantischen Datenmodellierung bekannt. Chen unterschied noch Entitäten und Entitätsmengen; heute spricht man jedoch auch in der ER-Modellierung von Entitätstypen.[107] Manche Praktiker sind der Auffassung, daß es während der Analysephase unerheblich ist, ob man von (konkreten) Objekten oder (abstrakten)

---

[105] Balzert, Helmut: Allgemeine Prinzipien des Software Engineering. In: Angewandte Informatik, 27. Jg., 1985, Nr. 1, S. 1–8, hier: S. 3.

[106] Kargl (1989), a. a. O., S. 42.

[107] Vgl. S. 35.

Objekttypen bzw. Klassen spricht. Vielleicht hängt dies damit zusammen, daß in frühen Phasen der Anforderungsermittlung mitunter Sachverhalte in konkreten Beispielen verdeutlicht werden. Der Verfasser hält es jedoch für unbedingt notwendig, daß am Ende der Analyse klar zwischen Objekt und Klasse unterschieden wird. Wegen der größeren Allgemeinheit wird es in der Regel genügen, wenn eine Notation für das Konzept der Klasse zur Verfügung gestellt wird; manche Methoden stellen darüber hinaus eine Notation für konkrete Objekte zur Verfügung – wie z. B. OMT[108] –, was Coad/ Yourdon und Ferstl/Sinz nicht tun (letztere sprechen zwar auch von Objekten, meinen aber stets Objekttypen).

Auch **Klassifikations- und Aggregationshierarchien** sind mittlerweile Standardkonstrukte in der semantischen Datenmodellierung. Isotec hat die Aggregation sogar feiner unterschieden als die meisten objektorientierten Methoden.[109] Bei der Klassifikation kennt Isotec dieselben vier Fälle wie das strukturierte Entity-Relationship-Modell[110], während Coad/ Yourdon und Rumbaugh et al. hier nicht so weit gehen.[111]

Nicht in der semantischen Datenmodellierung bekannt, sondern von den Frames der Künstlichen Intelligenz übernommen ist das Konzept der **Vererbung.** Wichtig ist hier, daß nicht einfach nur gemeinsame Attribute einem Supertyp zugeordnet werden, sondern daß auch die Gemeinsamkeit von Methoden (Operatoren) in der Klassifikationshierarchie explizit repräsentiert wird. Mit anderen Worten: Es werden nicht nur die beschreibenden Eigenschaften, sondern auch das Verhalten von Objekten vererbt. Alle drei untersuchten Methoden unterstützen das Konzept der Vererbung in vollem Umfang.

Vererbung bietet die Möglichkeit, Eigenschaften (und auch das Verhalten zählt zu den Eigenschaften) von verschiedenen

---

[108] Vgl. 140.
[109] Siehe S. 77.
[110] Siehe S. 59.
[111] Siehe S. 117 und 135.

Objekten nur einmal in einer Oberklasse spezifizieren zu müssen, auf diese Weise Spezifizierungsaufwand zu sparen und bei etwaigen Änderungen nur eine Stelle warten zu müssen. Wesentlich wichtiger als dieser Produktivitätsaspekt ist jedoch der Beitrag der Vererbung zur Komplexitätsbewältigung: Vererbung erlaubt es,

> to define new software in the same way we introduce any concept to any newcomer, by comparing it with something that is already familiar; e.g., „A zebra is like a horse, but it has stripes." [Cox (1986), a. a. O., S. 69]

Spezifikation der Unterschiede

Wenn Klassen- und damit verbundene Vererbungshierarchien vorliegen, ermöglicht es eine objektorientierte Vorgehensweise, sich bei der Anwendungsentwicklung auf das „Spezifizieren der Unterschiede" zu beschränken.[112]

Klassenhierarchien vs. fachliche Begriffshierarchien

Für einen Fachentwurf, der für alle Seiten leicht verständlich ist und auch für andere als die Entwickler nach Jahren noch wartbar ist, sollten Vererbungs- und Klassifikationshierarchien dieselben sein.[113] Darüber hinaus sollten die Klassenhierarchien die fachlichen Begriffshierarchien widerspiegeln:[114]

---

[112] Tim Rentsch sprach im Zusammenhang mit objektorientierter Programmierung von „differential programming" (Rentsch, Tim: Object Oriented Programming. In: SIGPLAN Notices, Vol. 17, No. 9, September 1982, S. 51–57, hier: S. 55).

[113] Das ist nicht selbstverständlich. Man kann neben den Klassifikationshierarchien gesonderte Vererbungshierarchien erstellen, mit denen man sich durch Vererbung von Merkmalen – vorzugsweise durch Mehrfachvererbung – neue Klassen „zusammensetzt". Dieses manchmal als „shopping list approach" bezeichnete Vorgehen spart zwar zunächst Spezifikationsaufwand, vernachlässigt aber den viel wichtigeren Aspekt der Abstraktion und macht das System letztendlich unübersichtlich. Ausgerechnet in der Klassenhierarchie von Smalltalk, die von vielen als die reinste objektorientierte Programmiersprache angesehen wird, steht die Klasse „Bag" (Multimenge) in der Hierarchie neben der Klasse „Set" (Menge). Konzeptionell und in einer Klassifikationshierarchie müßte „Set" von „Bag" erben: Eine Menge ist ein Sonderfall einer Multimenge. Hier hatten wohl Implementierungserwägungen Vorrang vor konzeptioneller Sauberkeit. Wegner, der dieses Beispiel zitiert, zeigt auch, daß Vererbungs- und Klassifikationshierarchien unter Umständen genau umgekehrt zueinander aufgebaut sein können. (Siehe Wegner,

Fachlichen Begriffsgebäuden entsprechen auf der technischen Seite Klassenhierarchien von Ober- und Unterklassen, von denen wir sagen, daß sie in einer Vererbungsbeziehung stehen.[115]

Die Entsprechung von fachlichen Begriffs- und technischen Klassenhierarchien ist ja gerade eine wesentliche Voraussetzung für die Durchgängigkeit eines objektorientierten Ansatzes von der Anforderungsanalyse bis zur Implementierung, und diese Durchgängigkeit ist einer der Hauptvorteile objektorientierter Ansätze.

4.3.6.2   Die Sicht der Fachabteilung

Ein neues Struktur-konzept

Die bisherigen Ausführungen haben gezeigt, daß sich hinter dem Begriff der Objektorientierung nicht (nur) ein Ansatz zur Programmierung, zur Erstellung eines DV-Entwurfs oder Fachentwurfs verbirgt, sondern vor allem ein anderes Paradigma, ein neues Strukturkonzept[116]: Der Problembereich und das zu entwickelnde System werden nach anderen Kriterien und mit anderen Konzepten als bisher strukturiert. Diese Konzepte (Kapselung von Daten und Methoden, Klassenhierarchien usw.) haben unmittelbaren Einfluß darauf, wie die Fachabteilung eine Systementwicklung „erlebt" – sie wird ja direkt mit ihnen konfrontiert. Sie beeinflussen aber auch mittelbar die Sicht der Fachabteilung auf den Entwicklungsprozeß, wenn etwa das Konzept der Vererbung die Wechsel-

Peter: Concepts and Paradigms of Object-Oriented Programming. In: OOPS Messenger, Vol. 1, No. 1, August 1990, S. 7–87, hier: S. 43.) — Die Diskussion, ob Vererbung (vorrangig) zur Codeeinsparung genutzt werden sollte, wie es vor allem in Amerika gefordert wurde (mit Ausnahme von z. B. Bertrand Meyer, der jedoch in Frankreich studierte), oder eine Klassifikation widerspiegeln sollte, wie es in Europa und hier vor allem in Skandinavien verlangt wurde, ist heute zugunsten der Klassifikation entschieden: **Die Vererbungshierarchie sollte der Klassifikationshierarchie folgen.**

[114] Diese Auffassung, die sehr früh von Reinhard Budde, Karl-Heinz Sylla und Heinz Züllighoven vertreten wurde, ist heute Allgemeingut.

[115] Zitiert nach Kilberth & al. (1993), a. a. O., S. 10.

[116] Vgl. S. 2 und 24.

haftigkeit der Benutzeranforderungen besser verträgt, als es ein Datenflußdiagramm tun kann.

Die Fachabteilung und ihre Anforderungen

Die Phasen der Anforderungsermittlung und Anforderungsspezifizierung sind, was die Fachabteilung betrifft, vor allem durch die folgenden Tatsachen gekennzeichnet:

1) Die Mitglieder der Fachabteilung haben keine oder nur geringe DV-Kenntnisse und in der Regel keine Kenntnisse in Methoden der Softwareentwicklung.

2) Die Mitglieder der Fachabteilung sind die Experten auf ihrem Gebiet: Sie haben das Fachwissen, sie beherrschen das Fachvokabular.

3) Die Anforderungen an das zu entwickelnde Anwendungssystem sind oft weder klar noch stabil; sie konkretisieren sich im Laufe der Zeit (und im Laufe der Zusammenarbeit mit den Entwicklern), und sie ändern sich, weil Märkte und Unternehmen sich ändern.

4) Mit der Softwareentwicklung sind zunehmend andere Ziele verbunden: „Es geht nicht mehr primär um quantitative Effizienzsteigerungen in stabilen Strukturen, sondern um die *qualitative Entfaltung von Organisationen*. Das heißt, es geht darum, die Kompetenz der Beteiligten für innovative Aufgaben und das Umgehen mit Veränderung zu fördern."[117]

Vor diesem Hintergrund muß sich ein neuer Ansatz, wie es die Objektorientierung ist, messen lassen.

Kaum DV-Kenntnisse

Ad 1: Hier geht es vor allem darum, daß eine Methode sich nicht an Sprache, Denk- und Arbeitsweisen der Datenverarbeitung orientiert, sondern allgemeinen oder noch besser fachspezifischen Sprech- und Denkweisen nahekommt. Denn jeder „Übersetzungsvorgang" ist fehleranfällig, und wenn die Anforderungen falsch aufgeschrieben werden, wird das System, das man entwickelt, ein Mißerfolg – egal, wie elegant

---

[117] Floyd, Christiane: Software-Engineering – und dann? In: Informatik-Spektrum, Bd.17, Nr. 1, Februar 1994, S. 29–37, hier: S. 36.

oder effizient es von der Entwicklungsabteilung realisiert wird. Die Verständlichkeit und „Natürlichkeit" einer Methode, die „kognitive Distanz" sind hier zu untersuchen. Weil Verständlichkeit und Natürlichkeit ein immer wieder erhobener Anspruch objektorientierter Ansätze ist, wird dieser zentrale Punkt im Kapitel 5.3.1 (S. 244) behandelt.

Experten auf ihrem Gebiet

Ad 2: Die zunehmend komplexer und fachlich anspruchsvoller werdenden Anwendungssysteme machen es immer wichtiger, daß das Fachwissen der Anwender frühzeitig und umfassend im Entwicklungsprozeß berücksichtigt wird. Auch aus Akzeptanzgründen ist eine frühe und umfangreiche Einbindung der Benutzer in die Systementwicklung dringend erforderlich. Eine Methode zur Softwareentwicklung muß daher die Kommunikation mit der Fachabteilung nicht nur erleichtern, sondern derart unterstützen, daß das Wissen der Anwender unter Verwendung ihres Vokabulars möglichst vollständig und widerspruchsfrei dokumentiert wird.

Objektorientierte Ansätze sind hierzu hervorragend geeignet: Die Systemarchitektur stützt sich auf die fachlichen Begriffshierarchien. Die reichhaltige Semantik der Objektmodelle mit Klassifikations- und Aggregationshierarchien ermöglicht den Aufbau fachlicher Begriffshierarchien, ohne Kompromisse mit DV-technisch motivierten Entwurfskonzepten eingehen zu müssen (Stichworte: Datenfluß, Datenspeicher, Variable, Prozessor).

Durch die Kapselung von Daten und Methoden wird das Wissen um Verarbeitungsschritte gleich in den betroffenen Objekten festgehalten. Und insbesondere das Vorgehensmodell zur Objektmodellierung im SOM von Ferstl/Sinz kommt bereits in den ganz frühen Phasen der Denkweise und der Sprache der Fachabteilung so nahe wie kein anderer objektorientierter Ansatz (vgl. S. 147 ff.).

Unklare Anforderungen

Ad 3: Wenn Anforderungen noch unklar sind, die künftigen Anwender aber bereits Entscheidungen über ihr zu entwickelndes Anwendungssystem treffen sollen, sind dies Entscheidungen unter unvollkommener Information.[118] „Da das Beschaffen von Informationen Kosten verursacht und auch nicht Informationen über alle Elemente der Entscheidungssituation gleich nützlich sind und daher in gleich hoher Qualität benötigt werden, ist es erforderlich, den Informationsbedarf jeweils abzuleiten."[119] Exploratives Prototyping bietet hier die Möglichkeit, Probleme und den entsprechenden Informationsbedarf einzugrenzen und prinzipielle Lösungsmöglichkeiten aufzuzeigen. Auch die Anforderungen an Benutzeroberflächen und ihre Gestaltung können mit Hilfe von Prototypen sehr gut ermittelt werden. Objektorientierte Entwicklungsumgebungen bieten mit dem Einsatz umfangreicher Klassenbibliotheken die Grundlage für eine schnelle, kostengünstige und risikoarme Erstellung von Prototypen. Die objektorientierte Entwicklungsumgebung Smalltalk ist hierfür auch im kommerziellen Bereich schon weit verbreitet.

Objekte als kommunizierende Agenten

Darüber hinaus kann der künftige Benutzer die Objekte des Anwendungssystems nicht nur als möglichst naturgetreue Abbilder der Realität ansehen, sondern auch als kommunizierende, „intelligente" Agenten, von denen jeder sein eigenes „Drehbuch" hat und in jeder Situation „weiß", was er tun kann bzw. muß. Die freie Gestaltbarkeit dieser Systemobjekte kann dann dazu anregen, die „Vision des Möglichen" phantasievoll zu entwickeln: Die Lösungsmöglichkeiten werden nun nicht mehr nur von der Erfahrung der nicht oder nur konventionell computerunterstützten Realität bestimmt, sondern auch von den Gestaltungsmöglichkeiten objektorientierter Systeme. Warum soll ein Systemobjekt „Rechnung" nicht auch sich selbst überprüfen? Warum soll ein Artikel sich nicht selbst melden, wenn sein Bestand unter einen Mindestwert absinkt? Eine objektorientierte Vorgehensweise bietet also – vorsichtig formuliert – mindestens ebenso große Freiheiten bei der Entwicklung von Anforderungen bzw. Lösungsvorstellungen wie traditionelle Methoden.

---

[118] Zum Themenbereich „Entscheidung und Information" siehe Diederich, Helmut: Allgemeine Betriebswirtschaftslehre, 7. Aufl., Stuttgart u. a.: Kohlhammer 1992, S. 38–43.

[119] Ebd., S. 39.

Wechselhafte Anforderungen

Der Änderung von Anforderungen während der Entwicklung kann am besten entsprochen werden, wenn zum einen die Auswirkungen einer Änderung lokal begrenzt bleiben und auf wiederverwendbare Komponenten zurückgegriffen werden kann, die nur noch entsprechend den geänderten Anforderungen anders „komponiert" werden müssen, und zum anderen auch der Entwicklungsprozeß selbst dem ständigen Wechsel von Benutzeranforderungen Rechnung trägt. Die gegenüber traditionellen Ansätzen bessere Änderbarkeit objektorientierter Entwürfe ist Thema von Kapitel 5.3.2. Die Auswirkungen objektorientierter Konzepte auf den Entwicklungsprozeß (oder besser: die erweiterten Gestaltungsmöglichkeiten) werden in Kapitel 4.3.7 untersucht.

Reaktive Systeme

Ad 4: Mit den veränderten Zielen geht ein neuer Typ von Software einher, die reaktiven Systeme.[120] Bei diesen Systemen kann der Benutzer die einzelnen Komponenten des Systems in fast wahlfreier Reihenfolge aktivieren. Dadurch werden zum einen die möglichen Programmabläufe sehr zahlreich, und zum anderen sind reaktive Systeme meist mit einer sehr anspruchsvollen graphischen Benutzeroberfläche verbunden. Auch hier – bei der Erstellung von Systemen, die zur Unterstützung nicht planbarer Aufgaben in sich ständig änderndem Umfeld unterschiedliche Komponenten anbieten – sind objektorientierte Systeme traditionell entwickelten überlegen: Das Prinzip des Reagierens von Komponenten auf Impulse von außen, das reaktive Systeme kennzeichnet, ist bei ihnen Kommunikationsprinzip. Und die im Vergleich zu traditionellen Ansätzen bessere Eignung objektorientierter An-

---

[120] Vgl. Kilberth & al. (1993), a. a. O., S. 27. Auch Peter Wegner benutzt diesen Begriff: „A *reactive (interactive)* system that can react to stimuli by modifying its state and emitting a response" (Wegner, Peter: Dimensions of Object-Oriented Modeling. In: Computer (published by IEEE), Vol. 25, No. 10, October 1992, S. 12–20, hier: S. 18) Letztlich geht der Begriff wahrscheinlich auf die Dissertation von Alan Kay (The Reactive Engine) an der Universität von Utah, September 1969 (!), zurück. (Vgl. Kay, Alan; Goldberg, Adele: Personal Dynamic Media. In: Computer (published by IEEE), March 1977, S. 31–41.) Vgl. auch S. 259.

sätze zur Entwicklung graphischer Benutzeroberflächen ist unbestritten und offensichtlich.[121]

Andere Strukturierung der Problemlösung

Unabhängig von den vier oben behandelten Punkten ist aus der Sicht der Fachabteilung eine Tatsache von Bedeutung, die auf Entwicklerseite selten gesehen wird: Viel mehr als um eine Methode zur Softwareentwicklung geht es bei der Objektorientierung um ein anderes Verständnis von der Strukturierung einer Problemlösung und eine Methode zur Komplexitätsreduzierung.[122] Dabei muß man sich allerdings darüber im klaren sein, daß die Komplexität eines Problems nicht durch eine Modellierungsmethode oder gar lediglich durch eine Modellierungsnotation reduziert werden kann; aber bereits eine Modellierungsnotation kann dazu beitragen, „ein Modell zugänglicher zu machen, was zur Folge hat, daß die Komplexität scheinbar reduziert wird."[123] (Auch damit ist oft schon sehr viel gewonnen.)

Organisationsmodellierung

Objektorientierung ist also nicht nur eine Sache der Architektur von Programmen und Programmentwürfen, sondern kann allgemein z. B. zur Strukturierung von Problemen in Aufbau- und Ablauforganisation herangezogen werden. Dann wird noch deutlicher, daß Softwareentwicklung immer auch Arbeits- und Organisationsgestaltung ist. Klotz weist darauf hin, daß weniger in der computergestützten Rationalisierung bestehender Arbeitsabläufe – er spricht in diesem Zusammenhang von CAT für Computer Aided Taylorism[124] – als vielmehr in der Reduzierung der organisatorischen Komplexität

---

[121] Zu Transformationsregeln, die es erlauben, ein OOA-Modell auf graphische Benutzungsoberflächen abzubilden, vgl. Balzert, Helmut: Von OOA zu GUIs – das JANUS-System. In: OBJEKTspektrum, 1. Jg., Nr. 4, September/Oktober 1994, S. 43–47.

[122] Vgl. Klotz, Ulrich: Ausweg aus dem Produktivitäts-Paradoxon (Teil II). Objektorientierung als ein Leitbild für EDV und Organisation. In: Zeitschrift Führung + Organisation, 63. Jg., Nr. 1, Januar/Februar 1994, S. 18–26, hier: S. 21.

[123] Shlaer, Sally: Die Modellierung dynamischen Verhaltens. In: OBJEKTspektrum, 1. Jg., Nr. 2, Mai/Juni 1994, S. 29–31 u. 86–87, hier: S. 30 f.

[124] Klotz (1993), a. a. O., S. 405.

das größte Rationalisierungspotential liegt.[125] Objektorientierung als Leitlinie bei der Erarbeitung der fachlichen Anforderungsspezifikation erlaubt eine harmonische Einbettung der Softwareentwicklung in die Organisationsmodellierung bzw. eine gemeinsame Modellierung mit gleichem Leitbild.[126] Auch Picot und Maier sehen einen starken Zusammenhang zwischen Informations- und Organisationsmodellierung: „Die Strukturen von Organisationen legen in erheblichem Maße fest, welche Informationsverarbeitungsprozesse durch Informationssysteme zu unterstützen sind."[127] Objektorientierung als neue Sichtweise muß sich daher nicht auf das einzelne Projekt beschränken.[128] Sie darf es auch nicht, wenn man die Vorteile dieses Paradigmas in vollem Umfang nutzen will.

4.3.6.3 Die Sicht der Entwickler

Eine objektorientierte Vorgehensweise führt nicht nur zu anderen Modellen als beispielsweise Structured Analysis, sondern sie verlangt auch eine neue Denk-, Vorgehens- und Arbeitsweise, die – dies sei schon vorab bemerkt – auch zu Schwierigkeiten bei objektorientierter Softwareentwicklung

---

[125] Klotz (1994), a. a. O., S. 22.

[126] James Rumbaugh hat, um die Eignung objektorientierter Ansätze auch für die Organisationsmodellierung zu demonstrieren, die „Aufbauorganisation" des amerikanischen Kongresses, die Wahl seiner Abgeordneten und den Werdegang eines Gesetzes mit Hilfe von OMT modelliert (Rumbaugh, James: Objects in the Constitution: Enterprise Modeling. In: Journal of Object-Oriented Programming, Vol. 5, No. 8, January 1993, S. 18–24). Er empfiehlt die Erstellung eines (objektorientierten) Unternehmensmodells, denn: „Many organizations are poorly understood even by those people who are part of them, and building an object model can force people to ask questions that clarify how the organization actually works. The precision required to construct an object model often exposes ambiguities that are not apparent in a natural-language statement." (ebd., S. 18).

[127] Picot, Arnold; Maier, Matthias: Interdependenzen zwischen betriebswirtschaftlichen Organisationsmodellen und Informationsmodellen. In: Information Management, 8. Jg., Nr. 3, August 1993, S. 6–15, hier: S. 8.

[128] Kilberth & al. (1993), a. a. O., S. 139.

führen kann (vgl. Kapitel 4.3.8). Objektorientierung prägt auch den Prozeß der Softwareentwicklung (vgl. Kapitel 4.3.7). Im folgenden soll jedoch vor allem der Aspekt der Softwareentwicklung ohne die Prozeßsicht im Vordergrund stehen.

Verständlich-
keit

Die Verständlichkeit objektorientierter Modelle und ihre Nähe zu menschlichen Denkweisen, die im letzten Abschnitt bereits angesprochen und in Kapitel 5.3.1 eingehender behandelt wird, kommt selbstverständlich auch den Entwicklern zugute. Darüber hinaus ist es ein nicht zu unterschätzender Vorteil objektorientierter Ansätze, daß für die Beschreibung des Problembereichs und für das Erarbeiten einer Lösung, also für Analyse und Synthese, dasselbe Paradigma angewendet wird: Von der Anforderungsspezifizierung bis zur Implementierung besteht das zu entwickelnde System aus Objekten als Kapseln von Daten und Methoden, aus Klassenhierarchien, die Begriffshierarchien widerspiegeln, aus Klassen, die in Vererbungsbeziehungen stehen und deren Objekte über Nachrichten kommunizieren.

Bessere
Durch-
gängigkeit

Während der Übergang von der Analyse zum DV-Entwurf ebenso wie der zur Implementierung bisher durch den jeweils notwendigen Strukturbruch immer eine hohe Hürde darstellte, sind objektorientierte Ansätze durch eine wesentlich bessere Durchgängigkeit gekennzeichnet (vgl. Abb. 77).

„1:1"-Entwurf
fast nie
möglich

Dabei ist ein häufig behaupteter Vorteil eines objektorientierten Fachentwurfs, daß er „1:1" in einen DV-Entwurf überführt werden kann. Dies ist jedoch nicht möglich, wenn man von Lehrbuchbeispielen absieht und Projekte praxisrelevanter Größenordnung betrachtet. Klassen des Fachentwurfs sind „Problemklassen", und Klassen des DV-Entwurfs sind „Lösungsklassen", die immer auch von den DV-technischen Lösungsmöglichkeiten determiniert werden. Zu einem Fachobjekt „Finanzdaten" können beispielsweise mehrere Diagrammtypen (Kuchen, Balken usw.) definiert sein, also mehrere Objekte der graphischen Benutzeroberfläche – sprich: des DV-Entwurfs. Insofern werden Klassen des Fach-

Abb. 77:
Die Übergän-
ge von der
Analyse zum
DV-Entwurf
und zur Rea-
lisierung

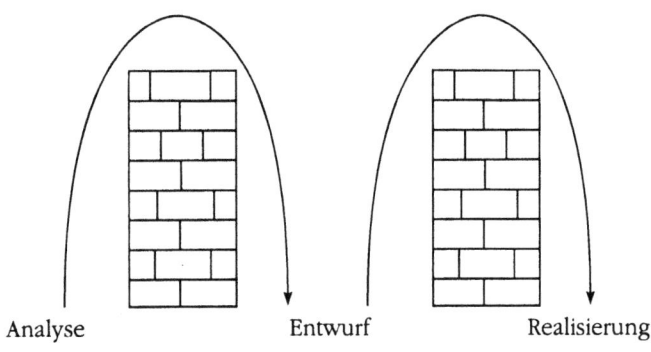

Analyse   Entwurf   Realisierung

a) traditionell

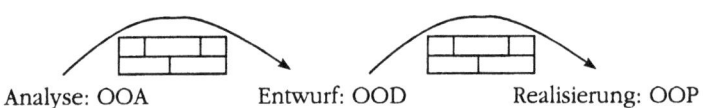

Analyse: OOA   Entwurf: OOD   Realisierung: OOP

b) objektorientiert

entwurfs nie unverändert in einen DV-Entwurf übernommen, sondern durch andere Klassen ergänzt, selbst erweitert, zusammengefaßt oder ggf. geteilt. Weil aber die betriebliche Wirklichkeit in einem objektorientierten Fachentwurf viel weniger „verbogen" werden muß, um in das erstellte Modell zu passen, sind diese Änderungen zum einen nicht so weitreichend wie bei traditionellen Methoden, und zum anderen sind sie zum größten Teil kanonisch in dem Sinne, daß sie angesichts des – für beide Seiten leicht verständlichen – Fachentwurfs und einer objektorientierten Programmiersprache, die möglichst viele Konzepte und Konstrukte dieses Fachentwurfs umzusetzen vermag, sozusagen auf der Hand liegen.

Weil ein DV-Entwurf immer auch die Möglichkeiten der zur Verfügung stehenden Programmiersprache berücksichtigen muß, ist auch von daher klar, daß es die Struktur des Fachentwurfs nicht „1:1" übernehmen kann: Es ist durchaus denkbar, daß ein objektorientierter Fachentwurf in herkömmlichen Programmiersprachen realisiert wird. Es ist dann Aufgabe für den DV-Entwurf, Klassifikation, Aggregation, Vererbung usw. auf die Mittel dieser Programmiersprache abzubilden, was nie „1:1" möglich ist. Es muß jedoch betont werden, daß die Qualität einer Anwendung weitaus stärker durch die Qualität von Fachentwurf und DV-Entwurf als durch die Eigenschaften und Möglichkeiten der Implementierungssprache bestimmt wird. Aus diesem Grunde ist es immens wichtig, bei der Erstellung eines Fachentwurfs eine Methode zu wählen, die eine hohe Qualität am ehesten gewährleisten kann. Dies ist für viele Anwendungen heute eine objektorientierte Methode, wie in dieser Arbeit gezeigt wird.

Richtige Granularität der Objekte

Wenn alles als Objekt gesehen wird und wenn wegen der Durchgängigkeit des Ansatzes ein leichter Übergang zum DV-Entwurf möglich ist, stellt sich die Frage nach der richtigen „Granularität" der Objekte und nach dem Abbruchkriterium. Grobgranulare Objekte können ganze Anwendungssysteme sein, sehr feingranulare Objekte sind abstrakte Datentypen, die elementare Datentypen darstellen bzw. implementieren. Zwischen diesen Extremen liegen die Objekte, die für einen objektorientierten Fachentwurf gesucht und gefunden werden müssen. Meßbare Kriterien für eine objektiv richtige Granularität sind noch nicht erarbeitet, und das Gespür dafür bekommt man erst durch Erfahrung. Auch gibt es bei einem – sogar angestrebten – Kontinuum zwischen Analyse, Design und Implementierung kaum ein objektives Abbruchkriterium für den Fachentwurf, sondern nur Heuristiken wie: „Sobald man nicht mehr über **fachliche** Dinge redet, ist man bereits beim DV-Entwurf!" Durch die Beschränkung des Spezifizierens auf rein fachliche, d. h. benutzerrelevante Merkmale resultiert jedoch ein praktisch brauchbares Abbruchkriterium für das fachbezogene Spezifizieren von Anforderungen.[129]

Simulation in Miniaturwelt

Die Strukturierung der Welt in Objekte hat zur Folge, daß die Entwicklung objektorientierter Systeme als „Simulation in ei-

---

[129] Vgl. Kargl (1989), a. a. O., S. 151.

ner Miniaturwelt"[130] aufgefaßt werden kann – ganz sicher in der Programmierung, aber auch in ausführbaren Analysemodellen, wie sie mit der Methode von Shlaer/Mellor[131] erstellt werden können, und bis zu einem gewissen Grade auch in den Papiermodellen der in dieser Arbeit betrachteten objektorientierten Methoden. Denn eine Überprüfung, eine Erläuterung bzw. ein „walkthrough", wie er in strukturierten Methoden üblich ist, ist hier wie eine Simulation in der modellierten Miniaturwelt.

Software als Investitionsgut

Aus der Sicht der Entwickler ist ein letzter Punkt von großer Wichtigkeit: Objektorientiert entwickelte Software – und insbesondere objektorientierte Fachentwürfe – sollte nun nicht mehr als „Produkt", sondern als „Investitionsgut" angesehen werden. Sie wird nämlich (ganz oder in Teilen) im Hinblick auf spätere Wiederverwendung erstellt. Das hat auch Einfluß auf die Preisgestaltung: Wenn der Auftraggeber nennenswerte Teile des entwickelten Systems für seine späteren Projekte wiederverwenden darf, wird er dem Auftragnehmer einen niedrigeren Preis einräumen, als wenn er nichts wiederverwenden darf. Hier sind genaue vertragliche Regelungen notwendig, wie sie bei Projekten mit objektorientierten Methoden in Telefongesellschaften bereits üblich sind. Die durch die Wiederverwendbarkeit von Entwürfen nahegelegte Sicht auf Software als Investitionsgut ist ein wichtiger Bestandteil der Objektorientierung als Leitlinie bei der Erarbeitung der fachlichen Anforderungsspezifikation aus der Sicht der Entwickler.

---

[130] Vgl. Gebhardt, Reinhold; Ameling, Walter: Aspekte und Perspektiven zur Anwendung der objektorientierten Programmierung bei der Entwicklung großer Software-Systeme. In: Angewandte Informatik, 31. Jg., Nr. 10, 1989, S. 429–435, hier: S. 431; auch das Benutzen eines objektorientierten Anwendungssystems kann man als Simulation in einer Miniaturwelt bezeichnen.

[131] Shlaer/Mellor (1988), a. a. O., sowie Shlaer, Sally; Mellor, Stephen J.: Object Lifecycles: Modeling the World in States. Englewood Cliffs: Yourdon Press 1992.

4.3.7 Mögliche Vorgehensmodelle

4.3.7.1 Einleitung

Ein besseres Struktur-konzept

Für eine Problemlösung – was ja jedes zu entwickelnde IuK-System sein soll – sind sinnvolle Strukturkonzepte notwendig, und Ziel dieser Arbeit ist es, zu zeigen, daß die Objektorientierung gegenüber dem Paradigma der Strukturierung ein besseres Strukturkonzept ist. Ebenso wichtig und unter Umständen noch viel wichtiger ist aber der Prozeß, in dem ein Softwareprodukt hergestellt wird. Heute wird nicht mehr bestritten, daß der bestimmende Faktor für die Qualität eines Produkts nicht die Entwickler und auch nicht ihre Werkzeuge sind, sondern der Prozeß, mit dem es hergestellt wird. Watts Humphrey vom Software Engineering Institute der Carnegie-Mellon-Universität hat Ende der 80er Jahre fünf Kategorien bzw. Reifegrade vorgeschlagen, in die Softwareentwicklungsprozesse[132] eingeteilt werden können.[133] In der folgenden Abbildung sind neben diesen Reifegraden auch die Prozentsätze der untersuchten Unternehmen angegeben, die die jeweiligen Reifegrade erreichen:

---

[132] Humphrey spricht in diesem Zusammenhang von „software process" und definiert: „The software process is the set of tools, methods, and practices we use to produce a software product." (Humphrey, W. S.: Managing the Software Process. Reading: Addison-Wesley 1989, S. 3)

[133] Humphrey schreibt weiter, daß seine Reifegrade in etwa der „quality maturity structure" entsprechen, die P. B. Crosby definiert hat, und verweist auf dessen Buch Quality is free. New York: McGraw-Hill 1979. – Wilkie weist darauf hin, daß an der „Meßlatte" von Humphrey ausschließlich Unternehmen mit mehr als 100 Mitarbeitern gemessen worden seien (vgl. Wilkie (1994), a. a. O., S. 35). „Managing the Software Process" entstand aus einem Projekt mit dem Ziel, die amerikanische Luftwaffe bei der Auswahl fähiger Software-Vertragspartner zu unterstützen (vgl. Humphrey, 1989, a. a. O., S. iiv).

**Abb. 78:
Reifegrade
von Software-
entwicklungs-
prozessen[134]**

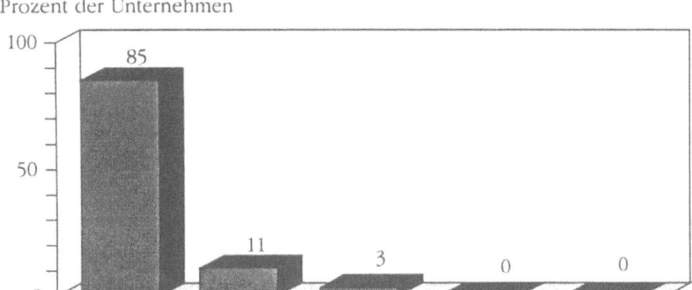

1. Initial   2. Repeatable 3. Defined   4. Managed 5. Optimizing
                  10 - 12

Vor diesem Hintergrund ist klar, warum Projekte mit objektorientierten Ansätzen von Managern ungern durchgeführt
werden: Man weiß bis heute nicht, wie sie am besten gemanagt werden.

**Denkbare
Kombi-
nationen**

Wenn man in jeder der drei „großen" Entwicklungsstufen
Analyse, Entwurf und Implementierung traditionell oder ob-
jektorientiert vorgehen kann, ergeben sich acht denkbare
Kombinationen:

1. T—T—T

2. T—T—O

3. T—O—T

4. T—O—O

5. O—T—T

6. O—T—O

7. O—O—T

8. O—O—O

Die Fälle 3 und 6 sind wegen des doppelten Paradigmen-
wechsels nur von theoretischem Interesse und daher grau
unterlegt. Fall 1 ist das vollständig traditionelle Vorgehen. In

---

[134] Quelle: Coad/Yourdon (1991a), a. a. O., S. 191.

Fall 2 wird lediglich eine objektorientierte Programmiersprache eingesetzt. Ihr Wert ist aber durch den konventionellen DV-Entwurf eingeschränkt. Fall 4 ist nur sinnvoll, wenn Investitionen in eine traditionelle Systemanalyse geschützt werden sollen, und für Neuentwicklungen ungeeignet. Man kann nämlich nicht aus jeder Entität eines ER-Modells einfach ein Objekt machen (und ihm lediglich einige Methoden zuordnen). Wenn man nur Datenfelder sieht, besteht die Gefahr, daß man eine menügesteuerte Datenbankanwendung entwickelt, wo ein reaktives System zur Unterstützung schlecht planbarer Büroarbeit beabsichtigt war. Die Kriterien, nach denen Entitäten festgelegt werden, sind eben nicht die, nach denen Objekte und Klassen modelliert werden. Fall 5 nutzt bis auf die Durchgängigkeit des Paradigmas alle Vorteile des objektorientierten Fachentwurfs und die Stärken traditioneller, beherrschter DV-Techniken. Dieser Fall ist als Einstieg in die Objektorientierung nicht nur denkbar, er wird auch von einigen Firmen bereits praktiziert. Fall 7 nutzt unter Verwendung einer traditionellen Programmiersprache so viele Vorteile der Objektorientierung wie möglich. Bei sehr disziplinierter Programmiertechnik können hier auch Konzepte wie Vererbung und Aggregation in Grenzen nachgebildet werden. Im Juli 1992 gewann ein nach „O—O—T" vom Landschaftsverband Rheinland-Pfalz entwickeltes Softwarekonfigurationsmanagementsystem den 1. Preis in der Kategorie „Objektbasierte Anwendung unter Verwendung von nicht objektorientierten Werkzeugen" auf der Konferenz „Object World" in San Francisco.[135] Fall 8 schließlich nutzt ausschließlich objektorientierte Konzepte und stellt daher den Idealfall objektorientierter Softwareentwicklung dar.

Fachentwurf legt Grundlagen

Die historische Entwicklung der Objektorientierung verlief von der Programmierung über den DV-Entwurf zum Fachentwurf. Objektorientiertes fachliches Entwerfen ist aber

---

[135] Vgl. Harmon, Paul; Taylor, David A.: Objects in Action: Commercial Applications of Object-oriented Technologies. Reading u. a.: Addison-Wesley 1993, S. vii und 103–112. Dieses Projekt wurde maßgeblich von der Firma Rösch Consulting, jetzt Willich, mit entwickelt.

wichtiger als objektorientiertes Programmieren oder eine objektorientierte graphische Benutzeroberfläche, weil nur dies zu einer Software führt, die überschaubar und wiederverwendbarer ist als traditionell entwickelte. Die Grundlagen für die Verständlichkeit eines Programms, für Wiederverwendbarkeit von Programmteilen und für die Wartbarkeit eines Anwendungssystems werden im fachlichen Entwurf gelegt, und daher kommen die Vorteile eines objektorientierten Ansatzes um so besser zum Tragen, je früher im Lebenszyklus eines Anwendungssystems begonnen wird, „objekt-orientiert zu denken".

Projekt-management wird schwieriger

Je früher bei der Softwareentwicklung ein objektorientiertes Vorgehen gewählt wird, um so größer ist jedoch das Neuland für das Projektmanagement. Vor allem die Tatsache, daß bereits Entwickeltes wiederverwendet werden kann – oder besser: soll –, verlangt ein Umdenken. Bei objektorientiertem Vorgehen muß man versuchen, nicht nur das Programmieren, sondern auch das Entwerfen neuer Objekte bzw. Klassen auf ein Minimum zu reduzieren. Die heutige Praxis des Projektmanagements steht einer Wiederverwendung jedoch eher entgegen, weil sie kaum Raum für Kapital- und Personalinvestitionen in wiederverwendbare Software läßt. Das wäre aber unbedingt erforderlich, weil der Entwurf wiederverwendbarer Software um eine Größenordnung schwieriger ist als der Entwurf einer einzelnen, spezifischen Anwendung: Das mühsam modellierte Fachwissen muß verallgemeinert werden, zukünftige Anforderungen müssen antizipiert werden, und man muß prüfen, inwieweit aus den erstellten Komponenten neue Anwendungen zusammengesetzt werden können; dies ist notwendigerweise ein evolutionärer Prozeß.[136] Wiederverwendung muß daher in den Softwareentwicklungsprozeß eingeplant, sie muß organisiert und gemanagt werden. Beispielsweise muß festgelegt werden, wie der Entwurf von

---

[136] Vgl. Nierstrasz, Oscar; Gibbs, Simon; Tsichritzis, Dennis: Component-Oriented Software Development. In: Communications of the ACM, Vol. 35, No. 9, September 1992, S. 160–165, hier: S. 164.

Kernklassen und insbesondere die „Aufbereitung" für spätere Wiederverwendung organisiert werden soll.

Pro Zentralisierung

Für eine Entwicklung an übergeordneter bzw. zentraler Stelle sprechen folgende Gründe.

• Mehrfachentwicklungen werden vermieden.

• Konsistenz und Qualität können besser sichergestellt werden.

• Standards (interne und externe) können besser eingehalten werden.

• Die Pflege einer Klassenbibliothek sollte wie jede andere Bibliothek auch einer Leitung übertragen werden und nicht ihren Benutzern überlassen sein. Dies gilt nicht nur für Änderungen bestehender Klassen, sondern insbesondere auch für Löschen und Hinzufügen.

Kontra Zentralisierung

Gegen eine Zentralisierung kann folgendes angeführt werden:

• Eine Zentralisierung würde Dienstwege verlängern und bürokratischen Mehraufwand verlangen.

• Durch eine „zeitliche und organisatorische Trennung geht unverzichtbares Erfahrungswissen verloren, das nur teilweise und mit hohem Aufwand nachträglich von anderen Personen erworben werden kann"[137].

In den obigen Ausführungen wurde bereits angedeutet, daß ein objektorientiertes Vorgehen Auswirkungen auf die Art und Weise hat, wie Software entwickelt wird. In den folgenden Abschnitten werden daher drei Vorgehensmodelle beschrieben und auf ihre Eignung für objektorientierte Entwicklungsansätze hin untersucht.

---

[137] Kilberth & al. (1993), a. a. O., S. 110.

4.3.7.2   Das Wasserfallmodell

Traditionelles Idealbild der Softwareentwicklung ist das sog. Wasserfallmodell[138], das auf die Arbeit von Royce (1970) zurückgeht und durch Boehm (1975) bekannt wurde:[139]

Abb. 79:
Das Wasser-
fallmodell in
der Software-
entwicklung

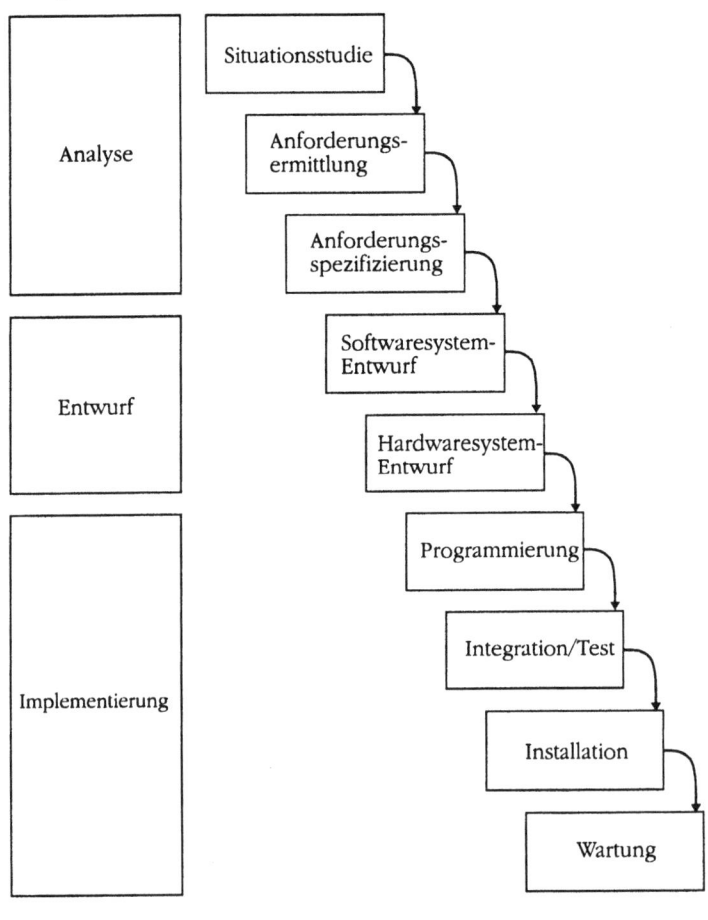

---

138 Nach Schulz, Arno: Software-Lifecycle- und Vorgehensmodelle. In: Angewandte Informatik, 31. Jg., Nr. 4, 1989, S. 137–142, hier: S. 137, geht der Name auf Boehm zurück.

139 Meyer, Bertrand: On Formalism in Specifications. In: IEEE Software, January 1985, S. 6–26, hier: S. 7. Schulz (1989), a. a. O., S. 137, nennt das Jahr 1976.

Abfolge von planerisch definierten Reifezuständen

Anzahl und Benennung der Phasen unterscheiden sich von Autor zu Autor (die obige Abbildung folgt weitgehend der Einteilung nach Kargl[140]). Ihnen allen ist jedoch gemeinsam, daß sie die Systementwicklung als Abfolge von planerisch definierten Reifezuständen darstellen. Es gibt „Baselines" bzw. Meilensteine, die die Grundlage für eine Entscheidung über die Projektfortführung bilden. Dabei geht man davon aus, daß eine neue Phase erst dann begonnen wird, wenn die vorhergehende mit einem vorher klar definierten Meilenstein vollständig abgeschlossen ist. Innerhalb einer Phase sind durchaus mehrere Revisionen zulässig; ein Rücksprung zu einer früheren Phase ist bei manchen Autoren jedoch grundsätzlich ausgeschlossen (z. B. bei Boehm[141]und bei Kargl[142]). Das hat für das Projektmanagement unbestreitbare Vorteile: Der Projektverlauf ist sozusagen eindimensional, der Projektfortschritt kann an der „Phasenachse" abgelesen werden. Man kann dann etwa Aussagen treffen wie „90 % der Analyse sind beendet". In der Praxis hat sich diese Reinform des Wasserfallmodells allerdings als kaum erreichbares Ideal herausgestellt. Man hat daher versucht, das Meilensteinkonzept beizubehalten, einen Rücksprung zur vorhergehenden Phase allerdings zuzulassen.[143] Das so modifizierte Phasenmodell ist heute das in der Praxis am weitesten verbreitete Vorgehensmodell.

Eignung

Das Wasserfallmodell ist geeignet, wenn eine im Prinzip bekannte Lösung in einem gut verstandenen Problembereich

---

[140] Vgl. Kargl (1989), a. a. O., S. 34 f. Das Ergebnis der Anforderungsermittlung ist das fachliche Basiskonzept, das Ergebnis der Anforderungsspezifizierung das fachliche Detailkonzept. Für Entwurf schreibt man auch häufig genauer DV-Entwurf, DV-Konzept oder auch Systemkonzeption.

[141] Vgl. Boehm, Barry W.; Brown, John R.; Kaspar, Hans: Characteristics of Software Quality. Amsterdam u. a.: North-Holland 1980, S. 2-3. Schulz (1989), a. a. O., verweist auf S. 137 in diesem Zusammenhang auf „Boehm, B. W.: Software Engineering. IEEE Transactions on Computers C-25, 1226–1241 (1976)".

[142] Vgl. Kargl (1989), a. a. O., S. 38.

[143] Vgl. Boehm, Barry W.: Software Engineering Economics. Englewood Cliffs: Prentice-Hall 1981, S. 36.

automatisiert werden soll. Es kam in Verruf, weil es für neue, unbekannte Anwendungen eingesetzt wurde. In der Praxis haben die Entwickler immer iteriert, nur waren die Iterationen nicht in der Dokumentation reflektiert.

Das Wasserfallmodell ist auch bei objektorientierten Entwicklungsprojekten grundsätzlich anwendbar. Dabei muß man allerdings beachten, daß mit objektorientierten Methoden häufig auch neue Typen von Software entwickelt werden (reaktive Systeme, graphische Benutzeroberflächen, Vorgangssteuerungssysteme usw.) und daß objektorientierte Methoden noch nicht so gut wie die strukturierten beherrscht werden. Von einem gut verstandenen Problembereich (im weitesten Sinn) kann daher nicht die Rede sein.

Nachteile   Darüber hinaus hat das Wasserfallmodell mit seinen sequentiell ablaufenden Phasen und der implizierten Top-down-Vorgehensweise auch einige grundsätzliche Nachteile:

1. „Der Mensch löst komplexe Probleme durch Versuch und Irrtum. Ein Überblick über das Ganze vor einer Problemlösung ist eine hohe intellektuelle Leistung, die nur von wenigen Menschen erbracht werden kann."[144]

2. Das Wasserfallmodell ähnelt sehr einem Fließband. Vielleicht war diese Analogie auch eine Motivation für seine Entwicklung. Aber Softwareentwicklung ähnelt nicht einer Fließbandarbeit (und noch nicht einmal einem Produktionsprozeß): Wenn z. B. ein Abschnitt eines Fließbandes zu langsam ist, erhöht man am besten dort das Personal. Das wäre aber ein katastrophaler Ansatz auf dem Gebiet der Softwareentwicklung! Vielmehr muß auch ein Rücksprung von späten Phasen in frühe Phasen möglich sein: Das Wasser muß sozusagen auch aufwärts fließen können, um eine Systementwicklung beschreiben zu können.

3. Bei großen Projekten sind die tatsächlichen Anforderungen an das spätere System zum Zeitpunkt der Implementierung nicht mehr dieselben wie zum Zeitpunkt der Ana-

---

[144] Schulz (1989), a. a. O., S. 137.

lyse: Die betriebliche Umwelt und damit die Benutzeranforderungen ändern sich kontinuierlich.

4. Das Wasserfallmodell trägt nicht der Tatsache Rechnung,
daß Softwaresysteme sich entwickeln. Wenn man unter
Wartung nicht nur die Fehlerbehebung versteht, sondern
auch Änderungen und Erweiterungen, müssen wieder alle
Phasen durchlaufen werden.[145]

5. Objektorientierung ist zu einem großen Teil auch ein
konstruktiver und weniger ein verfeinernder Ansatz. Dies
verlangt häufig auch ein Bottom-up-Vorgehen statt eines
Top-down-Vorgehens. Gerade die Wiederverwendung
vorhandener Klassen und Bausteine, ein zentrales Anliegen der Objektorientierung, ist ein konstruktives Bottom-
up-Vorgehen und wird durch das Wasserfallmodell eher
behindert als gefördert.

Abkehr vom Phasen-modell?

Interessant ist in diesem Zusammenhang, daß unabhängig
von objektorientierten Vorgehensweisen die Abkehr vom
Phasenmodell und die Hinwendung zu evolutionären Ansätzen bereits im Jahre 1988 ausgerechnet von einem Autor gefordert wurde, der die Systementwicklung aus der Sicht eines
Managers beschreibt.[146] Auch im Software-Engineering werden seit Mitte der 80er Jahre andere Vorgehensmodelle vorgeschlagen. Sie alle haben jedoch das Wasserfallmodell (eine
Sequenz von Phasen, die mit einem Validierungs- oder Veri-
fizierungsprozeß enden) als Grundlage, so daß man festhalten kann, daß es im Prinzip in heutigen Vorgehensmodellen
noch weiterlebt.

4.3.7.3   Evolutionäre Softwareentwicklung

Anpassungen ermöglichen

Evolutionäre Vorgehensweisen sind in der Erkenntnis ent-
standen, „daß wir offenbar nicht in der Lage sind, allgemein-

---

[145] Dann kann die Wartung als eigene Phase auch entfallen, und
der (Lebens-)Zyklus schließt sich endlich zu einem Kreis. Er
bleibt keine Kaskade mehr.

[146] Gilb, T.: Principles of Software Engineering Management. Reading: Addison Wesley 1988.

verbindlich, personenunabhängig und dauerhaft unsere soziale Umwelt zu erkennen und zu beschreiben, und daß wir dieses Unvermögen in der Entwicklung unserer technischen Systeme berücksichtigen müssen".[147] Ein mehrmaliges Durchlaufen der Phasen Analyse, Entwurf und Implementierung ergibt sich auch schon aus der Tatsache, daß man ein System mit mehreren hundert oder tausend Objekten unmöglich in einem Durchgang entwickeln kann. Ein evolutionärer Ansatz wird auch durch CASE-Systeme, die Versionen verwalten können, und durch die Möglichkeiten des Prototyping (s. u.) nahegelegt und unterstützt.

Fontänenmodell

Henderson-Sellers und Edwards haben in diesem Zusammenhang ein sog. Fontänenmodell vorgeschlagen.[148] Ein Vorgehensmodell auf der Grundlage eines Autor-Kritiker-Zyklus mit Szenarios und Prototypen beschreiben Kilberth et al.[149] Am bekanntesten ist jedoch das Spiralmodell von Boehm.[150] Übernimmt man von ihm die Idee der Spiraldarstellung, könnte ein evolutionäres Vorgehensmodell für objektorientierte Methoden wie in Abbildung 80 aussehen.

Zäsur erst nach komplettem Umlauf

Ein wesentlicher Unterschied gegenüber dem Wasserfallmodell ist, daß nicht nach jeder Phase (jedem Quadranten) eine Zäsur, Prüfung oder Entscheidung stattfindet, sondern erst nach einem kompletten „Umlauf" der Spirale. Dies ist möglich, weil bis zum ersten Verifizieren/Validieren in der Regel weniger Zeit vergeht als bis zum Abschluß eines kompletten Fachentwurfs bei traditioneller Vorgehensweise.

---

[147] Kilberth & al. (1993), a. a. O., S. 94.

[148] Henderson-Sellers, Brian; Edwards, Julian M.: The Object-Oriented Systems Life Cycle. In: Communications of the ACM, Vol. 33, No. 9, September 1990, S. 142–159.

[149] Kilberth & al. (1993), a. a. O., S. 98–110.

[150] Boehm, Barry W.: A Spiral Model of Software Development and Enhancement. In: ACM Sigsoft, Software Engineering Notes, Vol. 11, No. 4, 1986, S. 22–42. Meist wird jedoch der Aufsatz von 1988 zitiert: Boehm, Barry W.: A Spiral Model of Software Development and Enhancement. In: Computer (published by IEEE), Vol. 21, No. 5, May 1988, S. 61–72.

Abb. 80: Ein Spiralmodell für objektorientierte Softwareentwicklung

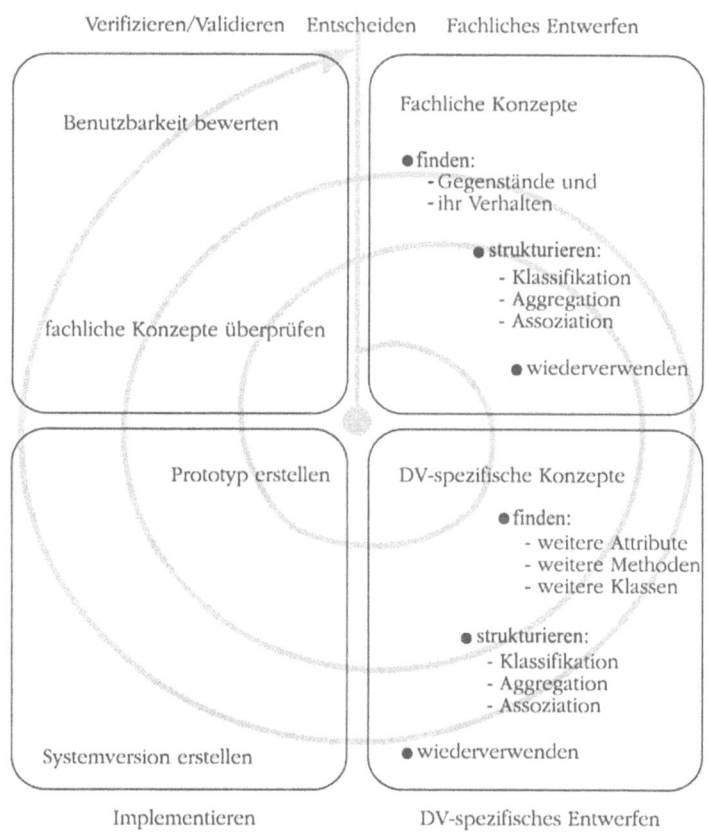

Verifizieren/Validieren   Entscheiden   Fachliches Entwerfen

Benutzbarkeit bewerten

Fachliche Konzepte

● finden:
- Gegenstände und
- ihr Verhalten

● strukturieren:
- Klassifikation
- Aggregation
- Assoziation

fachliche Konzepte überprüfen

● wiederverwenden

Prototyp erstellen   DV-spezifische Konzepte

● finden:
- weitere Attribute
- weitere Methoden
- weitere Klassen

● strukturieren:
- Klassifikation
- Aggregation
- Assoziation

Systemversion erstellen   ● wiederverwenden

Implementieren   DV-spezifisches Entwerfen

Bei evolutionärer Softwareentwicklung werden sukzessive verschiedene Prototypen des Anwendungssystems hergestellt. Der Vorteil dabei ist, daß mit diesen Prototypen ein realitätsnahes „Entwickeln im Windkanal" möglich ist: Man kann sich nach und nach an die Wünsche der Auftraggeber herantasten, die mit textuellen oder auch graphischen Beschreibungen oft nicht viel anfangen können – „aber ich weiß, was ich will, wenn ich es sehe". Rauterberg vom Institut für Arbeitspsychologie der ETH Zürich sieht auch Vorteile für die Entwickler, wenn er schreibt:

Gemeinsame Kontexte

Dieser „Bruch" [zwischen den verschiedenen Fachsprachen, d. Verf.] läßt sich nur begrenzt mit rein sprachlichen

Mitteln überbrücken, da die verwendeten Begriffe aufgrund ihrer kontextuell gebundenen Semantik unscharf sind. Um diese Unschärfe zu überwinden, müssen gemeinsam erlebte, sinnlich erfahrbare Kontexte hergestellt werden.[151]

Überprüfung auf Richtigkeit und Vollständigkeit

Darüber hinaus können die Benutzer eventuelle Fehlentwicklungen und Unvollständigkeiten in der Anforderungsbeschreibung wesentlich früher erkennen, und die Entwickler können geänderten Benutzeranforderungen schneller Rechnung tragen als bei traditionellen Methoden, wo notwendige Änderungen erst im Test oder nach der Systemeinführung entdeckt werden.

Wegwerfprototypen

Es ist grundsätzlich denkbar, einen Prototyp im Rahmen eines evolutionären Prototyping sukzessive zum vollen Produkt auszubauen. Dieses Vorgehen hat sich jedoch nur bei kleinen Vorhaben bewährt. Man beachte daher, daß in der obigen Abbildung die Prototypen Wegwerfprototypen sind: Sie sind Spezifikationshilfe, nicht Konstruktionshilfe. Wenn keine gravierenden Änderungen mehr zu erwarten sind, muß eine erste Version des Gesamtsystems erstellt werden, die den Qualitätsanforderungen der Benutzer und auch der Entwickler – insbesondere den künftig mit der Wartung Betrauten – in jeder Hinsicht entspricht und an den Kunden ausgeliefert wird.

Phase der Anpassung

Nun beginnt ein zweiter Abschnitt des Spiralmodells, der traditionell „Wartungsphase" genannt werden könnte. Während der verbleibenden Lebensdauer des Systems wird es wiederholt vorkommen, daß die dem System zugrundeliegenden Konzepte nicht mehr der betrieblichen Wirklichkeit entsprechen und die Benutzbarkeit nachgelassen hat (vgl. Abb. 80). Es wird daher entschieden, das System den geänderten Anforderungen anzupassen. Dazu ist – wie bei der Ersterstellung des Systems – ein erneutes fachliches und DV-

---

[151] Zitiert aus: Rauterberg, Matthias: Partizipative Konzepte, Methoden und Techniken zur Optimierung der Softwareentwicklung. In: Softwaretechnik-Trends, Bd. 11, Heft 3, August 1991, S. 104–126, hier: S. 106.

spezifisches Entwerfen notwendig, die zu einer weiteren Systemversion führen, die wieder überprüft und bewertet wird.

Bei strukturierten Methoden immenser Aufwand

Ein Prototyping-orientiertes Vorgehen oder sogar ein evolutionäres Prototyping bzw. Versionenkonzept ist natürlich auch bei strukturierten Methoden denkbar,[152] doch hat sich herausgestellt, daß die notwendigen Änderungen an der mit den einzelnen Versionen mitzuführenden Dokumentation nicht mit vertretbarem Aufwand vorzunehmen sind. Dies hat dazu geführt, daß mitunter schlecht oder gar nicht dokumentierte Prototypen bzw. Versionen erstellt wurden und damit die evolutionäre Softwareentwicklung teilweise in Mißkredit gebracht wurde.

Zeitvorteil

Ein objektorientierter Ansatz bietet nun insbesondere durch die Abstraktionskonzepte Klassifizierung und Vererbung und vor allem durch die erheblich einfachere Änder- und Erweiterbarkeit der erstellten Modelle und auch der Prototypen mit graphischen Benutzeroberflächen die Möglichkeit, in kürzerer Zeit als bisher gut dokumentierte Versionen eines Fachentwurfs und diskussionsfähige Prototypen zu erstellen. Auch ein Team-orientiertes Lösen von Teilaufgaben wird fast optimal möglich. Idealerweise werden die Prototypen in einer objektorientierten Programmiersprache erstellt, so daß auch hier das mächtige Konzept der Wiederverwendung zum Einsatz kommt. Smalltalk hat hier als Programmiersprache und Entwicklungsumgebung eine weite Verbreitung auch für Systeme gefunden, die später in einer anderen Programmiersprache implementiert werden.

Früh beginnen

Es ist klar, daß bei evolutionärer Systementwicklung objektorientiert **begonnen** werden muß, wenn man objektorientierte Software erstellen will. Alte Software kann man nicht nachträglich objektorientiert machen (man kann auch nicht eine Kutsche inkrementell zur Concorde entwickeln).

---

[152] Vgl. z. B.: Connell, J. L.; Shafer, L. B.: Structured Rapid Prototyping: An Evolutionary Approach. Englewood Cliffs: Yourdon Press 1989.

Kontinuum
von
Aktivitäten

Eine evolutionäre Systementwicklung wird auch dadurch sehr erleichtert, daß den drei „Quadranten" fachliches Entwerfen, DV-spezifisches Entwerfen und Implementieren (s. Abb. 80) in der Objektorientierung ein einheitliches Strukturkonzept zugrunde liegt. Manche Autoren sprechen von objektorientierter Systementwicklung auch als einem „Kontinuum von Aktivitäten, das beide, Analyse und Entwurf, einschließt"[153]. Weil das Klassenmodell eines Fachentwurfs lediglich durch DV-spezifische Attribute, Methoden und Klassen ergänzt wird, lassen sich objektorientierte Systemanalyse und objektorientierter DV-Entwurf besser als entgegengesetzte Enden derselben Aktivität auffassen als zwei verschiedene Phasen, sie sind gewissermaßen „verschiedene Farben in einem Spektrum"[154]. Dies ist natürlich eine grundlegende Neuerung im Projektmanagement, und so ist es nicht verwunderlich, daß es in der Regel schwierig ist, das DV-Management von den grundsätzlichen Vorzügen einer evolutionären Vorgehensweise zu überzeugen. Auf der anderen Seite bedeutet das Verschwimmen der Grenzen zwischen Analyse und Entwurf sowie zwischen Entwurf und Implementierung aber auch, daß die Objektorientierung eine bessere Integration und Übereinstimmung von Problemformulierung und Lösungsformulierung ermöglicht.

Top-down-
Vorgehen

Gerade im Hinblick auf evolutionäre Systementwicklung und nahtlose Phasenübergänge wird in verschiedenen Publikationen behauptet, das Paradigma der Objektorientierung vertrage sich nicht mit dem traditionellen Top-down-Vorgehen. Das ist jedoch nur zum Teil richtig: Im Top-down-Vorgehen kann man mit objektorientierten Methoden nicht schlechter Software entwickeln als mit strukturierten Methoden. Aber eine evolutionäre Systementwicklung, die zumindest in der Theorie eine Reihe von Vorteilen bietet, ist mit objektorientierten Methoden wesentlich besser als mit strukturierten Methoden durchzuführen. Insofern vertragen sich objektorienterte Me-

---

[153] Martin, Robert: OOA und OOD in der Praxis. In: OBJEKTspektrum, 1. Jg., Nr. 2, Mai/Juni 1994, S. 35–41, hier: S. 40.
[154] Ebenda.

thoden mit evolutionärer Softwareentwicklung **besser** als mit dem Wasserfallmodell.

4.3.7.4

Inkrementelle Softwareentwicklung

Teilsysteme
zeitlich
versetzt

Ein weiteres Vorgehensmodell ist das der inkrementellen Entwicklung. Hier wird ein erstes Teilsystem analysiert, entworfen und implementiert. Zeitlich versetzt wird ein zweites, ergänzendes Teilsystem analysiert, entworfen und implementiert usw. Als Beispiel für ein Modell für inkrementelles Vorgehen soll hier kurz das Cluster-Modell vorgestellt werden, das Bertrand Meyer 1989 vorgeschlagen hat.[155]

Abb. 81:
Das Cluster-
Modell von
Bertrand
Meyer[156]

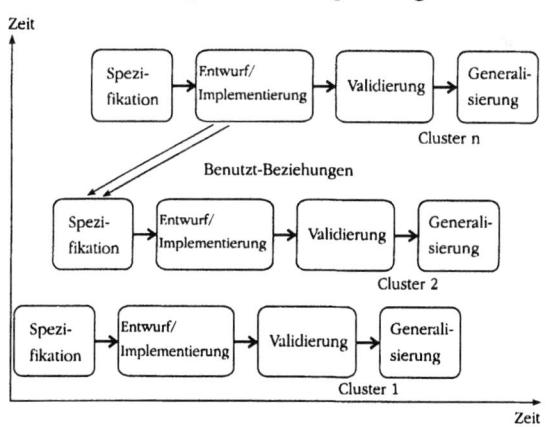

Cluster

Ein Cluster ist eine Gruppe von Klassen, die für eine gemeinsame Teilaufgabe benötigt werden, und entspricht damit einem Teilsystem. Meyer entwickelt die Cluster bottom-up: Zu-

---

[155] Meyer, Bertrand: From Structured Programming to Object-Oriented Design: The Road to Eiffel. In: Structured Programming, Vol. 10, No. 1, 1989, S. 19–39.

[156] Quelle: Meyer, Bertrand: The New Culture of Software Development. In: Journal of Object-Oriented Programming, Vol. 3, No. 4, November/December 1990, S. 76–81. Über das Cluster-Modell hat Meyer bereits in der folgenden Arbeit veröffentlicht: The New Culture of Software Development: Reflections on the Practice of Object-Oriented Design. In: Proceedings of the First International Conference on the Technology of Object-Oriented Languages and Systems (TOOLS), 1989, S. 13–23, hier: S. 22–23.

erst werden die allgemeinen Grundlagen-Cluster entwickelt, zuletzt die am meisten anwendungsspezifischen. Bemerkenswert ist ferner, daß DV-Entwurf und Implementierung zu einer Phase zusammengefaßt sind und daß die Generalisierung, also die Aufbereitung für spätere Wiederverwendung, hier in die laufende Entwicklung integriert ist. (Zu diesem Punkt vgl. jedoch S. 196 f.)

Ein solches Vorgehensmodell ist vor allem bei voraussichtlich instabilen Benutzeranforderungen oder generell bei lang dauernden Projekten vorteilhaft. Wenn man vier bis fünf Jahre mit mehreren hundert Entwicklern arbeitet, kann man nicht zwei Jahre warten, bis man eine Zeile kodiert. Hier ist inkrementelle Entwicklung eine adäquate Vorgehensweise, wenn sich das Gesamtsystem in möglichst unabhängige Teilsysteme zerlegen läßt. Kernobjekte bzw. Kernfunktionalitäten können früh realisiert und später ausgebaut werden. Hier kommt es maßgeblich darauf an, wie gut ein Fachentwurf, ein DV-Entwurf und eine Implementierung erweiterbar sind. In Kapitel 5.3.2 wird gezeigt, daß objektorientierte Ansätze in diesem Punkt strukturierten Methoden überlegen sind. Darüber hinaus wird eine inkrementelle Vorgehensweise durch das Abstraktionskonzept der Klassifizierung und durch Vererbung unterstützt.

Vorgehens-weisen kombinieren

Das Vorgehensmodell der inkrementellen Entwicklung sieht in seiner Reinform vor, daß einmal entwickelte Teilsysteme unverändert bleiben. Das wird wohl kaum immer so sein. In der Praxis werden daher die evolutionäre Vorgehensweise und die inkrementelle Entwicklung miteinander kombiniert werden.

4.3.8 Grenzen des objektorientierten Ansatzes

4.3.8.1 Temporäre Schwierigkeiten

Dem Paradigma der Objektorientierung werden zunächst einmal durch Schwierigkeiten Grenzen gesetzt, die vermutlich nur vorübergehend sind oder jeder neuen Technik anhaften:

Schulungs-
problem

Ganz offensichtlich ist das Schulungsproblem. Jedes neue Konzept kann nur in dem Umfang umgesetzt werden, wie Leute zur Verfügung stehen, die dieses Konzept kennen und auch umsetzen können. Trotz der mittlerweile mehr als 25 Jahre, die das Paradigma der Objektorientierung alt ist, ist heute immer noch ein Mangel an entsprechend qualifizierten Mitarbeitern festzustellen. Entwickler müssen nicht nur in technischen Dingen, sondern auch in den dazugehörigen kommunikativen Fähigkeiten geschult werden:[157] „Object-based development is very communication-intensive."[158] Das dürfte für viele eine schwierige Umstellung sein. Bei Entwicklern ist also eine Reihe von „mentalen Hürden"[159] zu überwinden. Franken schätzt allein die Umstellungszeit von prozeduraler auf objektorientierte „Denke" auf drei bis sechs Monate,[160] was dem Verfasser als sehr kurz vorkommt. Denn der Schulungsaufwand ist nicht zu unterschätzen: Neue Denkansätze, neue Terminologie und ggf. neue Programmiersprachen – das alles muß nicht nur erlernt, sondern auch eingeübt werden.[161] Auf der anderen Seite kann man bestimmtes Erfahrungswissen anscheinend auch übertragen: Erfahrene Entwickler, die mit „gesundem Menschenverstand" beurteilen können, welche Vorgehensweisen praktikabel sind, finden normalerweise auch Wege, diesen „gesunden

---

[157] Vgl. Kilberth & al. (1993), a. a. O., S. 118.

[158] Cook, T. W.: Retraining Business Organizations for the Object-Oriented Era. In: First Class (The Object Management Group Newsletter), Vol. IV, Issue II, March/April 1994, S. 11 u. 17, hier: S. 11.

[159] Kilberth & al. (1993), a. a. O., S. 118.

[160] Franken, Gerd: Neues Geschäft erfordert neue Methoden. Objektorientierte Anwendungsentwicklung im Gerling-Konzern. In: Focus 3/93 (Beilage zur „Computerwoche" vom 20. August 1993), S. 36–37, hier: S. 37.

[161] Ein Beispiel: „Wer gewohnt ist, Gemeinsames in Unterprogramme auszulagern, hat früher einen Aufruf an ein **Unter**programm abgesetzt und erbt nun von **oben**." Denert, Ernst: Objektorientierung: Weg aus der Softwarekrise? In: Online, Nr. 10, Oktober 1992, S. 50–52, hier: S. 52.

Menschenverstand" auf objektorientierte Vorgehensweisen zu übertragen.[162]

"OO-Feuerwehr"

Hinreichend geschultes Personal stellt jedoch einen entscheidenden Erfolgsfaktor und heute noch einen spürbaren Engpaß dar. Dies kann sich vor allem dann schmerzlich bemerkbar machen, wenn ein Projekt in Schwierigkeiten gerät: Während bei konventionellen Projekten in einem solchen Fall ein oder mehrere hervorragende Experten noch rettend eingreifen können, stehen solche "Talente" für OO-Projekte (wie generell bei Projekten mit neuen Techniken und Werkzeugen) unter Umständen nicht zur Verfügung.

Wiederverwendungswerkzeuge fehlen

Ein weiteres Problem liegt darin, daß die Objektorientierung von den Workstations kam und sich heute mehr in Richtung PC als zu Großrechnern hin entwickelt hat. Das hat zur Folge, daß eine Unterstützung über mehrere Plattformen (noch) selten gegeben ist. Die Werkzeugunterstützung generell ist lückenhaft, dünn und uneinheitlich. Es fehlen Werkzeuge zum Auffinden von Klassen – oder allgemeiner: Wiederverwendungswerkzeuge. Das Suchen und Verstehen von Komponenten und ihrer Beziehungen zueinander (!) muß durch Werkzeuge unterstützt werden. "Ohne Werkzeug muß man herumfragen oder in Katalogen oder in Nachschlagetafeln suchen."[163] Dieses Vorgehen ist bereits dann zu zeitaufwendig und ineffizient, wenn mehr als ein Dutzend Komponenten gefunden werden müssen. Finden ist die Voraussetzung für Wiederverwendung. Wenn das Suchen aber länger dauert als das Neuschreiben, bleibt die Wiederverwendung lediglich ein potentieller und theoretischer Vorteil der Objektorientierung. Objektorientierte Entwicklungsumgebungen integrieren Wiederverwendungswerkzeuge, die über die Funktionalität eines "Klassenbrowsers" (und der ist auch nicht überall selbstverständlich) weit hinausgehen, bislang äußerst selten.

---

[162] Vgl. Cook (1994), a. a. O., S. 11.

[163] Yglesias, Kathryn P.; Wappler, Thomas: Wozu dient ein Wiederverwendungswerkzeug? In: OBJEKTspektrum, 1. Jg., Nr. 3, Juli/August 1994, S. 46–48, hier: S. 46.

**Ausgereifte
Werkzeuge
fehlen**

Auch bietet der Markt derzeit noch keine ausgereiften Werkzeuge: Die Programme unterstützen die Methoden nicht immer vollständig. Sie laufen nicht stabil, haben Mängel in der Diagrammerstellung (vor allem die Linienführung bei den Beziehungen ist manchmal recht abenteuerlich) usw. Vor allem teamfähige Werkzeuge, die eine Durchgängigkeit über mehrere Phasen bieten, werden erst in den nächsten Jahren erhältlich sein. Eine reichhaltige, lückenlose und nach Möglichkeit weit verbreitete Werkzeugunterstützung ist jedoch für einen Einsatz auf breiter Basis unbedingt notwendig.

**Klassen-
bibliotheken**

**Rahmen-
werke**

Standards

Zur Werkzeugunterstützung gehören auch Klassenbibliotheken und Rahmenwerke[164]. Die Interoperabilität von verschiedenen Klassenbibliotheken ist jedoch noch nicht gegeben: Man kann sie nicht kombinieren, weil ihnen verschiedene Objektmodelle zugrunde liegen. Es kann auch schon bei einer neuen Version desselben Herstellers zu Schwierigkeiten kommen. Die fehlende Kompatibilität zwischen Objektmodellen verschiedener Hersteller – bzw. zwischen ihren „Inkarnationen", den Klassenbibliotheken – wird spätestens dann ein ernsthaftes Problem, wenn ein solches Objektmodell die Grundlage umfangreicher Iuk-Systeme ist und der Hersteller vom Markt verschwindet. Eine Standardisierung von wiederverwendbaren Bausteinen könnte hier Abhilfe schaffen. Dazu ist es aber bisher nicht gekommen – auch die Objektorientierung weist hier das Standard-Leiden der DV auf: das Fehlen von Standards. Standardisierungsbemühungen sind jedoch bereits im Gange. Hier wird vermutlich die OMG auch in Zukunft eine entscheidende Rolle spielen.[165]

Kosten

Zu den Trainings- und Schulungskosten und den Kosten für neue Entwicklungsumgebungen kommen daher mittelfristig noch die Kosten für den Aufbau eigener Klassenbibliotheken, wiederverwendbarer Objektmodelle bzw. Fachentwürfe hinzu. Dieser Aufbau ist ein sehr großer, wenn nicht der größte Kostenfaktor, bringt aber vermutlich auch langfristig den größten Gewinn. Die firmenübergreifende Wiederverwen-

---

[164] Siehe S. 276.
[165] Zu den Standards der OMG siehe S. 296.

dung von Modellen steckt zur Zeit noch in den Kinderschu-hen.[166] Die Entwicklung wiederverwendbarer Standardmodel-le ist daher ein lohnendes Aufgabengebiet der Wirtschaftsin-formatik.

**Projekt-
management**

Neben dem Personalmangel und den hohen Einstiegs- und Umstiegskosten gibt es Unsicherheiten im Projektmanage-ment: Man weiß noch nicht – zumindest nicht aus Erfah-rung –, wie objektorientierte Entwicklungsprojekte adäquat gemanagt werden. (Aber: „Man bedenke, daß selbst bei kon-ventionellen Entwicklungsprojekten Begriffe wie Leistungs-und Liefertreue oder Budgetverantwortung häufig noch Fremdwörter sind."[167]) Vorgehensmodelle für komplexe ob-jektorientierte Vorhaben sind erst im Entstehen begriffen und müssen ihre Praxistauglichkeit noch beweisen. Sneed stellt sogar in Frage, ob sich die objektorientierte Programmierung überhaupt auf große kommerzielle Informationssysteme übertragen läßt.[168] Als Begründung führt er die Komplexität der Vererbung und der Kommunikation über Nachrichten an. Durchgängige Wiederverwendungsstrategien sind bisher kaum entwickelt worden. Es ist auch keineswegs sicher, ob sich die Erfahrungen mit Wiederverwendung, die in kleinen Projekten gewonnen wurden, auf Systeme mit mehreren Dut-zend Entwicklern und einigen Millionen Programmzeilen übertragen lassen. Auch fehlen noch Verfahren zur Kosten-und Aufwandschätzung, die die spezifischen Konzepte Wie-derverwendung und Vererbung berücksichtigen. Der einzig mögliche Weg, den Zeitbedarf für Softwareentwicklungen zu schätzen, ist nun einmal, Ähnliches mit einem ähnlichen Pro-zeß (!) schon einmal getan zu haben.

---

[166] Koster, Rudolf: Nur wenige Methoden sind auch für umfangrei-che Projekte geeignet. Skalierbarkeit bleibt meistens außer acht. In: Computerwoche, 20. Jg., Nr. 31, 30. Juli 1993, S. 29–30, hier: S. 30.

[167] Hensel (1992), a. a. O., S. 20.

[168] Sneed, Harry M.: Fool bleibt Fool, da hilft kein Tool. In: Com-puterwoche, 19. Jg., Nr. 33, 14. August 1992, S. 8.

Prototyping ist riskant

Nach wie vor mit Risiko behaftet ist das Prototyping-orientierte Vorgehen. Zum einen führt es „häufig dazu, daß die Dokumentation vernachlässigt wird. Objektorientierte Systeme sind im allgemeinen nicht selbstdokumentierend"[169]. Zum anderen ist ein grundsätzlicher Einwand von McGinnes zu berücksichtigen:[170] In objektorientierten Ansätzen werden „Daten" und „Funktionen" gemeinsam entwickelt, während beim konventionellen Vorgehen lediglich die Funktionalität mit Hilfe von Prototypen entwickelt wird – die Datenstruktur wird vorher modelliert. Die Risiken, ein Datenbankschema mit Prototyping zu entwickeln, sind hinlänglich bekannt (man beachte die große Bedeutung der Datenmodellierung, der Daten- und Datenbank-Administratoren in vielen Unternehmen), und es besteht die Gefahr, daß diese Risiken auch im „objektorientierten Gegenstück" vorhanden sind.[171]

Methoden noch nicht ausgereift

Auch nach mehr als fünf Jahren kann keine Rede davon sein, daß die objektorientierten Analysemethoden ausgereift sind. Der Schwerpunkt der Methodenentwicklung liegt mehr auf Innovation und weniger auf Stabilisierung. Es gibt noch sehr viele Methoden, und sie nähern sich erst in letzter Zeit einander an. Peter Coad und James Rumbaugh bringen auf ihren Schulungen immer wieder Weiterentwicklungen ihrer Methoden, die noch nicht publiziert wurden – und natürlich auch noch nicht in den Werkzeugen zu finden sind. Coad – aber nicht nur er – widmet sich z. B. verstärkt sog. Entwurfsmu-

---

[169] Lehner, Franz; Sikora, Hermann: Ergebnisse einer Untersuchung über Objektorientierte Softwareentwicklung. In: Information Management, 9. Jg., Nr. 1, Februar 1994, S. 36–45, hier: S. 45.

[170] McGinnes, Simon: How Objective is Object-Oriented Analysis? In: Loucopoulos, P. (Hrsg.): Advanced Information Systems Engineering, 4th International Conference CAiSE '92, Manchester, UK, May 1992, Proceedings, Lecture Notes in Computer Science 593, Berlin u. a.: Springer 1992, S. 1–16, hier: S. 10.

[171] Dem ist entgegenzuhalten, daß es hier um Wegwerfprototypen geht, die lediglich als Spezifikationshilfe gedacht sind. Darüber hinaus verschieben Prototypen den Charakter von Anforderungen weg vom *Vorschreibenden* hin zum *Beschreibenden*. (Vgl. Coad/Yourdon (1991a), a. a. O., S. 60.)

stern.[172] Rumbaugh hat von Ivar Jacobson die Fallbeispiele („use cases") übernommen.[173] Auch Ferstl und Sinz forschen noch weiter an ihrem Semantischen Objektmodell.

Objekte finden

Nach wie vor problematisch ist das Finden wirklich geeigneter Objekte. Coad/Yourdon geben zwar eine Reihe von Ratschlägen,[174] aber die Hinweise zum Modellieren im Hinblick auf späteres Wiederverwenden und zum Wiederverwenden bereits vorhandener Komponenten sind spärlich. Die Methoden sind auch fast ausschließlich auf Neuentwicklungen ausgelegt; das größte Problem in den Betrieben ist aber die Wartung von Altsoftware und die Einbettung in vorhandene Systeme.

Bewertungskriterien

Auch fehlen noch Kriterien für die Bewertung eines Entwurfs: Was macht ein gutes Objektmodell, einen guten objektorientierten Fachentwurf aus? Wilkie nennt einige Faustregeln:[175]

* Die Vererbungshierarchie sollte zwischen fünf und neun Stufen tief sein.[176]

---

[172] Vgl. Coad, Peter: Object-Oriented Patterns. In: Communications of the ACM, Vol. 35, No. 9, September 1992, S. 152–159. Diese Entwurfsmuster und Heuristiken zum Auffinden dieser Muster werden in seinem Buch weiter ausgebaut, das Ende 1994 erscheinen soll. Coad war vermutlich der erste, der über Entwurfsmuster publiziert hat. Zu Entwurfsmustern am Beispiel der Object Modeling Technique siehe Buschmann, Frank; Meunier, Regine: Software-Konstruktion mit Entwurfsmustern. In: OBJEKTspektrum, 1. Jg., Nr. 5, November/Dezember 1994, S. 48–57. Ein allgemeiner Aufsatz mit vielen Hinweisen ist Booch, Grady: Entwurfsmuster. In: OBJEKTspektrum, 1. Jg., Nr. 1, März/April 1994, S. 14–18.

[173] Vgl. Jacobson, Ivar; Christerson, Magnus; Jonsson, Patrik; Övergaard, Gunnar: Object-Oriented Software Engineering. A Use Case Driven Approach. Wokingham u. a.: Addison-Wesley 1992, und Kavanagh, Don: Der OMT-Entwicklungsprozeß im Jahr 1994. In: OBJEKTspektrum, 1. Jg., Nr. 4, September/Oktober 1994, S. 59–65.

[174] Coad/Yourdon (1991a), a. a. O., S. 60–72.

[175] Wilkie (1994), a. a. O., S. 150 f.

- Es sollte keine Klasse geben, die keine Datenstrukturen und nur eine oder zwei Methoden enthält.

- Ein Objekt A sollte keine Nachricht an eine Komponente eines Objekts B senden, sondern an B selbst. B kommuniziert dann intern mit seiner Komponente.

Auch Arthur Riel hat einige Heuristiken entwickelt.[177] Aber Heuristiken sind keine objektiven und allgemeingültigen Kriterien. Vor allem sind sie nicht meßbar. Herkömmliche Metriken sind wegen der Spezifika objektorientierter Ansätze nicht oder nur bedingt einsetzbar. Kathrin Kuhlmann hat daher einen Katalog objektorientierter Qualitätsmaße entwickelt.[178] Sie zählt und gewichtet Attribute pro Klasse, zählt die von einer Klasse abgeleiteten Klassen und die nicht vererbungsbedingten Beziehungen zwischen Klassen und vieles mehr. Das alles ist sinnvoll, um Entwürfe zu vergleichen und vorläufig zu bewerten. Trotz solcher Kennzahlen ist noch nicht klar, was einen wirklich guten Entwurf kennzeichnet.

OO-Einführung noch risikobehaftet

Die Unreife der Methoden, die Unsicherheiten im Projektmanagement und die Unklarheiten bei der Bewertung erstellter Modelle führen zu Imponderabilien in der Aufwandschätzung und damit in der Kostenberechnung. Generell fehlt bisher noch ein „klarer, verständlicher und risikoarmer Fahrplan"[179] für die Einführung einer objektorientierten Vorgehensweise.

Die in diesem Abschnitt genannten Schwierigkeiten und Grenzen sind in dieser oder ähnlicher Form bei jeder Einfüh-

---

[176] Hier taucht wieder Millers „7±2"-Gesetz auf. – Ob sich allerdings Projekte beliebiger Größenordnung in dieses Prokrustesbett zwingen lassen, darf bezweifelt werden.

[177] Riel, Arthur: Heuristics for Object-Oriented Analysis and Design. Tagungsunterlagen zur Software DevCon '94 (veranstaltet von SIGS Conferences GmbH, München), Wiesbaden, 20.–24. Juni 1994.

[178] Kuhlmann, Kathrin: Ein Katalog objektorientierter Qualitätsmaße. Diskussionspapier 2-94 des Lehrstuhls für Wirtschaftsinformatik III Prof. Dr. Martin Schader, Universität Mannheim.

[179] Reeves, Cliff: Warum Objekte? Warum gerade jetzt? In: OBJEKTspektrum, 1. Jg., Nr. 1, März/April 1994, S. 41–42.

rung einer neuen Technik zu erwarten, und es ist anzuneh-
men, daß sie im Laufe der Zeit beherrscht werden. Im folgenden Abschnitt werden die „systemimmanenten" Schwierigkeiten objektorientierter Ansätze dargelegt, deren Lösung
vermutlich größeren Forschungsaufwand erfordert.

4.3.8.2   **Spezifische Schwierigkeiten**

Prozedurale
Betrachtung
als Einstieg

Objektorientierte Vorgehensweisen haben auch ihre spezifischen Schwierigkeiten. Dies beginnt bereits damit, daß als
erster Einstieg – für Puristen horribile dictu – die prozedurale
Betrachtung näherliegt: Anwender sehen alles in einer Kette
von Vorgängen, im Ablauf. Sie beschreiben, was sie **tun,** und
nicht vorrangig, **womit** sie es tun. Dies ist bei genauer Betrachtung jedoch nur ein Anfangsphänomen und keine wirk-
liche Schwierigkeit. Denn diese Beschreibungen sind durchaus auch als Grundlage für die Erstellung eines Objektmodells geeignet, und es kann auch nicht Sinn und Zweck einer
Methode zur Erarbeitung eines Fachentwurfes sein, eine erste
Problembeschreibung – oder ihr Paradigma – unverändert zu
übernehmen. Es geht vielmehr darum, ein Strukturkonzept
anzuwenden, das stabil gegenüber Änderungen der Problembeschreibung und Anforderungen ist, das das tendenziell Un-
veränderliche in den Vordergrund stellt und vom eher Änderungen Unterworfenen abstrahiert. Tätigkeiten und Ablauffol-
gen mögen das erste sein, was den Angehörigen der
Fachabteilung einfällt – das Stabilste im betrieblichen Geschehen sind die Dinge, mit denen man umgeht, und weniger die Art des Umgangs mit ihnen. Um die stabilen Dinge
herum sollte ein Fachentwurf gebaut werden, und das sind
die Objekte.

Verständlich-
keit

Ein weiterer Punkt betrifft die Verständlichkeit objektorientierter Modelle. Christina Kirsch kam in einer Untersuchung zu
dem Ergebnis, daß sie zu formal seien:

> Entity-Relationship-Modelle oder Objekttypenmodelle wei-
> sen eine zu abstrakte Formalisierungsvorschrift auf, von
> der die Fachvertreter in der Gruppendiskussion ständig
> abweichen, da sie nicht deren normalen Sprachgewohn-
> heiten entspricht. Die Primäraufgabe (Konkretisierung der

Informationsobjekte, Definition derselben, Zuordnung charakterisierender und beschreibender Attribute) beansprucht bereits die volle Aufmerksamkeit der Workshop-Teilnehmer. Das Erlernen und die ständige Beachtung der Semantik von formalen semantischen Datenmodellen würde die Problemlösekapazität der einzelnen Teilnehmer überlasten.[180]

Auch viele Praktiker berichten, daß sie ihren Kunden ein Entity-Relationship-Diagramm oft nicht „zumuten" können. Dies gilt dann sicher auch für Objektmodelle, die ja als erweiterte Entity-Relationship-Modelle aufgefaßt werden können. Der Formalisierungsgrad objektorientierter Modelle kann also unter Umständen zum Problem werden. Dann ist allerdings zu fragen, was die Alternative ist: Diagramme wurden ja gerade entwickelt, um die Anforderungsdefinitionen in Volltextform mit all ihren Nachteilen abzulösen.[181]

Grenzen der Benutzerbeteiligung

Etwas nachdenklicher macht schon die Beobachtung von Kilberth et al., daß auch bei der von ihnen praktizierten evolutionären und kooperativen Entwicklung die Benutzer selten in der Lage sind, „Vorschläge für die Gestaltung noch nicht vorhandener technischer Aspekte zu machen oder in den Texten alle Inkonsistenzen und Ungenauigkeiten zu entdecken"[182]. Auch bei objektorientierter Vorgehensweise ist also nicht zu erwarten, daß die Überprüfung der Anforderungsdefinition auf Richtigkeit und Vollständigkeit fehlerlos möglich ist. Objektorientierte Ansätze bieten für diese Überprüfung jedoch wegen der größeren fachlichen Nähe eine wesentlich bessere Voraussetzung als konventionelle Ansätze.

---

[180] Zitiert nach Kirsch (1991), a. a. O., S. 102.

[181] Vgl. S. 61.

[182] Kilberth & al. (1993), a. a. O., S. 119. Hierzu ist anzumerken, daß die Verfasser bei der Kommunikation mit der Fachabteilung keine Objektdiagramme verwenden, sondern „Szenarios" und „Systemvisionen" in Volltextform. Sie sehen in der „scheinbar mangelnden Formalisierung" (S. 100) eine besondere Stärke, da das „epische Moment" von Schriftsprache genutzt werden könne (ebd.).

**Unterschied-
liche Abstrak-
tionsebenen**

Objektorientierte Ansätze unterstützen zwar alle ein Top-down-Vorgehen, die Mittel dazu sind u. a. Klassifizierung, Aggregation und Sachgruppen. Für große Projekte sind jedoch mehrere Abstraktionsebenen nötig. Im Fertigungsbereich sind beispielsweise eine Fertigungsstätte, eine einzelne Auftragsposition, eine Maschine und ein monatlicher Bericht Klassenkandidaten für eine Analyse. Sie befinden sich aber auf verschiedenen Betrachtungsebenen des Problembereichs. Das Finden und Definieren von Abstraktionsebenen und das Finden von Objekten in einem solchen „Schichtenansatz" sind noch ein Gebiet der Forschung. Das Problem dabei ist, daß man bei der Objektorientierung sozusagen Objekte braucht, die „gleicher" sind als andere: Wenn mehrere Objekte einer Abstraktionsstufe zu einem Objekt höherer Abstraktionsstufe zusammengefaßt werden, soll auch dieses Objekt eine gekapselte funktionale Einheit darstellen.[183] Bisher sind noch keine Mittel und Wege dazu gefunden worden, im Gegenteil: Bereits bei der Aggregation können externe Objekte auf die Komponenten eines anderen Objekts unmittelbar zugreifen, was der Idee der Objektorientierung widerspricht. Das Fehlen von Abstraktionsebenen hat auch zur Folge, daß sich Objektmodelle ebenso schlecht – oder positiv ausgedrückt: nur genauso gut – verdichten lassen wie Datenmodelle.[184]

**Abstraktions-
grad für
Objekte**

Beim Entwerfen einer einzelnen Klasse muß zwischen optimaler Eignung für das laufende Projekt und Wiederverwendbarkeit in folgenden Projekten abgewogen werden.[185] Das

---

[183] Ein Ansatz hierzu sind die sog. „ensembles" von Denis de Champeaux: Champeaux, Dennis de: Object-Oriented Analysis and Top-Down Software Development. In: America, Pierre (Hrsg.): ECOOP ´91 European Conference on Object-Oriented Programming, Geneva, Switzerland, July 15–19, 1991, Proceedings, Berlin u. a.: Springer 1992, S. 360–376.

[184] Zur Datenmodellverdichtung siehe Mistelbauer (1991), a. a. O.

[185] Es besteht die Gefahr, daß man zu viele „Schlafsofas" baut: Sie haben einen hohen Grad an Wiederverwendbarkeit, sind aber für keine Anwendung optimal geeignet. Vgl. Hazeltine, Nelson; Hilgenberg, Tim; Philip, Reed; Taylor, David; Vaishnavi, Vijay: Managing the Transition to Object-Oriented Technology. In:

Abwägen über den sinnvollen Grad der Abstraktion von Objekten des Anwendungsbereichs verlangt ein Urteilsvermögen, das man erst nach langer Erfahrung erwirbt. Auch wenn eine Klasse sinnvoll definiert wurde, kann es Schwierigkeiten mit ihren Objekten geben: Dann nämlich, wenn ein Objekt seine Klasse wechseln soll. Dies ist z. B. dann der Fall, wenn ein Mitarbeiter, der vorher „Angestellter" war, ausscheidet, aber als Mitglied der Klasse „freier Mitarbeiter" weiterhin für das Unternehmen tätig ist. Eine solche dynamische Klassifizierung bereits vorhandener, konkreter Objekte, wie sie auch bei jeder Neuorganisation im Unternehmen notwendig ist, wird bislang von keiner objektorientierten Programmiersprache und (daher?) von keiner objektorientierten Analysemethode unterstützt.[186]

Mangelhafte Beschreibung der Dynamik

Eine spezifische Schwäche objektorientierter Ansätze – und vielleicht ihre größte – ist die mangelhafte Beschreibung der Dynamik. Hier steht die Wissenschaft noch ganz am Anfang. Zustandsübergangs-Diagramme und Petri-Netze lassen sich auch nicht ansatzweise mit dem Konzept der Vererbung vereinbaren. Vorgänge, die auf einem OOA-Modell ablaufen, können dort nicht dargestellt werden, weil kaum nachvollziehbar ist, welches Ereignis welche Kette auslöst. Kontinuierliche Prozesse und Operationen über mehreren Objekten – oder besser: Operationen, an denen mehrere Objekte beteiligt sind, aber nicht sinnvoll einem einzigen Objekt zugeordnet werden können – sind Dinge, die objektorientierte Ansätze nur schwer darstellen können. Das globale Systemverhalten objektorientierter Modelle ist auch aus demselben Grund nur schwer zu verstehen, aus dem verteilte Systeme nur schwer zu verstehen sind: Es passiert zuviel an zu vielen Stellen, und das unter Umständen auch nichtdeterministisch.

OOPS Messenger, Vol. 3, No. 4, October 1992, S. 55–62, hier: S. 62.

[186] Auf das Problem der dynamischen Klassifizierung hat James Odell hingewiesen: Odell, James J.: Dynamic and multiple classification. In: Journal of Object-Oriented Programming, Vol. 4, No. 8, January 1992, S. 45–48.

Objekte sind autonom

Eine Ursache des Problems liegt in der durch Kapselung bedingten Autonomie der Objekte. Von Protagonisten objektorientierter Methoden hört man oft die Auffassung, daß ein objektorientiertes System aus Objekten bestehe, von denen jedes sein eigenes „Drehbuch" besitze; wenn man jedes „Drehbuch" spezifiziert habe, habe man auch das ganze System spezifiziert.[187] Vollkommen autonome Objekte (Programme, Menschen oder was auch immer) sind jedoch ein System „kollektiver Verantwortungslosigkeit"[188] und sehr schwer zur Zusammenarbeit zu bringen. Ohne Mechanismen für eine Kooperation ist man bei der Darstellung des Systemverhaltens auf das beschränkt, was von einem einzelnen Objekt getan wird.[189]

Visualisierung von Objektverhalten

Zur Visualisierung von Objektverhalten sind statische Papiermodelle (auch wenn sie auf dem Bildschirm abgebildet werden) nur bedingt geeignet. Tsichritzis schlägt in Anlehnung an L. Dami vor, daß das Objektverhalten audiovisuell durch animierte Cartoons oder auch Musik wiedergegeben wird.[190] Bewegte Graphik und Tonfolgen bieten zumindest die Mög-

---

[187] Es ist aber eine altbekannte Tatsache, daß das Ganze mehr ist als die Summe seiner Teile, und der aufmerksame Leser fragt sich, warum im Theater immer noch ein Regisseur und viele Proben notwendig sind, auch wenn jeder Schauspieler seine Rolle beherrscht. Die oben beschriebene Auffassung hört man auch eher auf Schulungen und weniger in wissenschaftlichen Veröffentlichungen.

[188] Die Auffassung „Wenn jeder an sich denkt, ist auch an alle gedacht!" ist nun einmal irrig.

[189] Tsichritzis, D. C.; Nierstrasz, O. M.: Directions in Object-Oriented Research. In: Kim, Won; Lochovsky, Frederick H. (Hrsg.): Object-Oriented Concepts, Databases, and Applications. New York: ACM Press, und Reading: Addison-Wesley 1989, S. 523–536, hier: S. 534.

[190] Tsichritzis, D.: Object-Oriented Development for Open Systems. In: Ritter, G. X. (Hrsg.): Information Processing '89, Proceedings of the IFIP 11th World Computer Congress. Amsterdam: North-Holland 1989, S. 1033–1040, hier: S. 1038. Tsichritzis zitiert in diesem Zusammenhang: „L. Dami, 'Musical Scripts', in *Active Object Environments*, ed. D.C. Tsichritzis, pp. 162-171, Centre Universitaire d'Informatique, University of Geneva, June 1988."

lichkeit, Veränderungen im Zeitablauf – also Dynamik – zu vermitteln. Aber damit ist noch nicht das Problem gelöst, das Verhalten des Gesamtsystems zu visualisieren. Dies wird ohne eine Simulation wohl auch nicht möglich sein. Heute wird die Systemdynamik jedoch (u. a.) noch durch Nachrichtenverbindungen modelliert, die in gewisser Hinsicht eine Form des „Go to" sind. Spätere Softwareingenieure könnten die heutigen wegen der „Spaghetti-Nachrichtenverbindungen" kritisieren.

Anbindung an relationale Datenbanken

Im vorangegangenen Abschnitt wurde erwähnt, daß bei der Entwicklung objektorientierter Systeme in der Regel Schnittstellen zu bestehenden Systemen entwickelt werden müssen. An dieser Stelle muß darauf hingewiesen werden, daß die Anbindung eines objektorientierten Systems an eine relationale Datenbank zwar mit großem Aufwand möglich ist,[191] aber einen Konzeptbruch darstellt: Den Klassen werden ihre Methoden „amputiert", Vererbungsbäume werden „flachgedrückt" (dabei werden die Primärschlüssel entweder zur Wurzel oder zu den Blättern hin „durchgereicht"), und bei der Normalisierung werden die Objekte in mehrere Tabellen bzw. deren Tupel demontiert. Aufgrund der weiten Verbreitung relationaler Datenbanken und des in sie gesteckten Entwicklungsaufwandes wird man jedoch noch einige Jahre mit der prinzipiellen Schwierigkeit, objektorientierte Analysemodelle in diese Datenbanken zu überführen, leben müssen.

Altsysteme

Auch die Integration monolithischer Altsysteme bereitet Schwierigkeiten. Zwar besteht die Möglichkeit, sie mit Hilfe der sog. Wrapper-Technik sozusagen in eine objektorientierte Schicht „einzuwickeln", aber: „Wer sich von der Objektorientierung ein Allheilmittel gegen seine 'organisch gewachsenen' DV-Altlasten erhofft, wird enttäuscht werden."[192]

---

[191] Rumbaugh & al. (1991), a. a. O., widmen diesem Thema ein eigenes Kapitel.

[192] Peltzer, Michael: Objektorientiertes Design – die Realisierung des Machbaren. In: Computerwoche, 18. Jg., Nr. 35, 30. August 1991, S. 16–18.

Gefahren

Die Objektorientierung hat viele Vorteile, die in dieser Arbeit bereits angesprochen wurden und in Kapitel 5 noch eingehender behandelt werden. Es dürfte aber auch klar geworden sein, daß diese Vorteile durch die oben beschriebenen Probleme unter (schlechten) Umständen teilweise oder sogar vollständig kompensiert werden. Gerade wegen des fließenden Übergangs von der Analyse zum DV-Entwurf und weiter zur Implementierung schlägt eine schlechte Strukturierung im Fachentwurf voll auf die Softwarearchitektur durch. Es ist auch sehr leicht möglich, objektorientierte Konzepte falsch einzusetzen (z. B. die Vererbung als „Codekopierer", vgl. S. 181, Fußnote 113) und am Ende in einer schlechteren Situation zu sein als vorher mit strukturierten Methoden, die man besser beherrschte. Gerade das für Prototypen häufig eingesetzte „Smalltalk birgt in seiner Anwendung Gefahren, die man in anderen, traditionellen Programmierverfahren besser zu beherrschen gelernt hat"[193].

4.3.8.3   Zu geeigneten und ungeeigneten Anwendungsgebieten objektorientierten Entwerfens

Geeignete Anwendungs-gebiete

Die Stärken des Paradigmas der Objektorientierung deuten zugleich auch auf prädestinierte Einsatzgebiete für objektorientiertes fachliches Entwerfen hin. Auch der Name der ersten objektorientierten Programmiersprache, SIMULA, nennt ein Gebiet, auf dem ein objektorientierter Ansatz vorteilhaft sein kann: die Simulation.[194] Grund dafür ist vor allem die Kapselung von Daten und Funktionen zu Bausteinen, die miteinander agieren können und damit die Grundlage für ein Modell der Realität sind, wie es jeder Simulation zugrunde liegt.

---

[193] Hoffmann, Hans-Jürgen: Smalltalk verstehen und anwenden. Mit Beiträgen von Reinhard Budde [...]. München, Wien: Hanser 1987, S. 2.

[194] Die erste reale Problemstellung, die mit Hilfe eines objektorientierten Softwaresystems gelöst wurde, war auch die **Simulation** der Passagierabfertigung des Osloer Flughafens. Dies ist jedenfalls einem Quiz in der Zeitschrift OBJEKTspektrum zu entnehmen (Buschmann, Frank: OO-Quiz. In: OBJEKTspektrum, 1. Jg., Nr. 2, Mai/Juni 1994, S. 93 u. 44).

Diese Kapselung, durch die Objekte Dienstleistungen zur
Verfügung stellen und auch Dienstleistungen anderer Objekte
nutzen können, steht in erkennbarem Einklang mit dem
Client/Server-Prinzip, das ebenfalls Leistungsanbieter und
Leistungsabnehmer kennt. **Verteilte Systeme** sind generell
ein Anwendungsgebiet für objektorientiertes Entwerfen.[195]
Auch **Multimedia-Systeme** bestehen aus verschiedenen selb-
ständigen Komponenten, die über klar definierte Schnittstellen einander Dienstleistungen zur Verfügung stellen, und sind
daher ein bevorzugtes Einsatzgebiet objektorientierter Vorgehensweisen.

Die bei sorgfältigem Entwerfen gute Wiederverwendbarkeit
einmal erstellter Klassen, das Vorhandensein von Klassenbibliotheken (bisher noch vor allem für Programmiersprachen)
und die leichte Änderbarkeit objektorientierter Systeme in
Verbindung mit Prototyping-orientiertem Vorgehen sind die
Ursache dafür, daß **Wertpapierhändler an Börsen** zunehmend objektorientierte Systeme nutzen. Diese Systeme sind in
der Regel nicht sehr umfangreich, müssen aber oft innerhalb
weniger Tage oder Wochen entwickelt werden und haben
auch nur eine kurze Lebensdauer. Die Geschwindigkeit, mit
der eine geforderte Anwendung realisiert werden kann, ist
hier jedoch von ausschlaggebender Bedeutung.

Die gute Unterstützung evolutionärer Systementwicklung und
die gute Änder- und Erweiterbarkeit machen auch **Executive
Information Systems (EIS)** zu einem geeigneten Einsatzfeld
objektorientierten Vorgehens. Jürgen Schröder hat die Erfahrung gemacht, daß traditionelle Methoden hier nicht ausrei-

---

[195] Für einen Fachentwurf spielt es natürlich kaum eine Rolle, ob
das zu entwickelnde Anwendungssystem ein Client/Server-Sy-
stem sein wird oder nicht: Das wird erst beim DV-Entwurf berücksichtigt. Wenn sich aber ein Client/Server-System am besten
objektorientiert entwerfen läßt, ist es von Vorteil, wenn auch
der Fachentwurf objektorientiert erstellt wurde, weil dieser dann
nahtlos in einen objektorientierten DV-Entwurf überführt werden kann.

chen.[196] Er begründet es damit, daß ein EIS „lebt, es wächst und verändert sich mit dem Unternehmen, dessen 'Pulsschlag' es ja repräsentiert"[197]. Ein EIS müsse schnell erstellt werden, auf wechselnde Anforderungen bezüglich der Datenstrukturen und Funktionalität müsse sehr schnell reagiert werden.[198] Wenn man vorzeigbare Ergebnisse schnell vorlegen und zügig ausbauen können muß, ist ein traditionelles Vorgehen mit Analyse, Entwurf und Implementierung nicht mehr adäquat. Schröder zieht nicht den Schluß, daß die Objektorientierung für die Entwicklung von EIS der richtige Weg ist, aber die von ihm aufgezeigten kritischen Erfolgsfaktoren sind gerade die Stärken objektorientierter Ansätze.

Die Möglichkeit, Softwaresystem und Organisation mit demselben Leitbild zu modellieren (vgl. S. 188), begründen die Eignung objektorientierter Ansätze zur Entwicklung von **Groupware.** Hier spielen auch die für Simulationen wichtigen Aspekte, die Vorteile bei der Entwicklung verteilter Systeme und die Flexibilität objektorientierter Systeme eine entscheidende Rolle.

Auf die im Vergleich zu traditionellen Ansätzen bessere Eignung objektorientierter Vorgehensweisen zur Entwicklung **graphischer Benutzeroberflächen** wurde bereits auf S. 186 f. hingewiesen. Die Elemente graphischer Benutzeroberflächen lassen sich als Objekte modellieren und den Objekten des Fachentwurfs zuordnen.

Es gibt also eine Reihe von Einsatzfällen, wo die Objektorientierung das geeignete Strukturierungskonzept ist. Auch für die meisten **kommerziellen konventionellen, datenbankgestützten Anwendungssysteme** sind objektorientierte Ansätze prinzipiell nicht weniger gut geeignet als traditionelle. Hier ist jedoch eine einfache zeichenorientierte Benutzer-

---

[196] Siehe Schröder, Jürgen: Traditionelle Design-Methoden reichen nicht. Die Erfahrungen von Sandoz in Sachen EIS. In: Extra 5/92 (Beilage zur „Computerwoche" vom 6. November 1992), S. 21–27.

[197] Ebenda, S. 21.

[198] Vgl. ebd.

oberfläche oft die kostengünstigste Lösung. Die Vorteile der Objektorientierung sind in dieser Hinsicht also so gering, daß angesichts der noch nicht ganz ausgereiften Methoden und Technik ein Abwarten noch angeraten scheint.

Ungeeignete Anwendungsgebiete

Der Versuch, jede Arbeit mit demselben Werkzeug zu erledigen, wird immer zu mittelmäßigen und nicht zu optimalen Ergebnissen führen, und für jemanden, der einen neuen Hammer hat, sieht manchmal alles in der Welt wie ein Nagel aus. Es ist daher wichtig, auch die Gebiete zu kennen, auf denen der Einsatz objektorientierter Analysemethoden keinen Vorteil oder sogar Nachteile bringt.

Wenn Objektorientierung z. B. mittels reaktiver Systeme mehr **Flexibilität und Autonomie** ermöglicht, sollte man objektorientierte Verfahren auch nur dort einsetzen, wo diese Flexibilität und Autonomie erwünscht ist. Arbeitsplätze, an denen **Eingaben einem starren Muster folgen** sollen, können duch reaktive Systeme nicht verbessert werden – im Gegenteil: Es werden Möglichkeiten geschaffen, Fehler zu machen. **Strukturierte, anweisungsorientierte Abläufe,** wie sie z. B. Software für Buchungsvorgänge im Rechnungswesen zugrunde liegen, werden daher am besten mit traditionellen strukturierten Methoden modelliert.

Systemnahe Geräte- oder Netzwerktreiber wird man sicher auch nicht objektorientiert entwerfen, obwohl das sicher möglich wäre. Aufgrund der mit der Objektorientierung verfolgten Ziele Wiederverwendbarkeit, Erweiterbarkeit und Wartbarkeit sind objektorientierten Systemen Performanceeinbußen bis zu einem gewissen Grade systemimmanent – hier aber kommt es auf höchste Effizienz an. Die Objektorientierung ist für solche Anwendungen semantisch „zu hoch angesiedelt". Solche Treiber sind aber Beispiele für einzelne Objekte, die in einem größeren System vorkommen können, das wiederum durchaus objektorientiert entworfen sein kann.

Die Objektorientierung baut auf Kapseln aus Daten und Funktionen auf. Sie ist daher nicht angebracht, wenn ein Teil dieser Kapsel fast fehlt. Aus diesem Grunde sind reine **"Number Cruncher"-Anwendungen,** die nur wenige Daten benötigen, aber eine aufwendige Funktionalität zur Verfügung stellen, ebensowenig geeignet wie **reine Datenbankanwendungen,** die komplizierte Datenbeziehungen widerspiegeln, aber so gut wie keine Berechnungen durchführen.[199]

Fazit

Mit zunehmender Reife objektorientierter Entwurfsverfahren und wachsender Projekterfahrung werden die Felder geeigneten und ungeeigneten Einsatzes objektorientierter Entwurfsverfahren sicher noch schärfer konturiert werden. Auch die Grenzen des neuen Paradigmas werden noch klarer zutage treten. Daß die im Zusammenhang mit der Objektorientierung auftretenden Schwierigkeiten aber auch überwunden werden können, zeigen die Erfahrungsberichte aus der industriellen Praxis, die das folgende Kapitel einleiten.

---

[199]Bei den hier genannten Datenbankanwendungen sind objektorientierte Ansätze jedoch immer noch aussagekräftiger als strukturierte Methoden, weil jene den Schwerpunkt auf die hier kaum vorliegenden Funktionen legen.

5 Kritischer Vergleich traditioneller und objektorientierter Analysekonzepte

5.1 Erfahrungsberichte aus der Praxis

5.1.1 KHK Software: X-LINE

Unternehmen und Produkt: Die Firma KHK Software GmbH & Co. KG, Frankfurt (Main), stellt Software für Klein- und Mittelbetriebe sowie für Privatleute her. Im zweiten Halbjahr des Jahres 1991 sah die Firma Marktchancen bei mittelständischen Betrieben, die ihre Mittlere Datentechnik und die dazugehörige Software, „die praktisch heruntergezogene Mainframe-Software war"[1], ersetzen wollten. Für den Einsatz auf Unix-Servern entwickelte KHK daraufhin die Produktfamilie X-LINE für Unternehmen aus Handel, Dienstleistung und Industrie mit etwa 100 bis 1 000 Mitarbeitern.[2] Bisher sind die Module „Auftragsbearbeitung", „Rechnungs- wesen" und „Personalwesen" realisiert. Seit dem 1. Juli dieses Jahres wird die Software – ausschließlich – über Systempartner vertrieben, die den Quellcode der Entwicklungs- und Anwendungspakete sowie das entsprechende Know-how erhalten und dann die Software beliebig an die individuellen Bedürfnisse ihrer Kunden anpassen und vervielfältigen können. Dieses „revolutionäre Vertriebskonzept" der „Free Licence" gibt dem Systemhaus praktisch alle Rechte an der

---

[1] Die Ausführungen dieses Kapitels beruhen auf einem Gespräch mit Thilo Schmid, Projektleiter für X-LINE, am 20.10.1994. Alle Zitate in diesem Kapitel sind Aussagen von Herrn Schmid.

[2] Damit ist die Zielgruppe eine andere als die für R/3 von SAP. „Aber wir werden uns mit Sicherheit später einmal begegnen: SAP wird kleinere Firmen als bisher ansprechen und wir größere."

Software, die es auch bei einer Eigenentwicklung hätte (nur der Verkauf an andere Systemhäuser ist ihm untersagt), und ermöglicht ihm frühzeitig eine einfache Kalkulation. Normalerweise muß bei jeder Endkundeninstallation ein gewisser Betrag an den Softwarehersteller gezahlt werden. Voraussichtlich im Frühjahr 1995 werden die ersten Endanwender mit X-LINE arbeiten.

Gründe, den Einsatz objektorientierter Techniken zu erwägen: Von Anfang an war es ein Entwicklungsziel, möglichst plattformunabhängig zu sein und die sog. „Releaseproblematik" zu lösen.[3] Bisher erforderte es einen großen Aufwand, alle Individualanpassungen über verschiedene Releasestände vorzuhalten. Darüber hinaus versprach man sich von der Flexibilität eines Smalltalk-Systems und der Möglichkeit des späten Bindens wesentliche Zeitersparnisse bei der Systementwicklung.

Wertung strukturierter Methoden: Man war mit traditionellen Entwicklungsmethoden und -werkzeugen nicht unzufrieden, aber für das neue Projekt hat man die geeignetste Technik gesucht. Dies waren objektorientierte Techniken.

Stand objektorientierter Vorgehensweisen: Die 15 bis 20 Projektmitarbeiter sind zum größten Teil neu eingestellt worden, wobei man auf entsprechende Vorkenntnisse in objektorientierter Softwareentwicklung Wert legte. Bei KHK wurde der Einsatz einer objektorientierten Analysemethode wie z. B. OOA von Coad/Yourdon erwogen. Diese Frage war untrennbar mit einer Werkzeugunterstützung verbunden. Die Erfahrungen der vorangegangenen Jahre mit CASE-Werkzeugen hatten aber gezeigt, daß man sehr schnell die Grenzen dieser Werkzeuge erreichte und die Freiheit der Entwickler zu stark eingeschränkt wurde. Zum Zeitpunkt des Projektbeginns war die Werkzeugunterstützung auch noch sehr dürftig, heute sehe das etwas anders aus. Daher werden die Analyseergebnisse mit einem Hypertextsystem (Analyst von Xerox) dokumentiert. Damit können auch die betriebswirtschaftlichen und

---

[3] SAP betreut seine Endkunden mit ihren Individualanpassungen selbst „und hat damit große Probleme".

die technischen Dokumente miteinander verknüpft werden. Außerdem können die wesentlichen objektorientierten Konstrukte Klassifikation und Aggregation modelliert werden. Unabhängig davon wird Object Behavior Analysis (OBA)[4] zum Finden geeigneter Klassen eingesetzt, nicht aber zur Systemdokumentation. Erworbenes Fachwissen wird nicht in Modellen dokumentiert, sondern ist lediglich informell „in den Köpfen der Mitarbeiter vorhanden".

Bei der Auswahl einer Programmiersprache war die Portabilität das entscheidende Kriterium (X-LINE ist heute auf 28 Plattformen binärkompatibel erhältlich). Allein dies sprach schon für Smalltalk. Darüber hinaus ist Smalltalk nicht nur eine Programmiersprache, sondern eine umfangreiche Entwicklungsumgebung mit Browsern und einer Klassenbibliothek, die man für andere Sprachen erst hätte entwickeln müssen. Auch die RPC-Schnittstellenproblematik[5] im Client-Server-Bereich sei in Smalltalk relativ einfach. Stabilität war ebenfalls ein wichtiges Kriterium, das für Smalltalk sprach: Vor zwei Jahren gab es kaum ausgereifte Werkzeuge für andere Sprachen. Der Vorteil, in den Metaklassen von Smalltalk Strukturinformationen zentral vorzuhalten und das System zur Laufzeit ändern zu können (was eine evolutionäre Systementwicklung beschleunigt), hätten Smalltalk gegenüber anderen Sprachen wie C++ und Eiffel ausgezeichnet. Trotz der Vorteile, die Smalltalk biete, sei es vor zwei Jahren eine sehr mutige Entscheidung gewesen, Smalltalk zu wählen: Man müsse immer rechtfertigen (heute allerdings nicht mehr so sehr wie früher), nicht C++ gewählt zu haben, was die meisten mit objektorientierter Programmierung verbänden.

Schulung: Alle Mitarbeiter wurden eine Woche in OBA und eine Woche in ObjectWorks (Smalltalk) geschult, um einheitlich akzeptierte Begriffsdefinitionen zu erhalten. Zu Projektbeginn wurde eine interne Schulung für etwa 15 Mitarbeiter durchgeführt, heute werden einzelne Mitarbeiter auf externe Schulungen geschickt.

---

[4] Vgl. Rubin/Goldberg (1992), a. a. O.

[5] RPC steht für „Remote Procedure Call".

Vorgehen bei Entwicklungsprojekten: Bei KHK gibt es keine Trennung zwischen Analytiker, Designer und Programmierer. Es gibt nur Softwareentwickler und Betriebswirte. Mit objektorientierter Software sind 15 bis 20 Mitarbeiter beschäftigt. Jeder Softwareentwickler analysiert, entwirft und programmiert. Dies gilt auch für Projektleiter, die einen Großteil ihrer Zeit mit Managementaufgaben betraut sind. Die Betriebswirte, „die von Softwareentwicklung keine Ahnung haben", vermitteln Fachkenntnisse an die Softwareentwickler und recherchieren Details. Die Systementwicklung ist evolutionär: Ein Prototyp wird bis zum fertigen Produkt weiterentwickelt – eine Vorgehensweise, die durch Programmiersprache und Entwicklungsumgebung gut unterstützt werde.

Akzeptanz bei den Entwicklern: Akzeptanzprobleme bei den Entwicklern gab es keine: Zwei oder drei motivierte Mitarbeiter wurden intern gewonnen, alle anderen wurden für das X-LINE-Projekt eingestellt und brachten daher Fachkenntnisse und Engagement mit. „Akzeptanzprobleme" gab es eher bei den Kunden (das sind Systemhäuser, keine Endanwender). Heute steht allerdings auch dort mehr die Anwendung als die Technik im Vordergrund, so daß KHK hier keine Schwierigkeiten mehr sieht.

Vorteile für Endanwender: Einen mittelfristigen Vorteil objektorientierter Techniken für Endanwender sieht KHK darin, daß Software billiger wird. „Vielleicht wird die Software auch weniger Fehler enthalten und stabiler sein. Sonst wird der Endanwender von Objektorientierung nichts merken."[6]

Wichtige Erfahrungen: Wiederverwendbarkeit auf der Ebene von Klassenhierarchien spielt praktisch kaum eine Rolle; die Zusammenhänge sind zu verschieden, und der Anpas-

---

[6] Vorteile objektorientierter Vorgehensweisen wie bessere Verständlichkeit von Entwürfen und Programmen, bessere Wartbarkeit und Wiederverwendbarkeit sowie kürzere Entwicklungszeit sieht Schmid wohl vor allem als Vorteile für Entwickler. KHK kommuniziert auch nicht mit Endbenutzern, sondern nur mit Systemhäusern – also DV-Fachleuten –, die wiederum die Software für ihre Kunden anpassen.

sungsaufwand trotz Vererbung ist größer als der Aufwand für das Neuschreiben.[7] Viel wichtiger für Wiederverwendung ist die „Trennung von Mechanismus und Regelwerk", d. h. auf der einen Seite das Formulieren eines möglichst allgemeinen „Mechanismus" (hier soviel wie Algorithmus, Vorgehensweise) und auf der anderen Seite die jeweils konkrete Anwendung und Ausgestaltung.[8]

Grenzen: Grenzen objektorientierter Ansätze sieht Schmid in den häufig wechselnden Zusammenhängen, in denen Objekte bei kaufmännischer Software auftreten. Beispielsweise hat eine Rechnung als Bestandteil einen Kunden als Empfänger. Bekommt ein Kunde dieses Rechnungsobjekt auf einem Datenträger, betrachtet er sich nicht als „Kunden", sondern der Mitarbeiter sagt: „Ich bin hier in der Abteilung x der Firma y." Ein und derselbe Bestandteil ändert je nach Kontext seine Bedeutung. Auch eine objektorientierte Modellierung ist hier noch zu statisch[9] – „allerdings auf keinen Fall schlechter als eine traditionelle Modellierung".

---

[7] Diese Äußerung ist angesichts des so häufig und nachdrücklich vertretenen Anspruches objektorientierter Ansätze, Wiederverwendung zu ermöglichen, überraschend. Von einigen anderen Praktikern ist mitunter die gemäßigtere Auffassung zu hören, daß Wiederverwendung zwar möglich sei, aber nicht in dem Ausmaß, wie es in der Literatur dargestellt werde. Diese Äußerungen sind als Erfahrungen aus der Praxis zur Kenntnis zu nehmen. Auf der anderen Seite gibt es durchaus auch positive Erfahrungen, und die Enttäuschungen hinsichtlich der Wiederverwendung sind eher selten. Fundierte Erhebungen und gesicherte empirische Erkenntnisse in dieser Hinsicht liegen bislang leider nicht vor.

[8] Diese Beschreibung ähnelt stark einer funktionalen Abstraktion. Gemeint ist hier jedoch das „Herauskristallisieren" des Grundverhaltens der einzelnen Objekte.

[9] Unter Umständen kann hier das Entwurfsmuster „Rollen als Objekte" (vgl. S. 278) weiterhelfen. Das Problem der dynamischen Klassifizierung wurde auch schon früher erkannt, vgl. Odell (1992), a. a. O.

5.1.2 Schweizerische Bankgesellschaft: neues Infrastrukturkonzept

Unternehmen und Unternehmensziel: Die Schweizerische Bankgesellschaft AG, Zürich, hat für den Bereich innovative Informationstechnologie eine eigene Forschungs- und Entwicklungsabteilung eingerichtet, deren Anfänge auf das Jahr 1984 zurückgehen: das UBILAB (Union Bank [of Switzerland] Informatics Laboratory). Anfang der 90er Jahre wurde die Umstellung auf ein neues Infrastrukturkonzept, das Objektorientierung mit der Rekonstruktion vorhandener Anwendungen verbindet, vorbereitet und im September 1994 mit einer strategischen Entscheidung zu einem Unternehmensziel erklärt. Die Entscheidung für das Paradigma der Objektorientierung betrifft die gesamte Softwareentwicklung in der Schweiz.

Gründe, den Einsatz objektorientierter Techniken zu erwägen: Dies waren vor allem Probleme mit Viertgenerationssprachen, insbesondere bei den Auskunftssystemen und den Arbeitsplatzsystemen. „Die Software ist weder wartbar noch ausbaufähig. Vielleicht haben sich auch 4GL-Ansätze mehr verbreitet, als es sinnvoll ist."[10]

Wertung strukturierter Methoden: Strukturierte Methoden werden nach wie vor verwendet. Zur Zeit wird SSADM[11] eingesetzt. Man hat aber noch nicht viele Projekte damit gemacht, so daß sich diese Methode einer abschließenden Beurteilung entzieht.

Stand objektorientierter Vorgehensweisen: Objektorientierte Vorgehensweisen befinden sich noch in der Einführungsphase. Bislang wurden sie nur im Client-Server-Umfeld

---

[10] Die Ausführungen dieses Kapitels beruhen auf einem Telefongespräch am 25.10.1994 mit Dr. Horst Lichter, der bei der Schweizerischen Bankgesellschaft das Team für die Verbreitung objektorientierter Ansätze leitet. Alle Zitate in diesem Kapitel sind Aussagen von Herrn Dr. Lichter.

[11] Zu einer Darstellung von SSADM siehe: Aue, A.; Haggenmüller, R.; Knutz, B.; Pfeiffer, M.; Robinson, K.: SSADM & GRAPES. Two Complementary Major European Methodologies for Information Systems Engineering. Berlin u. a.: Springer 1992.

eingeführt, nicht auf dem Großrechner. In einigen Projekten wurden zuerst die Programmierer von den Vorzügen objektorientierter Techniken überzeugt, in anderen ging die Initiative vom mittleren Management aus.

Zur Zeit wird auch für objektorientierte Projekte noch SSADM eingesetzt,[12] es wird jedoch überlegt, andere Methoden zu verwenden. Voraussichtlich wird es eine Methode sein, die Use-cases[13] spezifiziert. Als Programmiersprache wird vor allem C++ eingesetzt (das habe historische Gründe im UBILAB), aber auch Smalltalk hat eine strategische Bedeutung für die Client-Anteile in Client-Server-Anwendungen. Dabei ist man sich durchaus der Schwierigkeiten bewußt, die die Entwicklung in zwei Programmiersprachen mit sich bringt. Dies beginnt schon bei den Investitionen in Werkzeuge. Allerdings sei die Schweizerische Bankgesellschaft groß genug, um sich das zu erlauben. „In kleineren Unternehmen wäre ich da eher kritisch.“

Spezifische Schwierigkeiten objektorientierter Methoden konnte Dr. Lichter nicht nennen. Allerdings ließen die Methoden die Entwickler immer im Stich, wenn es darum gehe, die Lücke zwischen Aufgabenfeld und Problembeschreibung zu schließen. Wenn die Problembeschreibung erst einmal vorliege, könne man mit allen Methoden gut arbeiten. Vor allem fehlten zur Zeit noch gute Werkzeuge für das Konfigurationsmanagement vor allem für objektorientierte Software.

Schulung: Das Schulungskonzept ist breit angelegt und umfaßt Management-, Analyse-, Entwurfs- und Programmieraspekte sowie weitergehende Aspekte wie Datenbanken und Rahmenwerke.[14] Das Schulungskonzept wird gemeinsam mit externen Partnern vervollständigt und als feste Institution

---

[12] SSADM wurde auch um objektorientierte Konzepte erweitert, vgl. Berrisford, Graham: Defining SSADM to Match the OMG Perspective. In: Hutt, Andrew T. F. (Hrsg.): Object Analysis and Design. Description of Methods. New York u. a.: Wiley & Sons 1994, S. 177–189.

[13] Vgl. S. 251.

[14] Zu Rahmenwerken s. S. 276.

als Schulungscurriculum im Hause verankert. Zur Schulung zählt nicht nur, wenn jemand zwei Wochen einen Kurs besucht („das kann man vegessen"), sondern auch die Arbeit in einem Pilotprojekt. So vergeht etwa ein halbes Jahr, bis jemand voll einsatzfähig ist.

Vorgehen bei Entwicklungsprojekten: Die Vorgehensweise bei objektorientierten Entwicklungsprojekten ist „auf jeden Fall inkrementell/iterativ, nichts Wasserfallartiges". Dabei wird Prototyping eingesetzt, insbesondere im Bereich der Arbeitsplatzsysteme, wenn man interaktive Oberflächen hat. Je nach Anwendungsfall sind die Prototypen Spezifikationshilfen, Labormuster, erste Versionen des Endprodukts oder Oberflächen-Prototypen. Zur Zeit sind etwa 30 Entwickler mit objektorientierten Techniken befaßt, die Zahl wird sich aber bis 1996 auf ca. 150 bis 220 erhöhen.

Akzeptanz bei den Entwicklern: Die Reaktionen der Entwickler auf das neue Paradigma reichen von Ablehnung bis Begeisterung, waren aber „im wesentlichen positiv".

Vorteile für Endanwender: Die in der Literatur beschriebenen Vorteile für die Benutzer „stimmen wirklich": Man könne sich „ein gemeinames Begriffsnetz schaffen und sich in einer gemeinsamen Sprache miteinander verständigen – man ist nicht mehr auf diffuse ER-Diagramme als Kommunikationsmedium angewiesen".

Wichtige Erfahrungen: Die wichtigste Erfahrung, die man bei der Schweizerischen Bankgesellschaft mit objektorientierten Techniken gemacht habe, ist: „Das Problem ist nicht die Technologie, das Problem ist die Organisation." Die Technologie habe man relativ leicht im Griff, mittlerweile gebe es auch genügend Werkzeuge. Aber die Organisation müsse sich verändern.[15] Dies sei ein steiniger Weg. Die Menschen glaubten häufig, daß man ihnen etwas wegnehmen wolle, daß man sie ignoriere oder daß sie Kompetenzen verlören.

---

[15] Darauf weisen u. a. auch Kilberth & al. (1993), a. a. O., hin, vgl. dort S. 139.

Grenzen: Die Grenzen für einen sinnvollen Einsatz objektorientierter Vorgehensweisen sieht Dr. Lichter vorerst bei den Arbeitsplatzsystemen. Es habe heute noch keinen Sinn, Objektorientierung „mit einem Big Bang" in der gesamten DV einzuführen. Man müsse schrittweise vorgehen und später noch einmal weitersehen. Zunächst einmal gehe es aber darum, zu zeigen, daß Objektorientierung prinzipiell ein guter Ansatz ist, wo die Vorteile liegen und daß es notwendig ist, auch die Organisation zu ändern.

5.2 Die Erstellung eines Fachentwurfs

5.2.1 Zum Anforderungsprofil eines Fachentwurfs

Vergleich der Paradigmen

In Kapitel 3.3 wurden drei traditionelle Methoden und in Kapitel 4.3 drei objektorientierte Ansätze auf ihre Eignung zur Erstellung einer fachlichen Anforderungsspezifikation hin untersucht. In diesem Kapitel werden die Ergebnisse einander gegenübergestellt und die beiden Paradigmen – strukturiert und objektorientiert – vor dem Hintergrund der Erstellung eines Fachentwurfs miteinander verglichen.

Vergleich der Zusammenfassungen

Ein Vergleich der Zusammenfassungen auf Seite 109 ff. und 174 ff. zeigt, daß sowohl strukturierte als auch objektorientierte Methoden zur Erstellung eines Fachentwurfs grundsätzlich geeignet sind. Dabei decken strukturierte Methoden das „Umfeld" der reinen Softwareerstellung (technische und insbesondere **organisatorische Aspekte**) deutlich besser ab als objektorientierte Ansätze; insbesondere Isotec hat als umfassendes Methodenbündel hier seine Stärken. Objektorientierte Ansätze beschränken sich noch viel mehr als strukturierte Methoden auf die fachliche Basislösung und die fachliche Detaillösung eines Fachentwurfs. Dies ist damit zu erklären, daß sie sich noch in der Reifephase befinden und erst in jüngerer Zeit eine objektorientierte Organisationsmodellierung diskutiert wird.[16] **Technische Basislösung, Ausbaustufen** und **Nutzenbegründung** sind unabhängig von jedem Paradigma der Softwareerstellung (man kann z. B. die

---

[16] Ein Beispiel ist Klotz (1993), a. a. O.

Maßnahmen bei einem Systemausfall weder „strukturiert" noch „objektorientiert" beschreiben). Dennoch sind sie ein wichtiger Bestandteil eines Fachentwurfs und sollten auch bei objektorientierter Vorgehensweise erstellt werden.

Fachliche Basislösung

Bei der **fachlichen Basislösung** ist mit allen betrachteten Methoden eine **verständliche Modellierung** möglich. Bei den strukturierten Methoden gründet sich diese Aussage auf die Tatsache, daß die Anzahl der Modellierungskonstrukte klein ist und alle Diagramme gut lesbar und nachvollziehbar sind. Bei den objektorientierten Methoden liegt die gute Verständlichkeit in der reichhaltigeren Semantik und der größeren Problemnähe.[17] Die **Überprüfung auf Richtigkeit und Vollständigkeit** ist bei objektorientierten Methoden wesentlich besser möglich als bei strukturierten. Der Grund dafür liegt in der ganzheitlichen Betrachtungsweise bzw. genauer: dem durch Kapselung von Daten und dazugehörigen Funktionen verwirklichten Prinzip der Lokalität: Was sachlich zusammengehört, steht im Entwurf auch zusammen. Bei strukturierten Methoden werden Daten- und Funktionssicht getrennt modelliert, sind schwer miteinander konsistent zu halten und können daher, weil sie doch aufeinander bezogen sind, schwer auf Richtigkeit und Vollständigkeit überprüft werden. Die **Vorgaben für Entwickler** sind bei allen betrachteten Methoden hinreichend genau (dennoch ist der Übergang zum DV-Entwurf bei strukturierten Methoden schwieriger, s. u.). Die **Schnittstellen zum Umsystem** sind, wie der Ansatz von Ferstl/Sinz zeigt, auch mit objektorientierten Methoden in der notwendigen Klarheit modellierbar.

Fachliche Detaillösung

Bei der **fachlichen Detaillösung** wird sowohl mit strukturierten als auch mit objektorientierten Methoden ein **Top-down-Ansatz** unterstützt. An dieser Stelle ist jedoch eine Ergänzung zum in Kapitel 2 entwickelten Anforderungsprofil angebracht: Verfolgt man das Ziel der Wiederverwendung bereits erstellter Entwürfe bzw. Bausteine, muß eine Vorgehensweise auch eine Bottom-up-Komponente aufweisen. Strukturierte Methoden unterstützen aber nicht nur einen

---

[17] Vgl. Kapitel 5.3.1, S. 244–260.

Top-down-Ansatz, sondern sie erzwingen ihn geradezu (vor allem in der hierarchischen Dekomponierung der Funktionsstruktur). Dies ist auch mit ein Grund dafür, warum bei strukturierten Methoden die Wiederverwendung so wenig verbreitet ist. Demgegenüber ist bei objektorientierten Methoden nicht nur ein Top-down-Ansatz gut möglich, sondern auch die Wiederverwendung im Rahmen eines Bottom-up-Ansatzes. Für die **Verständlichkeit der Modellierung** und die **Überprüfung auf Richtigkeit und Vollständigkeit** gilt das oben Gesagte. **Konzeptueller Datenschemaentwurf, Datenmengengerüst, Schlüsselsysteme, Integritätsbedingungen, statische und dynamische Funktionsstruktur** und die **Benutzerschnittstelle** sind bei beiden Paradigmen mit geeigneten Methoden adäquat spezifizierbar. Objektorientierte Methoden messen der Benutzerschnittstelle etwas mehr Bedeutung bei als strukturierte, und auch zur Modellierung graphischer Benutzeroberflächen sind sie besser geeignet (vgl. S. 186 f.). Eine eigene Notation für die Modellierung der Benutzerschnittstelle haben auch objektorientierte Methoden nicht. Eine objektorientierte Notation läßt jedoch auch eine „wirklichkeitsnahe" Modellierung der Elemente einer graphischen Benutzeroberfläche zu (Fenster, Menüleisten, Schaltflächen, Dialogfelder usw.). Der größte Vorteil liegt jedoch darin, daß in kurzer Zeit ein leicht änderbarer Prototyp einer Benutzeroberfläche realisiert werden kann.[18] Ein **Benutzermodell** wird nur von strukturierten Methoden vorgesehen, ist aber ebensogut in objektorientierte Methoden integrierbar, da es nicht spezifisch für strukturierte Ansätze ist. Angaben zu **Ausführungszeitverhalten, Zuverlässigkeit, Robustheit** und **Ausfallsicherheit** sind Gemeingut aller betrachteten Methoden. Dagegen weist keine Methode darauf hin, daß **Art und Umfang der Dokumentation**

---

[18] Vgl. Endres, A.: Software und Software-Entwicklung im Wandel: ein historischer Vergleich. In: Informatik-Spektrum, Bd. 16, Nr. 5, Oktober 1993, S. 261–265, hier: S. 264: „Es bleibt die Frage, welche Beschreibungsmethoden für interaktive Systeme besser als ein Prototyp geeignet sind, einem Nicht-Fachmann die Funktion des Systems begreiflich zu machen."

fachlicherseits festgelegt werden müssen sowie eine **Liste der ausgeschlossenen Leistungen** erstellt werden muß.

Fazit

Beschränkt sich die Beurteilung der beiden Paradigmen lediglich darauf, inwieweit die einzelnen Komponenten eines Fachentwurfs abgedeckt werden, kann zusammenfassend festgehalten werden:

• Sowohl strukturierte als auch objektorientierte Methoden sind zur Erstellung einer fachlichen Basislösung und einer fachlichen Detaillösung geeignet.

• Objektorientierte Fachentwürfe lassen sich besser auf Richtigkeit und Vollständigkeit überprüfen als strukturierte.

• Objektorientierte Methoden ermöglichen nicht nur einen Top-down-Ansatz, sondern unterstützen im Gegensatz zu strukturierten Methoden einen Bottom-up-Ansatz, der für eine Wiederverwendung vorhandener Bausteine unbedingt notwendig ist.

• Bei der organisatorischen Basislösung und der technischen Basislösung bieten strukturierte Methoden eine bessere Unterstützung als objektorientierte. Dies liegt jedoch nicht im Paradigma der Objektorientierung begründet, sondern daran, daß die einzelnen objektorientierten Methoden nicht so weit entwickelt sind.

Wertung

Gewichtet man die Überprüfung auf Richtigkeit und Vollständigkeit sowie das Potential zur Wiederverwendung stärker als die organisatorische und technische Basislösung[19], so läßt sich feststellen, daß objektorientierte Ansätze das Anfor-

---

[19] Dies ist durch folgende Tatsache gerechtfertigt: Eine fachliche Basis- oder Detaillösung, deren Mängel nicht rechtzeitig erkannt werden, verursacht wesentlich größere Kosten als eine organisatorische und technische Basislösung, die mangels Unterstützung durch eine objektorientierte Methode in Volltext verfaßt werden muß. Darüber hinaus bietet die Möglichkeit der Wiederverwendung ein erhebliches Potential zur Einsparung von Entwicklungszeit und Kosten.

derungsprofil eines Fachentwurfs besser abdecken als strukturierte Methoden.

5.2.2 Weitere wichtige Kriterien

Ein Fachentwurf ist mehr als die Summe seiner Teile, und Softwareentwicklung besteht nicht nur aus der Erstellung eines Fachentwurfs. Es muß daher beispielsweise auch gefragt werden, wie leicht und wie schnell ein Fachentwurf mit den einzelnen Methoden erstellt werden kann und wie gut er für nachfolgende Entwicklungsschritte verwendbar ist.[20] Es zeigte sich auch, daß die Entscheidung für ein Paradigma bei der Erstellung eines Fachentwurfs einen entscheidenden Einfluß auf die Architektur der entsprechenden Software und auf den Umgang mit ihr hat und daher grundsätzliche Betrachtungen der beiden Paradigmen angebracht sind.

Problemnähe

Wiederverwendbarkeit

Leichtigkeit und Schnelligkeit des fachlichen Entwerfens werden durch die Problemnähe der erstellten Modelle und die Möglichkeit der Wiederverwendung vorhandener Analyseergebnisse beeinflußt. Hier stellen objektorientierte Ansätze gegenüber strukturierten Methoden einen großen Fortschritt dar (vgl. Kapitel 5.3).[21] Strukturierte Modelle sind „bei Systemen, die zwar komplexe Datenstrukturen, aber nur einfache Funktionen erfüllen (heutige Dialoganwendungen), manchmal nicht sehr aussagekräftig"[22]. Riewerts nennt auch Pro-

---

[20] In diese Richtung zielt bereits der Punkt „hinreichende Vorgaben für Entwickler". Wichtig sind jedoch auch Durchgängigkeit des Ansatzes zum DV-Entwurf und zur Implementierung sowie Wartbarkeit.

[21] Häufig dauert das **fachliche Entwerfen** mit objektorientierten Methoden länger als gewohnt. Fachliche Unklarheiten und Entwurfsentscheidungen werden nämlich eher und klarer „auf den Punkt" gebracht. Dies kann jedoch nur als Vorteil gewertet werden, da entsprechend viel Zeit bei DV-Entwurf und Implementierung eingespart wird. Darüber hinaus wird die **gesamte Entwicklungszeit** verkürzt, wenn erst einmal der Vorteil der Wiederverwendung greift.

[22] Raasch, Jörg: Systementwicklung mit Strukturierten Methoden. Ein Leitfaden für Praxis und Studium. München, Wien: Hanser 1991, S. 392.

bleme mit den unterschiedlichen Darstellungsweisen strukturierter Methoden: „... dieselbe Funktionalität wird bei der Ablaufbeschreibung anders dargestellt als in der Spezifikation der Datenzugriffe, die Datenstrukturen in der Funktionsbeschreibung entsprechen nicht den Daten im Datenmodell."[23] Die Schwierigkeit, die verschiedenen Modelle miteinander konsistent zu halten, ist ein häufig beklagter Mangel strukturierter Methoden. Hinzu kommt, daß die Trennung der Modelle auch dazu geführt hat, daß sich die Beschreibungsmittel und die Werkzeuge weitgehend unabhängig voneinander entwickelt haben. Eine methodische Integration ist nicht in Sicht.[24] „Oft entwickeln auch getrennte Gruppen die Datensicht und die Funktionssicht einer Anwendung und finden keinen Weg zueinander."[25] In objektorientierten Ansätzen sind alle Aspekte wesentlich enger miteinander verwoben, und die objektorientierte Analyse nach Coad/Yourdon erstellt sogar nur ein einziges Modell.

Durchgängigkeit

Ein weiterer wichtiger Punkt ist die Durchgängigkeit eines Ansatzes. Sie bestimmt, wie leicht ein Fachentwurf sukzessive in ein fertiges Anwendungssystem überführt werden kann. Während bei strukturierten Methoden jeder Entwicklungsphasenübergang mit einem Methodenbruch verbunden ist, folgen objektorientierte Methoden in den Phasen Fachentwurf, DV-Entwurf und Implementierung demselben Strukturkonzept und ermöglichen dadurch jeweils eine direkte Übernahme der Ergebnisse ohne Informationsverlust.[26] Ein problemspezifischer Fachentwurf wird um lösungsspezi-

---

[23] Riewerts, Hans-Christoph: Der gewollte Methodenbruch führt zum Erfolg. CASE im industriellen Einsatz bei Mercedes-Benz. In: Extra 1/93 (Beilage zur „Computerwoche" vom 19. Februar 1993), S. 18–21, hier: S. 18. Man beachte, daß dennoch jedes einzelne Modell bzw. Dokument gut verständlich sein kann.

[24] Eine Ausnahme ist hier Isotec, das bislang nur von Predict/Case unterstützt wird.

[25] Hruschka, Peter: Objektorientierte Analyse- und Designprinzipien. In: OBJEKTspektrum, 1. Jg., Nr. 2, Mai/Juni 1994, S. 16–22, hier: S. 20. Vgl. auch Coad/Yourdon (1991a), a. a. O., S. 25.

[26] Vgl. auch Abb. 77 auf S. 190.

fische Details zum DV-Entwurf erweitert, dieser wiederum um programmierspezifische Einzelheiten zum Programm:

Abb. 82:
Zur Durch-
gängigkeit
strukturierter
und objekt-
orientierter
Ansätze

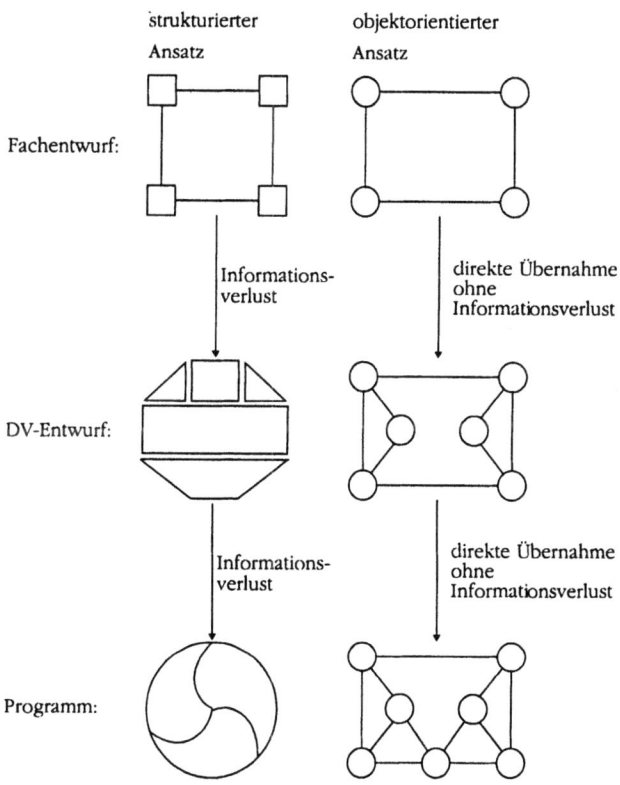

„**Fern-**
wirkungen"

Die Entscheidung für ein Strukturkonzept bei der Erstellung eines Fachentwurfs hat auch „Fernwirkungen" auf die zu entwickelnde Software. Weil die strukturierten Methoden der Definition von Abläufen dienen, „sind die Denkmuster der Entwickler und somit die auf dieser Basis realisierten Systeme fast zwangsläufig ausgeprägt verrichtungsorientiert – sie betonen also die vorhandene funktionale Arbeitsteilung"[27]. Ist dies nicht gewünscht, ist daher vom Einsatz strukturierter Methoden eher abzuraten. In der Aufbauorganisation ist man

---

[27] Klotz (1993), a. a. O., S. 406.

von einseitig funktionsorientierten Konzepten abgekommen, weil sie zu starre Regelungen sowie eine wachsende innere Komplexität und Schwerfälligkeit zur Folge haben. Dies läßt sich auf Software und Softwareentwicklungsmethoden übertragen, und man muß sicherstellen, daß die Konzepte der Softwareerstellung nicht veraltete Konzepte der Organisation zementieren.

Benutzungs-orientierung

Auch für den einzelnen Benutzer kann die Wahl eines bestimmten Strukturkonzepts weitreichende Konsequenzen haben. Bei funktionsorientiert entworfenen Anwendungssystemen, die in der Regel kaum integriert sind, ist die Reihenfolge der Bearbeitungsschritte im allgemeinen nicht sachlich notwendig (zumindest dann nicht, wenn zur Bearbeitung eines Vorganges mehrmals die Anwendung gewechselt werden muß). Fachkenntnisse reichen zur Bedienung nicht aus, weil das System neben der „Fachwelt" eine eigene „Systemwelt" aufbaut, die ein Benutzer erst kennenlernen muß. Bei objektorientiert entworfener Software arbeitet der Benutzer im Idealfall nicht mit einem oder mehreren Anwendungssystemen, sondern mit Objekten, die denselben Regeln gehorchen wie die Objekte der Realwelt. Das heißt, seine Fachkenntnisse reichen zur Bedienung der Software aus, und die Reihenfolge der Bearbeitungsschritte kann sich einzig und allein an den sachlichen Notwendigkeiten orientieren. Ein objektorientierter Fachentwurf stellt die Konzepte der Anwendung in den Mittelpunkt. So gesehen, ist ein objektorientierter Fachentwurf immer auch ein benutzungsorientierter Fachentwurf.

Geheimnis-prinzip

Schließlich ist es für die Entwickler wichtig, inwieweit ein Fachentwurf dem Geheimnisprinzip Rechnung trägt. Eine funktionale Dekomponierung verletzt dieses Prinzip, weil weite Datenbereiche für eine gemeinsame Verwendung zum direkten Zugriff freigegeben werden. Dadurch stehen die Komponenten in vielfältigen Beziehungen zueinander, was negative Auswirkungen auf Verständlichkeit und Wartbarkeit hat (vgl. Kapitel 5.3). Ein Objektmodell wird dagegen letztendlich auf der Grundlage abstrakter Datentypen erstellt, genügt also dem Geheimnisprinzip. Strukturierte Techniken werden nach wie vor für die Spezifikation von Objekten benötigt, nicht mehr jedoch für die Spezifikation des Verhaltens oder der Funktionalität eines ganzen Systems.[28]

Abstraktions-vermögen

Kommunikati-onsfähigkeit

Darüber hinaus wird ein Objektmodell auf der Grundlage fachlicher Begriffe und Abstraktionen erstellt. Abstraktions-vermögen und Kommunikationsfähigkeit in der Sprache der Anwender werden immer mehr zu Grundeigenschaften künftiger Entwickler. Eine objektorientierte Vorgehensweise erzwingt – und fördert – beides.

Entwerfen für spätere Wiederver-wendung

Das Abstrahieren bei objektorientierter Vorgehensweise zielt auf die Erstellung wiederverwendbarer und erweiterbarer Klassenbibliotheken und Rahmenwerke. Dagegen liegt der Schwerpunkt der Entwicklung bei strukturierter Vorgehensweise in der Erstellung eines Anwendungssystems. Für die Entwicklung wiederverwendbarer Funktionen wird man aus diesem Grunde kaum so große Anstrengungen unternehmen wie für die Entwicklung wiederverwendbarer Klassen. „Dies ist vielleicht der größte Vorteil einer objektorientierten Vorgehensweise: das Entwerfen für spätere Wiederverwendung."[29]

---

[28] Vgl. Henderson-Sellers, B.; Constantine, L. L.: Object-oriented Development and Functional Decomposition. In: Journal of Object-Oriented Programming, Vol. 3, No. 5, January 1991, S. 11–16, hier: S. 16: „... DFDs [Data Flow Diagrams, d. Verf.] may be regarded as a more useful tool later in the object-oriented lifecycle, at the detailed design stage of individual classes, rather than an explanatory analysis tool."

[29] Wilkie, Frederick George: Object Orientation – not just for the programmers. In: Software Development 92 – Management Track. Proceedings of the Conference (London, 16–18 June 92). London: Blenheim-Online 1992, S. 33–47, hier: S. 42 (Übersetzung d. Verf.).

5.3   Zum Anspruch der Objektorientierung

5.3.1   Verständlichkeit und „Natürlichkeit"

5.3.1.1   Zur Notwendigkeit der Benutzerbeteiligung

Sachverstand vor Ort

IuK-Technik dient der Unterstützung menschlicher Arbeit. Welche Möglichkeiten diese Technik bietet, wissen Systementwickler sehr gut. Welche Tätigkeiten jedoch im einzelnen unterstützt werden sollen und wie diese Unterstützung zweckmäßigerweise gestaltet werden soll, das weiß die Fachabteilung am allerbesten. Innerhalb der Fachabteilung spielen die Endbenutzer eine große Rolle, weil bei ihnen der „operative Sachverstand vor Ort" ist. Dieser Sachverstand sollte – nicht zuletzt im Hinblick auf die spätere Akzeptanz des Systems bei den Benutzern – genutzt werden: Wer früher Bediener eines Systems war, ist heute schon Benutzer und sollte künftig auch (Mit)Gestalter sein (dies gilt insbesondere im Zusammenhang mit der in Abschnitt 4.3.7.3 behandelten evolutionären Systementwicklung). Die Notwendigkeit der Nutzung des „Sachverstandes vor Ort" gilt gerade auch für die IuK-Unterstützung im Bürobereich, wo in hohem Maße unvorhersehbare und kaum strukturierbare Tätigkeiten anfallen. Auch eine Betrachtung der Verteilung von Entwicklungsfehlern und der Kosten für ihre Behebung legt eine möglichst umfassende Benutzerbeteiligung nahe.[30] Kirsch zitiert eine Untersuchung aus dem Jahre 1991, derzufolge 56 % der Fehler eines Anwendungssystems auf einer ungenauen Formulierung der Anforderungen beruhen und bis zu 80 % des Wartungsaufwandes verursachen.[31] Rosson und Alpert sehen die Ursache dieser Fehler wiederum in der Unfähigkeit der Ent-

---

[30] Vgl. z. B. Lindecker (1989), a. a. O., S. 51. Die Abb. 7 dort zeigt, daß bereits die Hälfte aller entdeckten Fehler eines Anwendungssystems bereits in den Phasen „Anforderungen" und „Entwurf" enstehen. Ihre Behebung nach dem Test kostet (gegenüber einer sofortigen Behebung) bis zum Hundertfachen.

[31] Siehe Kirsch (1991), a. a. O., S. 93.

wickler, die „Problemsituation" adäquat zu verstehen.[32] Eine hohe Sachkompetenz der Entwickler kann die fehlende Beteiligung der zukünftigen Nutzer nur teilweise kompensieren. „Nur der Fachbereichsvertreter kennt als 'insider' [...] seine Begriffswelt [mit allen unausgesprochenen Grundannahmen und „Selbstverständlichkeiten", d. Verf.]. Diese Begriffe sollen gefunden, nicht durch den Entwickler 'erfunden' werden."[33]

5.3.1.2

Denk- und
Sprechweisen

Das „Modellmonopol"

Im traditionellen Software Engineering werden sowohl Ist- als auch Soll-Konzepte mit Darstellungsformen modelliert, die aus der Sprachwelt der Entwickler stammen. Dies erfordert jedesmal eine „Übersetzung" der Begriffe und Zusammenhänge des Anwendungsabschnittes in die „Sprache" der Entwickler. Sollen nun die Fachbereichsvertreter die entstehenden Modelle prüfen und bewerten, müssen sie sich jedesmal auf die entsprechenden Darstellungsformen, Denk- und Sprechweisen einlassen. Dadurch entsteht ein „Ungleichgewicht in der Kommunikation"[34], das als „Modellmonopol"[35] bezeichnet wird. Kilberth et al. beschreiben in diesem Zusammenhang recht deutlich die Situation der Anwender:

> Die Anwender müssen sich in einer Sprach- und Denkwelt bewegen, die nicht ihre eigene ist, in der aber die Entwickler zu Hause sind. Anwender sind bereits bei ihrem Versuch, solche Ausdrucksmittel zu verstehen, von den Entwicklern abhängig. Je mehr sie sich auf diese fremden Ausdrucksmittel und die damit verbundenen Denkweisen einlassen, desto stärker wird die Einflußmöglichkeit der Entwickler. Entsprechend werden die Chancen der Anwender, ihre eigenen Vorstellungen zur Systementwicklung einzubringen, durch softwaretechnisch mo-

---

[32] Vgl. Rosson, Mary Beth; Alpert, Sherman, R.: The Cognitive Consequences of Object-Oriented Design. In: Human-Computer Interaction, Vol. 5, 1990, S. 345–379, hier: S. 348.

[33] Kirsch (1991), a. a. O., S. 96.

[34] Kilberth & al. (1993), a. a. O., S. 95.

[35] Bråten, Stein: Model Monopoly and Communication: Systems Theoretical Notes on Democratization. In: Acta Sociologica, Vol. 16, No. 2, S. 98–107.

tivierte Methoden minimiert. In diesem Lichte sind auch die sicherlich gutgemeinten Ansätze zu sehen, die Benutzer durch Schulungen „rasch" mit den Ausdrucksmitteln der Entwickler vertraut zu machen, damit sie hinterher z. B. ein Datenflußdiagramm „lesen" können [...]. [Kilberth & al. (1993), a. a. O., S. 96]

Bezug zum Anwendungsgebiet

Erschwerend kommt hinzu, daß die Anwender falsche oder verzerrte Darstellungen von Anwendungssituationen bei weitem nicht so gut erkennen können wie die Entwickler: „We all know, from painful experiences, that clients don't understand traditional design walkthroughs."[36] Normalisierte ER-Modelle verlieren ihren Bezug zu den Begriffen des Anwendungsgebiets, und in den Sequenzen von Bildschirmmasken gehen Arbeitszusammenhänge und fachliche Konzepte nur zu leicht verloren.

Fachsprache der Anwender

Eine Entwicklungsmethode, die das „Modellmonopol" der Entwickler aufheben will, muß sich also an der Fachsprache der Anwender orientieren[37] und bei der Erarbeitung einer gemeinsamen Sprach- und Vorstellungswelt Lernprozesse ermöglichen. Letzteres wird z. B. durch eine schrittweise Entwicklung unter Verwendung von Prototypen erreicht (vgl. S. 203). Das Modell des künftigen Anwendungssystems muß gemeinsam erarbeitet werden, und die Fachabteilung muß in gleicher Kompetenz wie die professionellen Systementwickler Modelle zwar nicht vollständig erstellen, aber doch überprüfen und ändern können. Letztendlich geht es um die Verständlichkeit, die Problemnähe und die „Natürlichkeit" eines Entwicklungsansatzes.

---

[36] Mullin, Mark: Rapid Prototyping For Object-Oriented Systems. Reading u. a.: Addison-Wesley 1990, S. 4.

[37] Kargl geht schon einen wesentlichen Schritt in diese Richtung, wenn er wiederholt darauf hinweist, daß sich das Spezifizieren auf **benutzerrelevante** Merkmale zu beschränken hat. (Vgl. Kargl (1989), a. a. O., S. 151 und passim.)

5.3.1.3 Benutzerorientierte Softwareentwicklung und Verständlichkeit

Keine rechnerorientierten Beschreibungsmittel

Eine benutzerorientierte Softwareentwicklung erfordert eine Entwicklungsmethode, die die Kommunikation zwischen Entwicklern und Anwendern erleichtert (und nicht in einem „Modellmonopol" behindert). Die Methode sollte daher auf allgemeine menschliche Denkstrukturen begründet sein und nicht auf künstlichen Notationen beruhen, die die Vorgänge in einem Rechner besser beschreiben können als die Vorgänge um ihn herum. Bislang orientierten sich Programmierstile, Entwurfs- und Analysemethoden immer an der Hardware, die sie mit Datenflußdiagrammen, Structure Charts und prozeduralen Programmiersprachen (z. B. Cobol) nachahmten. (Schon „Input" und „Output" sind genuin implementierungstechnische Begriffe.[38]) Wenn man Menschen dazu zwingt, wie Maschinen in Konzepten zu denken, die sich an Rechnerprogramme anlehnen, ist das eine Verschwendung menschlicher Kreativität.

Prinzipien zur Komplexitätsbewältigung

Wie weit traditionelle Ansätze noch von einer benutzerorientierten Systementwicklung und von verständlichen Modellen entfernt sind, zeigten die Ausführungen des vorangegangenen Abschnitts. Objektorientierte Ansätze beruhen dagegen, wie Coad und Yourdon zeigen, auf acht Prinzipien zur Komplexitätsbewältigung. In der folgenden Tabelle sind diese Prinzipien in den Zeilen und die sie unterstützenden objektorientierten Konzepte in den Spalten eingetragen.[39]

---

[38] Ein Anwender denkt durchaus final: Er hat eine Vorstellung von einem gewünschten „Ergebnis" und leitet dafür die notwendigen „Voraussetzungen" ab. „Voraussetzung" und „Ergebnis" sind jedoch andere Begriffe als die (zumindest im Deutschen) aus der Datenverarbeitung stammenden Begriffe „Input" und „Output", die für viele Anwender zumindest noch eine gewisse sprachliche Schranke darstellen.

[39] Vgl. Coad/Yourdon (1991a), a. a. O., S. 12–18 u. 33 f. Die **funktionale Abstraktion** führt zu Funktionsbäumen, unter **Datenabstraktion** wird die Bildung abstrakter Datentypen verstanden, also die Kapselung (!) von Daten und Methoden. **Kapselung** ist bei Coad/Yourdon ein Synonym für Information hiding.

Abb. 83: Prinzipien zur Komplexitätsbewältigung und ihre Unterstützung durch objektorientierte Konzepte[40]

		Klassen	Klassifizierung	Aggregation	Attribute	Dienstleistungen	Instanzverbindungen	Nachrichtenverbindungen	Sachgruppen
1.	Abstraktion:								
	funktionale Abstraktion					X			
	Datenabstraktion	X		X	X				
2.	Kapselung (Information hiding)	X		X	X			X	
3.	Vererbung		X	X	X				
4.	Assoziation						X		
5.	Kommunikation über Nachrichten							X	
6.	allgemeine Denkstrukturen:								
	Objekte und Attribute	X		X					
	Das Ganze und seine Teile			X					X
	Unterscheidung zwischen Klassen und Exemplaren davon		X	X	X				
7.	Maßstab								X
8.	Klassifizierung von Verhalten:								
	aufgrund unmittelbarer Verursachung					X		X	
	aufgrund von Ähnlichkeiten im zeitlichen Verlauf					X			
	aufgrund ähnlicher Funktion					X			

---

[40] Quelle: Coad/Yourdon (1991a), a. a. O., S. 34.

Unterstützung der Prinzipien

Natürlich wird kein Entwickler und kein Benutzer sagen: „Ich wende das Prinzip des Information hiding an", wenn er klare Schnittstellen definiert und das „Klein-Klein" der Aufgabenlösung (die Implementierung) auf später verschiebt. Auch wird niemand sagen: „Ich folge dem Prinzip der Vererbung", wenn er – etwa im Rahmen eines Bestellsystems – erläutert, daß ein Buch ein Artikel ist, und dabei unterstellt, daß ein Buch wie andere Artikel, z. B. Schallplatten, einen Preis hat. Diese Prinzipien sind so allgemein, daß sie schon fast selbstverständlich sind. Neu ist, daß es mit der Objektorientierung Softwareentwicklungs-Methoden gibt, die diese Prinzipien umfassend unterstützen. Eine Methode, die diese Prinzipien umfassend unterstützt, kann auch leichter als traditionelle Methoden Modelle erstellen, die intellektuell faßbar sind. Ein Objekt z. B. verbirgt Informationen über seine interne Arbeitsweise. Diese Kapselung ermöglicht ein leichteres „Chunking"[41] der Informationen über einen Problembereich bzw. des Objektmodells.

lokal verständlich

Darüber hinaus ermöglicht die relative Unabhängigkeit bzw. Autonomie der Objekte ein leichteres Wechseln der Betrachtungsebene, so daß ein Modell auf jeder Detaillierungsstufe untersucht und geändert werden kann, ohne eventuelle Auswirkungen auf andere Objekte berücksichtigen zu müssen. Objektorientierte Entwürfe sind also u. a. deshalb gut verständlich, weil sie „lokal verständlich" sind: Schon die lokal verfügbaren Informationen über eine Klasse ermöglichen ein weitgehendes Verständnis des betrachteten Modellausschnittes. Mit anderen Worten: Die hohe Modularität objektorientierter Entwürfe trägt sehr zur Verständlichkeit, d. h. zur Lesbarkeit der Entwurfsdokumente für Anwender und Entwickler, bei, wenn nur ein Modul (oder einige wenige Nach-

---

[41] Mit „Chunking" bezeichnet man in der Psychologie den Prozeß, mit dem Informationseinheiten zu größeren Einheiten verbunden werden; dies vergrößert die Menge an Informationen, die man sich auf einmal merken kann. Miller (1956), a. a. O., S. 92 f.: „[...] the number of chunks of information is constant for immediate memory. The span of immediate memory seems to be almost independent of the number of bits per chunk [...]"

barmodule) gelesen werden müssen. Eine gute Verständlichkeit bringt daher auch während der Wartung erhebliche Vorteile. Aber auch wenn man bedenkt, daß man zu einem wesentlich größeren Prozentsatz der Entwicklungszeit Programme liest, als daß man sie schreibt, wird klar, daß die Lesefreundlichkeit eines Entwicklungsansatzes von außerordentlicher Bedeutung ist.

Lesbarkeit

Bei objektorientierten Entwürfen trägt die Tatsache, daß Modelle entlang den fachlichen Begriffshierarchien gebildet werden (vgl. S. 181), sehr zur Lesbarkeit bei. Anwender müssen dann nicht mehr die Begriffe eines Modells in ihre eigene (Fach-)Sprache übersetzen. Dies ist besonders kritisch bei Homonymen, wenn jeder meint, die Sprache des anderen zu sprechen, und man doch leicht aneinander vorbeiredet (Beispiele: Inkasso, Provision, Schaden). Ein verständliches Modell muß Konzepte verwenden, die den Anwendern vertraut sind, und dafür Begriffe in deren Terminologie verwenden. Für den Entwickler bedeutet das, daß er in den Kategorien seines Kunden denken kann und damit sein Gespür für die Feinheiten seines Problems verbessern kann. Das bedeutet wiederum für die künftigen Anwender, daß sie mit höherer Wahrscheinlichkeit ein Anwendungssystem erhalten, das wirklich ihren Bedürfnissen entspricht.

Rückverfolgbarkeit von Entwurfsentscheidungen

Für die Fachvertreter ist wichtig, daß es einen klaren Zusammenhang zwischen Fachsprache und Fachentwurf gibt, der bis auf die Ebene von Bezeichnern und Operationsnamen aufrechterhalten werden kann. Für die Entwickler ist darüber hinaus von Bedeutung, daß bei durchgängig objektorientierter Enwicklung Implementierungs- und DV-Entwurfs-Entscheidungen erstmals bis zum Fachentwurf zurückverfolgt werden können. Dies erhöht die Verständlichkeit von DV-Entwurf und Quellcode.

Szenarien

Die Verständlichkeit einer Entwicklungsmethode ist auch eine notwendige Voraussetzung dafür, daß der Benutzer einen effektiven Beitrag zum Analyseprozeß leisten kann. (Daneben erhöht die Verständlichkeit erstellter Modelle auch ihre Aussicht auf Wiederverwendung.) Anzahl und Schwere von Mißverständnissen werden reduziert. Sogenannte Szenarien helfen Entwicklern und Benutzern beim gemeinsamen Lern- und Modellierungsprozeß. Szenarien wurden bereits von Jacobson eingesetzt (bei ihm heißen sie „use cases"[42]), Rumbaugh hat sie von ihm übernommen[43], und auch Gryczan und Züllighoven[44] verwenden sie. Sie sind eine Lern- und Modellierungshilfe, sollten aber nicht zur Spezifizierung von Objekten eingesetzt werden, weil sie im Grunde funktionale Abstraktionen sind: Bei Hunderten von Szenarien, die leicht entstehen können und verschiedenen Teams übergeben werden, besteht die große Gefahr, daß dieselben Klassen wiederholt, aber unterschiedlich spezifiziert werden.

Evolutionäre System- entwicklung

Auf die Vorteile evolutionärer Systementwicklung und ihre gegenüber traditionellen Ansätzen wesentlich bessere Unterstützung durch objektorientierte Ansätze wurde bereits in Abschnitt 4.3.7.3 eingegangen. An dieser Stelle sei darauf hingewiesen, daß eine evolutionäre Softwareentwicklung unter Verwendung von Prototypen eine benutzerorientierte Systementwicklung sehr gut unterstützt. Sogar Benutzungshandbücher können in diesem Fall gelegentlich von den Benutzern selbst oder unter ihrer Federführung erstellt werden.[45] (Ob Benutzer allein aufgrund ihrer Fachkompetenz bessere Handbücher schreiben als professionelle Entwickler, kann bezweifelt werden. Immerhin sind dazu neben hervorragenden Systemkenntnissen auch didaktische Fähigkeiten notwendig. Aber eine Federführung der Anwender bei der Erstellung der Handbücher trägt sicher zur Qualität und damit indirekt zur Akzeptanz des Softwaresystems bei.)

---

[42]   Vgl. den Untertitel seines Buches: Object-Oriented Software Engineering. A Use Case Driven Approach.

[43]   Vgl. S. 214.

[44]   Vgl. Gryczan, Guido; Züllighoven, Heinz: Objektorientierte Systementwicklung. Leitbild und Entwicklungsdokumente. In: Informatik-Spektrum, Bd. 15, Nr. 5, Oktober 1992, S. 24–272 und Kilberth & al. (1993), a. a. O.

[45]   Kilberth & al. (1993), a. a. O., S. 121.

Feedback Klare fachliche Definitionen	Objektorientierte Ansätze bieten durch ihre Eignung für evolutionäre Systeme und Prototyping sowie durch ihre an der Begriffswelt der Anwender orientierten Modelle wesentlich mehr Möglichkeiten für ein Feedback, das auch die Anwender einbezieht. Insofern sind sie zumindest theoretisch besser geeignet, zufriedenstellende Entwicklungsergebnisse zu liefern. Die Erstellung eines Objektmodells fördert auch die Kommunikation zwischen Entwicklern und Anwendern: Wo man früher leicht aneinander vorbeiredete (vgl. oben Inkasso usw.), können die Dinge heute mit objektorientierten Analysemethoden schneller „auf den Punkt" gebracht werden. Denn eine Klassendefinition erzwingt immer auch eine klare fachliche Definition bzw. kann als solche aufgefaßt werden.
Leitbilder	Eine zunehmend wichtige Rolle spielen sogenannte Leitbilder[46], die bei der Analyse eines Anwendungsbereiches eine Hilfestellung bei der Erkennung relevanter Gegenstände geben können und vor allem eine Vorstellung vom angestrebten System und den zukünftigen Arbeitsformen vermitteln. Leitbilder geben daher dem Entwurf eine „Richtung" und tragen auch als Interpretationshilfe zur Verständlichkeit eines Entwurfs bei. Coad/Yourdon und Rumbaugh et al. geben kein Leitbild an die Hand; Ferstl und Sinz verwenden dagegen das Leitbild von Steuerobjekten und Steuer-/Leistungsobjekten. Ein anderes Leitbild ist das Sachbearbeiter-Leitbild von Denert[47], der ein Anwendungssystem in Form von kooperierenden „Sachbearbeitern" modelliert. Diese „Sachbearbeiter" sind selbstverständlich in der Regel keine Menschen, aber ein anthropomorphes Leitbild hilft durchaus bei der Modellierung autonomer Leistungsersteller und -abnehmer, wie Objekte sie darstellen. Auch die Sichtweise von Objekten als „intelligente", nur über Nachrichten miteinander kommunizierende Elemente, die „wissen", was in einer gegebenen Situation zu tun ist, ist ein Leitbild, wenn auch ein sehr

---

[46] Vgl. Rolf, Arno: Sichtwechsel – Informatik als (gezähmte) Gestaltungswissenschaft. In: Coy, Wolfgang; et al. (Hrsg.): Sichtweisen der Informatik. Braunschweig, Wiesbaden: Vieweg 1992, S. 33–47, hier: S. 45–47.

[47] Denert (1992), a. a. O.

allgemeines. Es kann aber die Phantasie beflügeln: Wenn ein modellierter Papierkorb die Aufgabe hat, Dinge zu vernichten, kann man ihm vielleicht auch die Aufgabe übertragen, diese Dinge vorher zu prüfen: Enthalten sie z. B. wichtige Schlüsselwörter (eine unbezahlte Rechnung sollte nicht ungeprüft weggewofen werden!)? Man kann diesem Modell-Papierkorb auch die Aufgabe übertragen, grundsätzlich alles noch einen Monat aufzuheben – das kann manches Versehen harmlos sein lassen.

Leitbild „Werkzeug und Material"

Budde und Züllighoven verwenden als Leitbild den Umgang mit Werkzeug und Material.[48] Dieses Leitbild ist sehr eingängig: Überall bearbeiten Menschen verschiedene Materialien mit den unterschiedlichsten Werkzeugen. Auch softwaretechnisch hat sich dieses Leitbild als ausdrucksstark erwiesen: Man erzeugt Werkzeug- und Materialklassen und stellt die Verbindung durch sog. Aspektklassen her. Ein Werkzeug Drucker kann z. B. über den Aspekt „Druckbar" die Materialien Briefe und Graphiken ausdrucken. Durch die Einführung von Aspektklassen können auch Werkzeug- und Materialklassen getrennt entwickelt werden.

Leitbilder ermöglichen eine plastische Vorstellbarkeit der erstellten Modelle. Das Paradigma der Objektorientierung hat bereits tragfähige Leitbilder hervorgebracht und ist offen für weitere. Die Zukunft wird zeigen, welche Leitbilder noch entwickelt werden, um objektorientierte Modelle noch verständlicher als bisher zu machen.

5.3.1.4 Problemnähe und „Natürlichkeit"

Auf Seite 216 wurde festgestellt, daß als erster Einstieg in eine Problembeschreibung oft eine prozedurale Betrachtung naheliegt. Dies gilt allerdings nur für den allerersten Einstieg.

---

[48] Budde, Reinhard; Züllighoven, Heinz: Software-Werkzeuge in einer Programmierwerkstatt. Berichte der Gesellschaft für Mathematik und Datenverarbeitung, Nr. 182. München: Oldenbourg 1990. Vgl. auch Kilberth & al. (1993), a. a. O., S. 23–37 sowie die Aussage auf S. 119, daß „von den Benutzern wesentliche Hinweise auf die relevanten Materialien, aber wenig Entwurfsanregungen für geeignete Software-Werkzeuge zu erwarten sind".

Denn be**greifbar** wird ein Problem erst durch die Objekte, mit denen man zu tun hat. Das Erkennen und Identifizieren der Objekte, von denen Aktivitäten ausgehen oder an denen Aktivitäten durchgeführt werden, ist ein erster Schritt zum Verständnis und damit zur Lösung einer Aufgabenstellung.

Entitäten des Problembereichs

Orientiert sich ein Fachentwurf an diesen problemspezifischen Objekten und nicht an allgemeinen funktionalen Anforderungen bzw. Randbedingungen, erfordert dies sicher bereits frühzeitig eine eingehende Analyse der semantischen Struktur der Aufgabenstellung. Auf der anderen Seite hilft aber gerade dieser stärkere Zwang zum tieferen Problemverständnis, Mißverständnisse auch frühzeitig aus dem Weg zu räumen. Und wenn es ein Ziel ist, die Arbeitswelt zu gestalten und eine konkrete Situation zu verbessern, ist ein Ansatz, der dem Modellierer nahelegt, die Entitäten eines Problembereichs zu erweitern oder anderweitig zu verändern, sehr nützlich.[49] Häufig gibt die Objekt-Metapher diese gedankliche Leitlinie. Der Modell-Papierkorb auf S. 253 ist ein Beispiel dafür, wie ein objektorientierter Ansatz einen Entwerfer anregen kann, ein „innovatives" Verständnis einer Aufgabenstellung zu erlangen. Er zeigt aber auch, wie das Verhalten von Entitäten in einem objektorientierten System über das Verhalten der Entitäten des Problembereichs hinausgehen kann. Eine solche anthropomorphe Sichtweise mag auf den ersten Blick unnatürlich erscheinen, kann aber – wenn sie überhaupt möglich gemacht wird – das Problemverständnis sehr erleichtern.

Integration von Analyse und Synthese

Ein objektorientiertes Vorgehen ermöglicht es, bei der Erstellung eines Fachentwurfs im Problemkontext zu bleiben; eine Abbildung in Konstrukte der Informatik ist nicht mehr notwendig. Der Fachentwurf beruht nämlich nicht mehr auf Funktionsbäumen, DV-technisch erzwungener Modulbildung oder einem normalisierten (und damit mitunter bis zur Unkenntlichkeit „zerschlagenen") Datenmodell[50], sondern auf

---

[49]Vgl. Rosson/Alpert (1990), a. a. O.

[50] „Eine schöne Analogie hat Robert Bloor von der britischen Unternehmensberatung Butler Bloor Ltd. gebracht: Die Normalisie-

der fachlich begründeten Begriffsbildung. Ein objektorientierter Fachentwurf ermöglicht damit gegenüber traditionellen Ansätzen eine größere Isomorphie zwischen Modell und Realität. Mehr noch: „Was zwischen Aristoteles und Kant die Wissenschaft geleistet hat, die Natur mit Begriffen zu beschreiben und daran Wissen und Erkenntnis festzumachen, zieht ein in die Datenverarbeitung: Begriffshierarchien werden zur Struktur der Programme."[51] Das heißt aber auch: Die Struktur des erarbeiteten Problemverständnisses ist auch (fast) die Struktur der Problemlösung. Die Objektorientierung ist also wesentlich problemnäher und implementierungsferner als traditionelle Methoden, die ihre Herkunft von prozeduralen Programmiersprachen bzw. ihre Ausrichtung auf diese Sprachen nicht verleugnen können. Zwar „denkt" objektorientierte Analyse auch bis zu einem gewissen Grad implementierungsspezifisch – die Herkunft von der objektorientierten Programmierung ist nicht zu übersehen –, allerdings sind die Konzepte der objektorientierten Programmierung (Klassifikation, Aggregation, Vererbung usw.) dem menschlichen Denken viel näher als die prozeduralen Konstrukte Iteration, Bedingung und Verzweigung. Durch ihre bisher nicht gekannte Problemnähe und die Durchgängigkeit des Ansatzes von der Analyse bis zur Implementierung ermöglicht die Objektorientierung eine bessere Integration von Problem und Lösung bzw. Analyse und Synthese.

Kognitive Distanz verringert

Objektorientierung verringert also die „kognitive Distanz"[52] der Benutzer zu den Modellen der später eingesetzten Software. Durch diese nun geringere kognitive Distanz lassen

rung der Daten sei ungefähr so sinnvoll, wie ein Auto zu zerlegen, um es in Einzelteilen in die Garage zu bringen und vor dem Fahren wieder zusammenzuschrauben." Purwin, René: Relationale Datenbanken sind nicht der Weisheit letzter Schluß. In: Computerwoche, 19. Jg., Nr. 42, 16. Oktober 1992, S. 13–14, hier: S. 14.

51 Wesseler (1991), a. a. O., S. 20.

52 Diesen Begriff verwendet (vermutlich zum ersten Mal) König, Wolfgang: Objektorientierte Anwendungssysteme und Systemsoftware für die 90er Jahre. In: Wirtschaftsinformatik, 32. Jg., Nr. 3, Juni 1990, S. 209–210, hier, S. 209.

sich auch die notwendigen Diskussions- und Rückkopplungsprozesse wesentlich verkürzen.

Isomorphie von Problem und Modell

Die Isomorphie von Problem und Modell bzw. von Fachentwurf und Implementierung kommt auch den Entwicklern und insbesondere dem Wartungsteam zugute: Zum einen können natürlich DV-Entwurf und Implementierung schneller realisiert werden, wenn der Fachentwurf erst einmal erstellt ist. Zum anderen wird aber auch die Wartung erheblich vereinfacht: Ein großer Anteil der Wartungstätigkeit besteht nämlich darin, die Beziehungen zwischen Problemcharakteristika und dem endgültigen DV-Entwurf zu dokumentieren.[53] In einem objektorientierten DV-Entwurf sind nun große Teile dieser Dokumentation bereits implizit enthalten, weil es eine Erweiterung und Verfeinerung eines objektorientierten Fachentwurfs ist und die Struktur der einzelnen Objekte und die zwischen den Objekten auf der Struktur des Problembereichs beruht und sie widerspiegelt. Der Beitrag der Objektorientierung zur Wartbarkeit von Fachentwürfen und Programmen wird in Kapitel 5.3.2 näher untersucht.

Was ist „natürlich"?

Während die gegenüber traditionellen Ansätzen größere Problemnähe der Objektorientierung unbestreitbar ist, bleibt die oft behauptete „Natürlichkeit"[54] objektorientierter Ansätze schwerer zu fassen. Denert schreibt beispielsweise: „Objekt-

---

[53] Vgl. Rosson/Alpert (1990), a. a. O., S. 371. (Die Autoren zitieren in diesem Zusammenhang eine Arbeit von Letovsky et al., 1987.) Man darf nicht davon ausgehen, daß diese Beziehungen – zumindest bei sorgfältiger Arbeitsweise – bereits alle dokumentiert sind. Zum einen ist dies praxisfremd, zum anderen ist zum Zeitpunkt der Erstentwicklung vieles „offensichtlich" und daher nicht explizit dokumentiert. Die vielen Selbstverständlichkeiten und stillschweigenden Annahmen sind es, die eine Wartung oft so mühsam machen.

[54] Vgl. Rentsch (1982), a. a. O., S. 52: „I am convinced that the view from outside [das ist in diesem Zusammenhang die objektorientierte Sichtweise, d. Verf.] is the natural one [...]" und Robson, David: Object-Oriented Software Systems. In: BYTE, Vol. 6, No. 8, August 1981, S. 74–86, hier: S. 74: „Many people who have no idea how a computer works find the idea of object-oriented systems quite natural"

orientierung ist die natürliche Art über Software zu denken, weil die Welt aus interagierenden Objekten besteht."[55] Die Welt besteht nicht aus interagierenden Objekten – Denert sieht sie so, und man kann sie so sehen. Die Welt wird allerdings bei weitem nicht vollständig beschrieben, wenn man sie als Ansammlung interagierender Objekte auffaßt: Geist, Logik, Regeln, Ziele, Sinn, Zweck und vieles mehr wird nicht oder nur unzureichend berücksichtigt. Auch gibt es für die Betrachtung „der Welt" bzw. eines relevanten Weltausschnittes je nach Anwendungsgebiet noch andere, mindestens ebenso „natürliche" Sichtweisen: Aufgaben und Aufgabenträger, Geschäftsprozesse, Petri-Netze, Logikkalküle und viele andere mehr.

Auch Funktions-orientierung ist „natürlich"

Objektorientierung ist also nicht die einzige naheliegende und „natürliche" Sichtweise. Es bleibt noch zu untersuchen, ob sie natürlicher als z. B. die funktionsorientierte Sichtweise ist. Zur Begründung dieser These wird oft darauf hingewiesen, daß objektorientierte Konzepte wie „Objekte und ihre Attribute", „das Ganze und seine Teile", „Klassen und ihre Exemplare" bereits im Kindergartenalter erlernt werden[56] und daß Kinder Smalltalk schnell lernen[57]. Das ist sicher richtig, aber man darf keine falschen Schlüsse daraus ziehen: Auch funktionales Denken wird bereits im Kindergartenalter gelernt, in Großbritannien lernen Grundschüler Prolog, und auch prozedurale Programmiersprachen lernen Kinder schnell. Objekte existieren nicht in der Welt, sie sind ebenso wie Funktionen ein Konzept zur Strukturierung der Welt, ein Strukturkonzept, ein Paradigma; sowohl Objekte als auch Funktionen existieren nur in der Vorstellung des Betrachters.[58] Einige Objekte in Objektmodellen sind auch ausgesprochen „unnatürlich": Beispiele sind reine Datenspeicher oder reine Prozesse.

---

[55] Denert (1992), a. a. O., S. 51.
[56] Vgl. Coad/Yourdon (1991a), a. a. O., S. 1.
[57] Vgl. Rentsch (1982), a. a. O., S. 53.
[58] Vgl. Constantine (1989), a. a. O., S. 37.

Diskussion auch in anderen Disziplinen

Loy weist darauf hin, daß die Diskussion um das Primat von Objekt (bzw. Struktur/Form) oder Funktion auch in anderen Disziplinen geführt wird.[59] Er bringt Beispiele aus der Entwicklungspsychologie (Piaget auf der einen Seite, auf der anderen Seite die Gestaltpsychologen) und der kognitiven Anthropologie. Er zitiert auch zwei Anthropologen, die sehr erstaunt seien, daß „diese Debatte" auf dem Gebiet der Softwareentwicklung geführt werde. Sie glaubten beide, daß sich hier eine weitaus grundsätzlichere Frage manifestiere, und seien der festen Überzeugung, daß diese Frage nicht gelöst sei und vielleicht nie gelöst werden könne.

Entscheidung im Einzelfall

Nach dem heutigen Stand der Dinge ist eine Orientierung des Fachentwurfs an Objekten also nicht „natürlicher" als eine Orientierung an Funktionen (man kann aber auch nicht das Gegenteil behaupten).[60] Man muß vielmehr im Einzelfall prüfen, welches Strukturkonzept das geeignetste ist. Hier kann zugunsten der Objektorientierung festgehalten werden, daß sie ein Modellieren in der Sprache der Benutzer ermöglicht, was den Benutzern ein besseres Verständnis der Entwürfe ermöglicht und den Entwicklern ein besseres Problemverständnis. Statt von einer bislang weder entscheidbaren noch meßbaren (größeren) Natürlichkeit zu sprechen, sollte man also lieber besser faßbare Qualitätsmerkmale wie Problemnähe und Verständlichkeit untersuchen, wie es oben getan wurde.

---

[59] Vgl. Loy, Patrick H.: A Comparison of Object-Oriented and Structured Development Methods. In: ACM SIGSOFT Software Engineering Notes, Vol. 15, No. 1, January 1990, S. 44–48, hier: S. 47.

[60] Ein objektorientierter Fachentwurf führt auch stellenweise zu unnatürlichen Sichweisen: In einem objektorientiert modellierten Logistiksystem wird man einem Objekt „Paket" die Nachricht senden: „Transportiere dich!" Der Auftraggeber wird einwenden: „Bei uns macht das das Fließband!" Einem Objekt „Kunde" wird man die Nachricht senden: „Prüfe dein Kreditlimit!" Die Fachabteilung wird sagen: „Bei uns macht das ein Sachbearbeiter." Objektorientierung ist also nicht natürlich, sondern ermöglicht lediglich eine gute Kapselung und Lokalität: Die Dienstleistungen (Methoden) stehen bei den Attributen, die sie bearbeiten.

**OO für
DV-Laien
leichter als für
DV-Profis**

Interessant ist aber in diesem Zusammenhang, daß DV-Laien eine objektorientierte Denkweise leichter fällt als professionellen Softwareentwicklern.[61] Dies mag damit zusammenhängen, daß ein objektorientiertes Vorgehen mit seinen allgemein gültigen Konzepten ein problemnahes Formulieren ermöglicht, die Entwickler aber oft noch zu sehr in den Bahnen strukturierter Ansätze denken, um saubere objektorientierte Entwürfe leicht erstellen zu können. Solche (nur vorübergehenden) Umlernschwierigkeiten hat man auch bei Prolog beobachtet: Menschen ohne Programmiersprachenhintergrund lernten Prolog leichter als Programmierer, die jahrelang eine prozedurale Programmiersprache verwendet hatten. Daraus schließt man aber heute nicht mehr, daß Prolog „natürlicher" sei als beispielsweise Modula-2.

**Reaktive
Systeme**

Die bisherigen Ausführungen über Verständlichkeit und „Natürlichkeit" gelten generell für jede Art von zu entwickelnder Software. Durch leistungsfähigere Hardware, durch das Aufkommen graphischer Benutzeroberflächen und Fenstersysteme und durch das Vorhandensein mächtiger Generatoren ist jedoch mittlerweile ein neuer Typ von Software möglich geworden: die reaktiven Systeme.[62] Hier wird der Benutzer nicht mehr durch eine Hierarchie von Masken und Menüs geführt, sondern hier gibt der Benutzer vor, wann welche Komponente des Systems wie aktiviert wird. Ein wahlfreier Wechsel zwischen parallel verfügbaren Arbeitskontexten ist jederzeit möglich.[63] (Klotz bringt hierzu einen treffenden Vergleich: „Während die Straßenbahn nur die vorgegebene Strecke fahren kann, gibt das Auto dem Fahrer die Möglichkeit, die Richtung selbst zu bestimmen."[64]) Solche Software ist mit strukturierten Methoden wegen ihrer starren

---

[61] Diese Beobachtung machte unter anderen Dr. Stephan Lücke von der Firma Taylorix AG und trug sie auf der ObjectWorld am 16./17. November 1992 in Wiesbaden vor. Vgl. auch oben die Fußnote 54.

[62] Vgl. S. 186.

[63] Vgl. Kilberth & al. (1993), a. a. O., S. 128 f.

[64] Klotz (1993), a. a. O., S. 409.

DV-technischen Ablaufsteuerung[65] kaum noch in vertretbarem Aufwand erstellbar und noch schwerer zu ändern, denn jede Funktion muß aus fast jedem Arbeitskontext heraus aufrufbar sein.

Flexibler Ansatz notwendig

Hier bedarf es eines flexiblen, verständlichen Ansatzes wie der Objektorientierung, der zu einem modularen und übersichtlichen Systemaufbau führt, dessen Bestandteile eine inhärente Parallelität aufweisen und die oben genannten parallel verfügbaren Arbeitskontexte widerspiegeln. Klotz beschreibt die Mächtigkeit der Objektorientierung wieder in farbigen Bildern: „Damit lassen sich Systeme realisieren, die sich von herkömmlichen Konzepten unterscheiden wie eine Werkstatt vom Fließband."[66]

Kognitive Distanz verringert

Objektorientierung verringert also nicht nur die „kognitive Distanz" der Benutzer zu den Modellen der später eingesetzten Software,[67] sondern ermöglicht durch in ihrer Bedienung intuitiv erfaßbare Anwendungssysteme[68] auch eine Verringerung der kognitiven Distanz der Benutzer zu ihrem Arbeitsmittel „Software".

---

[65] Kilberth et al. (1993, a. a. O.) sprechen in diesem Zusammenhang von sog. modalen Dialogen: „Modale Dialoge erwarten nach einer Ausgabe (Prompt) eine Benutzereingabe in einem Fenster oder Eingabefeld und lassen keine andere Benutzerreaktion zu." (S. 128) Und weiter oben auf derselben Seite: „In diesem Sinn kann von aktiven Systemen gesprochen werden, die den Benutzer aktiv in Abhängigkeit ihres internen Programmzustandes steuern."

[66] Klotz (1993), a. a. O., S. 409.

[67] Vgl. oben S. 255.

[68] Zu weiteren Ausführungen über eine intuitive Interaktion mit Anwendungssystemen vgl. Rosson/Alpert (1990), a. a. O., S. 370.

5.3.2   Wartbarkeit und Wiederverwendbarkeit

5.3.2.1   Einleitung

**Antike
Literatur**

Die Idee der Wiederverwendung von „Fertigteilen" läßt sich bis zu antiken Schriftstellern zurückverfolgen.[69] Die Motivation lag damals wie heute im „Zwang rascher Produktion oder häufig wiederkehrender Anlässe"[70], war also letztlich ökonomisch begründet. Aristoteles äußerte sich allerdings sarkastisch über die verwendeten Montagemethoden, „denn die von den alljährlichen Theaterfestspielen erforderte reiche dramatische Produktion mußte – zumindest bei zweitrangigen Dichtern – zu einer gewissen Standardisierung der Handlungsmuster führen, die wiederum die Austauschbarkeit der Teile begünstigte"[71]. Dabei sind auch großen Meistern Pannen bei der „Systemintegration" unterlaufen: „Cicero, der sich eine Sammlung von Vorworten angelegt hatte, bemerkte einmal leider zu spät, daß er in einem philosophischen Traktat über den Ruhm *(De gloria)* ein Vorwort vorangestellt hatte, das er schon für die Abhandlung über die Erkenntniskritik *(Academia)* verwendet hatte."[72] Dennoch zeigt der Vorfall, daß die Maxime „montieren statt codieren[73]" auch antiken Autoren bekannt war.

**Hand-
feuerwaffen**

Auf dem Gebiet der Produktion von Handfeuerwaffen hatte Eli Whitney im Jahre 1798 eine bahnbrechende Idee: Von Spezialisten ließ er standardisierte Einzelteile herstellen, die sich zu einem fertigen Gewehr zusammensetzen ließen (bis

---

[69] Vgl. Blänsdorf, Jürgen: Montage, Intertextualität, Gattungsmischung, Kontamination? Beschreibungsmodelle für produktions- und rezeptionsästhetische Phänomene des antiken Dramas. In: Fritz, Horst (Hrsg.): Montage in Theater und Film, Tübingen: Francke 1993, S. 1–23, hier: S. 2.

[70] Ebd., S. 4. Vgl. ebd., S. 16: „Die Realisierung wird durch besondere Umstände wie Produktionsgeschwindigkeit und Erfolgszwang ausgelöst."

[71] Ebd., S. 12.

[72] Ebd., S. 5.

[73] Man beachte in diesem Zusammenhang, daß *codex* ein lateinisches Wort für „Buch" ist.

dahin wurden Gewehre von einem Büchsenmacher als Ganzes gefertigt). Dadurch wurden nicht nur Reparaturen und Wartungsarbeiten erleichtert, sondern es konnten auch entsprechende Komponenten in anderen Waffen ausgetauscht bzw. wiederverwendet werden.

Software-technik

In der Softwareentwicklung war die Idee von Bibliotheken wiederverwendbarer Softwarekomponenten bereits in den 40er Jahren vorhanden,[74] und Bibliotheksroutinen wurden bereits 1951 entwickelt[75]. Wiederverwendung blieb jedoch noch Jahrzehnte auf wenige Gebiete im Rahmen der Implementierung beschränkt (hier vor allem statistische und mathematische Programmbibliotheken) und wurde auch in der Wissenschaft kaum untersucht. Die erste Veröffentlichung über Wiederverwendbarkeit in Programmen war vermutlich der Aufsatz „Mass-produced Software Components" von McIlroy aus dem Jahre 1968.[76] Erst in jüngerer Zeit finden Themen der Softwarewartung und -wiederverwendung das Interesse der Forschung.[77] „Durch die Wiederverwendung von Komponenten soll die Softwareentwicklung aus dem Zeitalter der Manufakturen in die industrielle Neuzeit geführt werden."[78] Cox spricht in diesem Zusammenhang sogar von der industriellen Software-Revolution.[79]

---

[74]   Vgl. Wegner (1990), a. a. O., S. 15.

[75]   Vgl. ebenda, S. 19. Wegner zitiert hier „M. Wilkes, D. Wheeler, and S. Gill, *The Preparation of Programs for a Digital Computer,* Addison-Wesley 1951, revised edition, 1957."

[76]   McIlroy, M. D.: Mass-produced Software Components. In: Buxton, J. M.; Naur, P.; Randell, B. (Hrsg.): Software Engineering Concepts and Techniques (1968 NATO Conference on Software Engineering), Van Nostrand Reinhold 1976, S. 88–98.

[77]   Ein weiterer früher Artikel ist Endres, A.: Software-Wiederverwendung: Ziele, Wege und Erfahrungen. In: Informatik-Spektrum, Bd. 11, 1988, S. 85–95.

[78]   Schaschinger, Harald: Objektorientierte Analyse und Modellierung. Dissertation an der Universität Linz, 1992, S. 15.

[79]   Vgl. Cox (1986), a. a. O.

Ziele

Ziele der Wiederverwendung sind eine Steigerung von

- Produktivität (durch die Vermeidung einer Neuentwicklung) und

- Qualitiät (durch die Verwendung getesteter und bewährter Komponenten).[80]

Die Wiederverwendung von Analyse- und Entwurfsergebnissen – und nicht nur von Code – ist dabei die einzige Möglichkeit, sowohl bei der Steigerung der Produktivität als auch bei der Erhöhung der Qualität einen Quantensprung zu erzielen.[81] So, wie man eine Einbauküche aus Fertigteilen der Typenliste entwirft, soll auch Individualsoftware aus Komponenten in Softwarekatalogen entworfen werden. Wartung und Weiterentwicklung von Software sollten genauso vorgenommen werden wie die Wartung von Kraftfahrzeugen: durch Austausch von Teilen.[82]

5.3.2.2   **Definitionen und Klassifizierungen**

Wiederverwendung ist ein Entwicklungsprozeß, „der nicht jedesmal am Punkt Null aufsetzt, sondern davon ausgeht, daß vorhandene Software dafür verwendet werden kann, um ein neues Software-Produkt zu entwickeln"[83]. Gegenstände der Wiederverwendung sind

- Code,

- Ergebnisse des DV-Entwurfs (Entwurfsergebnisse),

- Ergebnisse des Fachentwurfs (Analyseergebnisse),

- Testfälle,

---

[80] Vgl. Endres (1988), a. a. O., S. 85.

[81] Vgl. Biggerstaff, Ted; Richter, Charles: Reusability Framework, Assessment, and Directions. In: IEEE Software, March 1987, S. 41–49, hier: S. 45.

[82] Vgl. Tsichritzis (1989), a. a. O., S. 1035.

[83] Endres (1988), a. a. O., S. 86.

- Konzepte und Algorithmen,

- Sonstiges: Handbücher, Machbarkeitsstudien, Kosten-Nutzen-Analysen u. a. m.

Endres unterscheidet eine **geplante** und eine **nicht-geplante** Wiederverwendung.[84] Bei letzterer fällt die Entscheidung zur Wiederverwendung erst im nachhinein, bei der geplanten Wiederverwendung werden bereits „bei der ursprünglichen Entwicklung Vorkehrungen getroffen, die die Wiederverwendbarkeit erleichtern"[85]. Fichman und Kemerer sehen auf dem Gebiet von Fach- und DV-Entwurf zwei Grundformen der Wiederverwendung: zum einen die Wiederverwendung von **Komponenten früherer Entwürfe** und zum anderen die **Abstraktion bereits implementierter Programmkomponenten.**[86] Wasserman schließlich trennt die **Wiederverwendung in unveränderter Form** *(black box reuse)* von der **Wiederverwendung in veränderter Form** *(white box reuse).*[87] Man beachte, daß die drei Klassifizierungen gewissermaßen „orthogonal", also voneinander unabhängig sind: Man kann z. B. eine geplante Wiederverwendung von Komponenten früherer Entwürfe in unveränderter Form vornehmen oder auch eine nicht-geplante Abstraktion bereits implementierter Programmkomponenten in veränderter Form.

Wartung umfaßt nach Baber alle Aufgaben, die ihm Rahmen der

1. Fehlerkorrektur,

2. Änderung der Konstruktion bei unveränderter Spezifikation und

---

[84] Vgl. ebenda.

[85] Ebenda.

[86] Vgl. Fichman, Robert G.; Kemerer, Chris F.: Object-Oriented and Conventional Analysis and Design Methodologies. Comparison and Critique. In: Computer (published by IEEE), Vol. 25, No. 10, October 1992, S. 22–39, hier: S. 38.

[87] Vgl. Wasserman, Anthony I.: Object-oriented Software Development: Issues in Reuse. In: Journal of Object-Oriented Programming, Vol. 4, No. 2, May 1991, S. 55–57, hier: S. 57.

3. Änderung der Spezifikation
   a) auf der Anwenderseite und
   b) auf der Systemseite (Hardware, Software)

anfallen.[88] Eine Wartung im Fall 3 b) wird häufig auch als **Portierung** bezeichnet.

Wiederverwendbarkeit, Wartbarkeit und **Portierbarkeit** sind dann die entsprechenden Qualitätsmerkmale von Software.[89] Die Norm ISO/IEC 9126 bzw. DIN E 66272[90] kennt den Begriff Wiederverwendbarkeit nicht, und die Portabilität ist kein Unterbegriff der Wartbarkeit, sondern hier steht das Qualitätsmerkmal **Änderbarkeit** (unterteilt in Analysierbarkeit, Modifizierbarkeit, Stabilität und Prüfbarkeit) neben dem Merkmal **Übertragbarkeit** (unterteilt in Anpaßbarkeit, Installierbarkeit, Konformität und Austauschbarkeit). Die u. a. von Meyer genannte **Erweiterbarkeit** – die Leichtigkeit, mit der ein Softwareprodukt an veränderte Spezifikationen angepaßt werden kann[91] – ist eine spezielle Änderbarkeit und fällt damit in dieser Arbeit unter den Begriff Wartbarkeit.

Küffmann zeigt, daß Wiederverwendung und Wartung eng verwandte Konzepte sind; sie begründet dies mit den großen Gemeinsamkeiten der Qualitätskriterien, die zu wartbarer und wiederverwendbarer Software führen.[92] Vor allem hinsichtlich

---

[88] Vgl. Baber, R.: Software + Wartung = Widerspruch. In: Wix, B.; Balzert, H. (Hrsg.): Softwarewartung. Mannheim u. a.: Bibliographisches Institut 1988, S. 105–122, hier: S. 108.

[89] Unter Software sollen hier nicht nur das fertige Programm, sondern auch die frühen Entwicklungsstufen Fachentwurf und DV-Entwurf verstanden werden.

[90] hier zitiert nach Hohler, Bernd: Zertifizierung und Prüfung von Softwareprodukten, in: HMD Theorie und Praxis der Wirtschaftsinformatik, Heft 175, 31. Jg., Januar 1994, S. 20–37, hier: S. 24.

[91] Vgl. Meyer (1988), a. a. O., S. 5.

[92] Küffmann, Karin: Wiederverwendung und Wartung – unterschiedliche oder verwandte Konzepte. Fachbericht Nr. 94/02 der Philipps-Universität Marburg, FB 02 – Abt. Wirtschaftsinformatik, Prof. Dr. Ulrich Hasenkamp, 1994, S. 9–11. Ihre Argumentation

der Wiederverwendung in der Wartung sind es schwer voneinander abgrenzbare Konzepte, denn „der Übergang zwischen Wartung und Wiederverwendung wird aus der Sicht der Wartungstätigkeiten alleine durch den zeitlichen Aspekt bestimmt. Der Übergang zwischen Wartung und Wiederverwendung ist – vor einem langfristigen Zeithorizont betrachtet – gleitend"[93]. Das heißt aber nicht, daß wartbare Software auch wiederverwendbar ist,[94] und das bedeutet auch nicht – im Gegensatz zur Auffassung von Küffmann[95] –, daß wiederverwendbare Software wartbar ist: Eine funktionsfähige Softwarekomponente kann in unveränderter Form wiederverwendbar und dennoch aufgrund eines undurchsichtigen inneren Aufbaues praktisch unwartbar sein. Richtig ist dagegen, daß durch die Wiederverwendung von Komponenten, also durch einen modularen Aufbau, wartbare Software **entsteht**, weil diese Komponenten leichter austauschbar sind.

5.3.2.3   Voraussetzungen für Wiederverwendung

Verschiedene Aspekte

Bei den Voraussetzungen für Wiederverwendung sind

- technische und

- betriebswirtschaftlich-organisatorische Aspekte

zu unterscheiden. Diese Aspekte werden im folgenden näher untersucht.

Konsistenz-wahrung schwierig

Technische Aspekte: Im Hinblick auf konventionelle Entwurfsmethoden stellt Coad fest, daß es fast unmöglich ist, zwei verschiedene Dokumente zu erstellen und sie zueinander konsistent zu halten – noch dazu unter den Rahmenbedingungen von Zeit-, Budget- und Personalvorgaben.[96] Es ist

---

stützt sich auch darauf, daß bei der Wartung ein neues System unter Verwendung eines alten entsteht, s. ebenda, S. 12.

[93] Ebenda, S. 16.

[94] Vgl. ebenda, S. 15.

[95] „Deutlich wird, [...] daß wiederverwendbare Software auch wartbar ist." (ebenda, S. 11)

[96] Vgl. Coad, Peter: OOA/OOD and OOP. In: Journal of Object-Oriented Programming, Vol. 4, No. 1, March/April 1991 (a), S.

offensichtlich, daß ein inkonsistenter Zustand von Modellen und Dokumentationen die Übernahme vorhandener Ergebnisse erschwert. Eine wichtige Voraussetzung für Wiederverwendung ist daher eine konsistente Projektdokumentation. Optimale Voraussetzungen hierfür liegen dann vor, wenn Analyse- und Entwurfsmethoden, Programmiersprachen und Werkzeuge im Konzept übereinstimmen. Objektorientierte Vorgehensweisen bieten mit ihrer Durchgängigkeit in diesem Punkt bessere Voraussetzungen als traditionelle Methoden.

Modularität

Eine weitere Voraussetzung für eine Softwareerstellung mit Hilfe wiederverwendbarer Komponenten ist eine modular aufgebaute Software. So sollten z. B. fachliche und interaktive Komponenten voneinander getrennt werden, damit die Oberfläche anpaßbar bleibt und funktionale Komponenten in anderen Oberflächen wiederverwendet werden können. Eine Vorgehensweise, die solche Komponenten bzw. Module als gekapselte Einheiten als Konzept zur Verfügung stellt, hat hier natürlich Vorteile gegenüber einer Vorgehensweise, die alles als „Funktion" sieht und spätestens im DV-Entwurf fachliche Aufgaben mit einer bestimmten Benutzeroberfläche untrennbar „verschweißt".

Auffindbarkeit

Ein bislang ungelöstes Problem beeinträchtigt noch den Einsatz prinzipiell wiederverwendbarer Komponenten: Es ist die Schwierigkeit, innerhalb eines akzeptablen Zeitraumes unter vielleicht Tausenden von „Informationsteilchen" das jeweils passende zu finden. Denn was nützt es, wenn es länger dauert, ein Objekt oder ein Datenflußdiagramm wiederzufinden, als ein neues zu schreiben? Vor der Wiederverwendung liegt nämlich die Wiedererkennnung. Es fehlt noch eine geeignete Klassifizierung von Softwarebausteinen, wie sie in der Biologie und bei den Baugruppen der Ingenieursdisziplinen bereits ausgearbeitet ist. Eine solche Klassifizierung ist aber für

---

74–81, hier: S. 74. Man vergleiche in diesem Zusammenhang das eine OOA-Modell von Coad/Yourdon mit den Datenflußdiagrammen, Entity-Relationship-Diagrammen und Zustandsübergangs-Diagrammen von Structured Analysis.

eine Wiederverwendung in größerem Rahmen als bisher eine notwendige Voraussetzung.

Bewiesene Verwendbarkeit

Man kann nie sicher sein, daß Software wirklich wiederverwendbar ist, bis sie wirklich erfolgreich wiederverwendet wurde. Auf der anderen Seite hat tatsächlich eingesetzte Software eine erste Voraussetzung für ihre Wiederverwendbarkeit bereits erfüllt: ihre Verwendbarkeit.[97] Wiederverwendbare Software ist „mehr" als verwendbare und schwieriger zu erstellen. Für das Auffinden nützlicher Abstraktionen von Lösungen eines speziellen Problems benötigt man Mitarbeiter, die einen „Hang zum Einfachen"[98] haben und bereit sind, Entwürfe mehrmals zu überarbeiten, um gut verständliche und leicht anpaßbare Komponenten zu schaffen. Selbstredend müssen diese Komponenten auch von hoher Qualität (damit es sich lohnt, sie wiederzuverwenden) und effizient sein.

Analyse notwendig

Softwareerstellung mit wiederverwendbaren Bausteinen erfordert nach wie vor eine ausführliche Analyse des Problembereichs, weil anders keine sachlich fundierte Auswahl vorhandener Komponenten möglich ist. Eine Wiederverwendung auf der Ebene eines Fachentwurfs wird sich dabei auf „Kernkomponenten" beschränken, die in verschiedenen Projekten in ähnlicher Form vorkommen. Außerdem ist es notwendig (und schwierig!), die richtige Abstraktionsebene zu finden: Sowohl zu abstrakte als auch zu spezielle Komponenten sind für eine Wiederverwendung grundsätzlich ungeeignet.

Zusammenfassung

Zusammenfassend kann man also sagen, daß Komponenten nur dann wiederverwendet werden, wenn sie

---

[97] Das ist nicht selbstverständlich: Nach einigen Studien wird mehr als die Hälfte aller in Auftrag gegebenen Software nie eingesetzt (die Projekte wurden abgebrochen, die Software aus anderen Gründen nie geliefert – oder geliefert, aber nicht genutzt). Vgl. auch S. 1.

[98] Vgl. den Aphorismus eines unbekannten Verfassers: „Aller Fortschritt geht vom Primitiven über das Komplizierte zum Einfachen."

- konsistent dokumentiert,

- klar definiert,

- in der richtigen Abstraktionsstufe vorliegend,

- leicht integrierbar,

- von hoher Qualität und

- effizient sind.

Wiederverwendung wird damit selbst zu einer Qualitätssicherungsmaßnahme: „Je öfter eine Komponente wiederverwendet wird, desto stabiler und ausgereifter wird sie, was sich wiederum positiv auf die Qualität der Endprodukte auswirkt, die auf diese Komponente zurückgreifen."[99]

Andere Ressourcenoptimierung

Betriebswirtschaftlich-organisatorische Aspekte: Wiederverwendung ist – zumindest ab einer gewissen Größenordnung – ein unternehmensübergreifendes Problem; sie erfordert eine „kritische Masse" von Komponenten, bevor sie sich bezahlt macht.[100] Wiederverwendung ist auch keine logische Folge von Wiederverwendbarkeit. Es muß auch organisatorisch ermöglicht und sichergestellt sein, daß vorhandene Komponenten wieder verwendet werden. Dazu muß bei der Softwareerstellung längerfristig als bisher gedacht werden: In wiederverwendbare Komponenten muß erst einmal investiert werden, die Qualität muß auf einem noch höheren Niveau gesichert werden, und Investitionen in Bibliotheken, Rahmenwerke, Browser und andere Werkzeuge zur Wiederverwendung müssen getätigt werden.[101] Kurz: Die Ressourcen müssen über mehr als gerade das laufende Projekt optimiert werden. Weitere Managementaspcktc, die wenigei die Voraussetzungen für Wiederverwendung betreffen als vielmehr deren Auswirkungen und praktische Aspekte, werden in Abschnitt 5.3.2.5 behandelt.

---

[99] Lehner/Sikora (1994), a. a. O., S. 44.

[100] Vgl. Biggerstaff/Richter, a. a. O., S. 45.

[101] Vgl. Coad, Peter: OOD Criteria, Part 2. In: Journal of Object-Oriented Programming, Vol. 4, No. 4, July/August 1991 (b), S. 64–66, hier: S. 64.

5.3.2.4 Zur Unterstützung von Wartbarkeit und Wiederverwendbarkeit

Abstraktion

Granularität

Der Schlüssel zu besserer Wiederverwendbarkeit ist eine geeignetere **Abstraktion,** denn „je abstrakter das jeweilige Material ist, um so besser sind die Chancen, daß es in einer anderen Umgebung wieder verwendet werden kann"[102]. Eine zu weit gehende Abstraktion ist jedoch nichtssagend und daher unbrauchbar (z. B. ist es nicht sinnvoll, von Schaumstoffen zu sprechen, wenn es um verschiedene Brotsorten geht). Auf der anderen Seite ist ein Objekt um so schlechter wiederverwendbar, je mehr es an spezifischer Information enthält, je spezieller es also ist. Es ist eine Erkenntnis der allgemeinen Systemtheorie, daß Systeme mit zunehmender Spezialisierung ihre Anpassungsfähigkeit verlieren. Bei den Abstraktionen, die im Rahmen eines Modellierungsprozesses vorgenommen werden, kommt es also auf die richtige „Granularität" an.

Offen

vs.

geschlossen

Flexibilität

vs.

Sicherheit

Bei der Softwareerstellung wird man selten etwas wiederverwenden können, ohne es verändern zu müssen.[103] Wenn eine Komponente zur Verwendung zur Verfügung steht, spricht Meyer von einem geschlossenen Modul.[104] Demgegenüber ist eine Systemkomponente offen, wenn sie für Änderungen der Datenstrukturen und Operationen offen ist. Wünschenswert wäre es, daß Systemkomponenten **offen und geschlossen** sind: Bis zur Verwendungsreife entwickelt und doch noch änderbar (die geänderte Systemkomponente muß natürlich von den sie ursprünglich verwendenden Komponenten nach wie vor genutzt werden können!). In traditionellen Entwurfsverfahren schließen sich Offenheit und Geschlossenheit jedoch gegenseitig aus.[105] Objektorientierte Ansätze bieten da-

---

[102] Endres (1988), a. a. O., S. 87.

[103] Vgl. Wasserman (1991), a. a. O., S. 57: „However, reuse must often focus on the key differences between the original context for the component and the new context in which it can be reused."

[104] Vgl. Meyer (1988), a. a. O., S. 23.

[105] Denn: Ein Modul, der geschlossen ist, hat sich bei Datenstruktur und Operationen festgelegt – ist also nicht offen –, und ein Mo-

gegen erstmals die Flexibilität, viele Sachverhalte für spätere Modifikationen offenzulassen, ohne daß die augenblicklich entwickelte Anwendung darunter leidet. Diese Flexibilität wird durch das Konzept der Vererbung ermöglicht, da eine entwickelte und eingesetzte Klasse als Oberklasse einer entsprechend spezialisierten Unterklasse dienen kann. Die dazu notwendigen Modifikationen können meist auch von einem anderen Entwickler als dem Entwickler der ursprünglichen Klasse ohne große Reibungsverluste vorgenommen werden. Der Widerspruch zwischen Flexibilität und Sicherheit (eines erprobten Systems) ist damit bei objektorientierten Entwurfsverfahren elegant gelöst.

Software-ICs Wartbarkeit und Wiederverwendbarkeit werden bei objektorientierten Ansätzen auch durch eine bessere **Modularisierung** der Software unterstützt. Die beim Erstellen eines Objektmodells gefundenen Klassen sind zugleich auch die Moduln des Systems. So kann z. B. eine Klasse „Auftrag" mit der Methode „Auftragsposition bearbeiten" zunächst von einer Anwendung „Bestellwesen" und später von einer Anwendung „Rechnungswesen" verwendet werden. Cox entwickelt diesen Gedanken weiter und spricht in Analogie zu integrierten Schaltkreisen, den Standardbausteinen in der Halbleiterindustrie, von „Software-ICs"[106] – ein Begriff, den er sich sogar schützen ließ. Nach seiner Vorstellung soll analog zur Hardwareindustrie ein Markt für Software-ICs entstehen,[107] und Anwendungen werden überwiegend aus solchen zusammengekauften und montierten Bausteinen bestehen.

Kapselung Durch die **Kapselung** von Daten und auf ihnen operierenden Methoden sind Funktionsänderungen und Erweiterungen leichter durchzuführen, da Annahmen über die Umgebung

---

dul, der noch Änderungen zuläßt, ist noch in der Entwicklung befindlich und steht daher noch nicht zur Verfügung – ist also nicht geschlossen.

[106] Cox (1986), a. a. O., S. iv.

[107] Vgl. ebenda, S. v, vi und 27. Vier Jahre später sprach Cox sogar von einem „multilevel market in software components", siehe Cox, Brad J.: Planning the Software Revolution. In: IEEE Software, November 1990, S. 25–33, hier: S. 29.

der Module nicht oder kaum gemacht werden müssen und „Dominoeffekte" bei der Änderung eines oder weniger Teile weitgehend ausgeschlossen sind. Durch die größere **Lokalität** (die „Funktionen" stehen bei den Daten, die sie bearbeiten) kann die Semantik von funktionalen Einheiten schneller erfaßt werden, was wiederum die Einarbeitungszeit bei späteren Änderungen verkürzt.

Klare Schnittstellen

Modularisierung und Kapselung erlauben eine klare Aufgabentrennung etwa zwischen fachlichen und interaktiven Komponenten eines Anwendungssystems. Darüber hinaus bieten sie die Möglichkeit, technische Komponenten eines Anwendungssystems sauber zu kapseln: Die Schnittstellen zu einer konkreten Datenbank, einem bestimmten Fenstersystem oder zur eingesetzten Basissoftware können beim objektorientierten Entwurf in entsprechenden Klassen gekapselt werden.[108]

Vererbung

Das Konzept der Modularisierung, auch in herkömmlichen Ansätzen erfolgreich praktiziert, wird beim Paradigma der Objektorientierung durch das Konzept der **Vererbung** ergänzt. Um eine vorhandene Komponente an eine neue Problemstellung anzupassen, muß bei strukturierten Ansätzen eine Kopie erstellt und verändert werden. Vererbung ermöglicht die Wiederverwendung durch Anpassung auf höherem Niveau: Wenn eine Komponente K vorhanden ist, aber eine Komponente K' benötigt wird, die bis auf kleine Unterschiede dasselbe wie K ist, spezifiziert man K' als „eine Komponente K mit den folgenden Unterschieden". Diese Unterschiede (Ergänzungen, Einschränkungen, Redefinitionen) sind alles, was für K' noch definiert werden muß, da die Spezifikation von K per definitionem auch für K' gilt. Ein Beispiel soll dies verdeutlichen. In einer Klassenbibliothek gebe es eine Klasse „Konto", die wie folgt definiert sei:

---

108 Vgl. Kilberth & al. (1993), a. a. O., S. 193.

Abb. 84:
Die Klasse
„Konto"

Von dieser Klasse kann bei Bedarf eine Klasse „Girokonto"
abgeleitet werden, die zusätzlich zu den oben definierten Eigenschaften die folgenden spezifiziert:

Abb. 85:
Die Klasse
„Girokonto"

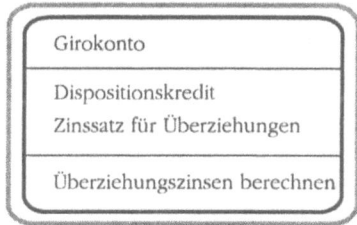

Es entsteht eine Vererbungshierarchie, die erweitert werden
kann. Die „Evolution" von Klassen bzw. Klassenbibliotheken
bleibt so klar ersichtlich. Darüber hinaus bleibt die alte Ur-
sprungsklasse ein integraler Bestandteil der Klassenbibliothek:

Abb. 86:
Eine Klas-
senhierarchie
„Konto"

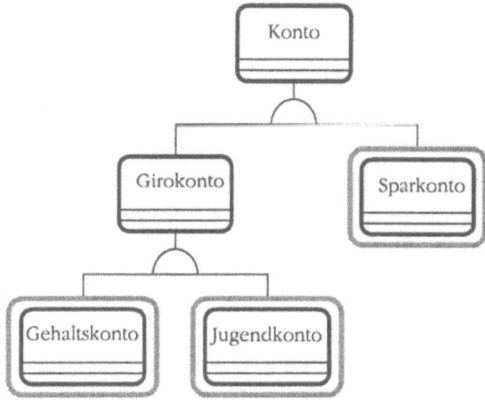

Erweiterbarkeit

Anpaßbarkeit

Eine Klassenbibliothek muß also nicht genau die für ein neues Problem gesuchte Klasse enthalten, weil die Orientierung an *anpaßbaren* Klassen eine Wiederverwendung in bislang unbekanntem Ausmaß ermöglicht. Systemkomponenten können inkrementell erweitert und angepaßt werden. So ist eine Weiterentwicklung der Klasse „Gehaltskonto" unabhängig von der Klasse „Girokonto". Eine Änderung der Klasse „Girokonto" (z. B. die Einführung einer Kontoführungsgebühr) wird automatisch „nach unten" propagiert. Vererbung ermöglicht es, Änderungen lokal zu halten (wenn z. B. die Kontonummern einen anderen Nummernkreis oder einen anderen Datentyp bekommen, muß nur die Klasse „Konto" geändert werden).

Vererbungshierarchien überprüfen

Vererbungshierarchien müssen jedoch ständig überprüft und überarbeitet werden, um sicherzustellen, daß sie die Semantik des Anwendungsbereichs noch korrekt wiedergeben.[109] Praktische Erfahrungen zeigten, daß „in den ersten fünf Stufen des Baums [...] nur sehr geringe Abweichungen existieren"[110]. Eine solche Stabilisierung des Klassenbaums stellt sich zwar erst nach Monaten oder wenigen Jahren ein, legt aber eine Standardisierung der entsprechenden Komponenten nahe.

Aggregation

Das Konzept der Vererbung und die mit ihr mögliche Beschränkung auf das „Spezifizieren der Unterschiede"[111] ist aber nicht die einzige Möglichkeit, Systemkomponenten zu erstellen. Komplexe Klassen lassen sich auch durch **Aggregation** einfacher Klassen bilden. Die Wiederverwendung durch Komposition ist sogar sicherer als die Wiederverwendung durch Spezialisierung, weil die Klassifikations- bzw. Vererbungshierarchie nicht verändert wird und die Semantik erhal-

---

[109] Dies ist am leichtesten, wenn man Vererbungshierarchien entlang den Klassifikationshierarchien aufbaut. Vgl. hierzu S. 181 f.

[110] Grund, Karlheinz; Jähnig, Frank: Modell zur Analyse und Simulation von Geschäftsprozessen. In: Management und Computer, 2. Jg., Nr. 1, 1994, S. 49–56, hier: S. 51.

[111] Vgl. die Charakterisierung der objektorientierten Programmierung als „programming by differerence" (vgl. S. 181, Fußnote 112).

ten bleibt. Allerdings – und das ist Voraussetzung – muß dann die Schnittstelle des „Aggregats" (Attribute und Methoden) neu und explizit formuliert werden. Ein direkter Zugriff auf die Schnittstellen der Teilkomponenten widerspricht dem Konzept des abstrakten Datentyps, dem Information hiding, und ist daher nicht zu empfehlen.

Verständlichkeit

Problemnähe

Im Zusammenhang mit Wiederverwendbarkeit und Wartbarkeit dürfen die **Verständlichkeit** und die **Problemnähe** objektorientierter Ansätze nicht außer Betracht bleiben. Kilberth et al. haben beispielsweise beobachtet, daß der Klassenentwurf stärker als ursprünglich vermutet auch in seinen technischen Teilen fachliche Konzepte widerspiegelte.[112] Fachentwurf, DV-Entwurf und Implementierung können entlang den fachlichen Begriffshierarchien erstellt werden, was eine spätere Einarbeitung für Wartung oder Wiederverwendung stark vereinfacht. In den Objektmodellen der Fachentwürfe manifestiert sich das Fachwissen vorausgegangener Entwicklungen und steht in modularer, an den Gegenständen eines Problembereichs orientierter Form zur Verfügung. Mehr noch: „Dieses Wissen muß nicht auf die technischen, automatisierten Teile der Anwendung beschränkt sein, sondern kann sich auch auf dessen organisatorische Umgebung (manuelle Arbeitsvorgänge, Bedienungsvorschriften, Organisations-Anwei-sungen etc.) erstrecken."[113]

Klassenbibliotheken

Rahmenwerke

Eine wichtige Grundlage für die Wiederverwendung von Systemkomponenten sind Klassenbibliotheken und sogenannte Rahmenwerke. Es gibt sie bislang zwar nur in der objektorientierten Programmierung und noch nicht für Fach- oder DV-Entwürfe, sie sollen aber dennoch aus den folgenden Gründen hier behandelt werden. Zum einen können sie innerhalb gewisser Grenzen im Rahmen einer „Abstraktion bereits im-

---

[112] Siehe Kilberth & al. (1993), a. a. O., S. 186.

[113] Hesse, Wolfgang: Objektorientierte Anwendungsmodellierung – ein Weg zu einem durchgängigen Software-Entwicklungsprozeß. In: Kugel, Günter, et al.: Praxiserprobte Software-Entwicklungswerkzeuge im Überblick. Ehningen: expert 1992, S. 152-181 und 185 f., hier: S. 177.

plementierter Programmkomponenten" (vgl. S. 264) wiederverwendet werden, und zum anderen ist es denkbar, wünschenswert und wohl auch machbar, daß – zumindest innerhalb eines Unternehmens – Klassenbibliotheken und Rahmenwerke auch auf höherem Abstraktionsniveau erstellt werden.

Klassenbibliotheken

Klassenbibliotheken sind programmiersprachenspezifische Sammlungen objektorientierter Klassen, die als Implementierungen vorliegen und weitgehend unabhängig voneinander verwendbar sind. Daß Klassenbibliotheken nur innerhalb einer Programmiersprache eingesetzt werden können und bei einem Versionswechsel unter Umständen Schwierigkeiten zu erwarten sind, spielt für den Fachentwurf keine große Rolle. Aber Klassenbibliotheken verschiedener Hersteller sind nicht kompatibel zueinander – und das wäre auch bei „Klassenbibliotheken für Fachentwürfe" zu erwarten. Klassenbibliotheken lassen sich wie folgt einteilen:

1. Universalklassen
   a) von Compilerherstellern
   b) von Drittanbietern

2. Spezialklassen
   für graphische Oberflächen, Datenbankschnittstellen, Task Management, Statistik usw.

3. Fachklassen
   Für CAD/CAM, PPS, Medizintechnik usw.

Für Fachentwürfe sind vor allem Spezialklassen und Fachklassen interessant.

Rahmenwerke

Eine Weiterentwicklung von Klassenbibliotheken stellen die **Rahmenwerke** *(Application Frameworks)* dar, die als generisches Anwendungsgerüst aufgefaßt werden können. Ein Rahmenwerk stellt für eine bestimmte Art von Anwendungen (z. B. eine Lohn- und Gehaltsabrechnung) das Standardverhalten einer „leeren Musterapplikation" zur Verfügung. Im Gegensatz zu Klassenbibliotheken stellen Rahmenwerke also bereits einen Teil der Gesamtfunktionalität zur Verfügung (je nach Anwendungsgebiet 50 bis 70 %), die durch anwendungsspezifische Komponenten ergänzt wird; auch die Funktionalität einzelner Komponenten kann erweitert werden (in der folgenden Abbildung durch einen größeren Kreis symbolisiert).

Abb. 87:
Anwendungs-
entwicklung
mit Hilfe von
Rahmen-
werken

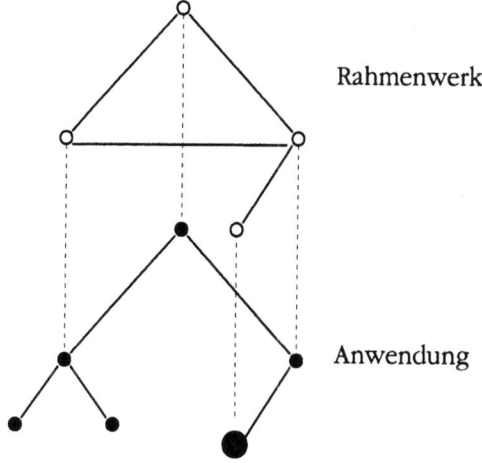

Rahmenwerk

Anwendung

Bei der Anwendungsentwicklung mit Hilfe von Rahmenwerken wird damit „der klassische Entwurfs- und Implementierungsprozeß durch einen Einpassungs- und Erweiterungsprozeß ersetzt"[114].

Entwurfs-
muster

Bereits auf der Ebene des Fachentwurfs setzen sogenannte **Entwurfsmuster** *(Patterns, Object Building Blocks)* auf, die seit etwa 1992 untersucht werden. Ein Entwurfsmuster ist eine Gruppe weniger Objekte (eines OOA-Modells), die in analoger Form vermutlich wiederverwendet werden kann; man findet Entwurfsmuster durch Versuch und Irrtum und durch Beobachtung.[115] Ein häufig auftretendes Entwurfsmuster liegt

---

[114] Schaschinger (1992), a. a. O., S. 28.

[115] Vgl. Coad (1992), a. a. O., S. 153. In seinem neuen Buch „Object Strategies & Object Building Blocks. A Practical Guide to Object Modeling" (erscheint 1994 bei Prentice Hall, Englewood Cliffs) spricht Coad nicht mehr von *Patterns,* sondern von *Object Building Blocks.*

z. B. vor, wenn ein Objekt im Zeitablauf unterschiedliche Rollen spielt (unter Umständen auch mehrere gleichzeitig):

Abb. 88:
Das Ent-
wurfsmuster
„Rollen als
Objekte" mit
Beispiel[116]

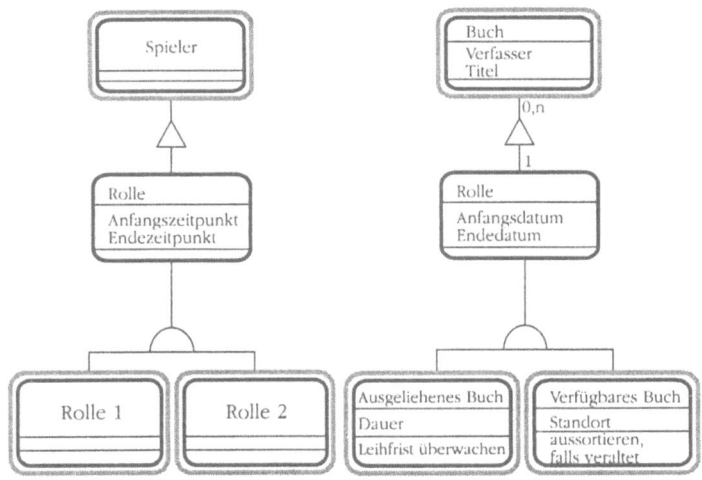

Coad hat etwa zwanzig solcher Muster entwickelt (weitere Beispiele sind „Artikel und Artikelbeschreibung", „Delegation" und „Sender/Übersetzer/Empfänger"). Die Wiederverwendung solcher Muster ist eine Abstraktionsstufe höher als die Wiederverwendung individueller Klassen, ist aber schwieriger zu verwirklichen. Das Finden und Ausfeilen einer systematischen Sammlung von Entwurfsmustern ist eine wichtige Aufgabe bei der Weiterentwicklung objektorientierter Ansätze. Auch die Wartbarkeit eines Systems wird sicher verbessert, wenn es bewußt aus wohlbekannten Mustern zusammengesetzt ist.

Wartbarkeit

Wie schlecht wartbar rein funktionsorientierte Systeme in der Regel sind, zeigt Meyer sehr eindrucksvoll:[117] Jede Funktion muß mit allen Zuständen des Anwendungssystems zurechtkommen – und sie daher kennen. Das führt zu den vielen Case-Anweisungen in den Programmen und umfangreichen

---

[116] Nach: Coad (1992), a. a. O., S. 155.
[117] Meyer (1987), a. a. O., hier: S. 55–58.

Parameterübergaben, die Informationen über den jeweiligen Zustand beinhalten. (Meyer bemerkt augenzwinkernd: „there's far too much state intervention."[118]) Auch Kilberth et al. weisen darauf hin, daß in der Regel weitreichende Programmänderungen notwendig sind, wenn in funktionsorientierten Systemen beispielsweise eine Dialogsequenz geändert wird – „und sei es lediglich auf der Ebene der Darstellung an der Benutzeroberfläche"[119].

Demgegenüber sind die Systemeinheiten bei objektorientierter Vorgehensweise unabhängiger voneinander, **besser erweiterbar** und daher **einfacher zu warten**. Die Orientierung an den Objekten der realen Welt, die größere Problemnähe und die bessere Verständlichkeit führen zu einer **einfacheren Diagnose**. Schließlich haben die Systemkomponenten eine höhere Qualität – sie sind auf Wiederverwendung ausgelegt und kontinuierlich verbessert worden –, so daß die **Fehlersuche seltener** wird.

5.3.2.5

Gründe
für geringe
Wiederver-
wendung

Managementaspekte

Wenn Wiederverwendung so vorteilhaft ist, kann man sich fragen, warum sie so wenig verbreitet ist. Coad nennt vor allem die folgenden vier Gründe:[120]

- Wiederverwendung wird nicht gelehrt.

- Das Syndrom des „Es wurde nicht bei uns entwickelt" und die intellektuelle Herausforderung, ein interessantes Problem selbst zu lösen, stehen der Verwendung fremdentwickelter Komponenten diametral entgegen.

- Wenig Erfolg bei früheren Versuchen, Komponenten wiederzuverwenden, brachten bei einigen Praktikern die ganze Idee in Verruf.

- Entwickler werden für Wiederverwendung nicht belohnt.

---

[118] Ebenda, S. 57.
[119] Kilberth & al. (1993), a. a. O., S. 128.
[120] Vgl. Coad (1991b), a. a. O., S. 64 f.

Wiederverwendung planen und organisieren

Wiederverwendung geschieht also nicht automatisch, sondern muß geplant und organisiert werden. Dabei muß klar sein, daß die Herstellung wiederverwendbarer Komponenten kein taktisches, sondern ein strategisches Ziel ist. „Sie erhöht die heutigen Kosten, gibt aber die Chance, in Zukunft effizienter zu arbeiten [...] Genau wie beim Einsatz von Werkzeugen verschiebt sich der Schwerpunkt von einer traditionell arbeitsintensiven zu einer eher kapitalintensiven Tätigkeit, ein Prozeß, der auch anderswo den Übergang von der handwerklichen zur industriellen Tätigkeit kennzeichnet."[121]

Komponenten überarbeiten

Eine beabsichtigte Wiederverwendung von Software hat Auswirkungen auf viele Aspekte eines Projekts. In möglichst vielen Zusammenhängen wiederverwendbare Komponenten entstehen nicht nach sorgfältiger Analyse im ersten Anlauf, sondern meist erst nach mehreren Iterationen des zugrundeliegenden Entwurfs. Ein iterativer Entwicklungsprozeß unterstützt also Wiederverwendung wesentlich besser als eine topdown vorgehende Methode. Die Produktion wiederverwendbarer Komponenten erfordert mehr Zeit und Überlegung sowie besser ausgebildete Entwickler als die Herstellung von „Einwegsoftware". Coad empfiehlt sogar, für das Auffinden und Weiterentwickeln potentiell wiederverwendbarer Komponenten eine besondere Person(engruppe) einzusetzen. Man könne nämlich kaum hoffen, daß die Entwickler ihre auf eine ganz bestimmte Anwendung zugeschnittenen Komponenten verallgemeinern, sobald sie Zeit dazu hätten.[122]

Pflegen

Bausteinbibliotheken und Rahmenwerke müssen auch kontinuierlich weiterentwickelt und gepflegt werden, wenn die Flexibilität, Wiederverwendbarkeit und Offenheit, die sie er-

---

[121] Endres (1988), a. a. O., S. 94.

[122] Vgl. Coad (1991b), a. a. O., S. 66. Auch Heß und Scheer befürworten eine Zweiteilung der Entwicklungsaufgaben in Anwendungs- und Komponentenentwurf, vgl. Heß, Helge; Scheer, August-Wilhelm: Wiederverwendung bei der Softwareerstellung für betriebliche Informationssysteme. In: Information Management, 8. Jg., Nr. 2, 1993, S. 52–58, hier: S. 53 u. 58.

möglichen, auch mittel- und langfristig gesichert werden sollen.[123]

Auffindbarkeit   Auch das Auffinden und Verstehen wiederverwendbarer Komponenten muß technisch und organisatorisch ermöglicht werden – ein bislang weitgehend ungelöstes Problem.[124] Dabei scheint heute festzustehen, daß ohne eine Arbeit an der Terminologie und der Erschließung die Bausteinbibliotheken „Softwarefriedhöfe" bleiben.[125]

Anreize   Aber auch eine leichte Auffindbarkeit von Komponenten bedeutet nicht, daß sie wiederverwendet werden: Es muß sich nicht nur für die Entwickler, sondern auch für die Verwender lohnen. Solange die Produktivität eines Programmierers in Zeilen/Monat gemessen wird, arbeitet er „produktiver", wenn er das Rad zum 124. Mal erfindet. „Ein Gewinn wird nur dann sichtbar, wenn man nicht Programmzeilen zählt, sondern ausgelieferte Funktionalität."[126]

Vergütung   Wiederverwendung muß sich im Budget niederschlagen, und Klassenbibliotheken und Rahmenwerke müssen auf geeignete Weise finanziert werden. Mit anderen Worten: Es müssen neue Vergütungssysteme für Komponenten entwickelt und eingeführt werden. Beispielsweise kann die Benutzung von Bibliothekskomponenten kostenpflichtig sein (was natürlich zunächst die Bereitschaft zur Wiederverwendung dämpft; aber wenn die Preise niedrig genug sind, werden vielleicht Mehrfachentwicklungen vermieden). Wer dagegen Bausteine zur Bibliothek beiträgt – und hier muß jemand prüfen, ob diese Bausteine nicht bereits vorhanden sowie von geeigneter Qualität sind –, bekommt Geld, Punkte oder in geeigneter Art „Tantiemen" gutgeschrieben. Bei der Taylorix AG in Stuttgart bekommen Entwickler und Verwender Punkte, deren Anzahl

---

[123] Vgl. Kilberth & al. (1993), a. a. O., S. 159.

[124] Vor 80 Jahren hatte man die gleiche Diskussion in den Ingenieursdisziplinen: Wie findet man eine Baugruppe? Man findet sie nicht gratis. Es ist ein Prozeß mit vielen Irrtümern, der viel Geld kosten kann.

[125] Vgl. S. 267 f.

[126] Endres (1988), a. a. O., S. 94.

die Höhe einer Gratifikation beeinflußt.[127] Auch bei den meisten großen japanischen Softwarehäusern fließt die Wiederverwendung in die Beurteilung von Mitarbeitern ein: Entwickler müssen entweder vorhandene Bibliotheken nutzen oder Bausteine beitragen. Tun sie das nicht, wirkt sich das nachteilig auf ihre Beurteilung aus.[128]

Kalkulation

Markt

Eine – nach Möglichkeit monetäre – Quantifizierung von Kosten und Qualität kleiner Bausteine ermöglicht es dann auch, den Kunden verschiedene, kalkulierbare Lösungsvorschläge zu unterbreiten. Sie ermöglicht aber auch die Betrachtung dieser Bausteine als wirtschaftliches Gut[129], als immaterielles Anlagevermögen[130]. Dies wiederum ist die Voraussetzung für die Entstehung eines Marktes für wiederverwendbare Softwarekomponenten. Dieser Markt ist erst im Entstehen begriffen. Bei der objektorientierten Programmierung hat sich herausgestellt, daß Umfang und Güte geeigneter Klassenbibliotheken zu einem wichtigen Kriterium bei der Entscheidung für eine objektorientierte Programmiersprache geworden sind. So war man lange in folgendem Teufelskreis gefangen:

---

[127] Dies sagte Dr. Stephan Lücke, ein Mitarbeiter von Taylorix (zu 80 % im Besitz der österreichischen Porsche-Gruppe), am 16. November 1992 auf der ObjectWorld in Wiesbaden. Höhe und Verhältnis der Punktzahlen von Entwicklern und Anwendern ließ er allerdings offen.

[128] Siehe Wilkie (1994), a. a. O., S. 346.

[129] Vgl. Wasserman (1991), a. a. O., S. 56.

[130] Vgl. Schaschinger (1992), a. a. O., S. 18.

Abb. 89:
Der frühere
Teufelskreis
objektorien-
tierter Pro-
grammier-
sprachen

keine/kaum
Klassenbibliotheken
vorhanden

niemand entwickelt
praxisrelevante
Klassenbibliotheken

niemand setzt
objektorientierte
Programmiersprachen ein

Entwicklung
erst am An-
fang

Auch auf dem Gebiet des objektorientierten Entwerfens würde das Vorhandensein wiederverwendbarer Entwürfe sehr zur Verbreitung objektorientierter Analysemethoden beitragen. Hier ist die Entwicklung aber noch ganz am Anfang. Es wäre sicher ein lohnendes Ziel der Wirtschaftsinformatik, die Grenzen wiederverwendbarer Analysemodelle auszuloten und nach Möglichkeit auch einige beispielhafte Modelle zu erstellen.[131] Das Paradigma der Objektorientierung verfügt über in ihrer Mächtigkeit bislang unerreichte Konzepte zur Wiederverwendung; sie richtig einzusetzen ist nun Aufgabe der Praxis.

---

[131] Einen Anfang machte Paul Schönsleben mit seinem Buch „Praktische Betriebsinformatik. Konzepte logistischer Abläufe. Mit 205 Abbildungen und 6 Ausklapptafeln", Berlin u. a.: Springer 1994.

6 Zusammenfassung und Ausblick

Schwerpunkt-gebiete erschlossen

Betrachtet man als den Beginn der Objektorientierung in der Softwaretechnik das Jahr 1967, in dem die Entwicklung der ersten objektorientierten Programmiersprache, SIMULA 67, abgeschlossen wurde, so kann dieses Strukturkonzept auf eine fast 30jährige Geschichte zurückblicken. Seine Anfänge liegen damit weiter zurück als die der strukturierten Programmierung (und es ist genauso alt wie der Begriff „Software Engineering"). Wie die strukturierten Ansätze war das Paradigma der Objektorientierung zunächst auf die Programmierung beschränkt; erst später hat sich dieses Strukturkonzept auf DV-Entwurf, Benutzeroberflächen, Datenhaltungs- und Betriebssysteme und zuletzt auf Analysemethoden ausgeweitet. Die Schwerpunktgebiete der Wirtschaftsinformatik sind damit auch aus der Perspektive objektorientierter Ansätze erschlossen.

Praxis zieht langsam nach

In der betrieblichen Praxis vollzieht sich der Wandel jedoch erst nach und nach. Beispielsweise gelten heute relationale Datenbanken als „Stand der Kunst". Dabei ist noch längst nicht die Hälfte aller Datenbestände in einer relationalen Umgebung – und das Relationenmodell wurde 1970 veröffentlicht[1], die erste relationale Datenbank, SQL/DS[2], war 1981 auf dem Markt. Die meisten Daten befinden sich in gar keiner Datenbank, sondern in konventionellen Dateien.[3] Es ist daher

---

[1] Siehe Codd, E. F.: A Relational Model of Data for Large Shared Data Banks. In: Communications of the ACM, Vol. 13, No. 6, June 1970, S. 377–387.

[2] SQL/DS baute auf dem IBM-Forschungsprojekt System R auf und war Grundlage für die Entwicklung von DB2, das seit 1983 angeboten wird.

[3] Vgl. Bauer, Michael: Die Technologie alleine genügt nicht. In: Focus 1/92 (Beilage zur „Computerwoche" vom 12. Juni 1992), S. 8–10, hier: S. 8. Bauer zitiert „aus aktuellen Untersuchungen" fol-

nicht zu erwarten, daß objektorientierte Datenbanken in den nächsten Jahren einen größeren Marktanteil als relationale haben werden.

„Meßlatte"

Traditionelle Methoden

Auf dem Gebiet des fachlichen Entwerfens stehen objektorientierte Ansätze noch am Anfang ihrer Entwicklung und sind von einer Konsolidierung noch weit entfernt. In dieser Arbeit wurden daher drei ausgewählte objektorientierte Analysemethoden auf ihre Eignung zur Erstellung eines Fachentwurfs untersucht. Dazu wurde zunächst das Anforderungsprofil eines Fachentwurfs definiert. Diese „Meßlatte" wurde daraufhin an drei traditionelle Methoden zur Erstellung eines Fachentwurfs angelegt (je einen Vertreter der „Datenorientierung", der „Funktions- bzw. Prozeßorientierung" und der „Daten- und Funktionsorientierung"), um zu zeigen, was mit etablierten Ansätzen leistbar ist. Es wurde gezeigt, daß in den besonders kritischen Punkten „Überprüfung auf Richtigkeit und Vollständigkeit", „Unterstützung eines Top-down-Ansatzes" und „Benutzerschnittstelle" noch ein Bedarf zur Verbesserung besteht. Auch die nur unzureichend zu realisierende Abstimmung von Daten- und Funktionsentwurf ist eine Gemeinsamkeit aller traditionellen Entwurfsmethoden; hinzu kommt der Bruch beim Übergang vom Fachentwurf zum DV-Entwurf.

Objektorientierte Methoden

Den traditionellen Methoden wurden drei objektorientierte Ansätze gegenübergestellt. Es wurden ein „evolutionärer" Ansatz (Object Modeling Technique von Rumbaugh et al.) und zwei „revolutionäre" Ansätze (Object-Oriented Analysis von Coad/Yourdon und das Semantische Objektmodell von Ferstl/Sinz) untersucht. Es wurde gezeigt, daß sich objektorientierte Ansätze in der Regel mindestens ebenso gut wie traditionelle Methoden für die Erstellung eines Fachentwurfs eignen; in den besonders kritischen Punkten „Überprüfung auf Richtigkeit und Vollständigkeit", „Unterstützung eines Top-down-Ansatzes" und „Benutzerschnittstelle" sind alle

---

gende Zahlen: 43 Prozent in konventionellen Dateien und 24,7 Prozent in einer relationalen Umgebung. Geplant sei, „diesen Anteil in den nächsten drei bis fünf Jahren auf 53,5 Prozent zu erhöhen".

oder wenigstens zwei davon den traditionellen Methoden sogar überlegen. Darüber hinaus unterstützen objektorientierte Methoden nicht nur einen Top-down-Ansatz, sondern ermöglichen im Gegensatz zu strukturierten Methoden auch eine Bottom-up-Vorgehensweise, die für die Wiederverwendung vorhandener Komponenten unbedingt notwendig ist.

Vergleich

Schwächen heutiger objektorientierter Analysemethoden liegen zum einen in der noch mangelhaften Abdeckung der organisatorischen Basislösung und der technischen Basislösung. Dies liegt aber vor allem daran, daß die objektorientierten Methoden noch nicht so weit entwickelt sind; eine in dieser Hinsicht grundsätzlich fehlende Eignung des Strukturkonzepts ist jedoch nicht erkennbar (im Gegenteil: Beispielsweise besteht eine gewisse Affinität zwischen objektorientierter Anwendungsmodellierung und objektorientierter Organisationsmodellierung). Zum anderen – und dies wiegt schwerer – ist eine Gesamtschau der Funktionalität in der Regel kaum möglich, weil die Beschreibungsmittel dafür fehlen. Eine Ausnahme stellt hier das Semantische Objektmodell von Ferstl/Sinz mit seinem Aufgabensystem und seinem Vorgangsobjektschema dar. Zusammenfassend kann jedoch festgestellt werden, daß **objektorientierte Ansätze das Anforderungsprofil eines Fachentwurfs besser abdecken** als strukturierte Methoden.

Folgen für Fachabteilung und Entwickler

Neben der grundsätzlichen Eignung für die Erstellung eines Fachentwurfs wurden die Konsequenzen untersucht, die eine objektorientierte Vorgehensweise bei der Erarbeitung einer fachlichen Anforderungsspezifikation zum einen für die Fachabteilung und zum anderen für die Entwickler hat. Es ist ein Vorteil objektorientierter Ansätze, daß sie sich nicht an Sprache, Denk- und Arbeitsweisen der Datenverarbeitung ausrichten, sondern allgemeinen oder fachspezifischen Sprech- und Denkweisen nahekommen. Dabei stützt sich die Systemarchitektur auf die fachlichen Begriffshierarchien. Darüber hinaus ist mit der Objektorientierung eine harmonische Einbettung der Softwareentwicklung in die Organisationsmodellierung bzw. eine gemeinsame Modellierung mit gleichem Leitbild möglich.

Vorteile für Entwickler

Aus der Sicht der Entwickler besteht ein wichtiger Vorteil darin, daß für die Beschreibung des Problembereichs und für das Erarbeiten einer Lösung, also für Analyse und Synthese, dasselbe Strukturkonzept angewendet wird. Diese Durchgängigkeit ermöglicht zum einen eine fehlerarme Transformation eines Fachentwurfs in einen DV-Entwurf und weiter zur Implementierung, zum anderen erlaubt sie später eine bessere Rückverfolgbarkeit von Entwurfsentscheidungen. Darüber hinaus wird durch die Wiederverwendbarkeit von Entwürfen eine Sicht auf Software als Investitionsgut nahegelegt (bisher wird Software überwiegend als „Produkt" ohne große Aussicht auf Wiederverwendung angesehen).

Evolutionöre und inkrementelle Systementwicklung

Eine objektorientierte Systementwicklung verlangt zwar kein besonderes Vorgehensmodell, ermöglicht aber besser als traditionelle Methoden eine evolutionäre und eine inkrementelle Softwareentwicklung. Auch aus diesem Grunde können objektorientierte Vorgehensweisen besser mit den sich wandelnden Benutzeranforderungen Schritt halten, und mit Prototypen ist ein „realitätsnahes Entwickeln im Windkanal" möglich.

Schwierigkeiten und Grenzen

Die aufgezeigten Grenzen objektorientierter Ansätze wurden in temporäre und in spezifische Schwierigkeiten unterschieden. Der Mangel an hinreichend geschultem Personal und ausgereiften Werkzeugen und auch die Unsicherheiten im Projektmanagement dürften mittelfristig überwunden werden; an den Kriterien für die Bewertung eines Fachentwurfs wird ebenfalls gearbeitet. Eine spezifische Schwierigkeit ist dagegen das Finden und Definieren mehrerer geeigneter Abstraktionsebenen und das Finden von Objekten in einem solchen „Schichtenansatz"; dies ist noch ein Gebiet der Forschung. Die vielleicht größte spezifische Schwierigkeit objektorientierter Ansätze ist die mangelhafte Beschreibung der Dynamik. Das sonst sehr mächtige und nützliche Konzept der Vererbung ist hier eher hinderlich, die inhärente Parallelität kommt erschwerend hinzu, und die durch Kapselung bedingte Autonomie der Objekte tut ein übriges, damit eine übergeordnete Funktionalität mit objektorientierten Methoden kaum zu visualisieren ist. Auch der fließende Übergang vom Fachentwurf zum DV-Entwurf und weiter zur Implementierung ist ein zweischneidiges Schwert: Eine schlechte Strukturierung im Fachentwurf schlägt voll auf die Softwarearchitektur durch.

**Praxis-
berichte**

Nach zwei Erfahrungsberichten aus der Praxis wurden zentrale Ansprüche objektorientierter Ansätze kritisch untersucht: Verständlichkeit, Natürlichkeit, Wartbarkeit und Wiederverwendbarkeit. Es wurde gezeigt, daß objektorientierte Ansätze ihre Modelle entlang den fachlichen Begriffshierarchien bilden und einen klaren Zusammenhang zwischen Fachsprache und Fachentwurf ermöglichen. Dies und die Eignung objektorientierter Methoden für evolutionäre Systementwicklung erlauben in größerem Maße als traditionelle Vorgehensweisen eine benutzerorientierte Systementwicklung. Objektorientierte Entwürfe sind auch deshalb gut verständlich, weil sie „lokal verständlich" sind: Die Autonomie der Objekte bzw. Klassen verlangt und gewährt ihre weitgehende Verständlichkeit ohne Kenntnis des Umfeldes.

„Natürlichkeit"

Die Ausrichtung an der fachlich begründeten Begriffsbildung und die Orientierung an problemspezifischen Objekten führt zu einer weitgehenden Isomorphie von Problem und Modell und verringert die kognitive Distanz der Benutzer zu den Modellen der später eingesetzten Software. Hinsichtlich der oft behaupteten größeren „Natürlichkeit" objektorientierter Ansätze wurde argumentiert, daß Objektorientierung nicht die einzige naheliegende und „natürliche" Sichtweise der Dinge in der Welt ist. Sie ist z. B. keineswegs „natürlicher" als die Orientierung an Funktionen. Der Begriff „Natürlichkeit" wurde daher als wenig aussagekräftig zurückgewiesen und sollte durch geeignetere Qualitätsmerkmale wie Problemnähe und Verständlichkeit ersetzt werden.

Wartbarkeit

**Wiederver-
wendbarkeit**

Auch bei Wartbarkeit und Wiederverwendbarkeit zeigte sich, daß objektorientierte Vorgehensweisen traditionellen Ansätzen überlegen sind: Die Modularität der Software ist höher, und das Konzept der Vererbung ermöglicht die Softwareerstellung anhand erprobter, funktionsfähiger und dennoch anpaßbarer Klassen. Die Verständlichkeit und Problemnähe erleichtern auch Wartungsarbeiten und die Wiederverwendung einmal erstellter Komponenten. Für die Realisierung stehen Klassenbibliotheken und Rahmenwerke zur Verfügung, die den herkömmlichen Programmbibliotheken weit überlegen sind. Entwurfsmuster, die auf der Ebene des Fachentwurfs aufsetzen, werden seit etwa zwei Jahren untersucht und sind eine wichtige Aufgabe bei der Weiterentwicklung objektorientierter Ansätze. Wären wiederverwendbare ganze Fachentwürfe bereits vorhanden, würde dies sehr zur Verbreitung objektorientierter Analysemethoden beitragen. Auch die Grenzen wiederverwendbarer Analysemodelle stehen noch nicht fest – hier liegt noch ein interessantes Aufgabenfeld für die Wirtschaftsinformatik.

Abbildung 90 stellt die Vorteile, die das Strukturkonzept der Objektorientierung bietet, in einer Übersicht zusammen.

Aufgaben für die Zukunft

So vielfältig wie die Vorteile sind auch die Aufgaben für die Zukunft, die im Umfeld objektorientierter Systementwicklung noch gelöst werden müssen; eine Auswahl davon wird im folgenden genannt:

Projekt-planung

- Die bisherige Praxis der Projektplanung muß an objektorientierte Vorgehensweisen angepaßt werden.

Rollen und Aufgaben

- Rollen und Aufgaben einzelner Entwickler und ganzer Teams sowie die Kommunikationsstrukturen ändern sich; so wird sich vermutlich das Anforderungsprofil der Klassenanwender tendenziell von der DV-technischen Seite auf eine fachspezifische Seite verschieben. Auf der Entwicklerseite ist ein neues Aufgabengebiet des Klassenverwalters denkbar. Auch auf die Führungsstrukturen eines Unternehmens lassen sich Ideen objektorientierter Ansätze übertragen.[4]

Kon-solidierung

- Objektorientierte Methoden zum fachlichen Entwerfen müssen weiterentwickelt und vor allem konsolidiert werden.

---

[4] Eine Diskussion des „Management by **Object**ives" im Lichte objektorientierter Sichtweisen findet sich z. B. in Kilberth & al. (1993), a. a. O., S. 152–154.

Abb. 90:
Vorteile der
Objekt-
orientierung

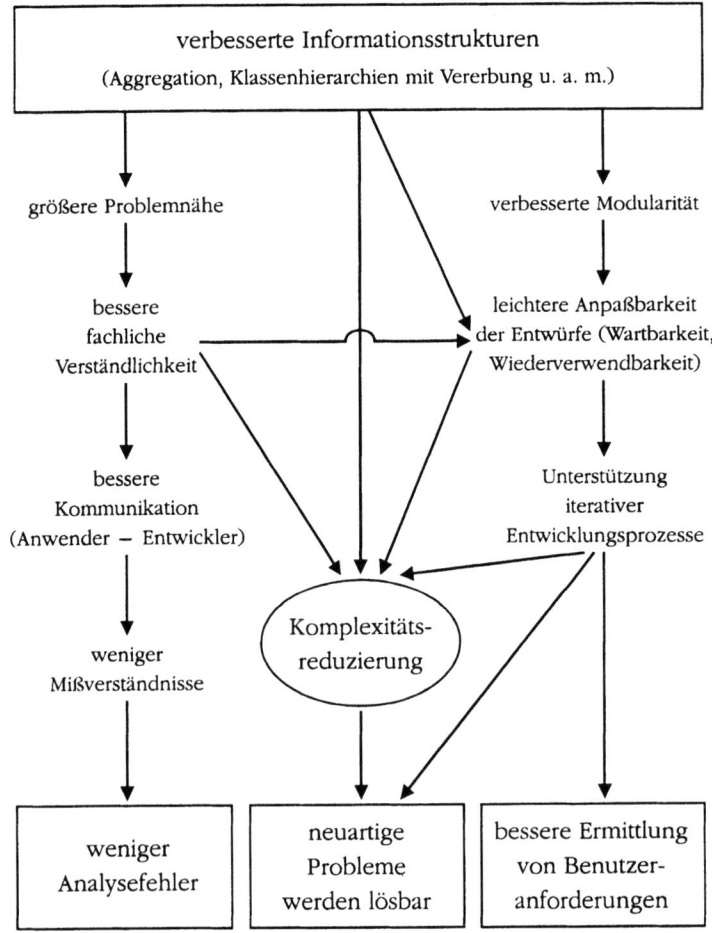

• Durchgängigkeit: kein methodischer Bruch beim Übergang zum DV-Entwurf

• Eignung für Client/Server-Anwendungen: gemeinsames Dienstleistungsprinzip

• reaktive Systeme mit graphischen Benutzeroberflächen leichter konstruierbar

**Qualitäts-
maße**

- Validierungs- und Verifikationsverfahren sowie Qualitätsmaße müssen entwickelt werden.

**Ökonomische
Modelle für
Erfolg oder
Mißerfolg**

- Ökonomische Modelle für Erfolg oder Mißerfolg objektorientierter Softwareentwicklung müssen entwickelt werden. „Diese Modelle müssen neben dem einzelnen Projekt vor allem die langfristige Wirkung im Rahmen einer ‚Produktkultur' oder noch besser einer ‚Prozeßkultur', das Ausmaß an Wiederverwendung, die sinkenden Aufwendungen für Wartung und die Möglichkeiten einer Restrukturierung von bestehenden Infrastrukturkomponenten einbeziehen."[5]

**Daten-
haltungs-
systeme**

- Die Anbindung objektorientiert entworfener oder sogar implementierter Software an Datenhaltungssysteme muß verbessert werden.

CASE

- CASE-Werkzeuge für eine durchgängige Softwareentwicklung müssen entwickelt und verbessert werden.

**Markt für
Software-
Objekte**

- Den Markt für Software-Objekte, der bereits 1986 vorausgesagt wurde,[6] heute nur in Ansätzen existiert, aber immer noch für möglich gehalten wird,[7] stellen einige Autoren in Frage.[8] Auf jeden Fall müssen noch rechtliche Probleme gelöst werden, die entstehen, wenn in einem Projekt erstellte Klassen in anderen Projekten bzw. bei anderen Kunden wiederverwendet werden sollen.

---

[5] Ebenda, S. 196.

[6] Vgl. S. 18, Fußnote 53.

[7] Zum Beispiel von Christopher Stone, Präsident der Object Management Group (OMG), vgl. „Noch Zukunftsmusik: Eine Warenbörse für SW-Objekte", in: Computerwoche, 21. Jg., 1994, Nr. 25 vom 24. Juni 1994, S. 27–30.

[8] So z. B. Pratap, Sesha: Objekte: Hoffnungsträger der Industrie (Interview mit Karin Quack und Hermann Gfaller). In: Computerwoche, 19. Jg., Nr. 45, 6. November 1992, S. 7–8, hier: S. 8. Auch Pratap ist Vorstandsmitglied der OMG (gewesen) und sagt auf Seite 8: „Natürlich wird es eine Reihe neuer Unternehmen geben, die eine Palette mit Objekten für verschiedene Funktionen herausgeben. Aber das bleibt eine Nische. Vielmehr werden die Softwareanbieter ihre Produkte mit Objekteigenschaften ausstatten."

Verfahrens-innovationen

Auch bei objektorientierter Softwareentwicklung sind die größeren und längerfristigen Wettbewerbsvorteile weniger durch eine Produktinnovation („noch ein Balkon an Darstellungsmöglichkeiten") als vielmehr via Verfahrensinnovationen (z. B. Management des Entwicklungsprozesses, Vorgehensweisen) zu erreichen. Die Verhältnisse der Hardwareproduktion können dabei nur bedingt als Vorbild dienen: „Die Kostensenkung im Hardwarebereich ist nur zu einem geringen Teil auf bessere Design-Methoden zurückzuführen. Sie beruht hauptsächlich auf besserer Fabrikationstechnik, d. h. der Technik der Duplizierung. Hingegen ist im Softwarebereich alles Design; Duplikation war von jeher gratis."[9]

Weitere Beziehungs-arten

Es sind also bessere Design-Methoden, insbesondere Vorgehensweisen zum fachlichen Entwerfen notwendig. Auch objektorientierte Analysemethoden werden weiterentwickelt und verbessert. So ist z. B. zu fragen, ob Aggregation und Klassifizierung, die einzigen „höheren" Beziehungsarten gegenüber der einfachen „Assoziation" aus dem Entity-Relationship-Modell, in allen Fällen ausreichen. Ein häufig vorkommender Kandidat für weitere Beziehungsarten ist etwa „wird gesteuert von".

Rollen

Eine größere Beachtung verdienen auch die verschiedenen Rollen, die ein Objekt im Laufe der Zeit spielen kann. Ein Ansatz ist sicher, Rollen als Entwurfsmuster zu sehen, wie es Coad praktiziert (vgl. S. 278).[10] Eventuell kann man aber sogar ein ganzes Anwendungssystem anhand der Rollen, die ein Objekt in unterschiedlichen Situationen spielt, strukturieren. Ein solcher Ansatz wurde vom Senter for Industrieforskning in Oslo entwickelt,[11] aber bislang offensichtlich nicht von anderen Autoren aufgegriffen.

---

[9] Wirth, Niklaus: Gedanken zur Software-Explosion. In: Informatik-Spektrum, Bd. 17, Nr. 1, Februar 1994, S. 5–10, hier: S. 7.

[10] Man beachte, daß bereits Isotec die Rollenaggregation kennt, vgl. Abb. 24 u. Abb. 27.

[11] Vgl. Bittner, U.; Schäfer, T.; Schnath, J.: Zur Eignung der neueren objektorientierten Entwurfsverfahren für die Benutzer-Entwickler-Kooperation (Positionspapier). In: Softwaretechnik-Trends, Bd. 11, Nr. 3, August 1991, S. 177–183, hier: S. 180 u. 182 f. Dieser

Ereignisse

Eine stärkere Berücksichtigung von Ereignissen fordert Page-Jones.[12] Damit verlangt er etwas, was Kargl bereits 1989 in seinem „Fachentwurf für DV-Anwendungssysteme" bot: Kargl unterscheidet Zustands-, Vorgangs- und Ereignistypen als grundlegende Elemente.[13] Diese Idee greift Mistelbauer auf und spricht in seiner „Unternehmensmodellierung durch MINGO (Modell Integrierter Geschäftsobjekte)" von Bestands-, Vorgangs- und Ereignisobjekten.[14] Ereignisobjekte

- beschreiben zeitpunktbezogene Veränderungen des Unternehmenszustands; ihr Verhalten umfaßt die (im Prinzip transaktionsartige) Durchführung der entsprechenden Transformationen;

- entstehen durch Zustandsübergänge in Vorgängen des Informationssystems oder auch des Leistungssystems,

---

Ansatz wird von den Autoren als sehr gut für die Anwenderkommunikation bewertet. Auch im Hinblick auf Wiederverwendbarkeit eröffne dieser Ansatz neue Perspektiven.

[12] Vgl. o. V.: From Events to Objects: The Heresy of Event-Orientation in a World of Objects (PANEL). In: ACM SIGPLAN Notices, Vol. 27, No. 10, October 1992 (= Paepcke, Andreas (Hrsg.): OOPSLA '92 Conference Proceedings, 18–22 October 1992, Vancouver, British Columbia, Canada), S. 295–297, hier: S. 296: „So, which is the correct modelling technique? Does event partitioning yield the correct view of a system? Or does that honor fall to object partitioning? It seems that the 1980s left us with an impasse as intractable as the one between the corpuscular and wave models of light. We believe that both event partitioning and object partitioning have merit and that a single system exhibits both characteristics (albeit in different components). Any realistic approach, therefore, should allow for both styles of modelling." Auf derselben Seite spricht er von einer „event/object duality". — Im Zusammenhang mit Ereignissen in objektorientierten Ansätzen beachte man, daß Ferstl und Sinz im Aufgabensystem ihres Semantischen Objektmodells auch Vorgangs-Ereignis-Netze haben; sie unterscheiden O[bjektinterne]-, U[mwelt]- und F[lußgebundene]-Ereignisse, vgl. S. 149 und 151 f.

[13] Vgl. Kargl (1989), a. a. O., S. 121–125. Die modellhafte Reduzierung eines realen Aufgabengefüges geht auf Wedekind und Ortner zurück, vgl. Wedekind/Ortner (1980), a. a. O., S. 57.

[14] Heinz Mistelbauer stellte MINGO auf der Tagung „DV-Aktuell" am 24. November 1993 an der Universität Mainz vor.

durch Veränderungen im Umfeld des Unternehmens oder einfach durch zeitlichen Ablauf;

• bewirken Zustands- und Attributveränderungen von Bestandsobjekten, die Generierung von Vorgängen und/oder Zustandsübergänge in Vorgängen.

Durch die Einführung von Ereignisobjekten wird eine größere Nähe zu den Unternehmensprozessen erreicht; der stabile Kern der Bestandsinformationen wird von den zustandsverändernden Ereignisinformationen getrennt.

Geschäfts-prozesse

Die Eignung objektorientierter Ansätze für die Modellierung von Geschäftsprozessen wird zur Zeit erforscht. Während Grund und Jähnig[15] eine konsequente Trennung von statischen betrieblichen Ressourcen und dynamischen Geschäftsprozessen zugrunde legen (erstere werden objektorientiert modelliert, letztere mit Petri-Netzen), versucht Wang[16] einen rein objektorientierten Ansatz. Es ist zu erwarten, daß die objektorientierte Modellierung von Geschäftsprozessen auch Rückwirkungen auf die verwendeten Methoden hat, so daß das neue Strukturkonzept auch in dieser Hinsicht weiterentwickelt wird.

Regel-basierung

Auch die Verbindung von Objektorientierung und Regelbasierung wird angestrebt. Handzel argumentiert, daß z. B. bei entscheidungsunterstützenden Systemen, Mustervergleich und manchen Echtzeitsystemen die in Datenbanken vorhandenen Trigger und „stored procedures" nicht ausreichen, sondern wissensbasierte Ansätze nötig seien, die eine objektorientierte Softwareentwicklung ergänzen könnten.[17] Einen Prototyp eines objektorientierten Werkzeugkastens mit regelbasierten Möglichkeiten zur Entscheidungsunterstützung stellen Ata-

---

[15] Vgl. Grund/Jähnig (1994), a. a. O., S. 50 u. 52.

[16] Vgl. Wang, Shouhong: OO Modeling of Business Processes. Object-Oriented Systems Analysis. In: Information Systems Management, Vol. 11, No. 2, Spring 1994, S. 36–43.

[17] Vgl. Handzel, Mark: Rules of the Game. A Set of Guidelines can be used to Model Business Processes across a Wide Variety of Circumstances. In: Object Magazine, Vol. 4, No. 1, March/April 1994, S. 72–75, hier: S. 72.

bakhsh und Chan vor; nach ihren Angaben wurde er bereits
für Modellierung und Simulation von Vorgängen sowohl im
Produktionsbereich als auch im kaufmännischen Bereich eines Unternehmens eingesetzt.[18]

**Multi-
paradigma-
Methoden**

**Speziali-
sierung**

Im Bereich von Expertensystemen wird eine hybride Reprä-
sentation von objektorientierter Sicht und regelbasierter Sicht
schon lange praktiziert; die Analysemethoden sind allerdings
für die Entwicklung hybrider Systeme bei weitem noch nicht
ausreichend entwickelt. Es erscheint auch fraglich, ob bei der
steigenden Komplexität heutiger Anwendungssysteme ein
einziges Paradigma ausreicht – und sei es auch so allgemein
und mächtig wie das der Objektorientierung. Vermutlich wird
man Multiparadigmata-Methoden entwickeln müssen, oder
die Methoden werden sich für einzelne Anwendungsfelder –
Telekommunikation, Datenbankanwendungen, Luftfahrt usw.
– spezialisieren.

Petri-Netze

Für die Beschreibung nebenläufiger Systeme sind Petri-Netze
ein adäquates Mittel; sie haben außerdem den Vorteil, daß sie
sogar Systeme simulieren können. Es überrascht daher etwas,
daß sie von kaum einer objektorientierten Analysemethode
unterstützt werden. Ein Grund mag darin liegen, daß sie sich
kaum zur Benutzerpartizipation eignen. Auf der anderen Seite
zeigen die Funktionsnetze von Isotec (vgl. S. 80), daß Diagramme auf der Grundlage von Petri-Netzen durchaus erfolgreich in der Systemspezifikation eingesetzt werden können.

**Simulation
der Analyse-
modelle**

Unabhängig von den eingesetzten Beschreibungsmitteln ist
eine Simulation der Analysemodelle wünschenswert. Gerade
die Anschaulichkeit einer Simulation wäre ein großer Vorteil.
Von einer Simulation ihrer Ergebnisse sind die meisten objektorientierten Analysemethoden jedoch noch weit entfernt.

**Konsoli-
dierung**

Auf der einen Seite müssen objektorientierte Analysemethoden noch weiterentwickelt werden, auf der anderen Seite ist
es auch notwendig, sie zu konsolidieren. Einen wichtigen

---

[18] Vgl. Atabakhsh, Homa; Chan, Albert W.: Incorporating Rules with
Objects. A Hybrid Methodology for Decision Support. In: Object
Magazine, Vol. 4, No. 3, June 1994, S. 26–33, hier: S. 27.

Schritt in diese Richtung werden sicher James Rumbaugh und Grady Booch tun: Nach 26 Jahren Firmenzugehörigkeit bei General Electric wurde der Chefentwickler der in Kapitel 4.2.2 vorgestellten „Object Modeling Technique" im Herbst 1994 Mitarbeiter bei der Rational Software Corporation, der Booch seit Gründung vor 13 Jahren angehört. Beide Methodiker wollen versuchen, „eine einheitliche OO-Methode als Industriestandard zu entwickeln"[19].

Standards

OMG

Object Request Broker

Eine Vereinheitlichung oder sogar Standardisierung ist bei objektorientierten Analysemethoden in naher Zukunft nicht zu erwarten. Auf anderen Gebieten objektorientierter Softwareentwicklung liegen jedoch bereits Standards vor. Treibende Kraft ist hierbei die Object Management Group (OMG), ein Industriekonsortium mit inzwischen mehr als 350 Mitgliedern. Der OMG gehören vor allem Hard- und Softwareanbieter an, aber auch Anwender (unter ihnen beispielsweise die Daimler-Benz AG). Als Rahmenwerk ihrer Arbeit kann der „Object Management Architecture Guide"[20] angesehen werden. Die dort beschriebene Architektur besteht aus vier Komponenten bzw. Arten von Komponenten, nämlich Object Request Broker, Object Services, Common Facilities und Application Objects.[21] Der Object Request Broker, eine Art „Postverteiler", ist mit CORBA 2.0 bereits standardisiert (vgl. S. 16). Object Services sind Dienste, die von jedem Objekt bereitgestellt werden müssen, z. B. das Erzeugen und Löschen von Objekten. Ihre Standardisierung steht kurz vor der Fertigstellung. Common Facilities sind häufig, aber nicht von jedem Objekt benötigte Verarbeitungen, z. B. Drucken, Wiedervorlegen und E-Mail-Anschluß. Ihre Standardisierung hat Anfang 1994 begonnen. Application Objects sind die eigentli-

---

[19] o. V.: Aktuelle Kurznachrichten. In: OBJEKTspektrum, 1. Jg., Nr. 5, November/Dezember 1994, S. 94. Vgl. auch die Meldung „Auch Rumbaugh jetzt bei Rational" in der „Computerwoche", 21. Jg., Nr. 43 vom 28. Oktober 1994, S. 13.

[20] Object Management Group, Inc. (Hrsg.): Object Management Architecture Guide, Revision 2.0, Second Edition, 1992, OMG TC Document 92.11.1.

[21] Vgl. ebenda, S. 54 f.

chen fachlichen Objekte wie z. B. eine gerade erstellte Rechnung, die nun gedruckt werden soll. Die OMG will Application Objects nicht standardisieren, sondern verweist auf Branchenvereinigungen und auch EDI-Standardisierungsgremien.

Business Object Management SIG

Innerhalb der OMG gibt es sogenannte Special Interest Groups (SIGs), darunter seit Anfang 1994 die Business Object Management SIG (BOM SIG). Ihr Hauptaufgabengebiet liegt in der Anwendung objektorientierter Konzepte „to create business objects in support of CORBA", aber auch im „business process redesign with objects" (vgl. o. V.: OMG Announces the Formation of Two New Special Interest Groups. In: First Class [The Object Management Group Newsletter], Vol. IV, Issue II, March/April 1994, S. 16).

Object Database Management Group

Auf dem Gebiet objektorientierter Datenbanken bemüht sich die 1991 gegründete Object Database Management Group (ODMG) um eine Standardisierung. Die ODMG ist ein Konsortium von (fast allen) Anbietern objektorientierter Datenbankmanagementsysteme und anderer interessierter Firmen. Sie möchte einen De-facto-Standard für objektorientierte Datenbanksysteme erreichen, der sowohl ANSI als auch ISO vorgelegt werden soll. Im Herbst 1993 erschien die erste Version des Standards unter dem Titel ODMG-93, Release 1.0, im Sommer 1994 wurde ODMG-93, Release 1.1, angekündigt. Erste Produkte nach Release 1.0 werden für Anfang 1995 erwartet.

Einsatzreife

Die Tatsache, daß objektorientierte Ansätze in Datenbanken, Betriebssystemen, Benutzeroberflächen, Programmiersprachen und Methoden für DV- und Fachentwurf zu finden sind, zeigt die universelle Anwendbarkeit dieses Strukturkonzepts. Der Schwerpunkt dieser Arbeit lag auf den objektorientierten Ansätzen zum fachlichen Entwerfen. Sie sind noch lange nicht konsolidiert oder gar vereinheitlicht; ihre gegenüber strukturierten oder anderen traditionellen Ansätzen bessere Eignung zur Erstellung eines Fachentwurfs dürfte zumindest theoretisch hinreichend erwiesen sein. Für den Einsatz in strategisch wichtigen Projekten sind sie wohl noch nicht ausgereift genug – sie werden daher mittelfristig die klassischen

Methoden vermutlich nicht verdrängen –, aber sie sind sicher schon reif für den Einsatz in Pilotprojekten.

objekt-
orientiert
=
problem-
orientiert

Die Praxis wird die theoretische Überlegenheit des Strukturkonzepts sicher bestätigen. Diese Überlegenheit gründet sich letztlich auf die stärkere Problemorientierung objektorientierter Ansätze. In diesem Zusammenhang sei auch darauf hingewiesen, daß die Bedeutung des griechischen „τό πρόβλημα" (das Vorgeworfene) dieselbe ist wie die des lateinischen „obiectum". In ihrer Grundbedeutung sind Objektorientierung und Problemorientierung identisch — eine in dieser Arbeit aufgezeigte Quintessen *Z*.

Literaturverzeichnis

Alabiso, Bruno: Transformation of Data Flow Analysis Models to Object Oriented Design. In: ACM SIGPLAN Notices, Vol. 23, No. 11, November 1988 (= OOPSLA '88 Conference Proceedings), S. 335–353.

Amberg, Michael: Konzeption eines Software-Architekturmodells für die objektorientierte Entwicklung betrieblicher Anwendungssysteme. Dissertation an der Universität Bamberg, 1993.

Atabakhsh, Homa; Chan, Albert W.: Incorporating Rules with Objects. A Hybrid Methodology for Decision Support. In: Object Magazine, Vol. 4, No. 3, June 1994, S. 26–33.

Atkinson, Malcolm; DeWitt, David; Maier, David; Bancilhon, François; Dittrich, Klaus; Zdonik, Stanley: The Object-Oriented Database System Manifesto. In: Datenbank-Rundbrief, Nr. 5, Mai 1990, S. 28–36.

Aue, A.; Haggenmüller, R.; Knutz, B.; Pfeiffer, M.; Robinson, K.: SSADM & GRAPES. Two Complementary Major European Methodologies for Information Systems Engineering. Berlin u. a.: Springer 1992.

Baber, R.: Software + Wartung = Widerspruch. In: Wix, B.; Balzert, H. (Hrsg.): Softwarewartung. Mannheim u. a.: Bibliographisches Institut 1988, S. 105–122.

Bailin, Sidney C.: An Object-Oriented Requirements Specification Method. In: Communications of the ACM, Vol. 32, No. 5, May 1989, S. 608–623.

Balzert, Helmut: Die Entwicklung von Software-Systemen. Prinzipien, Methoden, Sprachen, Werkzeuge. Mannheim u. a.: B.I.-Wissenschaftsverlag 1982.

Balzert, Helmut: Allgemeine Prinzipien des Software Engineering. In: Angewandte Informatik, 27. Jg., 1985, Nr. 1, S. 1–8.

Balzert, Helmut: HIPO. In: Mertens, Peter (Haupthrsg.); König, Wolfgang; u. a. (Hrsg.): Lexikon der Wirtschaftsinformatik, 2. Aufl. Berlin u. a.: Springer 1990, S. 202–204.

Balzert, Helmut: Von OOA zu GUIs – das JANUS-System. In: OBJEKTspektrum, 1. Jg., Nr. 4, September/Oktober 1994, S. 43–47.

Bauer, F. L.: Software Engineering - wie es begann. In: Informatik-Spektrum, Bd. 16, Nr. 5, Oktober 1993, S. 259–260.

Bauer, Michael: Die Technologie alleine genügt nicht. In: Focus 1/92 (Beilage zur „Computerwoche" vom 12. Juni 1992), S. 8–10.

Becker, Mario; Haberfellner, Reinhard; Liebetrau, Georg: EDV-Wissen für Anwender. Ein Handbuch für die Praxis, 9. Aufl. Zürich: Verlag Industrielle Organisation; Hallbergmoos: AIT Verlagsgesellschaft 1991.

Berrisford, Graham: Defining SSADM to Match the OMG Perspective. In: Hutt, Andrew T. F. (Hrsg.): Object Analysis and Design. Description of Methods. New York u. a.: Wiley & Sons 1994, S. 177–189.

Biggerstaff, Ted; Richter, Charles: Reusability Framework, Assessment, and Directions. In: IEEE Software, March 1987, S. 41–49.

Bittner, U.; Hesse, W.; Schnath, J.: Untersuchungen zum Methodeneinsatz in Software-Entwicklungsprojekten. In: Softwaretechnik-Trends, Bd. 12, Nr. 3, August 1992, S. 48–60.

Bittner, U.; Schäfer, T.; Schnath, J.: Zur Eignung der neueren objektorientierten Entwurfsverfahren für die Benutzer-Entwickler-Kooperation (Positionspapier). In: Softwaretechnik-Trends, Bd. 11, Nr. 3, August 1991, S. 177–183.

Blänsdorf, Jürgen: Montage, Intertextualität, Gattungsmischung, Kontamination? Beschreibungsmodelle für produktions- und rezeptionsästhetische Phänomene des antiken Dramas. In: Fritz, Horst (Hrsg.): Montage in Theater und Film, Tübingen: Francke 1993, S. 1–23.

Boehm, Barry W.: Software Engineering Economics. Englewood Cliffs: Prentice-Hall 1981.

Boehm, Barry W.: A Spiral Model of Software Development and Enhancement. In: ACM SIGSOFT Software Engineering Notes, Vol. 11, No. 4, 1986, S. 22–42.

Boehm, Barry W.: A Spiral Model of Software Development and Enhancement. In: Computer (published by IEEE), Vol. 21, No. 5, May 1988, S. 61–72.

Boehm, Barry W.; Brown, John R.; Kaspar, Hans: Characteristics of Software Quality. Amsterdam u. a.: North-Holland 1980.

Booch, Grady: Describing Software Design in Ada. In: SIGPLAN Notices, Vol. 16, No. 9, September 1981, S. 42–47.

Booch, Grady: Object-Oriented Design. In: Ada Letters, Vol. 1, No. 3, March/April 1982, S. I–3.64—I–3.76.

Booch, Grady: Object-Oriented Development. In: IEEE Transactions on Software Engineering, Vol. SE-12, No. 2, February 1986, S. 211–221.

Booch, Grady: Entwurfsmuster. In: OBJEKTspektrum, 1. Jg., Nr. 1, März/April 1994 (a), S. 14–18.

Booch, Grady: Object-Oriented Analysis and Design with Applications. Second Edition. Redwood City u. a.: Benjamin Cummings 1994 (b).

Bowles, Adrion J.: A Note on the Yourdon Structured Method. In: ACM SIGSOFT Software Engineering Notes, Vol. 15, No. 2, April 1990, S. 27.

Bråten, Stein: Model Monopoly and Communication: Systems Theoretical Notes on Democratization. In: Acta Sociologica, Vol. 16, No. 2, S. 98–107.

Broadbent, Donald E.: The Magic Number Seven After Fifteen Years. In: Kennedy, Alan; Wilkes, Alan (Hrsg.): Studies in Long Term Memory. London u. a.: Wiley & Sons 1975. S. 3–18.

Budde, Reinhard; Züllighoven, Heinz: Software-Werkzeuge in einer Programmierwerkstatt. Berichte der Gesellschaft für Mathematik und Datenverarbeitung, Nr. 182. München: Oldenbourg 1990.

Buschmann, Frank: OO-Quiz. In: OBJEKTspektrum, 1. Jg., Nr. 2, Mai/Juni 1994, S. 93 u. 44.

Buschmann, Frank; Meunier, Regine: Software-Konstruktion mit Entwurfsmustern. In: OBJEKTspektrum, 1. Jg., Nr. 5, November/Dezember 1994, S. 48–57.

BYTE, Vol. 6, No. 8, August 1981 (Die Ausgabe ist ein Themenheft über Smalltalk).

Champeaux, Dennis de: Object-Oriented Analysis and Top-Down Software Development. In: America, Pierre (Hrsg.): ECOOP '91 European Conference on Object-Oriented Programming, Geneva, Switzerland, July 15–19, 1991, Proceedings, Berlin u. a.: Springer 1992, S. 360–376.

Chen, Peter P. S.; Knöll, Heinz-Dieter: Der Entity-Relationship-Ansatz zum logischen Systementwurf. Datenbank- und Programmentwurf. Mannheim u. a.: B.I. Wissenschaftsverlag 1991.

Chen, Peter Pin-Shan: The Entity-Relationship Model – Toward a Unified View of Data. In: ACM Transactions on Database Systems, Vol. 1, No. 1, March 1976, S. 9–36.

Cherry, George W.: PAMELA Course Notes, Virginia: Improved Systems Technologies 1985.

Coad, Peter: Object-Oriented Analysis. In: American Programmer, Vol. 2, No. 7/8, Summer 1989, S. 22–33.

Coad, Peter: OOA/OOD and OOP. In: Journal of Object-Oriented Programming, Vol. 4, No. 1, March/April 1991 (a), S. 74–81.

Coad, Peter: OOD Criteria, Part 2. In: Journal of Object-Oriented Programming, Vol. 4, No. 4, July/August 1991 (b), S. 64–66.

Coad, Peter: Object-Oriented Patterns. In: Communications of the ACM, Vol. 35, No. 9, September 1992, S. 152–159.

Coad, Peter: Object Strategies & Object Building Blocks. A Practical Guide to Object Modeling. Englewood Cliffs: Prentice-Hall 1994 (im Erscheinen).

Coad, Peter; Nicola, Jill: Object-Oriented Programming. Englewood Cliffs: Prentice-Hall 1993.

Coad, Peter; Yourdon, Edward: Object-Oriented Analysis. Englewood Cliffs: Prentice-Hall 1990 (a).

Coad, Peter; Yourdon, Edward: Object-Oriented Analysis. In: Thayer, Richard H.; Dorfman, Merlin (Hrsg.): System and Software Requirements Engineering. Los Alamitos (CA) u. a.: IEEE Computer Society Press 1990 (b), S. 272–289.

Coad, Peter; Yourdon, Edward: Object-Oriented Analysis. Second Edition. Englewood Cliffs: Prentice-Hall 1991 (a).

Coad, Peter; Yourdon, Edward: Object-Oriented Design. Englewood Cliffs: Prentice-Hall 1991 (b).

Codd, E. F.: A Relational Model of Data for Large Shared Data Banks. In: Communications of the ACM, Vol. 13, No. 6, June 1970, S. 377–387.

Connell, J. L.; Shafer, L. B.: Structured Rapid Prototyping: An Evolutionary Approach. Englewood Cliffs: Yourdon Press 1989.

Constantine, Larry: Object-Oriented And Structured Methods: Toward Integration. In: American Programmer, Vol. 2, No. 7/8, August 1989, S. 34–40.

Cook, T. W.: Retraining Business Organizations for the Object-Oriented Era. In: First Class (The Object Management Group Newsletter), Vol. IV, Issue II, March/April 1994, S. 11 u. 17.

Cox, Brad J.: Object-Oriented Programming. An Evolutionary Approach. Reading: Addison-Wesley 1986.

Cox, Brad J.: Planning the Software Revolution. In: IEEE Software, November 1990, S. 25–33.

Crosby, P. B.: Quality is free. New York: McGraw-Hill 1979.

Dahl, O.-J.; Dijkstra, E. W.; Hoare, C. A. R.: Structured Programming. London, New York: Academic Press 1972.

Delnef, Alexander: Zur Geschichte des Paradigmas der Objektorientierung in der Software-Entwicklung. Wissenschaftliche Arbeit zur Erlangung des akademischen Grades „Diplom-Kaufmann" (Studiengang Betriebswirtschaftslehre, Wahlfach Betriebsinformatik) an der Johannes Gutenberg-Universität Mainz, Fachbereich 03/Rechts- und Wirtschaftswissenschaften, März 1993.

DeMarco, Tom: Structured Analysis and System Specification. New York: Yourdon Press 1978.

Denert, Ernst: Objektorientierung: Weg aus der Softwarekrise? In: Online, Nr. 10, Oktober 1992, S. 50–52.

Diederich, Helmut: Allgemeine Betriebswirtschaftslehre, 7. Aufl., Stuttgart u. a.: Kohlhammer 1992.

Dijkstra, E. W.: Go To Statement Considered Harmful. In: Communications of the ACM, Vol. 11, No. 3, March 1968, S. 147–148.

End, Wolfgang; Gotthardt, Horst; Winkelmann, Rolf: Softwareentwicklung. Leitfaden für Planung, Realisierung und Einführung von DV-Verfahren. Berlin, München: Siemens AG 1990.

Endres, A.: Software-Wiederverwendung: Ziele, Wege und Erfahrungen. In: Informatik-Spektrum, Bd. 11, 1988, S. 85–95.

Endres, A.: Software und Software-Entwicklung im Wandel: ein historischer Vergleich. In: Informatik-Spektrum, Bd. 16, Nr. 5, Oktober 1993, S. 261–265.

Ferstl, Otto K.; Sinz, Elmar J.: Objektmodellierung betrieblicher Informationssysteme im Semantischen Objektmodell (SOM). In: Wirtschaftsinformatik, 32. Jg., Nr. 6, Dezember 1990, S. 566–581.

Ferstl, Otto K.; Sinz, Elmar J.: Ein Vorgehensmodell zur Objektmodellierung betrieblicher Informationssysteme im Semantischen Objektmodell (SOM). In: Wirtschaftsinformatik, 33. Jg., Nr. 6, Dezember 1991, S. 477–491.

Ferstl, O. K.; Sinz, Elmar J.: Grundlagen der Wirtschaftsinformatik. Bd. 1. München, Wien: Oldenbourg 1993 (a).

Ferstl, Otto K.; Sinz, Elmar J.: Der Modellierungsansatz des Semantischen Objektmodells (SOM). Bamberger Beiträge zur Wirtschaftsinformatik, Nr. 18, Universität Bamberg, 1993 (b).

Fichman, Robert G.; Kemerer, Chris F.: Object-Oriented and Conventional Analysis and Design Methodologies. Comparison and Critique. In: Computer (published by IEEE), Vol. 25, No. 10, October 1992, S. 22–39.

Floyd, Christiane: Software-Engineering – und dann? In: Informatik-Spektrum, Bd. 17, Nr. 1, Februar 1994, S. 29–37.

Franken, Gerd: Neues Geschäft erfordert neue Methoden. Objektorientierte Anwendungsentwicklung im Gerling-Konzern. In: Focus 3/93 (Beilage zur „Computerwoche" vom 20. August 1993), S. 36–37.

Franzen, Helmut; Siegel, Günter: Die Methode der Strukturierten Analyse mit Petri-Netzen (SA/PN) als Echtzeiterweiterung. In: Timm, Michael (Hrsg.): Requirements Engineering '91. „Structured Analysis" und verwandte Ansätze, Marburg, 10./11. April 1991, Proceedings, Berlin u. a.: Springer 1991, S. 178–190.

Gane, Christopher; Sarson, Trish: Structured Systems Analysis: Tools and Techniques. New York: Improved Systems Technologies 1977 (auch 1979 bei Prentice-Hall, Englewood Cliffs, erschienen).

Gebhardt, Reinhold; Ameling, Walter: Aspekte und Perspektiven zur Anwendung der objektorientierten Programmierung bei der Entwicklung großer Software-Systeme. In: Angewandte Informatik, 31. Jg., Nr. 10, 1989, S. 429–435.

Gilb, T.: Principles of Software Engineering Management. Reading: Addison Wesley 1988.

Glinz, Martin: Probleme und Schwachstellen der Strukturierten Analyse. In: Timm, Michael (Hrsg.): Requirements Engineering '91. „Structured Analysis" und verwandte Ansätze, Marburg, 10./11. April 1991, Proceedings, Berlin u. a.: Springer 1991, S. 14–39.

Grochla, Erwin: Betriebliche Planung und Informationsmodelle. Entwicklung und aktuelle Aspekte. Reinbek: Rowohlt 1975.

Grund, Karlheinz; Jähnig, Frank: Modell zur Analyse und Simulation von Geschäftsprozessen. In: Management und Computer, 2. Jg., Nr. 1, 1994, S. 49–56.

Gryczan, Guido; Züllighoven, Heinz: Objektorientierte Systementwicklung. Leitbild und Entwicklungsdokumente. In: Informatik-Spektrum, Bd. 15, Nr. 5, Oktober 1992, S. 24–272.

Handzel, Mark: Rules of the Game. A Set of Guidelines can be used to Model Business Processes across a Wide Variety of Circumstances. In: Object Magazine, Vol. 4, No. 1, March/April 1994, S. 72–75.

Hansen, Detlef; Roth, Christian: Requirements Engineering bei der Techniker Krankenkasse: Ein Erfahrungsbericht. In: Timm, Michael (Hrsg.): Requirements Engineering '91. „Structured Analysis" und verwandte Ansätze, Marburg, 10./11. April 1991, Proceedings, Berlin u. a.: Springer 1991, S. 67–85.

Harel, David: Statecharts: A Visual Formalism for Complex Systems. In: Science of Computer Programming, Vol. 8, 1987, S. 231–274.

Harmon, Paul; Taylor, David A.: Objects in Action: Commercial Applications of Object-oriented Technologies. Reading u. a.: Addison-Wesley 1993.

Hars, A.; Heib, R.; Kruse, Chr.; Michely, J.; Scheer, A.-W.: Concepts of Current Data Modelling Methodologies – A Survey. Institut für Wirtschaftsinformatik, Heft 84, Universität des Saarlandes 1991.

Hatley, Derek; Pirbhai, Imtiaz: Strategies for Real-Time System Specification. Dorset House 1987. Deutsche Ausgabe: München, Wien: Hanser 1991.

Hazeltine, Nelson; Hilgenberg, Tim; Philip, Reed; Taylor, David; Vaishnavi, Vijay: Managing the Transition to Object-Oriented Technology. In: OOPS Messenger, Vol. 3, No. 4, October 1992, S. 55–62.

Heitz, M.: HOOD: Hierarchical Object-Oriented Design for development of large technical and realtime software, CISI ingeniere: 1987.

Henderson-Sellers, B[rian]; Constantine, L. L.: Object-oriented Development and Functional Decomposition. In: Journal of Object-Oriented Programming, Vol. 3, No. 5, January 1991, S. 11–16.

Henderson-Sellers, Brian; Edwards, Julian M.: The Object-Oriented Systems Life Cycle. In: Communications of the ACM, Vol. 33, No. 9, September 1990, S. 142–159.

Hensel, Gerhard: Objektorientierte Software: Aller Anfang ist schwer. In: Diebold Management Report, Nr. 12, 1992, S. 17–21.

Heß, Helge; Scheer, August-Wilhelm: Wiederverwendung bei der Softwareerstellung für betriebliche Informationssysteme. In: Information Management, 8. Jg., Nr. 2, 1993, S. 52–58.

Hesse, Wolfgang: Objektorientierte Anwendungsmodellierung – ein Weg zu einem durchgängigen Software-Entwicklungsprozeß. In: Kugel, Günter, et al.: Praxiserprobte Software-Entwicklungswerkzeuge im Überblick. Ehningen: expert 1992, S. 152–181 und 185 f.

Heuer, Andreas: Objektorientierte Datenbanken. Konzepte, Modelle, Systeme. Bonn u. a.: Addison-Wesley 1992.

Hoffmann, Hans-Jürgen: Smalltalk verstehen und anwenden. Mit Beiträgen von Reinhard Budde [...]. München, Wien: Hanser 1987.

Hohler, Bernd: Zertifizierung und Prüfung von Softwareprodukten, in: HMD Theorie und Praxis der Wirtschaftsinformatik, Heft 175, 31. Jg., Januar 1994, S. 20–37.

Holbæk-Hanssen, Erik Holb; Håndlykken, Petter; Nygaard, Kristen: System Description and the DELTA Language. Publication No. 523, DELTA Project Report No. 4, Second Printing, Norwegian Computing Center, February 1977.

Hruschka, Peter: Structured Analysis auf dem Weg zum De-facto-Standard. In: Timm, Michael (Hrsg.): Requirements Engineering '91. „Structured Analysis" und verwandte Ansätze, Marburg, 10./11. April 1991, Proceedings, Berlin u. a.: Springer 1991, S. 1–13.

Hruschka, Peter: Objektorientierte Analyse- und Designprinzipien. In: OBJEKTspektrum, 1. Jg., Nr. 2, Mai/Juni 1994, S. 16–22.

Humphrey, W. S.: Managing the Software Process. Reading: Addison-Wesley 1989.

Jacobson, Ivar; Christerson, Magnus; Jonsson, Patrik; Övergaard, Gunnar: Object-Oriented Software Engineering. A Use Case Driven Approach. Wokingham u. a.: Addison-Wesley 1992.

Jajodia, Sushil; Ng, Peter A.; Springsteel, Frederick N.: The Problem of Equivalence for Entity-Relationship-Diagrams. In: IEEE Transactions on Software Engineering, Vol. SE-9, No. 5, September 1983, S. 617–631.

Jogun, Kurt; Schlawne, Manfred; Berger, Joachim: Erfahrungen mit der Anwendung von SA-Methoden zur Beschreibung von Informations-Systemen. In: Timm, Michael (Hrsg.): Requirements Engineering '91. „Structured Analysis" und verwandte Ansätze, Marburg, 10./11. April 1991, Proceedings, Berlin u. a.: Springer 1991, S. 86–92.

Kargl, Herbert: Fachentwurf für DV-Anwendungssysteme. München, Wien: Oldenbourg 1989 (eine zweite Auflage erschien 1990 im selben Verlag).

Kargl, Herbert: Controlling im DV-Bereich. München, Wien: Oldenbourg 1993.

Kavanagh, Don: Der OMT-Entwicklungsprozeß im Jahr 1994. In: OBJEKTspektrum, 1. Jg., Nr. 4, September/Oktober 1994, S. 59–65.

Kay, Alan Curtis: The Reactive Engine, Ph. D. Thesis, University of Utah, Computer Science, September 1969 (University Microfilms, Inc., Ann Arbor, Michigan).

Kay, Alan C[urtis]: The Early History of Smalltalk. In: ACM SIGPLAN Notices, Vol. 28, No. 3, March 1993, S. 69–90.

Kay, Alan; Goldberg, Adele: Personal Dynamic Media. In: Computer (published by IEEE), March 1977, S. 31–41.

Kilberth, Klaus; Gryczan, Guido; Züllighoven, Heinz: Objektorientierte Anwendungsentwicklung. Konzepte, Strategien, Erfahrungen. Braunschweig, Wiesbaden: Vieweg 1993.

Kirsch, Christina: Benutzerbeteiligung bei der Datenmodellierung. In: Softwaretechnik-Trends, Bd. 11, Nr. 3, August 1991, S. 93–103.

Klotz, Ulrich: Ausweg aus dem Produktivitäts-Paradoxon (Teil II). Objektorientierung als ein Leitbild für EDV und Organisation. In: Zeitschrift Führung + Organisation, 63. Jg., Nr. 1, Januar/Februar 1994, S. 18–26.

Klotz, Ulrich: Ausweg aus dem Produktivitäts-Paradoxon (Teil I). Objektorientierung als ein Leitbild für EDV und Organisation. In: Zeitschrift Führung + Organisation, 62. Jg., Nr. 6, November/Dezember 1993, S. 404–410.

König, Wolfgang: Objektorientierte Anwendungssysteme und Systemsoftware für die 90er Jahre. In: Wirtschaftsinformatik, 32. Jg., Nr. 3, Juni 1990, S. 209–210.

Koster, Rudolf: Nur wenige Methoden sind auch für umfangreiche Projekte geeignet. Skalierbarkeit bleibt meistens außer acht. In: Computerwoche, 20. Jg., Nr. 31, 30. Juli 1993, S. 29–30.

Küffmann, Karin: Wiederverwendung und Wartung – unterschiedliche oder verwandte Konzepte. Fachbericht Nr. 94/02 der Philipps-Universität Marburg, FB 02 – Abt. Wirtschaftsinformatik, Prof. Dr. Ulrich Hasenkamp, 1994.

Kuhlmann, Kathrin: Ein Katalog objektorientierter Qualitätsmaße. Diskussionspapier 2-94 des Lehrstuhls für Wirtschaftsinformatik III Prof. Dr. Martin Schader, Universität Mannheim.

Lehner, Franz; Sikora, Hermann: Ergebnisse einer Untersuchung über Objektorientierte Softwareentwicklung. In: Information Management, 9. Jg., Nr. 1, Februar 1994, S. 36–45.

Leszak, M.; Franzen, B.; Fritschi, K.: Integration Strukturierter Methoden zur Anforderungsspezifikation von Informationssystemen. In: Timm, Michael (Hrsg.): Requirements Engineering '91. „Structured Analysis" und verwandte Ansätze, Marburg, 10./11. April 1991, Proceedings, Berlin u. a.: Springer 1991, S. 139–159.

Lindecker, Jürg D.: Software-Projekte: Die 20 häufigsten Fehler (2. Teil). In: io Management Zeitschrift, Bd. 58, Nr. 3, 1989, S. 48–53.

Loomis, Mary E. S.; Shah, Ashwin V.; Rumbaugh, James E.: An Object Modeling Technique for Conceptual Design. In: ECOOP '87. European Conference on Object-Oriented Programming, Paris, 15.–17. Juni 1987, Proceedings, Berlin u. a.: Springer 1987, S. 192–202.

Loy, Patrick H.: A Comparison of Object-Oriented and Structured Development Methods. In: ACM SIGSOFT Software Engineering Notes, Vol. 15, No. 1, January 1990, S. 44–48.

Madsen, Ole Lehrmann; Møller-Pedersen, Birger; Nygaard, Kristen: Object Oriented Programming in the Beta Programming Language (Draft). Aarhus: Matematisk Institut Aarhus Universitet, August 11, 1992.

Martin, Robert: OOA und OOD in der Praxis. In: OBJEKTspektrum, 1. Jg., Nr. 2, Mai/Juni 1994, S. 35–41.

McGinnes, Simon: How Objective is Object-Oriented Analysis? In: Loucopoulos, P. (Hrsg.): Advanced Information Systems Engineering, 4th International Conference CAi-SE '92, Manchester, UK, May 1992, Proceedings, Lecture Notes in Computer Science 593, Berlin u. a.: Springer 1992, S. 1–16.

McIlroy, M. D.: Mass-produced Software Components. In: Buxton, J. M.; Naur, P.; Randell, B. (Hrsg.): Software Engineering Concepts and Techniques (1968 NATO Conference on Software Engineering), Van Nostrand Reinhold 1976, S. 88–98.

McMenamin, Stephen M.; Palmer, John F.: Essential Systems Analysis. New York: Yourdon Press 1984.

Meyer, Bertrand: On Formalism in Specifications. In: IEEE Software, January 1985, S. 6–26.

Meyer, Bertrand: Reusability: The Case for Object-Oriented Design. In: IEEE Software, March 1987, S. 50–64.

Meyer, Bertrand: Object-oriented Software Construction. New York u. a.: Prentice-Hall 1988.

Meyer, Bertrand: From Structured Programming to Object-Oriented Design: The Road to Eiffel. In: Structured Programming, Vol. 10, No. 1, 1989 (a), S. 19–39.

Meyer, Bertrand: The New Culture of Software Development: Reflections on the Practice of Object-Oriented Design. In: Proceedings of the First International Conference on the Technology of Object-Oriented Languages and Systems (TOOLS), 1989 (b), S. 13–23.

Meyer, Bertrand: The New Culture of Software Development. In: Journal of Object-Oriented Programming, Vol. 3, No. 4, November/December 1990, S. 76–81.

Miller, George A.: The Magical Number Seven, Plus or Minus Two: Some Limits on our Capacity for Processing Information. In: The Psychological Review, Vol. 63, No. 2, March 1956, S. 81–97.

Mistelbauer, Heinz: Datenmodellverdichtung: Vom Projektdatenmodell zur Unternehmens-Datenarchitektur. In: Wirtschaftsinformatik, 33. Jg., Nr. 4, August 1991, S. 289–299.

Mistelbauer, Heinz: Datenstrukturanalyse bei MBB (Hubschrauber und Flugzeuge). Technische Niederschrift MBB TN/S/157/87, Ottobrunn 1987.

Mössenböck, Hanspeter; Wirth, Niklaus: The Programming Language Oberon-2. In: Structured Programming, Vol. 12, No. 4, 1991, S. 179–195.

Mullin, Mark: Rapid Prototyping For Object-Oriented Systems. Reading u. a.: Addison-Wesley 1990.

Nassi, I.; Shneiderman, B.: Flowchart Techniques for Structured Programming. In: SIGPLAN Notices, Vol. 8, No. 7/8, 1973, S. 12–16.

Navathe, Shamkant B.; Pillalamarri, Mohan K.: OOER: Toward Making the E-R Approach Object-Oriented. In: Batini, Carlo (Hrsg.): Entity-Relationship Aproach: A Bridge to the User, Proceedings of the Seventh International Conference on Entity-Relationship Approach, Rome, Italy, November 16–18, 1988, Amsterdam u. a.: North Holland 1989, S. 185–206.

Nerson, Jean-Marc: Applying Object-Oriented Analysis and Design. In: Communications of the ACM, Vol. 35, No. 9, September 1992, S. 63–74.

Nierstrasz, Oscar; Gibbs, Simon; Tsichritzis, Dennis: Component-Oriented Software Development. In: Communications of the ACM, Vol. 35, No. 9, September 1992, S. 160–165.

Nygaard, Kristen; Dahl, Ole-Johan: The Development of the SIMULA Languages. In: Wexelblat, L. (Ed.): History of Programming Languages, New York u. a.: Academic Press, S. 439–478.

o. V.: Aktuelle Kurznachrichten. In: OBJEKTspektrum, 1. Jg., Nr. 5, November/Dezember 1994, S. 94.

o. V.: Auch Rumbaugh jetzt bei Rational. In: Computerwoche, 21. Jg., Nr. 43 vom 28. Oktober 1994, S. 13.

o. V.: From Events to Objects: The Heresy of Event-Orientation in a World of Objects (PANEL). In: ACM SIGPLAN Notices, Vol. 27, No. 10, October 1992 (= Paepcke, Andreas (Hrsg.): OOPSLA '92 Conference Proceedings, 18–22 October 1992, Vancouver, British Columbia, Canada), S. 295–297.

o. V.: Geschäftsprozeßanalyse (GPA), Version 1.0, Lizensiertes Material (intern), o. O.: Ploenzke AG 1994.

o. V.: Isotec, Funktionsstrukturanalyse (FSA), Version 2.2. o. O.: Ploenzke Informatik, Juni 1991.

o. V.: Isotec, Informationsstrukturanalyse (ISA), Version 2.3. o. O.: Ploenzke Informatik, Juni 1991.

o. V.: Isotec, Strukturierung und Spezifikation von Systemfunktionen (SSF), Version 2.3. o. O.: Ploenzke Informatik, Juni 1991.

o. V.: ISOTEC, Vorgehenskonzept (VGK), Version 2.1. o. O.: EDV Studio Ploenzke, o. J.

o. V.: Isotec, Vorgehenskonzept (VGK), Version 2.2. o. O.: Ploenzke Informatik, Juni 1991.

o. V.: ISOTEC-OOM (ISOTEC-Objektorientierte Modellierung), Version 0.0, Lizensiertes Material (intern), o. O.: Ploenzke AG 1994.

o. V.: OMG Announces the Formation of Two New Special Interest Groups. In: First Class (The Object Management Group Newsletter), Vol. IV, Issue II, March/April 1994, S. 16.

o. V.: Prinzip „Lego". Auf dem Weg zu neuen, flexiblen Systemstrukturen. In: Diebold Management Report, Nr. 6/1990, S. 1–5.

Object Management Group, Inc. (Hrsg.): Object Management Architecture Guide, Revision 2.0, Second Edition, 1992, OMG TC Document 92.11.1.

Odell, James J.: Dynamic and multiple classification. In: Journal of Object-Oriented Programming, Vol. 4, No. 8, January 1992, S. 45–48.

Ortner, E.; Söllner, B.: Semantische Datenmodellierung nach der Objekttypenmethode. In: Informatik-Spektrum, Bd. 12, Nr. 1, 1989, S. 31–42.

Parnas, D. L.: On the Criteria To Be Used in Decomposing Systems into Modules. In: Communications of the ACM, Vol. 15, No. 12, December 1972, S. 1053–1058.

Partsch, Helmut: Requirements Engineering. München, Wien: Oldenbourg 1991.

Paulisch, Frances: Aus den Startlöchern (Editorial). In: OBJEKTspektrum, 1. Jg., Nr. 2, Mai/Juni 1994, S. 7.

Peltzer, Michael: Objektorientiertes Design – die Realisierung des Machbaren. In: Computerwoche, 18. Jg., Nr. 35, 30. August 1991, S. 16–18.

Picot, Arnold: Organisation. In: Vahlens Kompendium der Betriebswirtschaftslehre, Bd. 2, 3. Aufl. München: Vahlen 1993, S. 101–174.

Picot, Arnold; Maier, Matthias: Interdependenzen zwischen betriebswirtschaftlichen Organisationsmodellen und Informationsmodellen. In: Information Management, 8. Jg., Nr. 3, August 1993, S. 6–15.

Porter, Michael: Wettbewerbsvorteile. Frankfurt: Campus 1989.

Pratap, Sesha: Objekte: Hoffnungsträger der Industrie (Interview mit Karin Quack und Hermann Gfaller). In: Computerwoche, 19. Jg., Nr. 45, 6. November 1992, S. 7–8.

Purwin, René: Relationale Datenbanken sind nicht der Weisheit letzter Schluß. In: Computerwoche, 19. Jg., Nr. 42, 16. Oktober 1992, S. 13–14.

Raasch, Jörg: Systementwicklung mit Strukturierten Methoden. Ein Leitfaden für Praxis und Studium. München, Wien: Hanser 1991.

Rauh, Otto: Überlegungen zur Behandlung ableitbarer Daten im Entity-Relationship-Modell (ERM). In: Wirtschaftsinformatik, 34. Jg., Nr. 3, Juni 1992, S. 294–306.

Rauh, Otto; Stickel, Eberhard: Beziehungsprobleme: Zur Quantifizierung von Beziehungsarten im ER-Modell. In: it, 34. Jg., Nr. 6, 1992, S. 345–351.

Rauterberg, Matthias: Partizipative Konzepte, Methoden und Techniken zur Optimierung der Softwareentwicklung. In: Softwartechnik-Trends, Bd. 11, Heft 3, August 1991, S. 104–126.

Reeves, Cliff: Warum Objekte? Warum gerade jetzt? In: OBJEKTspektrum, 1. Jg., Nr. 1, März/April 1994, S. 41–42.

Rentsch, Tim: Object Oriented Programming. In: SIGPLAN Notices, Vol. 17, No. 9, September 1982, S. 51–57.

Riel, Arthur: Heuristics for Object-Oriented Analysis and Design. Tagungsunterlagen zur Software DevCon '94 (veranstaltet von SIGS Conferences GmbH, München), Wiesbaden, 20.–24. Juni 1994.

Riewerts, Hans-Christoph: Der gewollte Methodenbruch führt zum Erfolg. CASE im industriellen Einsatz bei Mercedes-Benz. In: Extra 1/93 (Beilage zur „Computerwoche" vom 19. Februar 1993), S. 18–21.

Robson, David: Object-Oriented Software Systems. In: BYTE, Vol. 6, No. 8, August 1981, S. 74–86.

Rolf, Arno: Sichtwechsel – Informatik als (gezähmte) Gestaltungswissenschaft. In: Coy, Wolfgang; et al. (Hrsg.): Sichtweisen der Informatik. Braunschweig, Wiesbaden: Vieweg 1992, S. 33–47.

Ross, D. T.; Schoman Jr., K. E.: Structured Analysis for Requirements Definition. In: IEEE Transactions on Software Engineering, Vol. SE-3, No. 1, January 1977, S. 6–15.

Rosson, Mary Beth; Alpert, Sherman, R.: The Cognitive Consequences of Object-Oriented Design. In: Human-Computer Interaction, Vol. 5, 1990, S. 345–379.

Rubin, Kenneth S.; Goldberg, Adele: Object Behavior Analysis. In: Communications of the ACM, Vol. 35, No. 9, September 1992, S. 48–62.

Rumbaugh, James: The Evolution of Bugs and Systems. In: Journal of Object-Oriented Programming, Vol. 4, No. 7, November/December 1991, S. 48–52.

Rumbaugh, James: Horsing around with Associations. In: Journal of Object-Oriented Programming, Vol. 4, No. 9, February 1992 (a), S. 49–53.

Rumbaugh, James: Derived Information. In: Journal of Object-Oriented Programming, Vol. 5, No. 1, March/April 1992 (b), S. 57–61.

Rumbaugh, James: Objects in the Constitution: Enterprise Modeling. In: Journal of Object-Oriented Programming, Vol. 5, No. 8, January 1993, S. 18–24.

Rumbaugh, James; Blaha, Michael; Premerlani, William; Eddy, Frederick; Lorensen, William: Object-Oriented Modeling and Design. Englewood Cliffs: Prentice-Hall 1991.

Saunders, John H.: A Survey of Object-Oriented Programming Languages. In: Journal of Object-Oriented Programming, Vol. 1, No. 6, March/April 1989, S. 5–11.

Schäfer, Steffen: Klassische Entwurfstechniken für die objektorientierte Softwareentwicklung. In: HMD Theorie und Praxis der Wirtschaftsinformatik, Nr. 170, März 1993, S. 47–55.

Schaschinger, Harald: Objektorientierte Analyse und Modellierung. Dissertation an der Universität Linz, 1992.

Scheer, August-Wilhelm: Wirtschaftsinformatik. Informationssysteme im Industriebetrieb, 3. Aufl. Berlin u. a.: Springer 1990.

Scheer, August-Wilhelm: Architektur integrierter Informationssysteme: Grundlagen der Unternehmensmodellierung. Berlin u. a.: Springer 1991.

Schmidt, Bernd: Informatik und allgemeine Modelltheorie – eine Einführung. In: Angewandte Informatik, 24. Jg., Nr. 1, 1982, S. 35–42.

Schönsleben, Paul: Praktische Betriebsinformatik. Konzepte logistischer Abläufe. Mit 205 Abbildungen und 6 Ausklapptafeln. Berlin u. a.: Springer 1994.

Schröder, Jürgen: Traditionelle Design-Methoden reichen nicht. Die Erfahrungen von Sandoz in Sachen EIS. In: Extra 5/92 (Beilage zur „Computerwoche" vom 6. November 1992), S. 21–27.

Schulz, Arno: Software-Lifecycle- und Vorgehensmodelle. In: Angewandte Informatik, 31. Jg., Nr. 4, 1989, S. 137–142.

Schulz, Arno: Software-Entwurf. Methoden und Werkzeuge, 3. Aufl. München, Wien: Oldenbourg 1992.

Seidewitz, Ed: General Object-Oriented Software Development: Background and Experience. In: The Journal of Systems and Software, Vol. 9, Nr. 2, February 1989, S. 95–108.

Seidewitz, Ed; Stark, Mike: Towards a General Object-Oriented Software Development Methodology. In: Proceedings of the First International Conference on Ada Programming Language Applications for the NASA Space Station, 1986, S. D.4.6.1– D.4.6.14.

Seubert, Michael; Schäfer, Torsten; Schorr, Martin; Wagner, Jürgen: Praxisorientierte Datenmodellierung mit der SAP-SERM-Methode. In: EMISA-Forum, Heft 2/1994, S. 71–79.

Shlaer, Sally: Die Modellierung dynamischen Verhaltens. In: OBJEKTspektrum, 1. Jg., Nr. 2, Mai/Juni 1994, S. 29–31 u. 86–87.

Shlaer, Sally; Mellor, Stephen J.: Object-Oriented Systems Analysis: Modeling the World in Data. Englewood Cliffs: Yourdon Press 1988.

Shlaer, Sally; Mellor, Stephen J.: Object Lifecycles: Modeling the World in States. Englewood Cliffs: Yourdon Press 1992.

Sinz, Elmar J.: Das Strukturierte Entity-Relationship-Modell (SER-Modell). In: Angewandte Informatik, 30. Jg., Nr. 5, 1988, S. 191–202.

Sinz, Elmar J.: Das Entity-Relationship-Modell (ERM) und seine Erweiterungen. In: HMD Theorie und Praxis der Wirtschaftsinformatik, 27. Jg., Nr. 152, März 1990, S. 17–29.

Smith, John Miles; Smith, Diane C. P.: Database Abstractions: Aggregation. In: Communications of the ACM, Vol. 20, No. 6, June 1977, S. 405–413.

Smith, John Miles; Smith, Diane C. P.: Database Abstractions: Aggregation and Generalization. In: ACM Transactions on Database Systems, Vol. 2, No. 1, March 1977, S. 105–133.

Sneed, Harry M.: Fool bleibt Fool, da hilft kein Tool. In: Computerwoche, 19. Jg., Nr. 33, 14. August 1992, S. 8.

Stein, Wolfgang: Objektorientierte Analysemethoden. Vergleich, Bewertung, Auswahl. Mannheim u. a.: B.I.-Wissenschaftsverlag 1994.

Stevens, W. P.; Myers, G. J.; Constantine, L. L.: Structured Design. In: IBM Systems Journal, Vol. 13, 1974, S. 115–124.

Stickel, Eberhard: Datenbankdesign. Methoden und Übungen. Wiesbaden: Gabler 1991.

Stoecklin, Sara F.; Adams, Evans J.; Smith, Suzanne: Object-Oriented Analysis. Tallahassee (Florida A&M University) und Johnson City (East Tennessee State University) 1987.

Stone, Christopher: Noch Zukunftsmusik: Eine Warenbörse für SW-Objekte. In: Computerwoche, 21. Jg., 1994, Nr. 25 vom 24. Juni 1994, S. 27–30.

Stonebraker, Michael; Rowe, Lawrence A.; Lindsay, Bruce; Gray, James; Carey, Michael; Brodie, Michael; Bernstein, Philip; Beech, David: Third-generation Database System Manifesto. In: Computer Standards & Interfaces, Vol. 13, No. 1–3, 1991, S. 41–54.

Teorey, Toby J.; Yang, Dongqing; Fry, James P.: A Logical Design Methodology for Relational Databases Using the Extended Entity-Relationship Model. In: Computing Surveys, Vol. 18, No. 2, June 1986, S. 197–222.

Tsichritzis, D.: Object-Oriented Development for Open Systems. In: Ritter, G. X. (Hrsg.): Information Processing '89, Proceedings of the IFIP 11th World Computer Congress. Amsterdam: North-Holland 1989, S. 1033–1040.

Tsichritzis, D. C.; Nierstrasz, O. M.: Directions in Object-Oriented Research. In: Kim, Won; Lochovsky, Frederick H. (Hrsg.): Object-Oriented Concepts, Databases, and Applications. New York: ACM Press, und Reading: Addison-Wesley 1989, S. 523–536.

Wang, Shouhong: OO Modeling of Business Processes. Object-Oriented Systems Analysis. In: Information Systems Management, Vol. 11, No. 2, Spring 1994, S. 36–43.

Ward, Paul; Mellor, Stephen J.: Structured Development for Real-Time Systems, Vol. I–III. Englewood Cliffs: Prentice-Hall 1985.

Wasserman, Anthony I.: Object-oriented Software Development: Issues in Reuse. In: Journal of Object-Oriented Programming, Vol. 4, No. 2, May 1991, S. 55–57.

Weber, Reinhold: SQL-Standards in Vergangenheit, Gegenwart und Zukunft. In: Datenbank-Rundbrief, Nr. 12, November 1993, S. 15–20.

Wedekind, Hartmut; Ortner, Erich: Systematisches Konstruieren von Datenbankanwendungen. Zur Methodologie der Angewandten Informatik. München, Wien: Hanser 1980.

Wegner, Peter: The Object-Oriented Classification Paradigm. In: Shriver, Bruce; Wegner, Peter (Hrsg.): Research Directions in Object-Oriented Programming. Cambridge, London: The MIT Press 1987, S. 479–560.

Wegner, Peter: Concepts and Paradigms of Object-Oriented Programming. In: OOPS Messenger, Vol. 1, No. 1, August 1990, S. 7–87.

Wegner, Peter: Dimensions of Object-Oriented Modeling. In: Computer (published by IEEE), Vol. 25, No. 10, October 1992, S. 12–20.

Weinberg, Victor: Structured Analysis. Englewood Cliffs: Yourdon Press (Prentice-Hall) 1978.

Wesseler, Berthold: Objektorientierung: Traum von besserer Software. In: Online, Nr. 10, 1991, S. 20–27.

Wilke, Helmut: Datenbanken orientieren sich zunehmend an Objekten. In: Computerwoche, 17. Jg., Nr. 27, 6. Juli 1990, S. 16.

Wilkie, Frederick George: Object Orientation – not just for the programmers. In: Software Development 92 – Management Track. Proceedings of the Conference (London, 16–18 June 92). London: Blenheim-Online 1992, S. 33–47.

Wilkie, George: Object-Oriented Software Engineering. The Professional Developer's Guide. Wokingham u. a.: Addison-Wesley 1994.

Winblad, Ann L.; Edwards, Samuel D.; King, David R.: Object-Oriented Software. Reading u. a.: Addison-Wesley 1990.

Wirfs-Brock, Rebecca; Wilkerson, Brian: Object-Oriented Design: A Responsibility-Driven Approach. In: ACM SIGPLAN Notices, Vol. 24, No. 10, October 1989 (= OOPSLA '89 Proceedings), S. 71–75.

Wirfs-Brock, Rebecca; Wilkerson, Brian; Wiener, Lauren: Designing Object-Oriented Software. Englewood Cliffs: Prentice-Hall 1990.

Wirth, Niklaus: Gedanken zur Software-Explosion. In: Informatik-Spektrum, Bd. 17, Nr. 1, Februar 1994, S. 5–10.

Wirtz, Klaus Werner: Methoden und Werkzeuge für den Softwareentwurf. In: Kurbel, Karl; Strunz, Horst (Hrsg.): Handbuch Wirtschaftsinformatik. Stuttgart: Poeschel 1990, S. 323–343.

Yglesias, Kathryn P.; Wappler, Thomas: Wozu dient ein Wiederverwendungswerkzeug? In: OBJEKTspektrum, 1. Jg., Nr. 3, Juli/August 1994, S. 46–48.

Yourdon, Edward: Modern Structured Analysis. Englewood Cliffs: Prentice-Hall 1989.

Sachwortverzeichnis